碳排放和减碳的社会经济代价研究丛书

气候变化经济影响评估模型与应用

邓祥征　张　帆　柯新利 等　著

科 学 出 版 社

北　京

内 容 简 介

本书基于卫星最新观测到的全球 CO_2 非均匀分布的事实，结合碳排放实证研究的最新进展，参数化全球主要国家未来碳税、碳关税、碳交易等政策减排方案，基于新古典经济学和行为经济学理论，构建气候变化经济学理论方法、模型与技术体系，模拟碳排放和减碳对产业部门内部/部门之间、区域内部/区域之间的经济影响，揭示全球 CO_2 非均匀动态分布、地表升温和社会经济系统动态耦合的互馈机制，为气候变化自然机理模拟提供经济学佐证，为气候变化影响社会经济系统及其适应模拟模型集成研发提供强有力的数据和模型支撑，也为甄别气候变化影响社会经济系统的传导机制与路径提供技术支持。

本书可供从事气候变化、生态环境、区域可持续管理等领域的国家及地方政府管理及研究人员阅读，也可作为高等院校、科研院所相关专业的学者及研究生的参考用书。

审图号：GS（2021）3844 号

图书在版编目（CIP）数据

气候变化经济影响评估模型与应用/邓祥征等著. —北京：科学出版社，2021.10

（碳排放和减碳的社会经济代价研究丛书）

ISBN 978-7-03-069904-6

Ⅰ. ①气… Ⅱ. ①邓… Ⅲ. ①气候变化-影响-中国经济-经济发展-研究 Ⅳ. ①F124

中国版本图书馆 CIP 数据核字（2021）第 194678 号

责任编辑：李秋艳 张力群/责任校对：何艳萍

责任印制：吴兆东/封面设计：蓝正设计

科 学 出 版 社 出版

北京东黄城根北街 16 号

邮政编码：100717

http://www.sciencep.com

北京建宏印刷有限公司印刷

科学出版社发行 各地新华书店经销

*

2021 年 10 月第 一 版 开本：787×1092 1/16

2024 年 6 月第三次印刷 印张：16 1/4

字数：385 000

定价：128.00 元

（如有印装质量问题，我社负责调换）

丛 书 序

“十四五”时期，我国生态文明建设进入了以降碳为重点战略方向、推动减污降碳协同增效、促进经济社会发展全面绿色转型、实现生态环境质量改善由量变到质变的关键时期。应对气候变化与生态环境保护协同政策研究，碳排放与减碳的社会经济影响及代价评估等科学议题日益受到学术界和决策部门关注。在我国首批国家重点研发计划“全球变化及应对”重点专项支持下，“碳排放和减碳的社会经济代价研究丛书”得以结集出版。该丛书介绍了基于全球大气 CO_2 浓度非均匀动态分布的客观事实研发的气候变化经济影响评价的理论方法和技术体系，评估了碳排放和减碳对社会经济系统的影响与代价。该丛书的出版为践行“碳达峰、碳中和”国家战略、减缓气候变化并实现经济社会可持续转型、提升我国在应对气候变化领域的国际话语权和应对气候变化外交谈判提供科学依据。

“碳排放和减碳的社会经济代价研究丛书”具体探讨了全球 CO_2 非均匀动态分布与全球地表升温过程的关系，全新构建了气候变化经济影响评估技术体系并开展了综合应用研究，综合评价了全球 CO_2 非均匀动态分布状况下主要国家碳排放空间变化及影响，预测分析了温控 1.5℃和 2℃阈值情景下我国碳排放和减碳的社会经济代价及影响。该丛书图文并茂，详细介绍了项目组构建的长时间序列全球 CO_2 非均匀动态分布浓度数据，系统展示了项目组研发并估算的模式变量与模型参数，示例体现了项目组设计并封装的气候变化经济影响及社会代价评估的技术方法，为全球变化及其应对研究提供了具有较高时空分辨率的参考信息及模型与模式工具。

当前，全球气候变化深层次影响日益凸显，碳排放和减碳的社会经济代价研究方兴未艾，相信该丛书的出版能为广大读者了解碳排放和减碳影响社会经济发展的机理、认识气候变化应对的意义、共同践行“碳中和”国家战略提供决策参考。

葛全胜

2021 年 8 月

序

当前，气候变化给自然生态系统和人类社会的可持续发展带来了严峻的挑战。人类活动排放大量 CO_2 是引起全球变暖的主要原因。碳排放和减碳对地表升温的作用机理，以及对社会经济系统的影响和适应机制日益受到学术界和决策部门的关注。目前绝大多数研究包括联合国政府间气候变化专门委员会（IPCC）评估报告都是通过全球平均 CO_2 浓度来驱动气候模式，这在学术界有颇多争议。碳排放与气候变化关系研究涵盖大气、海洋、陆地和生物圈之间的碳循环，包含生态系统碳循环的通用陆面模型被耦合进行地球系统模式中，用于气候变化的影响研究。

准确可信的数据对于提高全球变化研究的可信度至关重要。2014 年 12 月，美国航空航天局发布了全球 CO_2 空间分布图，证实了大气 CO_2 浓度非均匀动态分布的空间特征。国际学者也相继揭示了大气 CO_2 浓度分布不仅有季节性的差异，在空间上也存在显著的差异。但对于全球 CO_2 非均匀动态分布、地表温度及社会经济系统的耦合机制却鲜有探究。因此，基于大气 CO_2 浓度非均匀动态分布，构建气候变化经济评估模型，厘清碳排放和减碳对社会经济系统的影响机理，不仅具有科学的前瞻性，更是气候变化的社会经济代价研究领域的一个挑战，对未来国际气候变化协议的制订与实施有着重要意义。

2015 年 12 月，巴黎气候变化大会通过了《巴黎协定》提出在 21 世纪末将全球平均升温，与工业化前相比，控制在 2℃以内，并努力将升幅限制在 1.5℃之内的总体目标。从全球范围看，气候变化既是环境问题，更是发展问题。在温控 1.5℃和 2℃阈值情景下，探索碳排放影响社会经济系统的关键理论和方法，建立碳排放对社会经济系统影响关系，对减排措施评价的方法起关键作用。探究不同温控情景下碳排放与减碳对社会经济影响的机制，厘定减排措施的优先顺序，有助于决策者制定应对气候变化的有效措施。从经济学视角看，碳排放社会经济影响的长期性和复杂性挑战了传统经济学的理论范式与方法体系，新的经济学理论亟待研究以解决碳减排这一全局性的难题。目前结合温控阈值情景，探索碳排放对社会经济系统的影响机理仍是传统经济学领域的关键难题之一。国际上主要借助于敏感性分析、贴现率大小等指标开展对社会经济系统的成本效益分析。国内研究主要围绕碳减排的外部性、贴现率与代际公平、国际合作与博弈等理论问题，对碳减排经济学理论做了一些总结归纳，但多集中在碳减排政策和技术的经济评估和应对方面，缺乏统领性和原创性的研究成果，结合气候模式和温控情景的碳排放社会经济影响与适应机理也鲜有探究。我国亟需在碳排放经济学理论方面进行创新，在不同温控情景下开展碳排放对社会经济系统响应的多学科理论探索，为科学评价碳排放和减碳对我国社会经济代价影响提供理论支撑。

本书在国家重点研发计划项目“碳排放和减碳的社会经济代价研究”（2016YFA0602500）的大力资助下，在明确全球大气 CO_2 浓度非均匀分布的基础上，综述了国内外气候变化经济影响的模型、方法与技术体系，提出了一套自上而下和自下而上相结合、宏观与微观相结合、总量管控与阈值调控相统筹、未来情景模拟与当前现状评估互相兼顾的气候变化经济影响评估模型体系，并将该模型体系应用于全国及各省份，验证了该模型方法体系的科学性和可操作性。根据情景与预测目标的差异，本书从多个视角对气候变化经济影响进行了评估。基于共享社会经济路径情景，构建气候变化经济学模型评估体系，评估了不同碳排放情景下未来我国的经济社会状况以及发展路径；基于温控阈值情景，构建理论框架，制备参数数据库，模拟气候变化对经济发展与土地利用变化影响与响应。最后，本书以内蒙古地区为例，基于主体建模的方法对气候变化的适应性策略进行了分析与评估，提出了内蒙古草原地区适应气候变化的政策建议。本书的部分内容基于全球 CO_2 浓度非均匀动态分布与地表升温过程的非线性关系，探索气候变化经济学的关键理论和方法，将对建立碳排放和减碳社会经济代价影响与评估的方法体系起到关键作用，书籍的出版将有利于揭示碳排放和减碳对社会经济代价的影响途径和机制，提高对碳排放和减碳对社会经济系统影响的科学认知。

碳排放和减碳的社会经济代价影响和适应机制极其复杂，已经超出了传统经济学的研究范围，因此，需要运用综合的模型与方法，就碳排放与减碳对社会经济代价的影响途径和机制进行不断探索。

邓祥征

2021 年 8 月

前　言

气候变化引发全球升温、海平面上升、极端天气事件增多、农作物产量下降等一系列棘手的问题，对生态系统及社会经济系统产生了广泛的影响。为进一步降低气候变化带来的风险，2015 年 12 月，巴黎气候变化大会通过的《巴黎协定》提出在 21 世纪末将全球平均温度升高，与工业化前相比，控制在 2℃以内，并努力将升幅限制在 1.5℃之内的总体目标。全球范围看，气候变化既是环境问题，也是经济社会问题。

人类活动产生温室气体 CO_2 排放是引起全球变暖的主要原因，减少碳排放正是缓解气候变化的主要措施。碳排放和减排的社会经济代价影响机制极其复杂，需要多学科交叉的研究。国际上相关研究基于社会经济统计数据和气候观测数据，使用经济学理论方法量化气候变化对社会经济系统的影响，国内研究多集中在区域实证分析，系统综合评估碳排放和减排的社会经济代价影响亟待破题。针对大气 CO_2 浓度非均匀动态分布的客观事实，构建气候变化经济模型评估碳排放和减排的社会经济代价，制订适应气候变化的减排策略，无疑能为我国减缓气候变化影响并实现可持续转型提供科学依据和方法支持。

本书旨在基于全球 CO_2 浓度非均匀动态分布和 1.5℃和 2℃温控阈值情景，判定碳排放和减碳对社会经济系统影响与适应机制，核算出温控情景下碳减排与适应策略的成本效益。具体来看，基于统计分析、模式模拟、模型耦合、情景预测等方法，探讨气候变化、经济增长与粮食安全的关系，阐述碳排放背景下大气 CO_2 浓度非均匀分布与地表升温关系，评估 CO_2 均匀与非均匀分布条件下对经济影响的差异；探究未来不同情景下中国的经济社会发展状况，及中国未来碳排放强度趋势与达峰时间；明确影响中国未来碳排放强度的主要因素，提出了协调经济增长与碳减排关系的科学建议。此外，本书报道了气候变化对社会经济影响的基本概念、模型体系、理论方法与应用实践的最新研究成果。基于土地系统动态模拟、情景本地化、均衡模拟分析等方法，预测了温控阈值情景下未来土地系统动态变化，分析了不同温控阈值情景下的适应策略和政策对土地系统、社会经济和生态的影响，为区域土地利用管理、气候变化适应与减缓和区域可持续发展提供科学依据和决策参考。

本书共分为 8 章。第 1 章、第 2 章作为全书的基础，给出了气候变化经济影响及 CO_2 浓度非均匀分布研究背景及研究意义，定义了一些名词的基本概念，综述基本理论方法。第 3 章主要涉及碳排放背景下大气 CO_2 浓度非均匀分布和升温对社会经济影响。第 4～6 章主要为气候变化及 CO_2 非均匀分布背景下中国经济变化的预测。第 7 章为温控阈值情景下适应气候变化的土地系统动态模拟。第 8 章为基于主体建模的气候变化适应模拟及评估。

本书是基于作者多年的研究成果而撰写的著作。第 1 章由柯新利、邓祥征等完成；第 2 章由柯新利、张帆等完成；第 3 章由张帆、柯新利等完成；第 4 章由张帆等完成；

第 5 章和第 6 章由王佩、宋马林、邓祥征等完成；第 7 章和第 8 章由白羽萍、邓祥征等完成。全书由邓祥征统稿。王国峰、刘伟、赵哲、韩赜、程伟、蒋思坚、宣鑫等在文献整理、插图绘制、文本订正等方面提供了大量帮助，特此致意。

研究过程中在数据采集与整理、系统开发与集成、资料收集与调研等方面得到了国家重点研发计划项目“碳排放和减碳的社会经济代价研究”（2016YFA0602500）的资助，在此深表感谢。特别诚挚地感谢项目专家组组长徐冠华院士，项目跟踪专家陈镜明教授、石敏俊教授的悉心指导，感谢专家组傅伯杰院士、刘燕华研究员、刘纪远研究员、戴彦德研究员、徐华清研究员、王铮研究员、巢清尘研究员、林而达研究员、曾宁研究员等给予了宝贵的建议。

本书力图涵盖气候变化经济影响的模型、方法和案例等诸多方面，在撰写过程中参考了大量国内外学者的文献资料，在此表示感谢；如有个别疏漏之处，谨致歉意。由于作者水平有限，书中难免存在不妥之处，恳望广大读者批评指正。

著　者

2021 年 7 月

目　　录

丛书序
序
前言
第 1 章　绪论……1
1.1　气候变化的经济影响……1
1.1.1　气候变化对农业系统的影响……1
1.1.2　气候变化对工业系统的影响……2
1.1.3　气候变化对服务业的影响……2
1.2　气候变化经济影响模拟模型……3
1.2.1　实验经济学在气候变化经济影响评估中的应用……3
1.2.2　投入产出模型在气候变化经济影响评估中的应用……3
1.2.3　多主体模型在气候变化经济影响评估中的应用……6
1.3　气候变化经济影响的空间分异特征……9
1.3.1　气候变化下农业系统经济影响的空间分异特征……9
1.3.2　气候变化下工业系统经济影响的空间分异特征……10
1.3.3　气候变化下服务业经济影响的空间分异特征……11
1.4　气候变化经济影响适应性行为……12
1.4.1　气候变化经济影响适应性行为的概念与内涵……12
1.4.2　政府视角下气候变化经济影响适应性行为特征……13
1.4.3　农户视角下气候变化经济影响适应性行为特征……14
1.5　小结……15
参考文献……16
第 2 章　大气 CO_2 浓度非均匀分布及气候变化经济效应评估……24
2.1　全球 CO_2 浓度非均匀分布的科学认知……24
2.1.1　全球 CO_2 浓度非均匀分布证据……24
2.1.2　全球 CO_2 浓度非均匀分布原因……26
2.1.3　全球 CO_2 浓度非均匀分布影响……28
2.2　大气 CO_2 浓度非均匀分布影响的基本认识……28
2.2.1　大气 CO_2 浓度对地表升温的影响……28
2.2.2　大气 CO_2 浓度非均匀分布特征……29
2.2.3　大气 CO_2 浓度非均匀分布对地表升温的影响……31
2.3　基于大气 CO_2 浓度非均匀分布的气候变化模型优化……32
2.3.1　大气 CO_2 浓度非均匀分布对气候变化模型的挑战……33

2.3.2 大气 CO_2 浓度非均匀分布认知下气候模式改进的要求……35
2.3.3 大气 CO_2 浓度非均匀分布下气候变化模型的优化路径……36
2.4 小结……38
参考文献……39
第 3 章 大气 CO_2 浓度非均匀分布下碳排放与升温及其经济影响……44
3.1 大气 CO_2 非均匀分布的经济影响……44
3.1.1 大气 CO_2 非均匀分布对地表升温与关键经济指标的影响……44
3.1.2 大气 CO_2 非均匀分布对气候变化经济影响评估的挑战……46
3.1.3 大气 CO_2 非均匀分布下气候变化经济影响评估模型的改进……47
3.2 全球 CO_2 非均匀分布及其与碳排放和地表升温的关系……49
3.2.1 碳排放与地表升温关系的分析框架……49
3.2.2 数据制备与统计方法……50
3.2.3 碳排放与地表升温关系的统计分析……53
3.3 全球 CO_2 非均匀分布对地表升温与主要经济指标的影响……58
3.3.1 地表升温与经济影响的互馈机制……59
3.3.2 数据制备与模型方法构建……59
3.3.3 地表升温与经济影响评估……63
3.4 小结……65
参考文献……66
第 4 章 SSPs 情景下中国碳排放预测及影响因素分析……69
4.1 SSPs 情景下中国 GDP 发展预测……69
4.1.1 SSPs 情景介绍……70
4.1.2 模型与情景假设……70
4.1.3 SSPs 情景下中国 GDP 预测……72
4.2 SSPs 情景下中国碳排放预测……74
4.2.1 中国碳减排情景设计……74
4.2.2 数据制备及模型构建……75
4.2.3 中国碳排放预测……76
4.3 SSPs 情景下中国碳排放的影响因素……79
4.3.1 中国碳排放主要影响因素……79
4.3.2 参数制备及模型构建……80
4.3.3 中国碳排放影响因素分析……83
4.4 小结……86
参考文献……87
第 5 章 气候变化的经济影响路径研究……89
5.1 气候变化与经济增长……89
5.1.1 气候变化的物理机制分析……89
5.1.2 经济系统的弹性、脆弱性与暴露性……92

5.1.3 气候变化下的经济增长理论认识转变 ······ 93
5.2 气候变化影响经济增长的路径 ······ 96
5.2.1 气候变化影响的区域特殊性 ······ 96
5.2.2 气候变化影响的表现形式与经济系统的关系 ······ 98
5.2.3 气候变化经济影响的路径与层次 ······ 100
5.3 气候变化与粮食安全 ······ 102
5.3.1 气候变化对粮食生产影响的分析方法 ······ 102
5.3.2 我国粮食主产区气候变化对粮食生产影响的实证研究 ······ 105
5.4 我国气候变化对经济增长影响的实证研究 ······ 109
参考文献 ······ 118
第 6 章 温控阈值情景下气候变化的经济影响评估 ······ 121
6.1 IPCC 温控阈值情景下中国经济增长预估 ······ 121
6.1.1 IPCC 温控阈值情景 ······ 121
6.1.2 IPCC 温控阈值情景下中国的人口增长 ······ 128
6.1.3 IPCC 温控阈值情景下中国的经济增长 ······ 134
6.2 气候变化经济影响评估的模型与方法 ······ 137
6.2.1 气候变化综合评估模型的文献研究 ······ 137
6.2.2 气候变化综合评估模型的理论基础与基本原理 ······ 144
6.2.3 气候变化综合评估模型的区域扩展功能构建 ······ 146
6.2.4 气候变化经济影响的表征指标 ······ 148
6.3 IPCC 温控阈值情景下中国气候变化经济影响评估的实证研究 ······ 151
6.3.1 基于元分析的气候变化经济影响评估研究 ······ 151
6.3.2 基于区域扩展的气候变化综合评估模型的中国经济影响评估 ······ 158
参考文献 ······ 164
第 7 章 IPCC 温控阈值情景下土地系统动态模拟与分析 ······ 171
7.1 IPCC 温控阈值情景及参数率定 ······ 172
7.1.1 IPCC 温控阈值情景下人口增长预测 ······ 172
7.1.2 IPCC 温控阈值情景下经济增长预测 ······ 180
7.1.3 IPCC 温控阈值情景下土地系统变化参数分析 ······ 188
7.2 气候-土地-经济系统集成模型 ······ 190
7.2.1 气候-土地-经济系统集成模型框架 ······ 190
7.2.2 气候-土地-经济系统集成模型功能模块 ······ 191
7.2.3 气候-土地-经济集成模型数据库制备 ······ 200
7.3 IPCC 温控阈值情景下适应气候变化的土地系统动态模拟 ······ 205
7.3.1 模型验证 ······ 205
7.3.2 IPCC 温控阈值情景下土地结构动态对比分析 ······ 206
7.3.3 IPCC 温控阈值情景下土地系统动态空间格局 ······ 211
7.3.4 基于土地的气候变化适应管理政策建议 ······ 213

参考文献 214
第 8 章　IPCC 温控阈值情景下适应气候变化的模拟评估 217
8.1　内蒙古半干旱草原区调研分析 217
8.1.1　典型案例区概况 217
8.1.2　利益相关方视角的气候变化适应策略分析 221
8.1.3　牧户对气候变化的感知及适应行为分析 222
8.2　牧户适应气候变化的 ABM/LUCC 模型构建 224
8.2.1　牧户适应气候变化的 ABM/LUCC 模型设计 224
8.2.2　牧户适应气候变化的 ABM/LUCC 模型实现 231
8.3　IPCC 温控阈值情景下基于主体建模的气候变化适应模拟及评估 233
8.3.1　温控阈值情景和适应策略情景设计 233
8.3.2　牧户适应气候变化的 ABM/LUCC 模型验证 236
8.3.3　不同温控阈值情景下牧户适应行为的模拟评估 237
8.3.4　不同温控阈值情景下多利益相关方的适应策略模拟评估 240
8.4　小结 243
参考文献 244

第 1 章　绪　　论

工业革命后，气候变化对人类社会的影响日益显著，尤其对全球经济产生了深刻的影响。为准确刻画气候变化对经济发展的影响，科学家们提出了一系列的理论、方法与模型，为量化气候变化与经济发展之间的关系奠定了扎实的基础。

1.1　气候变化的经济影响

自 20 世纪 80 年代以来，人们逐渐认识到人类活动与气候变化之间的关系，气候变化也成为国际政治与各国外交的重要议题，学术界对气候与人类活动相互作用的了解也逐渐加深。1998 年 11 月，为针对全球气候变化问题进行系统研究与深入合作，世界气象组织（WMO）和联合国环境规划署（UNEP）共同建立了联合国政府间气候变化专门委员会（IPCC）。2007 年，IPCC 对气候变化进行了第四次评估并在评估报告中指出，近 100 年全球升温 0.6～0.8℃，是近 1000 年全球升温最显著的一个世纪。

随后，世界经济论坛发布《2017 年全球风险报告》，该报告指出环境风险已成为全球高频风险之一，由气候变化等所导致的环境风险是引起损失的潜在原因之一。英格兰银行曾针对气候变化对保险业的影响研究发现，气候变化会对保险业从三个维度产生影响，物理风险、转型风险和第三方因规避前两类风险而导致的间接风险，以上三类风险均会对保险业发展产生显著影响。Emmanuel 等（2018）的研究表明气候变化是企业收益损失的原因之一。陈雨露（2019）的研究表明气候变化会导致经济结构与金融体系发生显著变化，并且具有“长期性、结构性、全局性”特征，应当引起全球中央银行的高度重视。气候变化问题已经直接影响到人类社会经济发展的方式，而人类社会经济活动同样影响气候变化，气候变化与人类社会经济活动的相互关系已经成为影响全球发展的重大问题。

1.1.1　气候变化对农业系统的影响

农业是人类社会生存与发展的基础部门，对气候变化响应较为敏感，表现在多个方面，如作物产量、生产状况、种植结构等（刘远哲等，2020）。《中国应对气候变化国家方案》提出，受气候变化影响，中国未来的粮食生产将面临以下挑战：第一，粮食生产不稳定、产量剧烈波动，水稻、小麦、玉米生产减产带来的挑战；第二，种植结构和布局改变带来的挑战；第三，生产条件改变、生产成本增加带来的挑战。

气候变化对农业生产的影响研究已经成为学术研究的热点。Mendelsohn 等（2008）采用 Ricardain 模型评估气候变化对农业生产的影响，综合考虑社会宏观因素与农户微观行为的作用。Gbetibouo 和 Hassan（2004）采用 Ricardain 模型评估温度和降水对作物产量的影响，发现表明作物产量对温度和降水变化敏感。Kabubo 和 Karanja（2007）探究气候变化与农户收益的相关性，发现温度与降水均与农户收益呈非线性关系，温度对农户收益的影响更显著。丑洁明和叶笃正（2006）使用气候变化因素与生产函数结合的方法评价了因气候变化造成的粮食产量变化。冯相昭等（2007）采用生产效应法评估由极端气候引致的农业生产经济损失，并预测了主要粮食作物因气象灾害遭受的经济损失。黄维等（2010）根据中国1988～2005年的四期县级面板数据，采用随机效应模型评估在县级尺度气候变化对粮食产量的影响。周曙东和朱红根（2010）构建模型评估气候变化对水稻产量的影响，模拟了趋势。

1.1.2　气候变化对工业系统的影响

20世纪80年代，美国气象局研究发现，工业生产并非取决于气候条件，气候变化未对工业生产造成显著直接影响。但是，依赖于气候条件的农业、畜牧业为工业生产提供基础材料，因此，气候变化会对工业产生间接影响。Dutton（2002）发现气候变化对石油、煤炭和天然气有较为显著的影响。Peter（2006）将气候因素与经济模型结合，并评估气候变化对制造业的影响。Merz（2010）发现气候变化对建筑业具有影响。

在国内，气候变化对工业影响研究较少。吴息等（1999）采用统计模型评估气候变化对工业生产的影响，发现温度对工业生产的影响具有季节差异性。王守荣等（2000）结合气候因素与统计模型，评估和预测由气候变化造成的经济损失。张永勤和缪启龙（2001）采用投入-产出模型评估气候变化、降水增加对工业生产的影响，并指出需加大其他生产要素投入以遏制气候变化的负面影响。孙宁（2008）采用C-D生产函数评估工业生产对气候变化的敏感度。罗慧等（2010）研究表明气候变化对不同工业部门的影响程度不同。综上所述，现有工业部门中的不同行业对气候变化的敏感程度有所不同。

1.1.3　气候变化对服务业的影响

气候变化对服务业发展产生显著影响，特别是旅游业、交通运输业等。由于旅游业和交通运输业严重依赖资源、环境和气候条件，因此，气候变化会对全球及区域的旅游业和交通运输业产生显著影响。

1998年，Viner和Agnew在世界自然基金会（WWF）会议上提出需要科学评估气候变化对全球旅游业发展造成的影响，并于1999年形成评估报告（Viner and Agnew, 1999）。由此，国内学者也开始研究该领域的问题。Ren（1996）较早开展关于气候变化与中国旅游业发展的科学研究。陈正洪等（2008）通过研究发现武汉大学樱花的始花期与落花期受气候变化影响，进而导致游客观赏时间的变化。桑东莉（2010）系统分析了气候变化对中国旅游业发展产生的挑战，并从制度与立法的角度阐述中国应如何应对挑战。

气候变化对交通运输业产生显著影响，主要在于气候变化会造成洪水、泥石流等灾害频发，进而影响交通运输的运行。同时，气候变化会对运输设备、基础设施造成严重损害，如轨道变形、路面膨胀等也会对交通运输产生负面影响。

综上所述，气候变化对服务业具有重要影响，随着全球气候的不断加剧，对旅游业、交通运输业、金融业等服务业造成深远影响，社会经济系统可持续发展也将面临严峻挑战。

1.2 气候变化经济影响模拟模型

1.2.1 实验经济学在气候变化经济影响评估中的应用

计量经济学是研究经济问题的主要手段，它往往在非实验数据的基础上完成理论模型的参数估计及统计检验。实验经济学则以实验结果为主要数据源，分析实验数据的好坏，判断模型的优劣（王文举和任韬，2004）。计量经济学和实验经济学从不同的角度开展经济学的实证分析。

全球气候变暖已经成为亟须世界各国共同应对和解决的热点问题，而人类经济行为所引起的包括 CO_2 在内的温室气体排放是造成气候变暖的关键因素（Nordhaus，1997）。基于市场的环境保护政策（如碳排放交易）通常承担着发展和减排的双重目标。自 20 世纪以来，欧洲和美国等发达国家和地区已经实施了碳排放贸易政策（Dong et al.，2020）。2005 年，欧盟建立了全球最大的碳排放权交易市场，碳排放权交易机制的政策评价案例也由此得到了丰富。实验经济学被广泛地应用于碳排放权交易政策评估研究中，旨在比较不同的交易机制对市场中交易者行为的影响，以及如何影响市场中资源的优化配置。Sebastian 等（2020）设计实验研究碳补偿计划的负面效应，从客户的角度来看，减轻与他们需求相关的负外部性可能会增加其消费，特别是在消费者不支付边际消费成本的环境中，这可能导致更高水平的资源使用。尽管研究表明碳补偿计划可能会增加资源利用，但同时组织可以通过突出个人的资源利用来抵消这些不利影响。

在公共环境保护方面，实验经济学方法从研究问题出发，分析气候保护合作的可能性，为环境保护分析提供了新的方式。其分析结果对实际的气候变化应对有很好的学术支撑作用。大量的实验经济学研究指出在公共物品博弈中，如气候变化应对，被研究的主体行为具有条件合作性。Fischbacher 等（2001）研究揭示其实验参与者可分为条件合作型、搭便车型和驼峰型合作者。Burlando 和 Guala（2005）检验了 Fischbacher 等（2001）的研究，发现 35%的被试行为属于条件合作型，18%属于利他型，32%属于搭便车型，还有 15%无法归类。Timilsina 和 Kotani（2017）在尼泊尔开展框架野外实验来评估市场准入机制的森林保护效率。该实验创新之处是在贸易的背景下建立统一的拍卖价格，并确定发展中国家领域内的森林保护效率。该研究表明，受教育程度有限的农民同样了解价格拍卖规则，可以反映其林地价值，使得市场准入机制的效率达到 80%。

综上所述，实验经济学有别于传统经济学；实验经济学常利用可控的实验数据而非实际的经济数据；实验经济学广泛关注气候变化及其经济影响研究；其研究结果可为资源环境利用与保护相关的公共政策制定提供更为科学的依据。

1.2.2 投入产出模型在气候变化经济影响评估中的应用

气候变化经常表现为地表平均气温大幅度升高、降水量年际波动大以及极端灾害频发等。灾害的发生会使得经济系统受到巨大的冲击，而我国是世界受灾害影响最大的国家之一。灾害所带来的经济损失具体可分为直接经济损失和间接经济损失，为了能够更加科学地制定各类防控政策，我们需要对经济损失进行准确的评估，相对于直接经济损失，间接经济损失评估是研究重点也是难点。针对间接损失进行评估的模型不断发展，主要模型有生产函数模型、投入产出模型、一般均衡模型和生产网络模型等。相对于其他模型，投入产出模型可以根据数据获取情况来决定是选择多部门或少部门的投入产出表，因此具有更大的灵活性，是进行灾害间接经济损失评估的一种较好的模型方法。

投入产出模型（input output model，I-O 模型）是 1936 年由美国经济学家列昂惕夫所创立的一种现代经济数量分析方法。其中，“投入”指的是社会生产过程中对于各种生产要素的消耗和使用情况，社会生产包括物质生产和劳务活动；“产出”指的则是社会生产所带来的成果的分配使用去向，成果不仅包括物质产品，还包括各种服务。搜集获取到所需数据后可编制投入产出表，以此建立线性方程组，从而构成能够反映国民经济结构和社会再生产过程的投入产出模型，进而可以分析国民经济系统中各部门之间错综复杂的关系（刘志彪等，2001）。1941 年列昂惕夫在《美国经济的结构，1919—1939》中针对投入产出分析的基本原理及其发展史进行了详细阐述，这标志着投入产出经济学成为一门独立的学科（蒋选等，2006）。

投入产出模型具有能够定量的计算灾害对于经济系统间接损失的大小及其在多部门之间所产生的连锁反应，有利于产业部门区域以及跨区域的分析对比，且投入产出模型对数据的要求较低，不需要搜集大量的数据，因此在搜集数据时可以节省人力物力等，也能够更加方便应用。但是该模型也具有不可忽视的局限性，投入产出模型要求模型必须是线性模型，并且具有较多的假设条件，尤其是需要假设变化前后国家的经济运行体系不发生变化，显然这并不现实，因此该模型更适合短期数据的分析研究，无法做到动态反映变化情况的特征。此外，相较于计量经济学模型，运用投入产出模型进行数据的统计分析之后，无法运用其他办法对评价结果的准确度进行衡量。因为本身需要的数据较少无法全面综合考虑各种因素所带来的波及效应。为了更好地解决该模型的局限性，学者们不断地对该模型进行完善和发展，并广泛地应用于各个领域。

针对投入产出的系数进行更新是投入产出模型扩展的一个方面，对其进行更新有助于解决该方法时效性不足的缺陷。投入产出系数更新的常见方法有三类，分别是：统计学方法、优化方法和宏观经济学分析方法（孟彦菊，2009）。赵秀恒（1997）针对投入产出模型的求解条件进行深入研究，研究表明在索洛条件下，投入产出平衡方程的数值不一定具有经济意义，同时给出了无例外的情况。然而，在索洛条件的基础上加上附加条件，便可以获得具有经济意义的解决方案，并对此在理论上进行了严格的证明。投入产出模型扩展的另一个方面则是投入产出计量经济联合模型，该联合方式经常集中应用在居民消费的研究中。

投入产出模型及其扩展模型的应用领域涉及方方面面，可以通过直接消耗系数、需求依存系数等来分析各个产业间和各个部门间的相互关系，分析国民经济产业关联。李建波等（2002）以云南省作为研究对象，运用投入产出模型，分析云南省地区产业结构变动会对国民经济以及产业政策的影响，以此为国家制定有关产业政策提供依据，研究表明电子及通信设备制造业、交通运输设备制造业等在需求带动产出方面具有最大的影响力系数，刺激经济增长就需要针对具有较大影响力的部门进行。张晓天等（2013）针对煤矿企业运用绿色投入产出模型进行了相关研究，为该模型在企业经营管理中的进一步应用提供参考，研究结果表明在煤矿企业应用该模型是未来发展趋势，具有较大的应用价值和意义。该模型在评估灾害损失时应用更为广泛，如评估地震灾害所带来的产业关联损失。林均岐和钟江荣（2007）针对地震所带来的产业关联损失进行了总结，并基于震前震后投入产出系数表不发生变化和震前震后各个部门技术水平不变两个假设条件，给出了运用投入产出模型来评估地震损失的方法。王海滋和肖光先（1998）以投入产出模型作为基本工具，对地震灾害产业关联损失进行了评估。该研究表明在对产业关联损失进行评估时必须考虑震前震后国民经济体系运转会发生变化的情况。

随着研究的不断深入，投入产出模型在气候领域的应用越来越多，以此更好的评估气候变化带来的经济影响。张永勤和缪启龙（2001）以江苏省为例，运用投入产出模型基本原理，建立气候变化对经济影响的投入产出模型，为经济的可持续发展提供政策建议。该研究结果表明为更好的应对气候变化，各部门之间的相互投入量也需要适度增大，且气候变化对国民经济的影响是非常复杂的，对其进行整体研究有利于为制定缓解气候变化的政策提供参考。张鹏等（2012）基于投入产出模型对1998年湖南省洪涝灾害所带来的农业经济损失进行了研究。该研究表明在考虑灾害冲击时需要全面考虑，且I-O模型是评估灾害经济损失的有效途径。宁思雨等（2020）以湖北省为例，基于投入产出模型对2016年湖北省洪涝灾害的间接经济损失进行评估，研究结果表明洪涝时水越深，各部门受灾损失越大，且大部分部门的间接经济损失超过了直接经济损失。袁迎蕾（2013）以2008年江苏省热带气旋灾害为研究对象，运用投入产出模型，对其所带来的间接经济影响进行了评估，并对中国各省份受到热带气旋灾害的影响情况做出了综合性的说明。该研究表明热带气旋灾害会给江苏省的各个部门，如农、林、牧、副、渔等部门带来直接损失。刘校辰等（2014）以高温热浪为例，运用投入产出模型，针对上海市2003～2007年的气温数据，建立耦合气候和经济的评价模型，全面分析气候变化对于能耗的影响。袁砚方（2019）以京津冀地区的温室气体为研究对象，构建全国30个省份30个部门之间的投入产出模型，以此分析区域之间和部门之间的温室气体转移路径，为制定更为有效的减排政策提供参考。李春华等（2012）运用I-O模型，对2008年湖南省的冰雪灾害所带来的经济影响进行了定量评估，该研究表明此次冰雪灾害带来的总的经济损失高达7.99亿元，有助于快速充分了解非正常运转部门及其所产生的影响大小。王桂芝等（2015）同样基于投入产出模型，以北京市“7·21”特大暴雨为例，进行多部门暴雨灾害间接经济损失的评估。该研究表明此次特大暴雨造成了严重的经济损失，农业及电力等部门受灾情况严重，灾后城市内涝和交通中断等问题亟须处理。李建利和王灿（2018）以广东省台风灾害为例，运用改进后的投入产出模型，对台风灾害带来的社会经济损失进行评估并明确其受灾最严重的经济部门。周蕾等（2018）以2014年“威马逊”台风灾害为例，运用多区域投入产出模型对“一带一路”典型国家的受灾情况进行分析，定量评估其间接经济损失。该研究结果显示台风所带来的间接经济损失高达5.5亿元，且对俄罗斯等国家影响较大。

综上所述，投入产出模型在各个领域逐步发展完善。在原理方面从静态模型向动态模型不断进化，并将其他理论与其相结合形成更加优化的模型，进一步巩固了该模型在经济学中的地位；在应用方面更是越来越广泛，投入产出模型不仅应用于经济分析、水资源评估、企业减排及绿色 GDP 领域，随着人们对气候变化关注度的不断增加，该模型在气候领域的应用也不断发展。

1.2.3　多主体模型在气候变化经济影响评估中的应用

1. 多主体模型的理论基础

复杂性理论源于一般系统理论，并且在多学科交叉融合地背景下，复杂性理论在其发展过程中借鉴和吸收了来自数学、物理学、社会科学等学科的科学理论和实证知识。复杂系统是指由具有许多相互作用的组分构成的系统，其主要特点为路径依赖、临界重大突变、空间涌现等（An et al.，2012）。复杂性的标志之一就是全局现象是由局部的相互作用叠加汇总导致的（Green et al.，2005）。复杂的相互作用可能带来混沌现象，为系统预测增加难度，因此，在对复杂系统建模时，局域的相互作用难以被单纯的、自上而下的建模流程或者研究方法捕捉。随着计算机模拟技术的不断发展，自下而上的建模范式刻画复杂系统的难度逐渐降低。伴随着对于复杂系统认识与理解的深入，复杂系统理论的发展带动了多主体模型（agent based model，ABM）的发展。

ABM 是基于复杂系统理论的模型方法。Farmer 等（2009）将 ABM 定义为一种通过设定规则使大量决策主体进行相互作用的计算机模拟方法。ABM 中的主体即为计算机模拟中被赋予属性和行为的自主个体，可执行决策，并具有记忆，能够进行学习和适应。ABM 允许建模者探索主体之间、主体与环境、环境之间相互作用下产生的空间涌现格局。ABM 主张进化和适应行为，强调主体之间非均衡的发展道路。以大量微观主体的相互作用观察为基础，学者们可以从宏观角度研究整个研究区域的目标演变过程（如土地利用变化过程、火灾蔓延过程）（杨顺顺等，2012），实现从“单一的自身研究向整体的综合研究”的转换。

2. 多主体模型的概念与特性

在多主体模型中，主要涉及以下三个概念：主体、主体规则和主体所在的模拟环境。

主体（agent），又常被翻译为 “代理人”或“节点”等，在不同的研究内容中有不同的含义，目前依然缺少关于主体的统一明确的定义。主体是一种可与环境交互的真实或抽象的实体。许多主体可以在一个环境中共同生活，每个主体都可以积极地、自主地进行自我感知、推理、决策（蔡琳等，2007）。不同的研究人员在各自的研发系统中，为主体制定不同的结构，内容和能力，以方便在特定方向进行深入研究。

通常，在多主体模型中，一个主体需要具有以下特性。

（1）独立性。主体具有独立性，意味着主体可以不受外部环境的影响，自主决策和行动。主体的决策过程往往受到主体之间的交互作用、建模环境、模型设计等方面的影响。

（2）异质性。在多主体模型中，将异质性引入主体特征设计。例如，以人类为主体的建模过程可能考虑主体年龄、性别或工作；涉及房屋经纪人的多主体模型可能考虑买方经纪人、卖方经纪人等，不同主体具有独立的特征和行为准则。

（3）目标导向性。多主体模型在模拟过程中通常会设定模拟的目标，即该模拟过程的终点。

（4）反应性。在模型设计过程中，主体可以被设计为能够感知其他主体的存在。在该环境中，主体间可以进行相互作用，利用有益的环境特征并采取行动规避环境中的障碍。

（5）经济理性。在以往的建模过程中，个体往往被假定为遵从经济理性的选择（Axelrod，2007）。理性选择通常假设主体是理性的优化者，能够完美地获取信息，具有远见和无限的分析能力（Parker et al.，2003）。然而，正如Simon（1955）首次提出的那样，主体可能会受到其理性的限制。

（6）互动性。主体可以以多种方式与其他主体及其周边环境进行交互，交互模式可以基于空间临近度或基于网络连接（如社交或贸易网络）。

（7）流动性。主体可以在建模环境中移动，收集信息以进行决策，并且完成与其他主体的交互作用。当然，建模过程可以通过在空间上（如限于道路网络）或在拓扑上（如社交网络）设定限制，从而划定允许交互的空间。

（8）学习与适应。主体可以被赋予学习和适应的能力。

主体规则是分配给每个主体的一组命令，用于指导其行为和决策。主体规则会影响主体之间、主体与其周边环境之间的关系。就目前的ABM建模而言，如何为主体分配“准确的”规则仍是一个巨大挑战，建模者往往需要综合考虑已发表的文献、专家知识、实证数据分析等工作中的信息分配主体规则。

主体规则可统一应用于所有主体，也可单独对某一个主体进行设置。Heppenstall等（2006）利用ABM分析了加油站的运营情况，其中将每个加油站作为一个主体，每个主体都基于最大化利润的标准来完成决策和行动。主体规则通常基于“if-then-else”语句，一旦满足指定条件，主体便会执行某一种决策。在当前的ABM建模过程中，建模者通过在主体规则中嵌入“学习”功能，使得主体在模拟过程中可以自主修正主体规则。

在大数据时代，揭示个人偏好和观点信息的数据促使模型中主体个数增加的同时，也使得这些主体有充足的数据来学习和修正自身规则，从而能够更真实地反映人类的行为。例如，Malleson等（2010年）使用PECS（身体状况，情绪状态，认知能力和社会地位）框架分析了犯罪分子的动机和欲望，从而确定了更为准确的主体规则。官方调查机构和一些开放数据网站（如open street map）向社会提供着越来越多的空间数据，这也为ABM建模提供了一个创建更加贴近真实世界的“模拟”环境的机会。在这种高度接近真实世界的建模环境中，主体可以与其他主体发生交互作用或者与周边环境发生交互。在大数据时代，开放的个体数据、空间数据使得ABM被开发成为一种“微型实验室”，在该实验室之中，建模者可以对不同情景设定所导致的结果进行设定。在ABM中，我们可以测试现实世界中无法测试的一系列情况，如个人会对建筑物的火灾或市中心的爆炸产生怎样的反应。通过ABM模拟，我们就可以发现当前建筑中存在的问题（Castle，2007；Wagoum et al.，2012；Torrens，2012）。

3. 多主体模型的优缺点

计算机计算能力和数据种类、容量的增加改变了学者们对世界的观察和模拟方式。过去的研究人员往往根据抽象的理论（Christaller，1933）和加总的数据集来实现我们对周围世界的认识与了解。大数据时代，大量个人数据的涌入为我们开辟了新的方式来模拟复杂系统的流程和驱动力，如多主体模型建模。在地理方面的研究中，现在的研究人员常常将地理系统（如城市）视为受到无数个独立决定的驱动所组成的复杂系统（Batty，2013；O'Sullivan et al.，2012）。随着学者们对于个人决策重要性认识的不断加深，基于主体的建模方式逐渐成为一个新兴的、具有巨大潜力的模拟框架，ABM 可以在其中创建模拟并测试不同的政策情景、气候变化的影响。

ABM 在研究中存在一定优势。Crooks 和 Heppenstall（2012）指出 ABM 建模相对于其他建模方式的一些优势。这些优势包括通过自下而上的建模来捕获动态过程的能力，为研究社会和地理系统提供了虚拟的自然的环境（智能体可以其中模拟移动或者决策）；可以随时包含随机元素（如偶尔的政策扰动、或者气候突变），适应环境变化以及具有无限数量的参数和规则的能力。另外，Bonabeau（2002）提出了许多基于代理建模的优势：多主体之间的交互是复杂的、非线性的、不连续的或离散的，如果模拟过程希望描述单个行为的不连续性（如使用微分方程式），ABM 建模将会特别有用；ABM 中的主体可以代表任何类型的单位；主体间异质性还允许具有不同程度合理性的代理，这就意味着 ABM 中的主体并不一定是完全理性的，可以设置不同的理性程度。ABM 的另一个优点是可以模拟随时间变化而变化的动态过程，这在地理模拟过程中的优势极为明显。早期的城市建模存在较强的静态假定（Batty，1976），因此，研究具有较大的局限性。同时，ABM 在模拟中可以忽略空间尺度问题，研究范畴可以涵盖疏散过程中建筑物内行人的移动（Helbing，2001）、汽车在街道网络上的运动（Nagel，2003）和城市增长研究（Brown et al.，2005）等一系列问题。

ABM 被广泛普及，但是我们仍需要意识到 ABM 的主要限制。虽然不同的学科均可利用 ABM 完成建模分析，但是不同学科的 ABM 发展是相互隔离，这意味着 ABM 建模缺少普适性的方法，多数已完成的研究包含设计不当且不可复制的模型。尽管学术界内已有一些工作致力于创建公认的 ABM 建模架构，特别是 Grimm 等（2002）提出的概述，设计概念和详细信息协议，但是，目前仍没有形成统一的建模架构和协议。因此，学者们在建模时很难确定模型中的输入细节与可接受的抽象水平（Couclelis，2002；Crooks and Castle，2012），在考虑如何将人类行为嵌入 ABM 时，这个问题就变得更为困难。ABM 的另一个缺点是其建模过程对数据要求高。例如，有些 ABM 建模过程会涉及数百万个智能体，每个智能体都有各自的特征和行为规则或决策集。该规模的 ABM 建模不仅需要大量数据，同时需要对模型进行校准和验证，而评估模型的可信度也同样是 ABM 建模面临的巨大挑战。如果 ABM 建模结果要应用于政策领域，那对建模结果进行评估就至关重要，但是，评估过程通常被忽略或简化。

4. 多主体模型的应用进展

多主体模型的优点使得ABM在气候变化领域中获得广泛应用。由于ABM能揭示主体行为的特性，因此，应用该方法可以分析气候变化背景下人类的应对措施（如气候移民）。Hassani-Mahmooei和Parris（2012）以孟加拉国为例，利用ABM分析了气候变化背景下的移民情况。该研究表明，在人口密度大且经济发展相对落后的区域，气候变化所导致的移民规模较大，一系列的研究为当地应对气候变化提供了一定的科学支撑。除了应用于分析气候变化所导致的结果，ABM还被应用于应对气候变化的决策制定和政策分析研究。在过去，由于气候变化的过程往往涉及多个层面（地区，国家，全球）的、相互关联的物理和社会系统，因此，如何根据模型结果来制定应对气候变化的相关政策极具挑战性。所以，在人类的行为具有理性和同质性的假定下建构模型虽然使得模拟难度有所降低，但同时模型的有效性也有所降低。因此，Gerst等（2013）尝试提出一款基于多主体模型、用于气候变化政策制定的决策模型来模拟国际协议与国内政策之间的双向动态反馈。与此类似，Chappin等（2017）利用ABM构建了"能源建模实验室"工具，模拟欧盟的气候和能源政策。

1.3 气候变化经济影响的空间分异特征

现有研究已经揭示了气候变化对经济影响存在空间分异特征。气候变化对我国不同行业、部门以及地区的经济影响存在差异，我国正在面临经济转型与深化改革发展的关键期，气候变化会直接或间接地影响我国的民生与发展，因此，开展气候变化对人类社会经济影响的空间分异研究十分必要，力求将气候变化带来的不利影响控制在最低水平。

1.3.1 气候变化下农业系统经济影响的空间分异特征

1. 气候变化中气温变化对农业系统影响的空间分异特征

气温变化对农业经济产生影响并出现空间分异情况。过去100年，全球地表温度呈现显著的上升的趋势。在区域上，北半球中高纬地区气温上升显著，并且温度上升的幅度大于中低纬地区。在季节上，春季温度上升的幅度最强，秋季幅度最小，局部地区出现降温现象（任国玉等，2005）。由IPCC第四次评估报告可知，21世纪末地表平均气温将进一步增加1.1～6.4℃，冬季与春季温度上升将更为显著。就最近50年的温度变化情况而言，除西南地区出现降温外，全国各地增温明显，北方地区和青藏高原表现尤其显著，南方增温幅度小于北方。20世纪80年代中期以后，全国大部分地区多次出现偏暖年份，且偏暖程度加剧；冬季和春季增温明显，夏秋季节气温变化次之，其中春季增温主要发生在东北，秋冬季增温则主要发生在华北和西北地区。此外，西南地区和长江中下游地区分别出现春、夏季降温现象，气温升高延长农作物的生长季，增加农作物种植面积，气候变化会有利于中、高纬度地区的粮食生产（黄小燕等，2015），对低纬度地区的粮食生产可能产生负面影响。

2. 气候变化中降水变化对农业经济的影响

近百年来，全球降水量的不断改变也加剧了其空间异质性及对农业经济的影响。从全球范围而言，大陆地区降水平均增加了 2%，北美、北欧等中高纬度地区降水增加显著，非洲、北半球副热带等一些地区降水下降趋势明显。在季节视角，秋冬季节降水上升的趋势显著（李静等，2014）。气候模式模拟结果进一步显示，全球尤其是北半球中高纬地区降水将面临持续上升的趋势，低纬度地区降水会进一步下降。我国降水分布与世界降水分布情况整体类似，降水的季节性和区域性不平衡现象进一步加剧。降水是农业生产重要组成部分（刘光生等，2010），因此降水量的变化对农业生产有显著的影响。潘敖大等（2011）以江苏省 1896～2010 年粮食单产变化为研究对象，发现粮食产量和降水变化之间呈现负相关。周曙东和朱红根（2010）以及朱红根（2010a，2010b）研究了气温和降水量的变化对南方水稻的影响，结果表明，温度和降水的上升都会带来水稻亩产量的下降。

1.3.2 气候变化下工业系统经济影响的空间分异特征

1. 气候变化对矿业经济的影响

矿业容易受到高温、洪水、干旱等各种极端天气事件的影响，但气候变化可能会促进矿业的发展。如果全球气候变化导致气温上升，北极圈附近的冰开始融化，这将有助于进一步勘探石油、天然气和矿藏。北极附近的矿床开采规模将在未来几年内持续扩大（Mager, 2009），而格陵兰岛就是这一情景的典型代表。自 20 世纪中叶以来，专家一直在格陵兰岛进行调查，他们在北极圈厚厚的冰层下发现了丰富的矿产资源。不幸的是，由于冰层的厚度，采矿活动一直处于停滞状态。直到 21 世纪初，由于格陵兰冰盖开始融化，包括中国在内的一些国际能源和矿产资源公司纷纷参与（刘远哲等，2020）。气候变化使得这些矿产资源得以开采。

从经济效率来看，气候变化导致的气温上升有利于一些地区的经济发展，但可能会增加其他地区的成本。例如，在加拿大的西北部有许多偏远的矿井，60.9%的燃料必须由经过高速公路的卡车提供。不断升高的气温将导致现在的“冰路”堵塞，燃料供应将不得不依靠空运。空运每升燃料成本比公路运输高 0.75 美元，增加了运输成本（江慧珍，2016）。因此，这种情况下的采矿业对气候变化具有较高的敏感性。

具体地说，暴风雪、霜冻、极端寒冷等极端天气会影响采矿作业，而温度过高或过低也会影响工人的工作效率。风暴会导致采矿作业停止。这些极端天气事件目前较为常见，会影响短期经济增长。

根据目前的气候变化速度，极端天气事件可能在未来成为常态。基于这种预期，有必要寻找适应性的措施，以避免长期经济发展中的损失（Lemmen and Warren, 2004）。国际社会呼吁减少碳排放，许多国家在减排方面达成具体目标。作为温室气体排放较多的行业，不可避免地面临着很大的压力。一方面，许多不符合标准的矿产企业需要关闭，另一方面，与减排相关的经济成本较高，关闭矿井导致大量失业，许多矿工和相关行业的从业者开始集体抗议（Martus, 2019）。因此，以俄罗斯为代表的能源消耗大国在实施“无碳”政策时遭遇了巨大阻力。

2. 气候变化对制造业经济的影响

制造业对气候变化响应的潜在机制相对复杂（Kirsty and van Winden, 2012）。制造业涉及的部门非常广泛，气候变化对不同部门的影响差别很大。升温增加了空调的使用，从而促进空调制造业的发展。在马来西亚，由于气温升高，空调的使用得到加强，空调生产从2000年初到2002年底的增长率高达5000%（Yau and Pean, 2011）。气候变化也可以通过影响能源和电力的供应安全来影响制造业产出。制造业高度依赖化石能源，主要的工业制成品出口大国同时也是主要的能源进口国，能源生产和分配对制造业的影响大于制造过程。极端天气事件对制造业本身的影响相对微弱，主要原因是大多数生产活动都是室内作业。一般情况下，极端事件会通过其他相关工业部门，如电力行业、能源行业、交通运输行业等间接影响制造过程。例如，风暴会影响运输效率，延长运输时间，从而增加产品的成本；气温升高影响发动机效率，冻土融化需要提高基础设施建设质量（Kirsly and Claire, 2012）。电力供应不足严重影响了生产过程的正常运行。尼日利亚60%的电力由私人提供，停电率极高，这极大地影响了食品生产和化工生产的产值（Ajagbe and Ajetomobi, 2017）。极端天气事件可能导致大面积停电，限制了制造业经济的发展。当然，这些事件对不同地区的制造业产生了不同的影响。以南京为例，降水对制造业的影响是负面的，降水增加会导致制造业产出减少0.09%。

3. 气候变化对建筑业经济的影响

气候变化对建筑业的影响主要集中在制冷和采暖能耗方面（Merz, 2010）。在这方面，一些研究通过比较不同年份的能源消耗来量化气候变化对建筑业造成的经济损失。例如，采用GCMs模型模拟南欧地区的建筑能耗。这些模型发现，随着温度的持续升高，供热需求和制冷需求呈上升和下降的相反趋势，总能耗持续增加。日本研究人员还利用GCM数据对东京建筑能耗进行了模拟，发现气温上升会增加建筑的能源负荷。从而进一步增加经济成本。通过上述模型模拟，研究人员可以识别气候变化随时间的影响，并制定相应的政策和措施，减少这些影响对建筑业的影响。

1.3.3 气候变化下服务业经济影响的空间分异特征

气候变化已经对社会经济系统造成了显著的影响，对人类的生存环境和社会经济的可持续发展形成威胁（Kua and Gunawansa, 2010）。郭佩佩等（2013）指出，地区的经济结构复杂性与受灾程度有相关关系，当某一区域经济结构较为单一，农民的经济收入主要来自农业、畜牧业等行业，那么气候变化导致的损失会较经济结构相对复杂的区域大。

从全球范围来看，气候变化对于所有的产业和部门均造成了影响，但是由于产业和部门本身特征的差异，不同部门对于气候变化的承受能力是有所差异的。农业部门易受到气候变化影响的部门（李小云等，2010）。刘昌义和何为（2016）指出，气候造成的影响可能包括债务违约，从而导致银行的系统性损失；企业盈利能力下降，再加上全球变化带来的损害，会影响投资者的信心，导致流动性偏好上升，并且企业部门发行的金融工具被低价售出，造成亏损。

1.4　气候变化经济影响适应性行为

1.4.1　气候变化经济影响适应性行为的概念与内涵

“适应”一词的概念经过不断地发展和完善。“适应”最初的定义来自生物学，指生物在生存竞争中适合环境条件而形成一定性状的现象，是自然选择的结果。后来“适应”的概念扩展到文化和社会经济等领域（方一平等，2009）。政府间气候变化专门委员会（IPCC）在 2007 年第四次评估报告中把适应定义为“自然或者人类系统对实际或者预期的气候刺激及其影响的调整，从而缓解危害或利用有益的机会”（IPCC，2007）。该定义明确了 3 个方面的关键内容。

第一，阐明了气候变化的受体，即自然和人类系统。第二，阐明了适应气候变化的内容与途径，即对实际或者预期的气候刺激及其影响的调整。一般来说，气候刺激及其影响包括 3 个方面：①气候因素的趋势变化。从全球来看，普遍性的气候变化趋势是气候变暖和 CO_2 浓度增高，有些地区还有变干或变湿的趋势。此外，世界多地的太阳辐射强度和风速在下降，并由此导致蒸散量的下降。②极端天气、气候问题危害加大。极端天气的发生频率显著增加，并且由气候变化造成的经济、社会和生态损失在不断增加。③气候变化引起了一连串生态后果，即气候变化的间接影响。其中最严重的是海平面上升、冰雪融化、冻土层变薄、海洋酸化、生态系统演替和生物多样性改变等。在上述 3 个方面的气候刺激和影响中，负面效应是主要的，需要得到人类的高度警惕，相关政府机构和部门也要采取有效适应措施来应对气候变化带来的不利影响。第三，“适应”的目标是避害趋利（陈宜瑜，2004）。避害指最大限度地降低气候变化对自然系统和人类社会的不良影响，趋利则是指尽可能运用气候变化带来的有益机会，避害趋利也是气候变化适应工作的基本准则。

适应体现了人与自然和谐相处的理念，意味着人类必须依照自然规律调节和规范自己的行为，而不是一味地征服自然，并试图改变它。减缓是指从根源上减轻影响气候变化行为的发生，是应对气候变化的根本对策。但由于气候变化具有巨大的惯性，即使人类在将全球温室气体排放强度降低到工业革命前的水平，全球变暖仍然要延续一二百年甚至更长的时间（潘志华和郑大玮，2013）。此外，目前世界上大多数发展中国家仍处于工业化和城镇化进程中，短期内难以遏制能源消耗和温室气体排放增长趋势。因此，人类还要通过采取适应对策来最大限度地减轻气候变化带来的不利影响，即减缓与适应两者相辅相成。

适应是一个动态过程。自大气圈形成以来，全球气候就一直处于演变中，几千年的文明进化史也是人类通过技术与社会不断进步来适应气候演变的过程。在这个意义上，我们能认为，适应是生物进化和人类社会进步的一种动力。

1.4.2 政府视角下气候变化经济影响适应性行为特征

早在1990年，《联合国气候变化框架公约（UNFCCC）》召开的第1次缔约方会议（COP1）中就指出了气候变化的影响与适应问题，2001年IPCC正式发布的3次评估报告进一步强调了人类适应气候变化的必要性（IPCC，2001）。各缔约方在2003年的第9次缔约方会议（COP9）中就科学、技术和社会发展等领域针对气候变化适应开展研究和行动达成了共识；第10次缔约方会议（COP10）于2004年举行，各缔约方进一步制定了气候变化影响、脆弱性和适应性的5年工作计划，并在2005年第11次缔约方会议（COP11）上获得通过；2006年第12次缔约方会议（COP12）各缔约方进一步细化了气候变化影响、脆弱性和适应性的工作计划，并将其命名为内罗毕工作计划（NWP）（UNFCCC，2007）。2007年召开的第13次缔约方会议（COP13）将适应气候变化作为重要的谈判内容之一，《巴黎行动计划》首次明确指出气候变化适应并非减排的补充，气候变化适应与减排同样重要（UNFCCC，2007）。在第15次缔约方会议（COP15）上，发达国家集体承诺支持气候变化的适应和减缓，2010～2012年通过国际机构提供约300亿美元的资金，并承诺帮助解决发展中国家的适应需要，设立了到2020年在解决气候变化适应问题上共同调动达到1000亿美元/年的目标（UNFCCC，2009）。在第16次缔约方会议（COP16）上各缔约方决定建立以适应委员会、国家适应计划进程、损失与危害工作计划、国家机制安排和区域适应中心为主要内容的《坎昆适应框架》，以解决适应气候变化行动的短期和分散问题。第17次和第18次缔约方会议建立了最不发达国家基金和气候变化特别基金以分别支持最不发达国家和其他发展中国家的国家适应计划进程（UNFCCC，2011，2012）。第19次缔约方会议（COP19）进一步建立了华沙损失与危害国际机制，并设立了执行委员会（UNFCCC，2014）。孟加拉国政府设立了NAPA和BCCSAP两大项目以帮助农业适应气候变化（黄安翌，2020），在综合灾害管理、基础设施和粮食安全等基础上开展例如培育新品种、调整种植模式、废物堆肥和沿海造林等多个项目以降低该国农业受气候变化影响的程度。

中国政府高度重视气候变化的应对工作。2007年成立了由国务院总理任组长的国家应对气候变化及节能减排工作领导小组，并于2007年和2011年先后发布了《气候变化国家评估报告》和《第二次气候变化国家评估报告》。国家发展和改革委员会在2007年发布了《应对气候变化国家方案》，在2008年发布了《中国应对气候变化的政策与行动》白皮书。上述文件设置了专门的章节对我国适应气候变化领域的工作和任务进行了系统的阐述。科技部在“十一五”国家科技支撑计划“全球环境变化应对技术研究与示范”重大项目中，专门安排了“气候变化影响与适应的关键技术研究”课题，开展适应气候变化国家战略专题研究，并组织编写出版了《适应气候变化国家战略研究》一书（科学技术部社会发展科技司和中国21世纪议程管理中心，2011）。2011年“十二五”规划纲要明确要求“制订国家适应气候变化战略”，根据这一要求，国家发展和改革委员会组织编写了《国家适应气候变化战略》作为我国第一部适应气候变化的国家战略。

《国家应对气候变化规划（2014—2020年）》中讨论了解决气候变化对生产负面影响的措施，充分表明农业生产在气候变化中的脆弱性及采取应对措施重要性。规划针对各地区特点，因地制宜，提出了以下措施，加强东北平原作物栽培区域北移的能力，加强对黑土地的保护，积极实行保护性耕作，妥善增加晚熟和中晚熟等品种的份额，积极发展优质粳稻、特制玉米、高油大豆和优质畜牧产品，拓展品种的范围；加强华南沿海水域的保护，健全沿海地区的灾害应对系统，加强沿海森林保护区系统，提高沿海地区抵御海洋灾害的能力；积极建设高质量的水稻工业、甘蔗工业和水产业。从宏观层面上通过建立自上而下、符合当地特色的措施来指导当地的农业生产，减少气候变化对农业造成的不利影响。Lu（2016）以内蒙古自治区额济县和宁夏回族自治区盐池县为研究区域，探究了对气候变化的适应是如何发生的，当地政府为应对气候变化下的草场退化，实施的放牧禁令和圈养棚屋搭建、设施采购补贴的政策导致当地牧民改变了以往的联合放牧，更倾向于圈养，由此得出，适应是制度、社会经济和气候变化共同影响的结果。

1.4.3 农户视角下气候变化经济影响适应性行为特征

气候变化感知是影响农户适应性决策的关键因素（Below et al.，2012），农户对气候变化的感知差异直接影响其对气候变化的适应能力和适应性行为的执行效果，当农户感知到气候变化的风险较弱时，其采取适应性措施的可能性就会降低；相反，当农户感知到气候变化的风险较强时，会更迫切地实施适应行为（Grothmann and Patt，2005）。王亚茹等（2016）以地处青藏高原东缘的甘南高原为研究区，探究农户的适应行为，进一步探究有效的气候变化适应性政策。通过对气象数据和入户调查数据进行分析，发现在气候变暖之下，纯牧区农户大多选择减少牲畜，而半农半牧区和农区农户大多选择提前转场或调整农时，并且农户所拥有的资源禀赋对于其感知能力与适应策略多样化程度有很高的相关性。其中，人力资本是影响农户选择气候变化适应策略类型的最主要因素。吴婷婷（2015）基于364个农户调查数据对南方稻农的气候变化应对策略进行分析，研究结果表明农户最可能采用的气候变化适应措施是采用优良品种，其次是转向非农就业、修缮灌溉沟渠、改变灌溉频率、调整插播时间、购买农业保险、采用保护性耕作技术、多样化种植、调整施肥施药行为和改种其他作物。钱凤魁等（2014）指出当前主要适应技术措施包括调整农业种植制度和布局、选育优良农作物品种、加强农业气候灾害防控、加强农业基础设施建设等，在此基础上分析了气候变化适应能力减少对农业领域的影响，并据此提出未来发展对策。Wang 等（2016）以西藏北部草原为研究对象，通过入户调查探究当地牧民对气候变化的适应策略，发现为了应对草原在气候变化背景下的高度脆弱性，西藏北部牧民的迁移放牧变得不再频繁，牧民会选择圈养牲畜，从市场上购买饲料、储存饲料、加入合作社或增加生计多样化来满足牲畜需求。

在昌都市八宿县，自20世纪90年代开始在气候变化的影响下，当地牧民逐步感受到气温和降水不稳定性的增加、降雨延迟和夏季缩短，同时，气候变化会引起草地生产力下降和牲畜产奶量及繁殖率的降低。为了应对生产力和产量的下降，牧民采取以下方法来应对，将牧场划分为较小的区域轮流使用、改善饲料存储条件、用铁丝网而非人工或草墙来扩大牧场、购买小麦草代替大麦草和大麦粒作为牦牛的饲料；在养殖的同时，进行采集虫草以补贴因气候变化而减少的收入（摆万奇等，2012）。为应对干旱，青海省农牧民会采取很多措施，例如贩卖牲畜、购买草料，在种植业上采用节水灌溉技术、增加地膜覆盖面或以秸秆覆盖、调整作物种植结构、改变作物品种、外出打工和增加农药使用强度等（周尧治等，2013）。侯志瑞（2018）等对湟水中游乐都区为研究对象，发现在不同的海拔高度上，农户对气候变化的感知不同，应对气候变化所选择的策略也不相同，农牧民通过调整作物种植时间、增加农业投入、调整作物品种、扩大种植业规模和生计多样化等策略来应对感知到的气候变化。朱红根（2010）以南方稻区为研究区域，运用模型探究了农户适应气候变化保护性耕作行为的影响因素，主要包括农户个人及家庭特征、社会资本、信息可获性及地理位置等因素。欧阳进良等（2003）对各农业生态经济分区的土壤质量状况进行研究，认为干旱背景下农户主要通过调整种植行为、经营投入和资源利用等行为对土壤质量进行改善，以便保持干旱天气下增收。郝仕龙等（2007）通过对耕地变化的研究，认为农户应对气候变化的选择与自然环境和社会经济结构密切相关，受耕地利用形式变化、耕地集约度变化、外出劳务和季节性零工的影响。丁勇等（2011）的研究发现半农半牧区的“三农”问题较为突出，是水资源匮乏、基础设施缺乏、全球气候变化反应敏感的生态脆弱带，研究农户的家庭基本状况与经营现状对于改善当地生产条件具有重要意义。

在适应性行为影响因素方面，王亚茹等（2016）以甘南高原为研究对象，分析气候变化对农户生计的影响，同时利用多元线性回归模型和多项 logistic 回归模型和入户调查分析影响农户适应策略选择的因素，研究发现，农户拥有的人力、自然、金融资本及其严重性感知、适应效能感知与自我效能感知均与适应策略多样化程度呈显著正相关。吴婷婷（2015）以江苏和安徽省的水稻主产区为研究区域，使用泊松回归模型分析了农户适应气候变化的行为选择与影响因素。研究发现，农户采用最多的适应措施是使用优良品种、转向非农就业和改变灌溉频率，其次，户主性别、受教育年限、家庭规模、收入结构、种植规模、社会资本、气象信息和农技服务等因素对农户适应气候变化行为有显著影响。Derssa 等（2009）指出，农户的个体特征、社会资源、气候特征等因素均会影响农户的气候变化适应措施，而缺乏资金和适应信息是造成适应困难的两个主要障碍。吕亚荣等（2010）通过研究发现，大部分农民能够认识到气候变化的现象及其影响，但一半以上的农户并未采取适应气候变化的措施，农民的年龄、受教育程度和认知水平对其是否采取主动适应气候变化行为影响显著。朱红根等（2010）基于 36 个县的农户调查数据，运用 Heckman Probit 选择模型实证分析了影响农户气候变化感知及其适应行为决策的因素，研究发现，除了农户的个体特征会影响气候变化适应决策之外，可借款人数、外出频率、休闲频率及气象信息服务等因素也会对其适应决策产生一定显著影响。

1.5 小　结

全球气候变化是人类迄今为止面临的规模最大、范围最广、影响最为深远的挑战之一，也将是影响未来世界经济和社会发展、重构全球政治和经济格局的最重要因素之一。为了准确刻画气候变化对人类社会经济发展的影响，科学家们提出了一系列的理论、方法与模型，为量化气候变化与经济发展之间的关系奠定了扎实的基础。实验经济学有别于传统经济学，通过可控的实验数据代替实际数据，成为实证经济分析的有力工具，并已广泛应用于气候变化及其经济影响研究中，可为资源环境利用与保护相关的公共政策制定与设计提供更为科学的依据。投入产出模型可以根据数据获取情况来决定是选择多部门的投入产出表还是少部门的投入产出表，进而可以分析国民经济系统中各部门之间错综复杂的关系情况，具有较强的灵活性，是进行灾害间接经济损失评估的一种较好的模型方法，应用于经济分析、水资源评估、企业减排、灾害评估及绿色 GDP 领域，同时在气候领域的应用也不断完善和发展。气候变化的过程往往涉及多个层面（地区、国家、全球）、相互关联的物理和社会系统，如何根据模型结果来制定应对气候变化的相关政策极具挑战性，多主体模型能揭示主体行为的特性，除了应用于分析气候变化所导致的结果，多主体模型还能为应对气候变化的决策制定、政策分析和措施制定提供依据。

此外，气候变化对经济影响存在空间分异特征，全球气候变暖加剧了经济上的不平等，全球气候变化导致的气温上升有利于一些地区的经济发展，但可能会增加其他地区的成本。气候变化对我国不同行业、部门以及地区的经济影响存在差异，会直接或间接地影响我国的民生与发展。此外，气候变化对农业、工业和服务业的影响，因纬度、地区、季节、降水等因素的不同而不同。

世界各国都十分重视气候变化与适应问题，在《联合国气候变化框架公约（UNFCCC）》召开的多次缔约方会议中，都提到了气候变化影响、适应性的工作计划，力求降低各国受气候变化的不良经济影响。我国也高度重视应对气候变化工作，成立了国家应对气候变化及节能减排工作领导小组，发布了《应对气候变化国家方案》，编写了《国家适应气候变化战略》，针对各地区特点，因地制宜。而农户是受气候变化影响较大的群体，农户对气候变化的感知差异直接影响其对气候变化的适应能力和适应性行为的执行效果，当感知到气候变化的风险较弱时，农户采取适应性措施的可能性就会降低，相反，当感知到气候变化的风险较强时，会更迫切地实施适应行为。农户适应性行为受多方面因素影响，户主性别、受教育年限、家庭规模、收入结构、种植规模、社会资本、气象信息和农技服务等因素对农户适应气候变化行为具有显著影响。人们对气候变化关注度不断增加，气候变化对经济产生的影响以及气候变化经济影响模型、方法与技术体系仍需要进一步的研究和完善。

参 考 文 献

摆万奇, 张镱锂, 刘林山, 等. 2012. 黄河源地区藏族游牧对气候变化的适应性. 自然资源学报, 27(12): 2030-2038.

蔡琳, 薛惠锋, 寇晓东. 2007. 基于 CAS 的城市空间演化多主体模型方法研究. 计算机仿真, 24(4): 145-148.

陈宜瑜. 2004. 对开展全球变化区域适应研究的几点看法. 地球科学进展, 19(4): 495-499.

陈雨露. 2019. 在“2019 中国金融学会学术年会暨中国金融论坛年会”的演讲. http://www.cff.org.cn/zgjrlt/139824/139838/140094/index.html[2019-12-21].

陈正洪, 肖玫, 陈璇. 2008. 樱花花期变化特征及其与冬季气温变化的关系. 生态学报, 28(11): 5209-5217.

丑洁明, 叶笃正. 2006. 构建一个经济–气候新模型评价气候变化对粮食产量的影响. 气候与环境研究, 3: 347-353.

丁勇, 侯向阳, 尹燕亭, 等. 2011. 半农半牧区农户生产现状及对气候变化的感知与应对——基于内蒙古林西县的调查研究. 中国农学通报, 27(14): 104-112.
方一平, 秦大河, 丁永建. 2009. 气候变化适应性研究综述——现状与趋向. 干旱区研, 26(3): 299-305.
冯相昭, 邹骥, 马珊, 等. 2007. 极端气候事件对中国农村经济影响的评价. 农业技术经济, 2: 19-25.
郭佩佩, 杨东, 王慧. 2013. 1960-2011 年三江源地区气候变化及其对气候生产力的影响. 生态学杂志, 32(10): 2806-2814.
郝仕龙, 孟凡玲, 柯俊. 2007. 黄土丘陵区耕地变化与农户经济行为响应. 中国生态农业学报, 15(3): 172-174.
黄安翌. 2020. 气候变化背景下政府政策对农牧民适应策略的影响. 重庆: 西南大学.
黄维, 邓祥征, 何书金, 等. 2010. 中国气候变化对县域粮食产量影响的计量经济分析. 地理科学进展, 29(6): 677-683.
黄小燕, 李耀辉, 冯建英, 等. 2015. 中国西北地区降水量及极端干旱气候变化特征. 生态学报, 35(5): 1359-1370.
江慧珍. 2016. 气候变化对中国农业影响的经济分析. 南昌: 江西农业大学.
蒋选, 杨万东, 杨天宇. 2006. 产业经济管理. 北京: 人民大学出版社.
科学技术部社会发展科技司, 中国 21 世纪议程管理中心. 2011. 适应气候变化国家战略研究. 北京: 科学出版社.
李春华, 张德琼, 方益杭, 等. 2012. 基于 IO 模型的 2008 年冰雪灾害对湖南省经济影响的定量评估. 中南林业科技大学学报, 32(12): 12-16.
李建波, 王建新, 刘建雄. 2002. 云南省产业结构的投入产出关联度分析. 昆明理工大学学报(理工版), 27(1): 117-119.
李建利, 王灿. 2018. 基于投入产出模型的气象灾害间接经济损失评估——以广东省台风灾害为例. 中国环境科学学会. 2018 中国环境科学学会科学技术年会论文集(第一卷). 北京: 中国环境科学学会: 11.
李静, 何清, 姚俊强, 等. 2014.内蒙古西部地区气候变化特征及影响因子分析. 干旱区资源与环境, 28(5): 186-191.
李小云, 齐顾波, 徐秀丽. 2010. 气候变化的社会政治影响: 脆弱性、适应性和治理——国际发展研究视角的文献综述. 林业经济, 7: 121-128.
林均岐, 钟江荣. 2007. 地震灾害产业关联损失评估. 世界地震工程, 23(2): 37-40.
刘昌义, 何为. 2016. 气候变化与经济增长的关系研究. 天津大学学报(社会科学版), 18(5): 424-431.
刘光生, 王根绪, 胡宏昌, 等. 2010. 长江黄河源区近 45 年气候变化特征分析. 资源科学, 8: 1486-1492.
刘校辰, 梁卓然, 穆海振. 2014. 气候变化对城市能耗及其碳排放的影响评估研究//中国气象学会. 第六届海峡论坛 2014 年两岸民生气象论坛文集. 福州: 福建省气象科学研究所.
刘燕华, 钱凤魁, 王文涛, 等. 2013. 应对气候变化的适应技术框架研究. 中国人口·资源与环境, 23(5): 1-6.
刘远哲, 宋伟, 赵东升, 等. 2020. 气候变化对工业经济系统的影响研究进展(英文). 资源与生态学报: 英文版, 11(1): 1-12.
刘志彪, 王国生, 安国良. 2001. 现代产业经济分析. 南京: 南京大学出版社.
罗慧, 许小峰, 章国材, 等. 2010. 中国经济行业产出对气象条件变化的敏感性影响分析. 自然资源学报, 25(l): 12-20.
吕亚荣, 陈淑芬. 2010. 农民对气候变化的认知及适应性行为分析. 中国农村经济, 7: 75-86.
孟彦菊. 2009. 投入产出模型扩展研究. 成都: 西南财经大学.
宁思雨, 黄晶, 汪志强, 等. 2020. 基于投入产出法的洪涝灾害间接经济损失评估——以湖北省为例. 地理科学进展, 39(3): 420-432.
欧阳进良, 宇振荣, 张凤荣. 2003. 基于生态经济分区的土壤质量及其变化与农户行为分析. 生态学报, 23(6): 1147-1155.
潘志华, 郑大玮. 2013. 适应气候变化的内涵、机制与理论研究框架初探. 中国农业资源与区划, 34(6): 12-17.
钱凤魁, 王文涛, 刘燕华. 2014. 农业领域应对气候变化的适应措施与对策. 中国人口•资源与环境, 24(5): 19-24.
任国玉, 郭军, 徐铭志, 等. 2005. 近50年中国地面气候变化基本特征. 气象学报, 53(6): 942-956.
桑东莉. 2010. 气候变化对中国旅游业持续发展的影响及应对措施. 中国环境管理干部学院学报, 20(2): 7-10.
孙宁. 2008. 气候变暖对我国制造业创新发展的影响. 第四届中国科学学与科技政策研究会学术年会论文集.
王桂芝, 李霞, 陈纪波, 等. 2015. 基IO模型的多部门暴雨灾害间接经济损失评估——以北京市“7·21”特大暴雨为例. 灾害学, 30(2): 94-99.
王海滋, 肖光先. 1998. 从多侧面评估地震灾害的产业关联间接经济损失. 灾害学,(2): 3-5.
王守荣, 杨听, 达庆利, 等. 2000. 我国气候异常直接经济损失预测模型. 地理学报, 55(增刊): 163-164.
王文举, 任韬. 2004. 博弈论、经济仿真与实验经济学. 首都经济贸易大学学报,(1): 20-24.
王亚茹, 赵雪雁, 张钦, 等. 2016. 高寒生态脆弱区农户的气候变化适应策略——以甘南高原为例. 地理研究, 35(7): 1273-1287.
吴婷婷. 2015. 南方稻农气候变化适应行为影响因素分析——基于苏皖两省364户稻农的调查数据. 中国生态农业学报, 23(12): 1588-1596.
吴息, 缪启龙, 顾显跃, 等. 1999. 气候变化对长江三角洲地区工业及能源的影响分析. 南京气象学院学报, 22: 541-546.
杨顺顺. 2012. 农村环境管理模拟——农户行为的仿真分析. 北京: 科学出版社.
袁砚方. 2019. 京津冀地区温室气体排放与转移研究. 北京: 中国地质大学(北京).
袁迎蕾. 2013. 2008年江苏省热带气旋灾害间接经济损失评估研究. 南京: 南京信息工程大学.
张鹏, 李宁, 刘雪琴, 等. 2012. 基于投入产出模型的洪涝灾害间接经济损失定量分析. 北京师范大学学报(自然科学版), 48(4): 425-431.
张晓天, 张玉征, 张凤武, 等. 2013 煤矿企业绿色投入产出模型相关研究综述. 煤炭技术, 32(7): 1-2.
张永勤, 缪启龙. 2001. 气候变化对区域经济影响的投入-产出模型研究. 气象学报, 59(5): 633-640.
赵秀恒.1997. 投入产出模型求解条件的进一步研究.统计研究,(1): 63-64.
中华人民共和国国家发展和改革委员会. 2007. 中国应对气候变化国家方案. http: //www. sdpc. gov. cn/xwfb/t20070604_139486. htm[2021-06-18].
周蕾, 吴先华, 高歌. 2018. 基于MRIO模型的“一带一路”典型国家气象灾害间接经济损失分析——

以 2014 年中国“威马逊”台风灾害为例. 自然灾害学报, 27(5): 1-11.

周曙东, 朱红根. 2010. 气候变化对中国南方水稻产量的经济影响及其适应策略. 中国人口·资源与环境, 20(10): 152-157.

周尧治, 贾根锁, 郭英春, 等. 2013. 青藏高原乡村人群对气候变化影响的感知与适应. Climate Change Research Letters, 2(4): 169-173.

朱红根. 2010a. 气候变化对中国南方水稻影响的经济分析及其适应策略. 南京: 南京农业大学.

朱红根. 2010b. 南方稻区农户适应气候变化保护性耕作行为研究. 农林经济管理学报, 9(1): 22-26.

Ajagbe F A, Ajetomobi J O. 2017. Impact of investment climate on total factor productivity of manufacturing industries in Nigeria. Mediterranean Journal of Social Sciences, 8(4): 163-174.

Anselin L. 1988. Spatial Econometrics: Methods and Models. London:Pion.

Axelrod R. 2007.Simulation in the social sciences //Rennard J. Handbook of Research on Nature Inspired Computing for Economy and Management. Hershey, PA: Idea Group.

Batty M. 1976. Urban Modelling: Algorithms, Calibrations, Predictions. Cambridge: Cambridge University Press.

Batty M. 2013.The New Science of Cities. Cambridge, MA: MIT Press.

Below T B, Mutabazi K D, Kirschke D, et al. 2012.Can farmers' adaptation to climate change be explained by socio-economic household-level variables? Global Environmental Change, 22(1): 223-235.

Bohm P. 1997. Joint implementation as emission quota trade: an experiment among four Nordic countries. Coenhagen:Nordic Council of Ministers.

Bonabeau E. 2002.Agent-based modelling: methods and techniques for simulating human systems. Proceedings of the National Academy of Sciences, 99(3): 7280-7287.

Bosetti V, Carraro C, Massetti E, et al. 2008. International energy R&D spillovers and the economics of greenhouse gas atmospheric stabilization. Energy Economics, 30(6): 2912-2929.

Brown D G, Page S E, Riolo R, et al. 2005. Path dependence and the validation of agent-based spatial models of land use. International Journal of Geographical Information Science, 19(2): 153-174.

Burlando R, Guala F. 2005. Heterogeneous agents in public goods experiments. Experimental Economics, 8(1): 35-54.

Castle C J E. 2007.Guidelines for assessing pedestrian evacuation software applications. London: Centre for Advanced Spatial Analysis(University College London).

Chappin E J L, De Vries L J, Richstein J C, et al.2017. Simulating climate and energy policy with agent-based modelling: The Energy Modelling Laboratory(EMLab). Environmental Modelling and Software, 96(10): 421-431.

Christaller W. 1933. Die Centralen. Jena: Gustav Fischer.

Couclelis H. 2002.Modelling frameworks, paradigms, and approaches // Clarke K C, Parks B E, Crane M P. Geographic Information Systems and Environmental Modelling. Upper Saddle River, NJ: Prentice Hall: 36-50.

Crooks A T, Castle C. 2012. The integration of agent-based modelling and geographical information for geospatial simulation // Heppenstall A J, Crooks A T, See L M, et al. Agent-Based Models of

Geographical Systems. Dordrecht: Springer: 219-252.

Dong Z Q, Wang H, Wang S X, et al. 2020.The validity of carbon emission trading policies: evidence from a quasi-natural experiment in China. Advances in Climate Change Research, 11(2): 102-109.

Dutton J R. 2002. Opportunities and priorities in a new era for weather and elimate serviees. Bulletin of the American Meteorological Society, 83: 1303-1311.

Emmanuel B, Gaël G, Florent M I. 2018. Coping with collapse: a stock flow consistent monetary macro dynamics of global warming.Ecological Economics, 147.

Fischbacher U, Chter S G, Fehr E. 2001. Are people conditionally cooperative? Evidence from a public goods experiment. Economics Letters, 71(3): 397-404.

Gbetibouo G A, Hassan R M. 2004. Measuring the economic impact of climate change on major South African field crops: a Ricardian approach. Global and Planetary Change, 47(2): 143-152.

Gerst M D, Wang P, Roventini A, et al. 2013. Agent-based modeling of climate policy: an introduction to the ENGAGE multi-level model framework. Environmental Modelling and Software, 44(6): 62-75.

Grimm V. 2002. Visual debugging: a way of analyzing, understanding, and communicating bottom-up simulation models in ecology. Natural Resource Modeling, 15(1): 23-38.

Grothmann T, Patt A. 2005. Adaptive capacity and human cognition: the process of individual adaptation to climate change. Global Environmental Change, 15(3): 199-213.

Günther S A, Staake T, Schb S, et al. 2020. The behavioral response to a corporate carbon offset program: a field experiment on adverse effects and mitigation strategies. Global Environmental Change, 64: 102123.

Hassani-Mahmooei B, Parris B W. 2012. Climate change and internal migration patterns in Bangladesh: an agent-based model. Environment and Development Economics, 17(6): 763-780.

Hayo B, Vollan B . 2012. Group interaction, heterogeneity, rules, and co-operative behaviour: evidence from a common-pool resource experiment in South Africa and Namibia. Journal of Economic Behavior and Organization, 81(1):9-28.

Helbing D. 2001. Traffic and related self-driven many-particle systems. Reviews of Modern Physics, 73(4): 1067-1141.

Heppenstall A J, Evans A J, Birkin M H. 2006. Using hybrid agent-based systems to model spatially-influenced retail markets. Journal of Artificial Societies and Social Simulation, 9(3): 2.

Hoel M, Karp L. 2001. Taxes, quotas for a stock pollutant with multiplicative uncertainty a crosscountry comparison. Journal of Environmental Economics and Management,57(2): 140-150.

Hope C, Anderson J, Wenman P. 1993. Policy analysis of the greenhouse effect: an application of the PAGE model. Energy Policy, 21(3): 27-338.

IPCC. 2001. Climate Change 2001: Impacts, Adaptation and Vulnerability. Contribution of Working Group II to the Third Assessment Report of the Intergovernmental Panel on Climate Change. Cambridge: Cambridge University Press.

IPCC. 2007. Summary for Policymakers of the Synthesis Report of the IPCC Fourth Assessment Report. Cambridge: Cambridge University Press.

Janssen M A, Anderies J M. 2011. Governing the commons: learning from field and laboratory experiments.

Ecological Economics, 70(9):1569-1570.

Johnson L E. 1990. Computer-aided planning for multiple-purpose reservoir operating policies. JAWRA Journal of the American Water Resources Association, 26(2):299-311.

Kabubo M J, Karanja F K. 2007. The economic impact of climate change on Kenyan crop agriculture: a ricardian approach. Global and Planetary Change, 57(3): 319-330.

Keser C F, van Winden.2000. Conditional cooperation and voluntary contributions to public goods. Scandinavian Journal of Economics, 102(1): 23-39.

Kirsty L, Claire W. 2012. Manufactured commodities and climate change.Climate Policy, 12: S62-S72.

Kua H W, Gunawansa A. 2010. A multi-scale analysis of possible conflicts between climate change mitigation and adaptation initiatives in the building industry and human settlement. Progress in Industrial Ecology,7(3): 219-238.

Lemmen D S, Warren F J. 2004. Climate change impacts and adaptation: a Canadian perspective. Natural Resources Canada, Ottawa, Ontario: 174.

Lu Y. 2016.Agro-pastoralism under climate change: institutions and local climate adaptations in northern China. Land Use Policy,58: 173-182.

Mager D. 2009. Climate change, conflicts and cooperation in the arctic: easier access to hydrocarbons and mineral resources? The International Journal of Marine and Coastal Law, 24(2): 347-354.

Malleson N, Heppenstall A, See L. 2010. Crime reduction through simulation: an agent-based model of burglary. Computers, Environment and Urban Systems, 34(3): 236-250.

Martus E. 2019. Russian industry responses to climate change: the case of the metals and mining sector. Climate Policy, 19(1): 17-29.

Mason C F, Phillips M O R. 1997.Mitigating the tragedy of the commons through cooperation: an experimental evaluation. Journal of Environmental Economics and Management, 34(2): 148-172.

Mendelsohn R. 2008. The impact of climate change on agriculture in developing countries. Journal of Natural Resources Policy Research, 1(1): 5-19.

Merz B. 2010. Review article “Assessment of economic flood damage”. Natural Hazards and Earth System Sciences, 10(8): 735-740.

Nagel K. 2003. Traffic networks//Bornholdt S, Schuster H. Handbook of Graphs and Networks: from the Genome to the Internet. Weinheim: Wiley-VCH: 248-272.

Nordhaus W D. 1992. An optimal transition path for controlling greenhouse gases. Science, 258: 131-519.

Nordhaus W D. 1994. Managing the Global Commons: The Economics of Climate Change. Cambridge: MIT Press.

Nordhaus W D.1997. Economic growth and climate: the carbon dioxide problem. American Economic Review, 67(1): 341-346.

O’Sullivan D, Millington J, Perry G, et al. 2012. Agent-based models-because they’re worth it? // Heppenstall A J, Crooks A T, See L M, et al. Agent Based Models of Geographical Systems. Dordrecht: Springer: 109-123.

Paelinck J, Klassen L. 1979. Spatial Econometrics. Farnborough: Saxon House.

Palmer R N, Keyes A M, Fisher S. 1993. Empowering stakeholders through simulation in water resources planning. American Society of Civil Engineers, .

Paltsev S, Reilly J M, Jacoby H D, et al. MIT Joint Program on the Science and Policy of Global Change(EPPA)Model: Version 4. Analysis Report No.125, 200578.

Parker D C, Manson S M, Janssen M A, et al. 2003. Multi-agent systems for the simulation of land-use and land-cover change: A review. Annals of the Association of American Geographers, 93(2): 314-337.

Peter H L. 2006.An evaluation of the sensitivity of U.S. economic sectors to weather.http: // papers.ssrn.com/so13/papers.cfm?abstract_id=900901 [2021-06-22].

Pfaff A, Vélez M A, Ramos P A, et al. 2015.Framed field experiment on resource scarcity and extraction: Path-dependent generosity within sequential water appropriation. Ecological Economics, 120: 416-429.

Prediger S, Vollan B, Frolich M. 2011.The impact of culture and ecology on cooperation in a common-pool resource experiment. Ecological Economics, 70(9): 1599-1608.

Randall D, Sheer D P, Meyer H. 2015.Computer-aided negotiation of water resources issues in California's central valley project. Computerized Decision Support Systems for Water Managers. ASCE.

Ren G Y. 1996. Global climate changes and the tourism of China. Journal of Chinese Geography, 6(2): 97-102.

René Reitsma, Zigurs I, Lewis C, et al. 1996. Experiment with simulation models in water-resources negotiations. Journal of Water Resources Planning and Management, 122(1): 64-70.

Rgjr P, Cornell J D, Cas H. 2001.Modeling the spatial pattern of land-use change with GEOMOD2: application and validation for Costa Rica. Agriculture Ecosystems and Environment, 85(1-3): 191-203.

Schelling T C. 1971. Dynamic models of segregation. Journal of Mathematical Sociology, 1(1): 143-186.

Schipper L, Bartlett S, Hawk D, et al. 1989. Linking life-styles and energy use: a matter of time? Annual Review of Energy and the Environment, 14(1): 273-320.

Simon H A. 1955. A behavioral model of rational choice. Quarterly Journal of Economics, 69: 99-118.

Sturm B, Weimann J. 2010. Experiments in environmental economics and some close relatives. Journal of Economic Surveys, 20.

Timilsina R R, Kotani K. 2017. Evaluating the potential of marketable permits in a framed field experiment: forest conservation in Nepal. Journal of Forest Economics, 29: 25-37.

Torrens, P M. 2012. Moving agent-pedestrians through space and time. Annals of the Association of American Geographers, 102: 35-66.

UNFCCC. 2007. Bali Action Plan(Decision 1/CP. 13). http://unfccc.int/resource/docs/2007/cop13/eng/06a01. pdf # page=3 [2020-06-18].

UNFCCC. 2009. Copenhagen accord(Decision 2/CP15). http://unfccc.int/resource/docs/2009/cop15/eng/11a01. pdf # page=4 [2020-06-18].

UNFCCC. 2011. National adaption plans(Decision 5/CP17). http://unfccc.int/resource/docs/2011/cop17/eng/09a01. pdf [2020-06-18].

UNFCCC. 2012. National adaption plans(Decision 12/CP18). http://unfccc.int/files/meetings/doha_nov/2012/decisions/application/pdf/cop18_naps. pdf [2020-06-18].

UNFCCC. 2014. Warsaw International Mechanism for Loss and Damage Associated with Climate Change Impacts (Decision 2/CP19). http://unfccc.int/resource/docs/2013/cop19/eng/10a01. pdf # page=6 [2020-06-18].

Viner D, Agnew M. 1999. Climate change and its impacts on tourism. The Alps Ambio, 10(11): 1440.

Wagoum A U K, Seyfried A, Holl S. 2012. Modeling the dynamic route choice of pedestrians to assess the criticality of building evacuation. Advances in Complex Systems, 15(7): 1250029.

Wang J, Wang Y, Li S, et al. 2016. Climate adaptation, institutional change, and sustainable livelihoods of herder communities in northern Tibet. Ecology and Society, 21(1): 5.

Wang Y, Wang J, Li S C, et al. 2014. Vulnerability of the Tibetan pastoral systems to climate and global change. Ecology and Society, 19(4): 8.

Yan J, Wu Y, Zhang Y. 2011.Adaptation strategies to pasture degradation: gap between government and local nomads in the eastern Tibetan Plateau. Journal of Geographical Sciences, 21(6): 1112-1122.

Yau Y H, Pean H L. 2011. The climate change impact on air conditioner system and eliability in Malaysia: a review. Renewable and Sustainable Energy Reviews, 5(9): 4939-4949.

第 2 章　大气 CO_2 浓度非均匀分布及气候变化经济效应评估

2.1　全球 CO_2 浓度非均匀分布的科学认知

在气候模式中，通常使用全球平均大气 CO_2 浓度驱动模拟（Briegleb, 1992），但来自大气本底站的大气 CO_2 浓度观测数据和卫星遥感观测都显示，由于 CO_2 排放、土地覆盖类型不同以及自然因素等原因，同一时间不同地区大气 CO_2 浓度往往存在差异。采用全球平均 CO_2 浓度驱动气候模式可能将温室效应高估了 10%左右（杨成荫等，2012）。

2.1.1　全球 CO_2 浓度非均匀分布证据

目前关于大气 CO_2 浓度非均匀分布的证据主要来自地基测量数据、数值模拟分析和卫星遥感资料三个方面。

1. 地基测量数据

地基测量获取大气 CO_2 浓度数据的方式较为多样，来自野外移动监测车（李燕丽等，2014）、真空瓶定点采样（Górka and Lewicka-Szczebak, 2013）、通量塔观测（Bergeron and Strachan, 2011; Briber et al., 2013）等方式获取的数据都证明了区域 CO_2 的非均匀分布特征。这类方法往往只适用于较小的时间和空间尺度，且易受交通状况、天气变化、人类活动等因素影响，而地基联网监测凭借其数据精度高、监测时间尺度长等优势，已成为最为重要的 CO_2 检测方式之一（符传博等，2018）。美国国家海洋与大气管理局地球系统研究实验室（NOAA/ESRL）、澳大利亚联邦科工组织海洋与大气研究中心（CSIRO/CMAR）、加拿大气象局（MSC）、日本国立环境研究所（NIES）等都在全球不同经纬度地区建立了本底观测站并形成了 CO_2 观测网（刘立新等，2009）。

20 世纪 60 年代末由世界气象组织（WMO）建立的全球大气观测网（GAW）拥有来自超过 80 个国家的 400 余个本底站（包括 31 个全球本底站），其观测数据是证明大气 CO_2 非均匀分布的重要论据。对比同期采样数据，上甸子（SDZ）、临安（LAN）、龙凤山（LFS）3 个区域站大气 CO_2 浓度均高于瓦里关（WLG）全球站，尤以靠近长三角经济圈和京津冀城市群的临安站和上甸子站最高，我国大气 CO_2 浓度呈现出明显的非均匀分布特征（刘立新等，2009；周凌晞等，2008；Fang et al., 2014）。美国橡树岭国家实验室二氧化碳信息分析中心（CDIAC）公布的我国区域和人均碳排放数据也呈现出东部>中部>西部的非均匀分布特征（岳超等，2010）。Wang 等（2020）在我国本底站数据基础上，利用 NOAA/ESRL 提供的小时级别观测数据，世界温室气体数据中心（WDCGG）以及日俄西伯利亚高塔内陆观测网络（Japan-Russia Siberia Tall Tower Inland Observation

Network, JR-STATION）提供的中国大陆周边 CO_2 浓度数据，得到了更为准确的中国 CO_2 非均匀分布图。

2. 数值模拟分析

数值模拟有效解决了地基观测站需要人力值守以及数据覆盖少的问题。早期的模型只能对特定的区域进行可靠模拟（Chevillard et al., 2002）。Cheng 等（2013）采用原本应用于北美和欧洲的 CT 模型对 2000～2009 年中国大气 CO_2 浓度进行了模拟，其结果与中国 4 个本底观测站的观测数据非常一致。考虑到 CO_2 非均匀分布特征，众多学者对原有模型进行了改进，WRF-GHG 模型（刁一伟等，2015）、TT-R 模型（Kou et al., 2017）、RAMS-CMAQ（Kou et al., 2013）以及改进的 RegCM4（Xie et al., 2018）都能对区域 CO_2 非均匀分布做出准确模拟（表 2-1），但模型应用范围很难拓展到全球尺度。

表 2-1　大气 CO_2 浓度非均匀分布数值模拟研究常用模型

模型	模型描述	优点
中尺度大气-温室气体耦合模式 WRF-GHG（weather research and forecasting model with greenhouse gases module）	直接动态耦合了中尺度天气研究与预报模式 WRF 与植被光合呼吸模型 VPRM	对于陆地生态系统与大气中 CO_2 和 CH_4 等温室气体相互交换能够直接计算，对温室气体在时空上的分布和演变能够进行模拟和预测
TT-R（tan-tracker-region）	将集合四维变分数据同化方法（POD-4DVar）融入通用多尺度空气质量（community multiscal air quality）区域化学输送模型	可以持续、动态描述地表 CO_2 通量演变并避免信噪比问题，使 CO_2 通量可以在网格尺度上作为一个整体参与估计
通用地球系统模型 CESM（community earth system model）	由一个中央耦合器和大气模型 CAM（community atmosphere model），海洋模型 POP（parallel ocean program），陆地模型 CLM（community land model），海冰模型 CICE（community ice code），冰盖模型 CISM（community ice sheet model）组成，不同圈层之间采用耦合方式进行交互	开放获取源代码，且采用国际上主流的模块化结构，便于更换或升级分量和开发新的气候模型产品
区域空气质量模拟系统 RAMS-CMAQ（regional atmospheric modeling system and models-3 community multiscale air quality）	由区域大气模拟系统 RAMS 和环境空气质量模型 Modoles-3 CMAQ 两部分构成	通过 VPRM 模块，综合考虑了陆地生态系统中植被光合作用和呼吸作用对 CO_2 通量的影响，能够模拟 CO_2 迁移和扩散的物理过程
区域大气模型 REMO（regional atmospheric model）	由德国气象局（DWD）的 EM（Europa model）发展而来，研究区域限定在欧洲和西西伯利亚	拥有“气候模式”和“预报模式”两种工作模式，能够对天气和次天气特征进行可靠模拟
碳追踪模型 CT（carbon tracker model）	将 TM5（tracer model, Version 5）大气传输模型与卡尔曼滤波方法相结合，是由 NOAA/ESRL/GMD 开发的一种大气反演模型	能够模拟地球表面 CO_2 吸收和排放随时间的变化，区分自然碳循环和人类活动引起的碳排放变化
改进的 RegCM4 模型	将 CO_2 源和汇视为规定的表面通量并对其进行追踪	具有较高的空间分辨率，可以从人为排放和生物圈-大气交换中检索信号，从而捕捉环境 CO_2 浓度时空变化

改进的 CESM 模拟结果显示了全球 CO_2 非均匀分布 1950～2000 年的时空变化规律，CO_2 排放集中区域从美国、欧洲逐渐转移到了美国、印度和中国（Andrés et al., 2018）。但全球模型往往难以克服由复杂地形条件带来的中尺度效应（Ahmadov et al., 2009），无法准确分析出 CO_2 源汇，亟需其他手段对 CO_2 分布进行全球尺度的高分辨率监测。

3. 卫星遥感资料

CO_2 探测卫星可以获取空间三维、广空间区域、稳定、长时间序列的全球 CO_2 连续空间分布和变化资料（陈良富等，2015），既克服了地基测量站点数据量少、分布不均的缺点，也弥补了数值模拟分析限制较多、可靠性差的问题，能够直观地反应 CO_2 浓度非均匀分布特征，也是目前研究的热点领域。

日本的 GOSAT 是世界上第一颗专门用于大气 CO_2 探测的超光谱卫星，其 L2（邓安健等，2020）、L4A（李丽等，2014；Zhao et al., 2014）、L4B（赵静和崔伟宏，2014）产品均可用于区域以及全球大气 CO_2 浓度空间分布特征分析。其反演结果显示，东亚、西欧、美国东海岸以及非洲中部地区是全球 CO_2 浓度最高的地区，且近地面 CO_2 浓度北半球整体高于南半球（何江浩等，2020）。但仅利用 GOSAT 数据仍无法制作出详细的全球 CO_2 分布图。

大气红外探测仪（atmospheric infrared sounder, AIRS）搭载于美国 Aqua 卫星上，其反演数据与世界温室气体数据中心（WDCGG）提供的数据具有良好的线性相关性，且不易受地面条件的影响（Zhou et al., 2013），可以反演真实的对流层中层 CO_2 柱浓度，已有多位学者利用其反演数据证明了我国 CO_2 浓度北高南低的非均匀分布特征（符传博等，2018；孟倩文和尹球，2016；Bai et al., 2010）。利用 AIRS 反演得到的 2003～2015 年全球对流层中层 CO_2 柱浓度数据集也显示 CO_2 浓度高值区主要分布在 30°N～60°N 的高纬地区，与全球变暖背景下北半球高纬地区升温较快的趋势一致（符传博和丹利，2019）。

2.1.2 全球 CO_2 浓度非均匀分布原因

1. 自然因素

植物吸收、海洋碳汇和大气环流是导致大气 CO_2 非均匀分布的主要自然因素。植物光合作用吸收 CO_2 发生在气孔尺度，但却能够吸收高达 30%的化石燃料 CO_2 排放，将对全球陆地生态系统碳循环产生重要影响（Schimel et al., 2015）。CO_2 浓度在纬度上的分异正是由于不同纬度温度、湿度等差异导致植被光合作用强度不同所造成的（Forkel et al., 2016）。植被覆盖率高的区域（比如热带）下垫面光合作用强度往往更大（李婧等，2006），能够有效减缓区域大气 CO_2 浓度升高的速度，进而对近地面 CO_2 浓度产生影响。何江浩等（2020）研究了东亚地区 CO_2 浓度空间分布差异性和初级生产力之间的联系，发现其具有明显的负相关关系，证明了植被对陆地生态系统的碳汇作用。在对长江三角洲（刁一伟等，2015）、美国波士顿（Briber, 2013）、印度那格浦尔（Chaudhari et al., 2007）等区域和城市尺度上的研究中，CO_2 都在植被茂盛的区域表现出较低浓度，证明了植物光合作用与 CO_2 非均匀分布息息相关。

海洋碳汇也是导致大气 CO_2 空间分布不均匀的重要因素。海洋吸收了自工业革命以来人类因化石燃料使用和水泥生产所造成的 CO_2 排放中的近 41%（焦念志等，2016）。大气 CO_2 在海洋中的固定和储藏是通过一系列复杂的生物物理化学过程来实现的（Jiao et al., 2010）。边缘海是海陆之间物质及能量交换的枢纽，是现代和千年尺度重要碳汇，在 CO_2 吸收以及全球碳循环中具有重要地位（赵美训等，2017；Muller-Karger et al., 2005）。全球对流层中层 CO_2 柱浓度数据集也显示了 CO_2 浓度在海洋上方的普遍低值分布（符传博和丹利，2019）。但预计到 21 世纪末，海表通过化学缓冲机制调节大气 CO_2 的效能将接近枯竭（Zhai, 2016）。

量化和统计 CO_2 输送误差对于准确估计大气 CO_2 空间分布具有重要意义，尤其是在热带和化石燃料排放量大的区域（Liu et al., 2011）。高强度的 CO_2 排放导致近地面大气 CO_2 积累，形成与周边地区较大的浓度梯度，进而通过平流、扩散、湍流等过程进行浓度的再分配，最终形成非均匀分布的动态平衡（黄晓娴，2015）。在对华沙的大气 CO_2 浓度空间分析中，位于交通干道下风向的地区表现出了较高的 CO_2 浓度（Górka and Lewicka-Szczebak, 2013）；对东亚地区的模拟也证明了风向对于 CO_2 水平空间分布的重要影响（Ballav, 2012）。研究人员通过卫星产品和改进模型也证明了风的输送在 CO_2 同化和 CO_2 空间非均匀分布中的关键作用（Engelen et al., 2009; Huang et al., 2014; Tangborn, 2013）。

2. 人为因素

人类活动所造成的排放是导致大气 CO_2 浓度非均匀分布的重要因素，来源于人类活动的 EDGAR 数据在无人区域几乎没有数据分布（何江浩等，2020）。工业、经济、城镇化发展水平都将对大气 CO_2 空间分布格局产生影响。工业发展对能源消耗高度依赖，是碳排放空间格局非均匀分布的主导驱动因子（赵领娣和吴栋，2018）。工业革命以前土地利用变化对大气 CO_2 含量影响至今，化石燃料燃烧和水泥生产是目前大气 CO_2 重要的来源（涂正革和谌仁俊，2013；Pongratz and Caldeira, 2012），我国重工业比重和城市化水平每上升一个百分点，人均 CO_2 排放量将上升约 1%（杜立民，2010）。

经济发展水平是仅次于工业化的影响因素，我国 CO_2 空间分布"东高西低"的特征与东西部经济发展水平差异是相吻合的（曲建升等，2010）。较高的经济发展水平、较大的第二产业份额以及较高的经济开放水平都将对区域 CO_2 排放起到促进作用（Liu et al., 2017）。在城镇地区，居民收入水平和消费结构也将影响居民消费人均碳排放水平（史琴琴，2018）。此外，较低的经济发展水平会导致能源利用效率降低，从而导致更高的 CO_2 排放（Liu et al., 2017）。

城市地区由于更高的人口和建筑密度，导致了交通和取暖燃料燃烧的更高排放（Bergeron and Strachan, 2011），更频繁和更大面积的基础设施建设也会导致碳排放量增加（Górka and Lewicka-Szczebak, 2013）。城镇化水平在影响大气 CO_2 非均匀分布格局形成和演变中所占比例越来越高。根据我国 4 个大气本底观测站数据，位于城市的上甸子站（SDZ）和临安站（LAN）CO_2 浓度均高于地处未开发地区的瓦里关站（WLG）和龙凤山站（LFS），这也在一定程度上反映了城镇化水平对大气 CO_2 分布的影响（Cheng et al.,

2013）。

2.1.3 全球 CO_2 浓度非均匀分布影响

相较于大气 CO_2 均匀分布假设，非均匀分布的 CO_2 浓度特征将改变区域年平均大气顶向外长波辐射通量、地表向上长波辐射通量等。大气 CO_2 浓度的改变，对云量的时空分布影响较大，导致总体呈现全天空条件下大气顶向外长波辐射在低纬度和中纬度降低的趋势。全球大气 CO_2 浓度非均匀分布将带来区域地表升温差异，加剧温室效应，地表升温又将对区域经济产生影响，本章 2.2、2.3 节将详细讨论基于大气 CO_2 浓度非均匀分布的气候变化模型优化和大气 CO_2 浓度非均匀分布对气候变化经济效应评估的影响。

2.2 大气 CO_2 浓度非均匀分布影响的基本认识

2.2.1 大气 CO_2 浓度对地表升温的影响

IPCC 第一工作组于 2013 年 9 月 27 日在瑞典首都斯德哥尔摩发布第五次评估报告决策者摘要（summary for policymakers，SPM）。9 月 30 日公布的报告全文中指出，全球气候系统变暖的事实是毋庸置疑的，自 1950 年以来，气候系统所观测到的许多变化是过去几十年甚至几千年以来都史无前例的。升温过程开始出现在全球几乎所有的地区，地球表面气温和海洋温度的上升、海平面的上升、格陵兰和南极冰盖消融、冰川退缩和极端气候事件频率增加均为全球变暖的表现。全球地表持续升温，已由 1880 年的 0.65℃上升到 2012 年的 1.06℃，净增温 0.85℃；并且在过去的 30 年，每 10 年地表温度的增暖幅度均高于 1850 年以来的任何时期。在北半球，1983～2012 年可能是最近 1400 年来气温最高的 30 年，1971～2010 年地球气候系统热能储量的 90%以上都来自海洋变暖所吸收的热量，这导致了海洋上层（0～700m）升温。与此同时，1979～2012 年北极海冰面积不断减少，减少速度高达 3.5%～4.1%每 10 年；20 世纪 80 年代初以来，大多数地区多年冻土层的温度不断升高。全球气候变化受自然因素和人为因素的共同影响，但由 1950 年以来观测到的变化可知，人为因素极有可能是主导因素。目前，人类大量使用化石燃料及土地利用不断变化使得大气中温室气体浓度持续显著上升，CO_2、CH_4 和 N_2O 等温室气体的浓度已上升到过去的最高水平。人类不断向大气排放 CO_2 是使得大气 CO_2 浓度不断升高的主要因素，与此同时也积聚了许多非 CO_2 温室气体。

近年来 CO_2 的加速排放，严重影响着地球的气候环境变化。人类大量使用化石燃料以及土地利用方式的改变导致了近期 CO_2 排放量的变化。2002～2011 年，人类通过化石燃料燃烧总共释放的 CO_2 约 8.3GtC/a。由于化石燃料排放以及森林砍伐导致大气中的 CO_2 一直呈增长趋势，从 1980 年到现在大气中的 CO_2 浓度从 340ppm[①]增长到 405ppm，CO_2 浓度在不到半个世纪的时间内增长了 65ppm，而且还有持续上升的趋势。20 世纪后期，全球变暖问题开始受到世界各国的关心和重视，全球变暖是一种气候变化的表象，也同样是影响自然、社会和经济等领域的影响因素。故而，全球变暖实际已经超出了单

① 1 ppm=10^{-6}

纯的气候领域，成为了各个交叉领域研究的热点和焦点，交叉学科涉及社会领域、经济领域、环境领域甚至法律和行政领域。研究初期，瑞典科学家于 1896 年曾提及温室效应的概念，但是此概念和想法的提出并未引起更多学者对该事件的广泛关注，直到 1957 年，人类于夏威夷的气候观测台观测到了大气 CO_2 浓度之后，有关大气 CO_2 浓度及其 CO_2 排放问题等研究才正式起步。

1938 年，Callendar 发现年全球陆地平均气温上升。人口激增、大气污染甚至地球公转轨道的变化均会导致全球变暖，但人类大量使用矿物燃料，温室气体不断过量排放，这才是全球变暖的主要原因。已有研究表明，1999～2010 年温室气体排放加速了全球变暖。此外，由英国《自然气候变化》杂志所最新发布的研究报告显示，与 1990 年相比，2010 年全球化石燃料的碳排放量已达到 1 亿 t，再次敲响了气候变化的警钟。吴遵（2013）以中国多年来冬季平均温度为基础数据，对中国连续多年出现的暖冬现象进行了分析，研究结果表明，新的一年可能不太会继续出现暖冬情况，出现暖冬的概率甚至低于 0.005，而且此结论不受衡量标准新旧的影响。就正常情况而言，连续出现暖冬的概率可忽略不计，但近几年中国却出现了连续暖冬的情形，这说明此气候现象出现了异常，中国的冬季平均温度正在不断升高，正在面临着气候变暖这一气候问题。究其原因，人为活动加剧，CO_2 气体排放量不断增加，大气 CO_2 浓度不断升高，温室效应愈发明显等是导致全球变暖的一个重要原因。

当然，仍有部分学者并不认同上述的主流观点，他们质疑全球气候是否真的变暖以及人为因素造成的温室气体排放是否真的是气候变暖的主要原因。其中，Singer 在《人类对气候变化影响的怀疑》一文中，首先对气候变暖产生怀疑，他主张当前气候并没有面临变暖的问题，我们只是恰巧处于气候持续寒冷之后的回暖时期；且因为虽然大气 CO_2 浓度不断升高，但是全球气温其实是有明显降低现象的，CO_2 浓度并不能很好地解释气候变暖现象，此现象更像是一种正常的气候波动。除此之外，也有部分学者就全球变暖的影响因素进行了探究，去证明温室气体排放并非全球气候变暖的主要影响因素。其中，许靖华（1998）的研究证明了太阳黑子与全球温度之间存在显著关系。

大气 CO_2 浓度发生变化之后亦会对周围的环境温度产生一系列影响，主要包括对植物 CO_2 分压差的影响及对气温和降水的影响。当 CO_2 浓度发生变化时，植物的气孔会随之发生变化，进而植物和大气之间的水分交换发生变化，同时蒸发的水分可以进一步冷却而改变周围的环境温度。同样，降水量可以通过影响植物的光合作用来影响大气中的 CO_2 浓度，因此气温和降水也是影响 CO_2 浓度的主要因素。

2.2.2　大气 CO_2 浓度非均匀分布特征

为了能够更好地了解和掌握全球碳循环规律以及应对全球气候变化，对大气 CO_2 浓度进行时空变化监测是一种非常好且必要的手段。20 世纪 50 年代后期，Keeling 等先后以夏威夷莫纳罗亚山和南极为研究对象，对其大气 CO_2 浓度进行了长期精确的测量。从 1989 年开始，世界气象组织开始建立全球大气观测系统，监测全球温室气体的浓度变化情况。该观测站点已经遍布全球，形成了观测网，在近 60 个国家内遍布 168 个实时观测站点，观测站点的遍布有利于进一步研究出全球气候变化情况，为相关研究提供了重要的数据来源（赵靓，2017）。研究表明，造成我国范围内 CO_2 时空分布很不均匀的因素有很多，例如人口众多、人口活动强度大、南北气候差异显著、植被类型具有多样性及 CO_2 源、汇季节转换明显（徐永福，2007）。除此以外，综合考虑我国现实问题，造成我国 CO_2 浓度分布不均匀的因素还包括经济发展不均衡、人口分布不均衡及自然生态系统差异等因素（宋帅等，2008）。这些研究为科学认识我国 CO_2 浓度非均匀分布特征奠定了坚实的基础。

北半球的 CO_2 浓度在明显要高于南半球，且高值地区主要分布在 30°N～60°N 的中国北半部、欧洲地区、美国中东部到加拿大东南部以及阿拉斯加等地区，形成了一条 CO_2 浓度高值带，贯穿整个北半球中高纬地区（符传博等，2018）。研究结果表明，人口众多、人类活动频繁以及大气环流均是影响 CO_2 浓度的主要原因。由全球对流层平均 CO_2 浓度空间分布数据同样可以证明不同区域 CO_2 浓度是存在不均匀分布的，其中我国的 CO_2 浓度就存在南北的显著差异（Bai et al.，2010），具体表现为：我国区域 CO_2 浓度空间分布上呈现北高南低的非均匀分布特征，4 个高值中心分别出现在东北地区西南部、内蒙古西部、新疆地区东部和西部，低值中心则位于云南和西藏地区。我国区域 CO_2 浓度最高值出现在春季，冬夏季次之，秋季最低，这表明我国 CO_2 浓度是具有明显的季节变化特征的，且其季节演变特点与风场的输送、降水量的清除和植被的吸收等密切相关（符传博等，2018）。

对大气 CO_2 浓度及 $\delta^{13}C$ 本底特征的观测表明，北半球大气 CO_2 浓度年变化主要是因为 CO_2 生物圈的交换，研究结果表明我国大气 CO_2 浓度会受陆地生物圈光合作用和呼吸作用年周期变化等重要因素的影响（周凌晞，2001）。碳源和碳汇是影响大气 CO_2 体积分数季节和年际变化的主要因素。人类活动、化石燃烧和土地利用是造成大气 CO_2 增加的主要因素，而生物圈和海洋则能够吸收大量的 CO_2。森林生态系统是陆地系统中最主要的碳汇，不同典型植被区碳源和碳汇的特性存在差异，从而影响相应区域近地层 CO_2 体积分数的分布。同时，城市化进程的加速引起地表植被类型改变进而导致气候变化，这将影响大气中 CO_2 体积分数分布。

研究表明，2003～2011 年中国地区 CO_2 浓度呈现逐年线性增长的趋势，且呈现周期性季节波动，总体上夏季最高、冬季最低，对流层中层 CO_2 浓度呈现北高南低的特征（赵静，2013）。西安市秋季大气浓度日变化呈现双峰双谷模态，且工作日大气中浓度变化幅度较假日小，上午波峰出现较早，下午出现较晚，历时较短，这与人类活动强度的时间段相关。西安市大气浓度垂直分布，在近地向层中，总体趋势是距地越高，浓度越小（郭毅，2011）。基于地基 FTS 观测得到的 2015～2018 年 CO_2 浓度时间序列、线性拟合以及季节拟合曲线，合肥地区 CO_2 浓度季节变化明显，从 3 月中旬春季开始，大气中 CO_2 浓度逐渐降低，7 月和 8 月下降速率达到最大，至 9 月初达到最低值。之后随着光合作用减弱，CO_2 浓度不断升高，至春季三月可达到其浓度的最大值。CO_2 浓度自平流层开始逐渐异于先验廓线，随着高度的降低，浓度也逐渐增大。对流层 CO_2 反演结果与先验廓线有着较大的差异，CO_2 在对流层浓度随着高度的降低会出现先增大后减小的变化，最大值一般出现在 10km 左右。冬季观测日内 CO_2 在高空的浓度明显高于其他季节观测结果（单昌功，2019）。可见，季节对 CO_2 浓度非均匀分布特征会产生显著影响。

中国人口众多，人类活动密集，且城市内尤为严重，碳排放量不断增加，因此以城市作为研究对象，探究其大气 CO_2 的变化特征、来源过程以及相应的气候效应具有重要意义。研究表明，2011 年南京城区上空大气 CO_2 年均浓度比同期全球背景站观测高出约 15ppm，且大气 CO_2 浓度变化呈现出季节、大气低频振荡、准双周、周、日等不同时间尺度的周期变化，该波动主要是由于陆地生态系统吸收和排放以及大气振荡。其中，大气 CO_2 浓度的周变化主要受交通流量影响；大气 CO_2 浓度日变化则会受到气象条件、人为排放、植被等因素的共同影响。CO_2 通量日变化呈双峰结构，且晚高峰略强于早高峰。大气 CO_2 浓度的改变会对云量的时空分布及近地面长波辐射产生影响。特别是在夏季，东北及黄海上空总云量的增加会进一步使得其近地面长波辐射增加，由此带来的近地面气温改变量最大值大约在 1℃以上；同理，华北、华南等地总云量的减小使得近地面长波辐射强迫减小，由此带来的近地面气温改变量最小值在–1℃以下左右。以南京为代表的长三角典型城市地区上空大气 CO_2 受到人类活动影响的情况最为明显。南京城区高浓度 CO_2 主要来源于南京及周边地区的局地排放源贡献，这表明人类活动对 CO_2 的周变化及日变化等短周期变化具有显著影响。城市地区 CO_2 净通量四季均为正值，夏秋较低，冬春较高。CO_2 非均匀分布对辐射及气候有重要影响：人类活动导致大气 CO_2 浓度发生改变，进而通过影响长波辐射与云量的分布来影响气温及降水。

2.2.3　大气 CO_2 浓度非均匀分布对地表升温的影响

大气 CO_2 浓度非均匀分布对地表升温存在显著影响，且不同浓度的 CO_2 对地表温度变化的影响差异明显。当使用更符合实际情况的非均匀分布的大气 CO_2 浓度进行辐射计算时，纬度及高度处的加热率也会发生相应的变化。增强的向下长波辐射通量可使得低层大气被加热，尤其是在中纬度的北部地区，温度升高更为明显。结果表明中国东南和东北的温度与 CO_2 体积分数的相关性高于华北和东部沿海温度与 CO_2 体积分数的相关性。除此之外，CO_2 浓度改变可通过改变云量和辐射强迫进一步改变近地面气温（黄晓娴，2015）。温度与 CO_2 体积分数在亚洲东部大部分区域表现为负相关关系。而在印度半岛以东和孟加拉湾地区则表现为正相关，这可能是由于该区域为热带地区，其气候特点与中纬度地区不同，且该区域内 CO_2 体积分数较高，从而导致了温度与 CO_2 体积分数表现为正相关关系。在北美东北部，从南到北，温度和 CO_2 的负相关性不断增加，在 40°N～50°N 之间，相关系数存在两个低值中心（陆地和海洋），其中陆地上的中心位于森林区。北美东北部区域平均相关系数为–0.67。温度与 CO_2 体积分数之间的负相关性最强的地区是陆地的森林区（冯涛，2014）。由此可见，在两个近地层 CO_2 体积分数的高值区，温度与 CO_2 体积分数都呈现显著负相关关系。

采用目前的 CO_2 浓度分布模式会夸大 10%左右的 CO_2 增温效果，承认 CO_2 浓度的非均匀分布对于未来研究气候变化趋势是非常重要的。采用更加真实的大气 CO_2 浓度分布后，结果表明东亚区域的温室效应以减弱为主，中心区域陆地的温度出现大幅度的降低，海洋及其他边缘区域的温度稍微降低。人类活动越大对气温的影响越大，越会引起温度的升高。但是总体而言区域的平均气温是呈现降低趋势的，降温幅度大约为 0.01℃；具体而言，对流层内主要表现为降温现象，而平流层则呈现出升温的现象。从全区域平均气温的季节变化来看，冬季和春季的气温季节变化并不明显，气温季节变化最明显的季节是夏季和秋季。冬季植物处于非生长季节，CO_2 浓度对湿度和低层云量的改变并不明显；夏季的降温是最为明显的（降温幅度可达 0.04℃），与 CO_2 浓度的季节变化相关性也最高（相关系数为 0.80）。夏季植物生理作用旺盛，受到大气 CO_2 浓度的影响更加明显，引起的植物气孔改变会进一步使得周围环境的水汽和云量发生变化，起到一定的降温效果（杨成荫，2012）。

已有数据的统计结果表明，在过去的 200 年内 CO_2 浓度增加了 25%，平均气温升高，升温幅度为 0.5℃，预计到 21 个世纪中叶，地球表面平均温度将继续上升，上升幅度可达 1.5～4.5℃，且气温升高的现象在中高纬度地区尤为明显。在过去很长一段时期内，大气 CO_2 浓度处于一种增长和消耗动态平衡的状态，故而总体而言空气中的 CO_2 含量基本稳定。来自人和动、植物的呼吸产生的 CO_2 可占大气 CO_2 的 80%，燃料的燃烧可占剩余的 20%。海洋、湖泊、河流等地面的水及空中降水可吸收 75%的散布在大气中的 CO_2，将其溶解于水中。剩余 5%的 CO_2 则可被植物通过光合作用转化为有机物质贮藏起来。这就是多年来 CO_2 体积分数能够一直占空气成分的 0.03%而保持不变的原因。

2.3 基于大气 CO_2 浓度非均匀分布的气候变化模型优化

过去千年至十万年间大气 CO_2 浓度变化与气候变化联系密切。根据观测得到的冰川中古气体数据可知，CO_2 浓度在 200～300ppm 区间时，正是间冰期与当冰期交替循环的时候。1750 年至 2013 年全球大气 CO_2 浓度增长 118.48ppm，特别是自 2002 年以来，9 年来大气 CO_2 浓度以 2.0±0.1ppm/a 的速度在快速增长，明显大于 1958 年以来测得的大气 CO_2 十年增长速度。

IPCC 第五次评估报告中非常鲜明的提到人类对气候变化就有显著影响（IPCC，2013）。其中温室气体排放、城市化和农业化是人类活动对气候变化影响排名前三的因素（Kalnay and Cai，2003）。人类活动对大气 CO_2 含量具有重要影响，特别是近两个世纪以来，这一影响格外显著。在工业化以前，CO_2 排放主要是受土地利用方式影响，并对目前的大气 CO_2 含量具有持续性的影响作用（Pongratz and Caldeira，2012），尤其是工业革命后，大气 CO_2 来源中土地利用变化排名第二位。进入工业时代以后，土地利用方式改变仍与大气 CO_2 排放具有紧密联系，但水泥和煤炭、石油、天然气等化石燃料对 CO_2 排放的影响更加显著。据统计，目前全球 CO_2 排放量是过去 20 年的 1/2，为 337GtC。有数据显示，2010 年全球 CO_2 排放量增长率为 5.8%、2011 年全球 CO_2 排放量增长率为 1.4%、2012 年全球 CO_2 排放量增长率为 1.1%，表明全球 CO_2 排放量一直处于增加状态。

由于发达国家经济恢复，发展中国家经济快速发展及 CO_2 大量排放，导致全球主要国家中 CO_2 排放量持续增加。以中国和印度为代表，2010 年中国 CO_2 排放量增长率为 10%，印度 CO_2 排放量增长率为 9%。因此，为降低 CO_2 排放量及其导致的全球气候变化（Olivier et al.，2011），我们需要研究影响 CO_2 增长主要因素，预测未来气候变化，需要从不同的时间尺度了解 CO_2 气溶胶等外界强迫变化引起的气候响应。

2.3.1　大气 CO_2 浓度非均匀分布对气候变化模型的挑战

近年来许多学术组织及团体从事碳循环的研究，以便更深入剖析全球碳循环及其对气候的影响。为确定含 CO_2、CH_4、CO 在内的几种温室气体全球背景基线水平、变化趋势以及浓度变化的原因，全球监测司（Global Monitoring Division，GMD）的碳循环温室气体研究专门建立了全球外场观测网，以便对全球温室气体进行多地外场观测。目前全球有四大 CO_2 浓度观测站，分别为：阿拉斯加的巴罗、夏威夷的冒纳罗亚、美属萨摩亚、南极极点，均建立在人迹偏僻地区，以便能够获取最准确的背景大气信息。1973 年大气 CO_2 浓度观测站只观测 CO_2，随着观测研究深入，1980 年后又加入对 CH_4 和 CO 的观测研究，通过这些观测为温室气体的长期变化去向、季节变化规律，及短期变率、日变化特征提供了有效的依据。20 世纪 90 年代为提供陆上边界层内 CO_2 及相关气体观测结果，在北卡罗来纳州、科罗拉多州博尔德大气天文台、加利福尼亚州、威斯康星州、南卡罗来纳州、艾奥瓦州、缅因州和得克萨斯州穆迪等地区，建立了 NOAA/ESRL/GMD 高塔观测网，通过观测网得到的原始数据不仅可以为 ESRL 中 Carbon Tracker 的 CO_2 数据提供同化系统，而且也是北美碳项目的一个重要组成部分。另外，在美国俄勒冈州学士山天文台、弗吉尼亚州雪兰多国家公园、俄罗斯切尔斯基的温室气体外场观测站，虽然不在 NOAA 全球大气背景浓度观测系统范围之内，但具有低于高塔项目的采样高度，多数高度低于 50m。全世界两百多个国家及地区的 CO_2 观测资料，ESRL/GMD 均能够提供。除此之外，近年来，全球温室气体数据中心（World Data Centre for Greenhouse Gases，WDCGG）通过观测 CO_2 变化，建立了巨大的温室气体全球观测网。对温室气体进行观测和研究。

相比于国外，我国的起步较晚。早期在 20 世纪 80 年代至 90 年代，张柳明（1992）、温玉璞（1997）、王明星（1989）、王庚辰（2002）、王跃思（2002）等对我国青海省瓦里关、浙江省临安、黑龙江省龙凤山、甘肃省民勤、青海省五道梁、甘肃省兰州市区及周边非城市区、北京城区等地温室气体开展了多项观测研究。1985 年王明星（1989）等组织观测了西北沙漠地区甘肃省民勤县的大气 CO_2 浓度，最终得到该地区大气 CO_2 浓度年增长率为 0.3%。有研究表明相比于兰州市周边森林区、农业区、沙漠区、戈壁区，兰州市区内的大气 CO_2 浓度更高，在此基础上，张柳明（1992）通过研究测定碳、氧同位素，初步提出了 CO_2 气源受氧同位素影响的作用。当前的瓦里关大气观测基准站主要是中国气象局（China Meteorological Administration，CMA）建立的，同时又建立了临安站、上甸子站、龙凤山站三个区域性背景站。这些站点作为多种大气气体成分在线连续监测或罐采样观测，均被 WMO/GAW 全球大气观测网列为观测地址，并分别作为欧亚大陆腹地、京津冀、长三角、东北平原的代表站。在四个观测站中，1994 年建立的瓦里关站，对我国温室气体的观测研究具有重要影响，同时是亚欧大陆重要的背景站（Zhang et al.，2013）。CO_2 的研究侧重点因研究尺度的问题，而存在较大的差异。对于大尺度的研究，其重心主要是对源和汇的影响以及大尺度的环流系统。而对于区域尺度的问题，乡村、城郊及城市应是特别需要注意的地方。在时间尺度上，CO_2 从年到日的变化与植被的生长与枯萎联系密切。此外，人类活动排放也深刻影响着 CO_2 的周期变化。

通过对城市观测研究发现，随着城市化进程快速推进，城市内部土地利用类型变化对 CO_2 空间分布具有重要影响，并且这一研究成果在弗罗茨瓦夫、埃森、凤凰城、德里等地都可到良好验证。通过对城郊的观测研究中发现，城郊地区的大气 CO_2 浓度与城市上空相比更低，并且在城市地区形成 CO_2 浓度高值中心，这一研究在巴尔的摩、凤凰城、盐湖谷等地均得到有效验证。近年来，我国大气 CO_2 浓度观测取得显著成绩。1993 年（王跃思等，2002）较早开始了对北京地区大气 CO_2 浓度观测，并且该观测研究在华北地区具有显著代表性。王跃思等（2002）、王长科等（2003）、刘强等（2005）的研究发现，从 1993 年开始，在之后的 10 年，北京大气 CO_2 年均浓度的变化趋势呈现先上升后下降再上升的特点，这主要与北京地区植树造林面积、燃料结构改变、能源使用情况密切相关。胡晏玲（2011）通过研究发现乌鲁木齐市区采暖期与非采暖期大气 CO_2 浓度变化幅度约为 62.8ppm，差异较大，明显高于其他城市地区；刘磊等（2014）对西安公路运输大气 CO_2 浓度影响进行了研究，陈颖（2012）对城市不同功能分区的大气 CO_2 浓度分布情况及影响因素进行研究，郭毅（2011）对城市上空大气 CO_2 浓度垂直分布进行探讨，尹起范等（2009）研究了华东地区、淮安城区大气 CO_2 浓度分布特征，结果显示盛行风向及风速对大气 CO_2 浓度具有重要影响。长三角地区人口数量多，经济、工业发达，交通便利，城市群规模庞大，人为造成的大气 CO_2 排放量大。除了临安背景站外，近年来，上海、无锡、常州等地区也有许多关于大气 CO_2 排放的观测研究。高松（2011）研究了夏季上海城区大气 CO_2 的分布情况，结果显示在上海的西南及西北地区是当地高浓度大气 CO_2 的重要来源；嵇晓燕等（2006）通过无锡、太湖本底站对当地大气 CO_2 进行观测研究，结果表明研究区大气 CO_2 浓度逐年递增，年增长率约 2.3%；沈琰等（2014）对常州城区的大气 CO_2 进行观测研究，结果显示常州城区大气 CO_2 浓度高于同时期的瓦里关和临安背景站。除此之外，对城区或近郊大气 CO_2 浓度观测的研究还包括长沙市、郑州市、厦门市。受源汇的季节变化影响，大气 CO_2 浓度随季节的变化也较显著，但王跃思等（2002）研究发现，夏季降水量较多时，会引起日照减少，从而使植物光合时数减少，在加强植物与土壤呼吸作用同时，使得大气 CO_2 浓度升高。李晶等（2006）对城市地区大气 CO_2 浓度进行研究，结果表明，城市地区下午大气 CO_2 浓度达到最低，但不同城市高峰时间及峰值并不一致，具有显著的日变化特征，高松（2011）研究发现，城市地区车流量与大气 CO_2 浓度具有显著的周变化特点，郭毅（2011）研究发现城市地区节假日大气 CO_2 浓度与工作日大气 CO_2 浓度具有显著差异。王长科等（2003）研究发现，年均大气 CO_2 浓度在全球背景站、夏威夷冒纳罗亚观测站、欧亚大陆背景站及青海瓦里关观测站均低于北京、上海等地区约 6%～9%，说明城市地区大气 CO_2 浓度较高。三维数值模式可以定量衡量人为排放源、生态系统、大气传输、化学转化、大气震荡等过程因素对大气 CO_2 浓度的影响，同时还可进行源反演等研究。由地表异质性及复杂地形导致的中尺度效应在先进反演传输模式中处于次网格尺度，而高分辨率模式可以捕捉到更精确的过程。按模拟尺度划分，对大气 CO_2 模拟可分为全球模式和区域模式。利用区域模式，可对大气 CO_2 进行中小尺度的研究，如不同天气系统控制下近地层 CO_2 浓度分布及输送特征（麦博儒等，2014），不同的生态系统通量方案及人为排放源对浓度的影响，生态系统对近地层大气 CO_2 的贡献，利用同化系统提高模式模拟的精确度等。

2.3.2　大气 CO_2 浓度非均匀分布认知下气候模式改进的要求

目前学术界在气候变化模型构建方面开展了广泛的研究。其中，许多学者利用地理信息技术对气候变化进行深入研究，如 Michele Bernardi、Prasad S. Thenkabail 等利用农业气候数据集，研究了 GIS 技术对土壤与农业生态等方面影响，但很少研究 GIS 在气候资源分析和区域评价等方面。赵杰明等（1997）参与了"陕西省卫星遥感与农业气象信息服务系统"设计；王荣堂等（1998）利用快速原型法对湖北江陵某县的农业气象信息服务系统进行了开发设计；刘丽等（2006）为提升农业气象信息服务的内容和形式，采用二次开发技术，利用 SQL Server C/S 分布式环境，建立了基于网络的农业气象信息分布式数据库及 GIS 组件的农业气象信息客户端服务系统；苏占胜等（2008）采用 GIS 技术，对宁夏气候要素的小网格推算方法进行了研究设计。闫国年等（2013）认为 GIS 建模缺乏大型的示范型工程，在 CO_2 排放对气候变化影响方面，还有待进一步完善。

学者们通过基本计量方法和模型，对于 CO_2 排放开展了广泛的研究，例如，徐国泉（2006）对我国 1995～2004 年人均碳排放量利用 LMDI 方法进行分析；张友国（2010）根据中国 1987 年和 2007 年经济发展模式变化，基于投入产出结构分解方法对中国碳排放强度的影响进行研究；王俊松等（2010）对中国 1990～2007 年的 CO_2 排放，基于对数平均的 Divisa 方法进行了研究；姜克隽等（2009）通过对中国未来碳排放量预测，假设未来 45 年中国碳排放量占发展中国家比例没有发生变化，对发展中国家未来的碳排放需求量进行了预测；秦耀辰等（2010）梳理总结了国外低碳城市研究进展；杜瑞英（2006）等运用随机天气模型研究了气候变化对我国冬小麦和春小麦生产可能产生的影响，并初步模拟分析了大气 CO_2 浓度、水分、温度等因素对小麦的作用。

CO_2 排放对气候变化的影响是一个涉及区域、国家及全球各种尺度的综合性的跨学科问题，而且关于 CO_2 排放对气候变化影响的研究必须综合社会气候系统各分量之间的相关关系。因此，Rotmans 和 van Asselt（1996）提出了集成评估模型（IAM）的定义："集成评估是一个交叉学科的参与过程，它将不同学科的知识进行结合、解释和交流，以更好地理解复杂的现象"。Margerum 和 Bron 在关于集成环境管理的讨论中提出，虽然集成化是我们努力的目标，但在实践中从没有真正实现过这个目标，IAM 的理想状态极难实现，但专注于 IAM 过程就能学到重要的经验，对于 IAM 而言，在许多方面过程比结果显得更重要。林而达等（2007）将 IAM 模型应用到气候变化影响评估中有利于确定气候变化率，分析气候变化对自然系统、人类活动、人类健康和福利的影响，估算这些影响的不确定性、评估可能做出的适应性响应并开拓新的机会。当前，对 IAM 的研究尺度可分为全球尺度和区域尺度，即气候问题的区域模型。区域集成评估模型是一种透明和交互式的框架，可以让利益团体参与到决策过程中，在不同尺度上集成不同利益团体的单个模型，以方便利益团体在理解和关注的问题上进行交流，将利益团体的社团组织起来，通过对 IAM 模型的建模，可以在环境问题上对提高决策者不同时空尺度的洞察力具有重要帮助（Risbey et al.，1996）。在 CO_2 排放对气候变化影响的区域集成评估模型研究方面，张阿玲等（2002）将经济能源环境模型应用于温室气体排放引起的气候变化对经济影响的分析中；樊明太和郑玉歆（2000）在研究不同碳税对中国 CO_2 排放以及宏观经济的长短期影响时采用了 PRCGEM 模型以及比较静态分析法；贺菊煌等（2002）对碳税作用的研究主要采用的是 CGE 模型；蒋金荷（2010，2002）在研究 CO_2 排放对气候变化及中国国民经济的影响时，将系统动力学理论和 IO 方法结合，开发了中国宏观经济系统动力学模型；陈文颖等（2004）在研究 CO_2 排放对气候变化及中国国民经济的影响时，将系统动力学理论和 I-O 方法结合，开发了中国宏观经济系统动力学模型；姜克隽等（2004）在研究中国 CO_2 排放及减排潜力时，主要运用了 SGM 模型对其进行分析；王灿等（2005）也基于 CGE 模型分析了减排对中国经济产生的影响；自 1999 年起，王铮等（2002，2006）构建了内生技术进步的 CO_2 排放，可计算模型体系以及均衡宏观经济模型，在加入碳汇经济成本模型的同时，结合人地关系协调理论，实现了能源替代型、增汇型和生产型 CO_2 排放控制政策对气候变化及中国宏观经济安全的影响研究；Fisher-Vanden 等（2008）在分析不同研发类型对碳排放的影响时，主要采用了 CGE 模型；Nordhuas（2007）和 Ghalwash（2007）等在研究碳循环的气候系统对经济系统的作用机制及其反馈影响时，均利用集成评估模型。气候变化与社会经济系统的相互影响受到了广泛的关注。

虽然以往的气候变化模型对于增进科学认识做出了贡献，但是其基于大气 CO_2 浓度均匀分布的假定也给相关研究的结论带来了不确定性。通过改进现有的气候变化模拟模型，使其建立在大气 CO_2 浓度非均匀分布的假定之上，一方面可以填补过往研究和模型开发的空白，改进模型精度，具有较高的学术价值；另一方面，可以更好的预测未来气候变化，有助于寻找合理的应对气候变化的措施。

2.3.3 大气 CO_2 浓度非均匀分布下气候变化模型的优化路径

松岗譲等（1998）认为气候变化问题是一个多学科交叉的复杂问题，气候变化的评估需要环境、能源和经济等多个领域，而系统综合评估模型与其他典型模型相比，是一个很好的工具。近 50 年来，在研究 CO_2 排放区域分布、CO_2 排放路径变化、减排时间选择以及气候损失评估、不同减排情景下的能源需求预测等方面，3E 综合评估模型均有很好的运用，从而使得 3E 综合评估模型逐渐成为了研究气候变化的重要技术支撑。

与传统气候变化综合评估模型相比，新的 3E 气候变化综合评估模型具有很大改进。不仅具有传统气候变化综合评估模型功能外，还包括了 CO_2 排放行为选择功能，以及与人类能源生产、消费、CO_2 排放及区域差异等密切相关的能源技术演化功能。此外，3E 气候变化综合评估模型是一个自上而下型，并结合新古典经济理论的模型，该模型对能源技术部门则是高度简化继承了自上而下型模型的一般性特征，同时更加注重对经济行为研究。另外，3E 气候变化综合模型也侧重于气候系统的变化以及经济部门与气候部门之间的相关性。在计算方面，3E 气候变化综合模型主要是运用非线性规划算法以及动态非线性规划算法等，是一个目标函数的跨期动态最优化模型。3E 气候变化综合模型在最优化求解过程中需要考虑边界条件、初始条件和终止条件，因此具有很强的非线性特征。

由于人类活动排放温室气体的行为具有长期性特点，因此，温室气体引起的全球气候变化也是一个长期性问题。据统计，目前大气中 CO_2 浓度与工业化之前相比，增加了 112.6 ppm。此外，温室气体在大气中累积，直至引起温室效应，继而对人类社会带来反馈损失的过程是长期的，温室效应主要是由于温室气体在大气中累积导致的，并且长期影响着人类社会带来反馈损失的过程，虽然目前对 CO_2 在大气中的存留周期还没有准确评估方法，但多数研究认为 CO_2 在大气中的存留时间为 30～95 年，100 年或 200 年以后一半以上原有的 CO_2 将会消失，而至少有 20%的 CO_2 依然会留存在大气中，其留存时间可能达到几千年，甚至更长。除此之外，因为气候变化问题是一个长期性的过程，所以人类适应或减缓全球气候变化的行动具有长期性，全球气候变化综合模型研究的时间尺度也具有长期性。Nordhaus（1997）研发的 DICE 模型研究尺度为 1965～2105 年，研究的初始年为 1965 年；Hope（1993）等研发的 PAGE 模型研究尺度是从 1990 年至 2100 年；而 Manne 等研发的 MERGE 模型其研究尺度更长，从 1990 年一直到 2250 年。其他多数气候变化综合评估模型都有类似地长时期特征。人类活动的本质是为达到自身满意程度最大化而对行为进行选择，而这种满意程度在经济学上可以用效用来衡量。气候变化对人类生存的满意度具有一定影响，因此，人类为了适应或减缓气候变化，必须牺牲一部分现有利益，才能获得更多的可能效用。气候变化评估模型长期性特征的存在，使得代际间的效用分配成为了具体建模过程中需要不断完善的地方。

气候影响的全球性、温室效应形成过程的全球性以及合作减缓气候变化行动是气候变化的全球性特征三个重要表现方面。因此，模拟气候变化问题的模型从地理维度来看应该是一个全球尺度上的模型，如 DEMETER 模型、DICE 模型和 WIAGEM 模型。各个国家或地区的碳排放情况、替代能源技术的利用、能源消费状况以及减排行为等均与气候变化问题的解决具有紧密联系。因此，区域更加细化的全球综合气候经济模型存在其现实的需求。在 Ramsey-Solow 模型的基础上进一步开发了全球多区域能源-经济-环境综合评估模型（MERGE 模型）。MERGE 模型一方面将多种无碳以及低碳能源技术引入到模型的应用中，同时将能源部门拆分为电力和非电力部门，相比于传统自顶向下模型，该模型的技术细节更为丰富；此外，MERGE 模型中加入了气候损失评估模块，并将其分为市场化损失和非市场化损失，以便进一步度量气候损失的程度。在早期单区域模型的基础上进一步研发了多区域的动态气候经济模型（RICE 模型），该模型除了对 DICE 模型进行了多区域拓展之外，还在生产活动开展方式、化石能源价格处理机制、碳循环描述以及气候损失度量等方面做了较大的改进。Hope（1996）将早期的模型拓展到全球 8 区域情形，形成了新的气候政策分析模型，即 PAGE2002 与 RICE 以及 MERGE 等多区域模型相比，PAGE2002 一方面具有 3E 模型常规的经济、气候和能源模块，具有描述经济与气候间互动并量化气候损失的功能；另一方面它具有其自身的特点，即该模型对大量经济和环境参数进行随机化处理，以最大可能地描述气候变化及其相应损失的不确定性特征，因此 PAGE2002 可以定性为气候变化随机综合模型。最初研发的 MESSAGE 模型不具备研究宏观经济和刻画气候影响的能力，是一个自底向上的能源技术系统模型，Messner 等在最初模型的基础上，通过进一步改进，扩充耦合了农业模型 AEZ-BLS、森林管理模型 DIMA、宏观经济增长模型 MACRO 以及国家政策模型 GAINS 等多个子模型，使其能在早期能源系统优化的结构下以成本最小化的原则评估能源情景演变以及排放情景变化对经济系统的影响，同时可以研究全球各个国家和地区。除此之外，MIT 的 EPPA 模型是一个典型的多区域综合气候模型，主要是基于 GTAPinGAMS

平台研发出来的，数据基础来源于全球贸易分析项目，擅长分析碳排放轨迹的影响和气候政策对经济增长，是一个全球多区域递归动态一般均衡模型；FEEM 的 WITCH 模型也是一个典型的多区域综合气候模型，该模型将全球划分为 12 个区，混合了自底向上和自顶向下两种模型框架，该模型一方面内生考虑了各替代能源技术的技术进步，另一方面为能源部门提供了更多可利用能源技术。此外，该模型将博弈思想引入到建模中，认为各个区域为单独的行为主体，允许各主体间就生产、投资以及碳排放等行为进行不合作博弈，从而使得资本、能源资源等在整个经济体内进行动态最优分配。

综上所述，区域气候变化综合模型不论在模型结构、建模机理还是实际应用方面，都已经进入实质性发展阶段，气候变化问题的全球性在很大程度上决定了多区域模型在区域划分、技术处理与细节刻画等方面存在的差异，而从根本上来说，全球范围内的 CO_2 排放控制任务最终需分配到各个国家主体才能完成，因此与单国排放、能源和经济相关的气候综合多区域模型理论建模和实际应用工作具有重要现实意义。

2.4 小　结

近年来碳卫星的监测结果表明，全球大气 CO_2 浓度的空间分布存在着显著的不均匀性。忽略大气 CO_2 浓度的非均匀分布开展气候变化经济效应研究可能会造成偏误。由此本章从全球 CO_2 浓度非均匀分布的科学认知、大气 CO_2 浓度非均匀分布影响的基本认识、基于大气 CO_2 浓度非均匀分布的气候变化模型优化及大气 CO_2 浓度非均匀分布对气候变化经济效应评估的影响 4 个方面进行阐释，帮助大家深入了解大气 CO_2 浓度非均匀分布与气候变化经济效应评估之间的关系，对后文内容进行理论知识支撑。

目前关于大气 CO_2 浓度非均匀分布的证据主要来自地基测量数据、数值模拟分析和卫星遥感资料三个方面。影响全球 CO_2 浓度非均匀分布原因有许多，比如自然因素，而植物吸收、海洋碳汇和大气环流是导致大气 CO_2 非均匀分布的主要自然因素。植物光合作用吸收 CO_2 发生在大气和气孔尺度，但却能够吸收高达 30%的化石燃料 CO_2 排放，将对全球陆地生态系统碳循环产生重要影响。大气 CO_2 在海洋中是通过一系列复杂的生物过程来实现的固定和储藏，全球对流层中层 CO_2 柱浓度数据集也显示了 CO_2 浓度在海洋上方的普遍低值分布。再者，工业、经济、城镇化发展水平都将对大气 CO_2 空间分布格局产生影响，较高的经济发展水平、较大的第二产业份额以及较高的经济开放水平都将对区域 CO_2 排放起到促进作用。

全球对流层平均 CO_2 浓度空间分布表明，CO_2 浓度在不同的区域分布不同，比如北半球的 CO_2 浓度明显要高于南半球，造成这种现象的原因可能是北半球人口众多，人类活动频繁，有助于 CO_2 浓度的上升。在我国区域，CO_2 浓度呈现着随季节变化的波动，春季的 CO_2 浓度最高，冬夏季次之，秋季最低，其季节变化特点与风场的输送、降水量的清除和植被的吸收等密切相关。同时有研究表明人类活动对 CO_2 的周变化及日变化等短周期变化具有显著影响。此外，大气中 CO_2 体积分数的季节和年际变化主要取决于碳源、汇。不同类型植被区的碳源或碳汇的特性存在差异，从而导致相应区域近地层 CO_2 体积分数的分布有所不同。大气 CO_2 浓度非均匀分布对地表升温有显著的影响，不同浓

度的 CO_2 造成地表温度变化差异明显。

目前学术界在气候变化模型构建方面开展了广泛的研究。其中，许多学者利用地理信息技术对气候变化进行深入探讨；也有学者们通过基本计量方法和模型，对于 CO_2 排放开展了广泛的研究。同时，CO_2 排放对气候变化的影响是一个综合性的多尺度问题，涉及区域、国家及全球各种尺度，而且关于 CO_2 排放对气候变化影响的研究必须综合社会气候系统各分量之间的相关关系。因此，Rotmans 和 Van Asselt（1996）提出了集成评估模型（IAM），它将不同学科的知识进行结合、解释和交流，以更好的理解复杂的现象。大气 CO_2 浓度非均匀分布下气候变化模型的优化是长期的过程。同时气候变化问题也是一个复杂的、多领域交叉的科学问题。因此，气候变化模型的改进不是一蹴而就的。

过往的气候变化经济效应评估往往基于大气中 CO_2 浓度均匀分布的假定，此假定与 CO_2 非均匀分布的现实相悖，给评估带来了诸多的不确定性，影响模型模拟的精度。对此学者们开始注重大气 CO_2 浓度非均匀分布对气候变化经济效应评估的影响。

参 考 文 献

陈良富, 张莹, 邹铭敏, 等. 2015. 大气 CO_2 浓度卫星遥感进展. 遥感学报, 19(1): 1-11.

陈文颖, 高鹏飞, 何建坤. 2004. 二氧化碳减排对中国未来 GDP 增长的影响. 清华大学学报(自然科学版), (6): 744-747.

陈颖. 2012. 西安南郊城区春季空气 CO_2 浓度变化研究. 西安: 陕西师范大学.

邓安健, 郭海波, 胡洁, 等. 2020. GOSAT 卫星数据监测中国大陆上空 CO_2 浓度时空变化特征. 遥感学报, 24(3): 319-325.

刁一伟, 黄建平, 刘诚, 等. 2015. 长江三角洲地区净生态系统二氧化碳通量及浓度的数值模拟. 大气科学, 39(5): 849-860.

杜立民. 2010. 我国二氧化碳排放的影响因素: 基于省级面板数据的研究. 南方经济,(11): 20-33.

杜瑞英, 杨武德, 许吟隆, 等. 2006. 气候变化对我国干旱/半干旱区小麦生产影响的模拟研究. 生态科学,(1): 34-37.

樊明太, 郑玉歆. 2000. 贸易自由化对中国经济影响的一般均衡分析. 世界经济, (4): 16-26.

符传博, 丹利. 2019. 全球对流层中层二氧化碳柱浓度数据集(2003—2015). 全球变化数据学报(中英文), 3(2): 149-154, 215-220.

符传博, 丹利, 冯锦明, 等. 2018. 我国对流层二氧化碳非均匀动态分布特征及其成因. 地球物理学报, 61(11): 4373-4382.

高松. 2011. 夏季上海城区大气中二氧化碳浓度特征及相关因素分析. 中国环境监测, 27(2): 70-76.

郭毅. 2011. 西安市大气 CO_2 时空分布研究. 西安: 陕西师范大学.

何江浩, 蔡玉林, 秦鹏. 2020. 二氧化碳的时空变化规律与影响因素分析. 科学通报, 65(Z1): 194-202.

贺菊煌, 沈可挺, 徐嵩龄. 2002. 碳税与二氧化碳减排的 CGE 模型. 数量经济技术经济研究, (10): 39-47.

胡晏玲. 2011. 乌鲁木齐市 2 种主要温室气体浓度水平. 干旱环境监测, 25(2): 80-84.

黄晓娴. 2015. 城市二氧化碳特征及区域非均匀分布对气候的影响. 南京: 南京大学.

嵇晓燕, 杨龙元, 王跃思, 等. 2006. 太湖流域近地表大气二氧化碳本底体积分数观测研究. 生态环境学报, (1): 65-70.

姜克隽, 胡秀莲, 庄幸, 等. 2009. 中国 2050 年低碳情景和低碳发展之路. 中外能源, 14(6): 1-7.

蒋金荷, 吴滨. 2010. 低碳经济模型现状和几个理论问题探讨. 资源科学, 32(2): 242-247.
蒋金荷, 姚愉芳. 2002. 气候变化政策研究中经济-能源系统模型的构建. 数量经济技术经济研究, (7): 41-45.
焦念志, 李超, 王晓雪. 2016. 海洋碳汇对气候变化的响应与反馈. 地球科学进展, 31(7): 668-681.
李晶, 王跃思, 刘强, 等. 2006. 北京市两种主要温室气体浓度的日变化. 气候与环境研究, (1): 49-56.
李婧, 刘树华, 茅宇豪, 等. 2006. 不同生态系统 CO_2 通量和浓度特征分析研究. 地球物理学报, (5): 1298-1307.
李丽, 张丽, 燕琴, 等. 2014. 基于 GOSAT 数据集的全球碳通量分析. 地理与地理信息科学, 30(1): 91-96, 2.
李燕丽, 邢振雨, 穆超, 等. 2014. 移动监测法测量厦门春秋季近地面 CO_2 的时空分布. 环境科学, 35(5): 51-59.
林而达, 吴绍洪, 戴晓苏, 等. 2007. 气候变化影响的最新认知. 气候变化研究进展, (3): 125-131.
刘磊, 赵景波, 焦丽铧, 等. 2014. 西安市南郊公路运输 CO_2 排放特征及影响因子研究. 贵州师范大学学报(自然科学版), 32(3): 104-110.
刘立新, 周凌晞, 张晓春, 等. 2009. 我国 4 个国家级本底站大气 CO_2 浓度变化特征. 中国科学(D 辑: 地球科学), 39(2): 222-228.
刘丽, 刘清, 宋国强, 等. 2006. 基于 GIS 组件的农业气象信息服务系统. 中国农业气象, (4): 305-309.
刘强, 王跃思, 王明星, 等. 2005. 北京大气中主要温室气体近 10 年变化趋势. 大气科学, (2): 267-271.
闾国年, 袁林旺, 俞肇元. 2013. GIS 技术发展与社会化的困境与挑战. 地球信息科学学报, 15(4): 483-490.
麦博儒, 邓雪娇, 安兴琴, 等. 2014. 基于碳源汇模式系统 Carbon Tracker 的广东省近地层典型 CO_2 过程模拟研究. 环境科学学报, 34(7): 1833-1844.
孟倩文, 尹球. 2016. 中国区域 CO_2 多年时空变化的卫星遥感分析. 遥感技术与应用, 31(2): 203-213.
秦耀辰, 张丽君, 鲁丰先, 等. 2010. 国外低碳城市研究进展. 地理科学进展, 29(12): 1459-1469.
曲建升, 王琴, 陈发虎, 等. 2010. 我国二氧化碳排放的区域分析. 第四纪研究, 30(3): 466-472.
单昌功. 2019. 基于地基高分辨率傅里叶变换红外光谱技术研究大气 CO_2 时空分布和变化特征. 合肥: 中国科学技术大学.
沈琰, 雷正翠, 杨卫芬, 等. 2014. 常州市霾天气特征及其影响因子分析. 环境科学导刊, 33(4): 32-37.
史琴琴, 鲁丰先, 陈海, 等. 2018. 中原经济区城镇居民消费间接碳排放时空格局及其影响因素. 资源科学, 40(6): 1297-1306.
松岗譲, 姜克隽, 胡秀莲. 1998. 全球气候变化模型的研究与发展. 中国能源, (3): 16-21.
宋帅, 鞠永茂, 王汉杰. 2008. 有序人类活动造成的土地利用变化对区域降水的可能影响. 气候与环境研究, 13(6): 759-774.
苏占胜, 陈晓光, 黄峰, 等. 2008. 基于 GIS 的宁夏气候要素推算及农业气候资源分析. 干旱地区农业研究, (4): 242-249.
涂正革, 谌仁俊. 2013. 工业化、城镇化的动态边际碳排放量研究——基于 LMDI “两层完全分解法” 的分析框架. 中国工业经济, (9): 31-43.
王灿, 陈吉宁, 邹骥. 2005. 基于 CGE 模型的 CO_2 减排对中国经济的影响. 清华大学学报(自然科学版), (12): 1621-1624.
王长科, 王跃思, 刘广仁. 2003. 北京城市大气 CO_2 浓度变化特征及影响因素. 环境科学, (4): 13-17.

王庚辰, 孔琴心, 任丽新, 等. 2002. 北京地区大气中的黑碳气溶胶及其变化特征. 桂林: 中国颗粒学会 2002 年年会暨海峡两岸颗粒技术研讨会.

王俊松, 贺灿飞. 2010. 能源消费、经济增长与中国 CO_2 排放量变化——基于 LMDI 方法的分解分析. 长江流域资源与环境, 19(1): 18-23.

王明星, 刘卫卫, 吕国涛, 等. 1989. 我国西北部沙漠地区大气甲烷浓度的季节变化和长期变化趋势. 科学通报, (9): 684-686.

王荣堂, 张祖新, 陈柏寒. 1998. 农业气象信息系统的开发与利用. 中国农业气象, (1): 44-46.

王跃思, 王长科, 刘广仁, 等. 2002. 北京大气 CO_2 浓度日变化、季变化及长期趋势. 科学通报, (14): 1108-1112.

王铮, 胡倩立, 郑一萍, 等. 2002. 气候保护支出对中国经济安全的影响模拟. 生态学报, (12): 2238-2245.

王铮, 蒋轶红, 吴静, 等. 2006. 技术进步作用下中国 CO_2 减排的可能性. 生态学报, (2): 423-431.

温玉璞, 汤洁, 邵志清, 等. 1997. 瓦里关山大气二氧化碳浓度变化及地表排放影响的研究. 应用气象学报, (2): 2-9.

徐国泉, 刘则渊, 姜照华. 2006. 中国碳排放的因素分解模型及实证分析: 1995-2004. 中国人口·资源与环境, (6): 158-161.

徐永福. 2008. 二氧化碳在北太平洋封存的有效性. 北京: 中国气象学会 2008 年年会气候变化分会场论文集.

杨成荫, 王汉杰, 韩士杰, 等. 2012. 大气 CO_2 浓度非均匀动态分布条件下的气候模拟. 地球物理学报, 55(9): 2809-2825.

尹起范, 盛振环, 魏科霞, 等. 2009. 淮安市大气 CO_2 浓度变化规律及影响因素的探索. 环境科学与技术, 32(4): 54-57.

岳超, 胡雪洋, 贺灿飞, 等. 2010. 1995—2007 年我国省区碳排放及碳强度的分析——碳排放与社会发展 III. 北京大学学报(自然科学版), 46(4): 510-516.

张阿玲, 郑淮, 何建坤. 2002. 适合中国国情的经济、能源、环境(3E)模型. 清华大学学报(自然科学版), (12): 1616-1620.

张柳明, 徐永昌. 1992. 中国西北地区大气 CO_2 浓度及其碳、氧同位素组成特征. 科学通报, (5): 441-444.

张友国. 2010. 经济发展方式变化对中国碳排放强度的影响. 经济研究, 45(4): 120-133.

赵杰明, 姚小强, 杜继稳. 1997. 陕西省卫星遥感与农业气象信息服务系统. 中国农业气象, (1): 43-45, 28.

赵靓. 2017. 基于 GOSAT 卫星的大气 CO_2 和 CH_4 遥感反演研究. 长春: 吉林大学.

赵静. 2013. 中国区域 CO_2 柱状浓度时空分布特征研究. 阜新: 辽宁工程技术大学.

赵静, 崔伟宏. 2014. 中国区域近地面 CO_2 时空分布特征研究. 地球信息科学学报, 16(2): 207-213.

赵领娣, 吴栋. 2018. 中国能源供给侧碳排放核算与空间分异格局. 中国人口 • 资源与环境, 28(2): 48-58.

赵美训, 丁杨, 于蒙. 2017. 中国边缘海沉积有机质来源及其碳汇意义. 中国海洋大学学报(自然科学版), 47(9): 70-76.

周凌晞, 刘立新, 张晓春, 等. 2008. 我国温室气体本底浓度网络化观测的初步结果. 应用气象学报, 19(6): 641-645.

Ahmadov R, Gerbig C, Kretschmer R, et al. 2009.Comparing high resolution WRF-VPRM simulations and two global CO_2 transport models with coastal tower measurements of CO_2. Biogeosciences, 6(5):

807-817.

Bai W G, Zhang X Y, Zhang P. 2010.Temporal and spatial distribution of tropospheric CO_2 over China based on satellite observations. Chinese Science Bulletin, 55(31): 3612-3618.

Ballav S, Patra P K, Takigawa M, et al. 2012.Simulation of CO_2 concentration over East Asia using the regional transport model WRF-CO_2. Journal of the Meteorological Society of Japan. Ser. II, 90(6): 959-976.

Bergeron O, Strachan I B. 2011. CO_2 sources and sinks in urban and suburban areas of a northern mid-latitude city. Atmospheric Environment, 45(8): 1564-1573.

Briber B M, Hutyra L R, Dunn A L, et al. 2013.Variations in atmospheric CO_2 mixing ratios across a Boston, MA urban to rural gradient. Land, 2(3): 304-327.

Briegleb B P. 1992. Delta - Eddington approximation for solar radiation in the NCAR community climate model. Journal of Geophysical Research: Atmospheres, 97(D7): 7603-7612.

Chaudhari P R, Gajghate D G, Dhadse S, et al. 2007.Monitoring of environmental parameters for CO_2 sequestration: a case study of Nagpur City, India. Environmental Monitoring and Assessment, 135(1-3): 281.

Cheng Y L, An X Q, Yun F H, et al. 2013. Simulation of CO_2 variations at Chinese background atmospheric monitoring stations between 2000 and 2009: applying a carbon tracker model.Chinese Science Bulletin, 58(32): 3986-3993.

Chevillard A, Karstens U, Ciais P, et al. 2002. Simulation of atmospheric CO_2 over Europe and western Siberia using the regional scale model REMO. Tellus B, 54(5): 872-894.

Engelen R J, Serrar S, Chevallier F. 2009. Four-dimensional data assimilation of atmospheric CO_2 using AIRS observations. Journal of Geophysical Research: Atmospheres, 114(D3).

Fang S X, Zhou L X, Tans P P, et al. 2014. In situ measurement of atmospheric CO_2 at the four WMO/GAW stations in China. Atmospheric Chemistry and Physics, 14(5): 2541-2554.

Forkel M, Carvalhais N, Rödenbeck C, et al. 2016.Enhanced seasonal CO_2 exchange caused by amplified plant productivity in northern ecosystems. Science, 351(6274): 696-699.

Górka M, Lewicka-Szczebak D. 2013.One-year spatial and temporal monitoring of concentration and carbon isotopic composition of atmospheric CO_2 in a Wrocaw(SW Poland)city area. Applied Geochemistry, 35: 7-13.

Hope C. 1996. Valuing the impact of CO_2 emissions. Energy Policy, 24(3): 211-219.

Hope C, Anderson J, Wenman P. 1993. Policy analysis of the greenhouse effect: an application of the PAGE model. Energy Policy, 21(3): 327-338.

Huang Z, Peng Z, Liu H, et al. 2014. Development of CMAQ for East Asia CO_2 data assimilation under an EnKF framework: a first result. Chinese Science Bulletin, 59(25): 3200-3208.

Jiao N, Herndl G J, Hansell D A, et al. 2010. Microbial production of recalcitrant dissolved organic matter: long-term carbon storage in the global ocean. Nature Reviews Microbiology, 8(8): 593-599.

Kou X, Tian X, Zhang M, et al. 2017. Accounting for CO_2 variability over East Asia with a regional joint inversion system and its preliminary evaluation. Journal of Meteorological Research, 31(5): 834-851.

Kou X X, Zhang M G, Peng Z. 2013. Numerical simulation of CO_2 concentrations in East Asia with RAMS-CMAQ. Atmospheric and Oceanic Science Letters, 6(4): 179-184.

Liu J, Fung I, Kalnay E, et al. 2011. CO_2 transport uncertainties from the uncertainties in meteorological fields. Geophysical Research Letters, 38(12): L12808.

Liu Y, Chen Z M, Xiao H, et al. 2017.Driving factors of carbon dioxide emissions in China: an empirical study using 2006-2010 provincial data. Frontiers of Earth Science, 11(1): 156-161.

Muller-Karger F E, Varela R, Thunell R, et al. 2005. The importance of continental margins in the global carbon cycle. Geophysical Research Letters, 32(1): 443-447.

Navarro A, Moreno R, Tapiador F J. 2018. Improving the representation of anthropogenic CO_2 emissions in climate models: impact of a new parameterization for the Community Earth System Model(CESM). Earth System Dynamics, 9(3): 1045-1062.

Nordhaus W D, Yang Z L. 1996. A regional dynamic general-equilibrium model of alternative climate-change strategies. The American Economic Review, 86(4): 741-765.

Pongratz J, Caldeira K. 2012. Attribution of atmospheric CO_2 and temperature increases to regions: importance of preindustrial land use change. Environmental Research Letters, 7(34001): 34001-34008.

Rotmans J, van Asselt M. 1996. Integrated assessment: a growing child on its way to maturity. Climatic Change, 34: 327-336.

Schimel D, Stephens B B, Fisher J B. 2015. Effect of increasing CO_2 on the terrestrial carbon cycle. Proc Natl Acad Sci U S A, 112(2): 436-441.

Tangborn A, Strow L L, Imbiriba B, et al. 2013. Evaluation of a new middle-lower tropospheric CO_2 product using data assimilation. Atmospheric Chemistry and Physics, 13(9): 4487-4500.

Wang J, Feng L, Palmer P I, et al. 2020. Large Chinese land carbon sink estimated from atmospheric carbon dioxide data. Nature, 586(7831): 720-723.

Xie X D, Huang X X, Wang T J, et al. 2018. Simulation of non-homogeneous CO_2 and its impact on regional temperature in East Asia.Journal of Meteorological Research, 32(3): 456-468.

Zhai W. 2016. Quantifying air–sea re-equilibration-implied ocean surface CO_2 accumulation against recent atmospheric CO_2 rise. Journal of Oceanography, 72(4): 651-659.

Zhang Z, Jiang H, Liu J X, et al. 2013. Effect of heterogeneous atmospheric CO_2 on simulated global carbon budget. Global and Planetary Change, (101): 33-51.

Zhao J, Cui W, Sun Y. 2014. Spatial and temporal distribution characteristics of near-surface CO_2 concentration over China based on GOSAT data//Remote Sensing and Modeling of the Atmosphere, Oceans, and Interactions V. International Society for Optics and Photonics, 9265: 92650N.

Zhou C, Shi R, Liu C, et al. 2013. A correlation analysis of monthly mean CO_2 retrieved from the atmospheric infrared sounder with surface station measurements. International Journal of Remote Sensing, 34(23-24): 8710-8723.

第 3 章　大气 CO_2 浓度非均匀分布下碳排放与升温及其经济影响

定量评价人为 CO_2 排放、大气 CO_2 浓度非均匀分布与地表升温之间的耦合关系和互馈机制及其对社会经济的影响，对于人类应对气候变化，实现社会经济的可持续发展具有重大的现实意义。根据 IPCC 第五次评估报告，目前国际政府部门和学术界广泛关注的海平面上升、大气和海洋变暖、积雪和冰量减少、气候系统变暖等问题都是由于人类活动大量排放 CO_2 所导致的。由于全球经济的快速发展和人口的迅速增加，大量的化石燃料的使用排放了过量的 CO_2，致使工业革命以来大气 CO_2 浓度上升迅速，进而影响了全球气候、生态系统、经济领域等各个方面。大气 CO_2 浓度非均匀分布事实将为区域升温以及经济发展带来新的不确定因素，因此科学认识大气 CO_2 浓度非均匀分布事实，研究大气 CO_2 浓度非均匀分布下碳排放与升温之间的互馈机制，评估地表升温对经济发展带来的影响将为减排政策的制定和温控目标的实现提供有价值的参考。

本章 3.1 节从全球大气 CO_2 浓度非均匀分布对气候变化经济效应评估的影响出发，综述了大气 CO_2 浓度与地表升温对经济系统的影响评估，大气 CO_2 浓度非均匀分布对气候变化经济效应评估所带来的挑战，并提出了大气 CO_2 浓度非均匀分布条件下气候变化经济效应评估的改进措施；3.2 节构建了碳排放与地表升温关系框架，运用统计学方法对全球大气 CO_2 浓度非均匀分布下碳排放与地表升温之间的关系进行了分析；3.3 节揭示地表升温与经济影响的互馈机制，通过构建模型对全球 CO_2 浓度非均匀分布下地表升温对经济造成的影响进行了评估。

3.1　大气 CO_2 非均匀分布的经济影响

3.1.1　大气 CO_2 非均匀分布对地表升温与关键经济指标的影响

CO_2 的排放使得大气中的 CO_2 浓度发生改变，造成全球气温升高的同时，使得农业、采矿业、建筑业等一些对气温敏感的经济部门受害，且实验证明每增加 1 万亿 t CO_2 排放量，全球每年因劳动生产率下降造成的损失占全球 GDP 的 2%，其中东南亚、非洲中北部和南美北部将成为受影响最严重的地区。鉴于此，CO_2 浓度的增加和变化对社会经济的影响问题引起了众多学者的关注。早在 20 世纪 70 年代，美国国防大学和美国能源部就针对 CO_2 浓度变化如何影响气候和经济这一问题进行探究，并且形成了许多具有开创意义的研究报告，80 年代初，一项关于 CO_2 浓度上升对社会经济的影响研究计划被提出，随后世界气候影响计划（WCIP）科学委员会也采纳了此计划，并成立专人负责组。1983 年，国际应用系统分析研究所在全球范围内挑选了 11 个各具特色的区域，进行 CO_2 浓度增加对区域气候经济的影响个例研究。

大气 CO_2 浓度对农业经济部门的直接影响主要体现在其对农作物的影响上，主要包括以下几个方面：①作物生长期减少且生长季延长。CO_2 浓度激增造成大气温度上升，作物的生长速率随之加快，适合作物生长的生长季也被拉长。②改变作物的平均产量。生长季节的气温和降水对于作物的产量有着重要的影响，而大气中 CO_2 浓度的变化会引起气温和降水的变化，进而有可能改变作物的平均产量。Parry 等（1988）等研究表明，CO_2 浓度倍增对萨斯卡切温省的小麦造成减产影响，且该地区北部减产幅度要明显高于南部。③改变作物产量等级的频率分布。Waggoner（1983）通过分析美国北达科他州 1949～1950 年的村小麦产量的变化情况发现，与当前气候条件相比，CO_2 浓度倍增引起温度上升，降水减少，该州春小麦产量平均减少 100kg/hm^2。④改变农产品质量和产量的稳定性，研究表明，在某些区域，CO_2 浓度倍增带来的气候变化虽然造成了作物产量的增加，但作物质量可能会有所下降。CO_2 浓度的增加对作物产量有所影响，进而影响农民收入。与此同时，为了达到一定的产量，农民增加农业投入，造成生产成本提高。

CO_2 排放量不断增加虽会带来一定的危害但也伴随着一定的正向社会经济增长，有关 CO_2 浓度变化（增加和减少）对社会经济影响的研究已有较多学者关注。王翠花（2003）基于江苏省各部门的投入产出和能源消耗数据，运用投入产出模型研究江苏省工业、电力等部门节能减排行为对国民经济的影响。研究结果表明 CO_2 排放量可以通过影响社会总产出来影响国民经济。环境波特假说认为，节能减排不仅使环境质量和生产效率提高，还能使社会、经济发展目标得以实现。Mohr（2002）基于分散技术变化中“干中学”的整体平衡结构，支持波特假设，这表明，由于内源性技术的变化使波特假设成为可能；Cerin（2006）的研究也支持波特的假设，基于科斯产权贸易成本理论的发现了一个双赢的私人动机，但需要公众的支持。Dean 和 Brown（1995）发现随着企业有效节能减排实践活动的增多，企业对减少能耗、降低污染的知识会得到积累并更加深入这种知识，因此可以减少企业产生污染并因污染被起诉、甚至是关停的风险，这也是有利于企业发展一个因素。Choi 和 Roberts（2015）以美国本土的 49 个州和夏威夷州、阿拉斯加州为研究区域，研究 2002～2011 年大气中 CO_2 浓度对于交通运输部门这一重要的经济增长部门的影响，其中碳排放变化的背后受到诸多因素的影响，主要集中在州政策变化、燃料消耗出现降幅以及空间污染联邦法更加严格等方面，研究表明，CO_2 排放量的增加在 2002～2007 年对运输部门产生了负面影响，但在 2008～2011 年，实际排放量增加了。可持续增长的模式（减少 CO_2 排放和提高实际生产率）更多地与技术创新的速度有关，而不是效率的下降。这一发现同样证实，控制大气 CO_2 浓度，采用低耗能技术及替代性原料达到减排的目的是很有必要的。Kheir 等（2019）针对北尼罗河的 CO_2 浓度及气温等因素研究其对小麦生产的影响，预测结果表明 CO_2 浓度的增加将带来小麦产量的增加，温度和 CO_2 的综合作用预计在较高 CO_2 浓度下小麦产量增加，同时在低 CO_2 浓度下，温度的负面影响是明显的，以此影响社会经济发展。Chipalkatti 和 Rishi（2015）针对印度的可持续发展进行研究，研究大气中 CO_2 浓度和经济增加、减贫脱贫之间的平衡关系，研究结果表明目前印度正处于库兹涅茨曲线向上倾斜的位置，CO_2 的排放量增加量与其经济轨迹的增长之间存在一定的关联性，这同样表明印度将继续其在国际谈判中一贯采取的立场，即印度的人均 CO_2 排放量较低，减少碳排放与印度的经济利益相冲突。

地表温度的升高对社会经济系统具有一定的影响，其影响波及农业、交通运输业、建筑业等各个行业，同时影响人类健康及居住适宜性。地表温度升高可以直接影响社会经济，如使得农业减产；也会对某些产业和部门产生间接影响，如影响加工业和畜牧业等（孙薇和季双双，2015）。美国研究报告指出，地表温度持续上升的地区可能会导致人类无法适应和生存，如果平均气温上升 7℃，就会导致某些地区不再适合人类生活。孙薇和季双双（2015）从畜牧业、水资源、生态系统、人居环境等多个方面探索气候改变对经济的影响，发现与 20 世纪初相比，全球平均表面温度升高了 0.74℃。若不遏制全球变暖趋势，到 21 世纪末，平均温度将增加 1.1～6.4℃。皮军（2010）结合相关资料分析东南亚的气候变化的种类和趋势，再评估这些气候变化对东南亚经济的影响发展趋势。发现东南亚平均地表温度到 2039 年将上升 0.75～0.97℃，农业部门作为东亚的主要经济部门将受到影响。温度上升和热应激正侵蚀东南亚的农业生产潜力，在该地区的许多地方，由于热应激和水资源短缺，主要农作物的产量在下降。在生长季节，最低气温每上升 1℃，大米产量随之下降 10%。

在畜牧业发展方面，地表升温不利于生产玉米、大豆等饲料作物，会破坏饲料作物产量，使我国的畜牧业更加依赖于饲料的进口，尤其是大豆。由于饲料成本上升，导致畜牧业的经济效益下降。此外，饲料作物中的疾病和害虫随温度的上升而增加，还可能会引起动物疾病传播。例如，随着我国草原上病虫害的数量不断增加，饲料中的霉菌毒素含量每年都在上升。Mendelsohn（2008）研究了升温对发展中国家的影响，非洲畜牧业研究结果表明，气温升高将使得小型家庭收入增加，而商业收入下降；小型牲畜养殖户有许多选择来转换作物和牲畜，这似乎使他们比更专业化的商业牲畜业务更不容易受到伤害。

地表升温通过影响农业和畜牧业，同样可以对工业产生影响。张永勤和缪启龙（2001）基于投入-产出模型分析发现气候变暖会对工业产值造成负面影响，工业部门只有加大资金投入，才能阻止负面影响的扩大。吴息等（1999）使用简单的统计模型研究气候变化对长三角地区工业的影响，发现夏季温度上升对重工业不利，而冬季温度上升却对重工业有利。周锁铨等（1999）根据加拿大环境部提出的多部门多目标综合土地评估模式，以长三角作为研究区域，探究气候变化对工业产值的影响模式，发现工业的发达程度对气温改变影响产值的效果有影响作用。孙宁等（2008）利用协整理论和 C-D 生产函数分析气象因子对制造业经济的影响，反映了制造业对气候变化的敏感性，证明了制造业与气候变化之间的关系。

3.1.2 大气 CO_2 非均匀分布对气候变化经济影响评估的挑战

过往的气候变化经济效应评估能揭示人类活动产生的多种温室气体如何对气候变化产生作用。但是这些研究方法往往基于大气中 CO_2 浓度均匀分布的假定，此假定与 CO_2 非均匀分布的现实相悖，给评估带来了诸多的不确定性，影响模型模拟的精度。

大气中 CO_2 浓度的非均匀分布对气候变化经济效应产生一定的影响。居辉等（2005）的研究表明，在当前灌溉得以满足的情况下全国的小麦、玉米和水稻分别减少 3%～7%、1%～11%和 5%～12%。程琨等（2011）发现全国各地粮食的平均年产出率下降 1.05%～

5.20%，但不同地区下降率差别很大。东三省、华北地区、西北地区以及华东地区的一些省份都属于产量减幅较大的区域，每年减少产量 3.64%～5.20%，即这些省份的产量受气候变化的影响较大，损失更严重。崔静（2011）的研究表明，近 40 年来，华北地区气温升高和降水量降低致使高温和干燥的环境危害到当地小麦的生产，使得粮食产量降低。例如，2003 年长江中下游大片水稻发生"花而不实"的现象，即当地水稻产量减少了 30%到 70%（金之庆，2006）。

气候变化适应策略对粮食生产能力的影响显著。吕庆堂等（2010）认为如果不采取相应措施，到 2030 年全国粮食综合生产能力可能减少 5%～10%；到 21 世纪后半叶，主要作物的产量整体上可能减少 13%～24%。侯琼等（2011）研究发现生长季平均最高气温或温差增加 1℃时，有可能使玉米气象产量减少 102～192kg/hm^2。

国内学者梳理了当前全球关于 CO_2 升高对作物产量和营养品质影响的研究（宋练等，2020），结果表明：相比封闭式或半封闭式环境控制试验系统，开放式试验系统被公认为是目前研究作物对高 CO_2 响应的最理想手段。CO_2 增高会增加 C3 作物光合速率、生物量和产量，在一定程度上缓解气候变化对农作物产生的负面影响，但是作物对大气 CO_2 的升高存在光合适应现象，虽然高浓度 CO_2 会促进植物的光合作用，但在长时间的作用之下，高浓度 CO_2 对作物生长的促进作用会逐渐减弱。此外，高浓度 CO_2 会显著降低大部分非豆科 C3 作物中蛋白质和矿物质（如锌、铁）以及部分维生素的含量，使得全球约 2 亿人因缺乏维生素和矿物质元素等营养而产生健康问题的情况加重。赵听奕和张惠远（2000）根据 GCMS 预测的 CO_2 倍增时全球气候变化情景和黄淮海平原的气候变化规律，构造了以下气候变化情景：秋季、冬季和春季各自增温 3℃，相应的降水增减 20%，增减 10%和不变，通过模型进行情景模拟，得到未来黄淮海平原冬小麦产量的预测值。朱大威和金之庆（2008）利用 3 种国际上通用的平衡大气环流模型（GCM）的有关输出值，定量分析了 CO_2 有效倍增时气候及其变率变化对不同生态区粮食作物的影响。结果表明，3 种效应模型均有较好的适应性，可以作为气候变化影响的评价工具。熊伟等（2006）研究认为若排除 CO_2 对农作物的肥效作用，未来我国主要粮食作物（小麦、水稻和玉米）皆以减产为主，但充足的灌溉可以减少作物减产的幅度；若只考虑 CO_2 对农作物的肥效作用，则未来三种主要粮食作物的产量均以增产为主。姚凤梅等（2007）认为温度的增加会造成水稻的产量下降，且温度增加的幅度越大，产量下降幅度也越大。

3.1.3　大气 CO_2 非均匀分布下气候变化经济影响评估模型的改进

多数学者基于区域气候模式和综合影响评估模型开展经济影响评估，并提炼出适应性管理措施。陶生才等（2011）以吉林敦化玉米为例，利用区域气候模式 PRECIS 输出的气候情景和 DSSAT 模型的核心模块 CERES 链接，对农作物的播期、品种、灌溉条件等方面的适应技术和措施进行模拟，对气候变化所造成的粮食作物产量及波动性影响进行定量分析，研究发现：通过采取相应的适应技术和措施来降低气候变化对粮食产量不利影响的过程中，要更加关注粮食产量的波动性，粮食产量的波动性降低会有利于区域粮食生产的稳产高产，有利于区域农业的可持续发展。此外，还可以通过调整作物模型的参数和模块来对适应技术进行模拟研究。李勇等（2010）利用 2000～2007 年各省份统计产量平均值，对气候变暖导致种植制度北界移动对粮食单产的影响。研究发现，河北省冬小麦种植北界的北移，可使种植区内光热条件变好，进而使得冬小麦单产平均增加约 25%；浙江省、安徽省、湖北省、湖南省还可以通过改变种植模式和作物品种来提高粮食单产，气候变暖使得这些地区的热量资源更为丰富，在水资源充足的条件下，该区域可以选择越冬作物－双季稻三熟制。基于农作物目前的产量，在作物品种、社会经济等因素不变的前提下，由一年一熟变成一年二熟可使平均粮食单产增加 54%～106%，由一年二熟变成一年三熟可使粮平均食单产增加 27%～58%。

部分学者利用数据实证模型开展基于气候变化情景的经济影响评估。李兰海和章熙谷（1992）建立了资源配置灰色控制模型，是一种具有动态趋势性预测的动态研究模型，首先应用灰色系统的微分拟合法建立资源配置的控制模型，再用最优控制理论进行优化，得到资源配置的优化控制模型。利用此模型，设置基础数据和相应参数就可以得到未来某一时刻资源配置的优化结果和方案。雷明（1996）在前人的研究基础上综合考虑了纯经济生产活动和环境保护及资源恢复，建立了实物模型和价值模型两类资源经济投入产出模型。李广（2003）以经济纯收入、水保率和投入水平为核心，建立了最优多目标线性规划优化模型，运用 AHP 法确定了不同配置方案的权重系数，然后对多目标线性规划分别求解，研究北方农牧交错带复合生态系统的气候响应与不同配置的生态经济效应。王守荣（2000）等综合了气象因素和统计学工具，建立了相关模型，对气候变化造成的直接经济损失进行预测，在一定程度上得出了未来气候变化导致的直接经济损失。

农业的规模和对气候的敏感性导致气候变化极易对农业造成影响，国际学者利用 Production Function 经济模型评估气候变化对农作物产量的影响（David et al., 2014）。丑洁明和叶笃正（2006）将气候变化研究和农业经济研究联合起来，在经济模型生产函数中添加了气候变化因子，构建了一个经济气候新模型，将气候变化因素和经济变化因素连接起来，用来评价全球气候变化对中国粮食产量的影响。周曙东和朱红根（2010）通过构建经济气候模型，运用计量经济模型，验证气候变化对南方水稻产量的影响，并对未来气候变化情景的影响进行了模拟预测。结果表明，气候对南方地区水稻产量的影响为负显著且各区域受到的影响不同，降水对华南、华中和华东地区的影响为负，但对西南地区有一定程度的正向影响；温度对西南、华南、华东和华中地区都有负向影响，在未来气候变化情景中，南方水稻产量减产为主，当地政府和农户应当对这一情况高度重视。国家重大科学研究计划项目“气候变化对我国粮食生产系统的影响机理及适应机制研究第四课题气候变化驱动的我国粮食生产系统空间数值模拟预测（2012）”研究认为相对于耕地减少和人口增加的影响，在考虑 CO_2 肥效作用的情况下，气候变化对我国粮食安全有温和的正效应；社会经济发展道路对我国粮食安全状况的未来发展趋势产生重大影响。与高人口、高排放的非均衡发展道路相比，环境友好的均衡发展道路对长期粮食安全的保障作用要更大；维持单产年均增长率对保障粮食安全有重要意义，或者说单产增长率是一个比单产绝对值更为有效的粮食安全指示指标。

3.2　全球 CO_2 非均匀分布及其与碳排放和地表升温的关系

定量评价人为 CO_2 排放、大气 CO_2 浓度与地表升温之间的耦合关系和互馈机制，对于人类应对气候变化，实现社会经济的可持续发展具有重大的现实意义。CO_2 的非均匀分布是研究碳排放与升温关系间不可忽视的重要因素。CO_2 浓度非均匀分布的客观事实将对现有碳排放与升温关系的定量估计带来不确定性。本节将阐述 CO_2 浓度在空间上的聚集效应，结合关键社会经济指标，揭示全球 CO_2 浓度非均匀分布下碳排放与地表升温间的统计学关系。

3.2.1　碳排放与地表升温关系的分析框架

IPCC 评估报告认为，人类活动作为主要因素，与自然变化共同作用导致全球气候变化。人类活动导致大气 CO_2 浓度增加，大气-地球能量平衡被打破，温室效应加强，最终导致全球气温升高（Wang et al., 2015）。同时，全球升温又会对人类生产活动产生影响，具体表现在 GDP 经济产出与人口等社会因素变动上（Pielke, 2004），并结合人为气候减缓与适应措施最终反馈到人为 CO_2 排放中（彭静和丹利，2016）。然而，CO_2 非均匀分布的客观事实的存在，为 CO_2 与升温关系等方面的研究增加了新的不确定性因素（邱新国和谭靖磊，2015）。图 3-1 揭示了全球 CO_2 浓度非均匀分布条件下碳排放与升温关系分析框架，并基于上述框架构建了联立方程组以研究全球 CO_2 浓度非均匀分布下的碳排放与升温的关系。

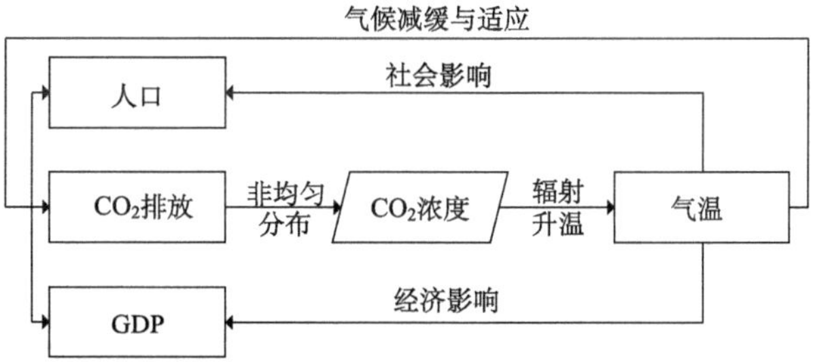

图 3-1　全球 CO_2 非均匀分布、碳排放与地表升温关系的分析框架

首先构建 CO_2 排放对升温的影响函数关系式，其中除了升温与 CO_2 排放相关，还加入了格点尺度的降水等气候影响因素以及经度、纬度和海拔高度等地理变量作为控制变量，具体函数形式如式（3-1）所示：

$$\mathrm{d}T_{it} = f\left(E_{it}, \mathrm{rain}_{it}, \mathrm{DEM}_i, \mathrm{longitude}_i, \mathrm{latitude}_i, u_{it}\right) \tag{3-1}$$

式中，T_{it} 为格点 i 在 t 时期的气温；$\mathrm{d}T_{it}$ 为点 i 上的温度变化，表现为 t–1 时期温服 $\mathrm{d}T$ 与 t 时期近地面气温差；E_{it} 为格点 i 在 t 时期的碳排放；rain_{it} 为格点 i 在 t 时期的降水量；DEM_i 为格点 i 的海拔高度；$\mathrm{longitude}_i$ 为格点 i 的经度值；$\mathrm{latitude}_i$ 为格点 i 的纬度值；u_{it} 为残差值。

同时，构建温度对 CO_2 排放的影响函数关系，加入温度变量，并考虑了人均 GDP 作为经济影响指标以及人口作为社会影响指标，以及经度、维度和海拔等地理变量作为控制变量，具体函数形式如式（3-2）所示：

$$E_{it} = f\left(T_{it}, p\text{GDP}_{it}, \text{POP}_{it}, \text{DEM}_i, \text{longitude}_i, \text{latitude}_i, u_{it}\right) \tag{3-2}$$

式中，$p\text{GDP}_{it}$ 为格点 i 在 t 时期的人均 GDP；POP_{it} 为格点 i 在 t 时期的人口量。

基于联立方程组模型，将升温与 CO_2 排放函数关系式联立，并对其中的关键指标变量进行对数处理，具体的模型方程如式（3-3）所示：

$$\begin{cases} \text{d}T_{it} = \alpha_0 + \alpha_1 \ln E_{it} + \alpha_2 \ln \text{rain}_{it} + \alpha_3 \ln \text{rain}_{it}^2 + \beta_1 \text{DEM}_i \\ \qquad + \beta_2 \text{ longitude}_i + \beta_3 \text{ latitude}_i + u_{it} \\ \ln E_{it} = \rho_0 + \rho_1 T_{it} + \rho_2 \ln p\text{GDP}_{it} + \rho_3 \ln p\text{GDP}_{it}^2 + \rho_4 \ln \text{POP}_{it} \\ \qquad + \rho_5 \ln \text{POP}_{it}^2 + \gamma_1 \text{DEM}_i + \gamma_2 \text{ longitude}_i + \gamma_3 \text{ latitude}_i + \varepsilon_{it} \end{cases} \tag{3-3}$$

式中，α_0、ρ_0 为常数项；α_1、α_2、α_3 与 β_1、β_2、β_3 为公式中影响因素估计参数；ρ_1、ρ_2、ρ_3、ρ_4、ρ_5 与 γ_1、γ_2、γ_3 为公式中控制变量估计参数；u_{it} 与 ε_{it} 为残差项。

为了捕获 CO_2 浓度非均匀分布对人为 CO_2 排放与升温间的空间效应，本节在二者联立方程模型中引入 CO_2 浓度及其空间加权滞后项，构建空间联立方程组模型，并分别采用广义一般最小二乘法（GSLS），以及系统估计法中的二阶段广义空间最小二乘法（GS2SLS）和三阶段广义空间最小二乘法（GS3SLS）定量估计 CO_2 浓度非均匀分布对人为 CO_2 排放与升温的影响，具体公式如式（3-4）所示：

$$\begin{cases} \text{d}T_{it} = \alpha_0 + \alpha_1 \ln E_{it} + \alpha_2 \ln \text{rain}_{it} + \alpha_3 \ln \text{rain}^2 + \alpha_4 \ln \text{CO}_{2it} + \alpha_5 W \ln \text{CO}_{2it} \\ \qquad + \beta_1 \text{DEM}_i + \beta_2 \text{longitude}_i + \beta_3 \text{latitude}_i + u_{it} \\ \ln E_{it} = \rho_0 + \rho_1 T_{it} + \rho_2 \ln p\text{GDP}_{it} + \rho_3 \ln p\text{GDP}_{it}^2 + \rho_4 \ln \text{POP}_{it} + \rho_5 \ln \text{POP}_{it}^2 \\ \qquad + \rho_6 \ln \text{CO}_{2it} + \rho_7 W \ln \text{CO}_{2it} + \gamma_1 \text{DEM}_i + \gamma_2 \text{longitude}_i + \gamma_3 \text{latitude}_i + \varepsilon_{it} \end{cases} \tag{3-4}$$

式中，CO_{2it} 为 i 格点在 t 时期的 CO_2 浓度；W 为空间权重矩阵，这里采用反距离权重矩阵，基于空间邻近构建规则，样本空间单元与其邻接空间单元之间距离越近，权重越大，表征的空间效应就越强。

3.2.2　数据制备与统计方法

1. 数据制备

所使用数据主要包括了自然环境数据集与社会经济数据集。时间跨度范围在 2003 年到 2015 年之间，空间跨度范围为全球陆地表层，多源自然环境数据与社会经济统计数据均已采用重采样至 1°的空间分辨率。模型所用指标与数据的描述性统计信息如表 3-1 所示。

1）自然环境数据

自然环境数据主要包括数字高程数据（DEM），全球年平均 CO_2 浓度数据以及年降水量和年平均近地温度等气象数据。其中年平均 CO_2 浓度格网数据来自美国宇航局（NASA）网站。NASA 的 Aqua 卫星于 2002 年 5 月成功发射，能够完成全球水和能量循

表 3-1　模型指标含义与描述性统计

变量	样本数/个	说明及单位	平均值	标准差	最小值	最大值
CO_2	219193	陆地 CO_2 浓度/ppm	383.63	7.68	367.87	401.32
rain	219193	陆地降水量/mm	60.31	62.20	0.00	885.05
*p*GDP	219193	人均 GDP/（万元/人）	2.59	2.93	0.00	19.94
POP	219193	人口数/万人	28.469	108.05	0.00	3260.71
T	219193	陆地近地面气温/（0.1℃）	91.01	147.74	–277.42	316.17
E	219193	陆地 CO_2 排放/（t/km^2）	199.42	2122.87	0.00	176601.60
DEM	219193	陆表地海拔高度/km	0.60	0.83	–0.1575	6.21

环、气候变化趋势观测，以及气候系统对温室气体增加的响应等科学任务（姚志刚等，2015）。Aqua 卫星上搭载的大气红外探测仪（AIRS）拥有 2378 个探测通道。借助 AIRS 和反演算法可以得到包括全球陆地、海洋和极地的逐日 CO_2 浓度数据（Chahine et al., 2008）。年平均温度格网数据来自东英吉利大学气候研究室的气候变化与其他现象的变化的时间序列（TS）数据集 v3（图 3-2）；年降水量格网数据是由美国国家海洋和大气管理局（NOAA）提供的 GPCC 降水数据；全球 DEM 数据是来自美国国家大气研究中心（UCAR）。

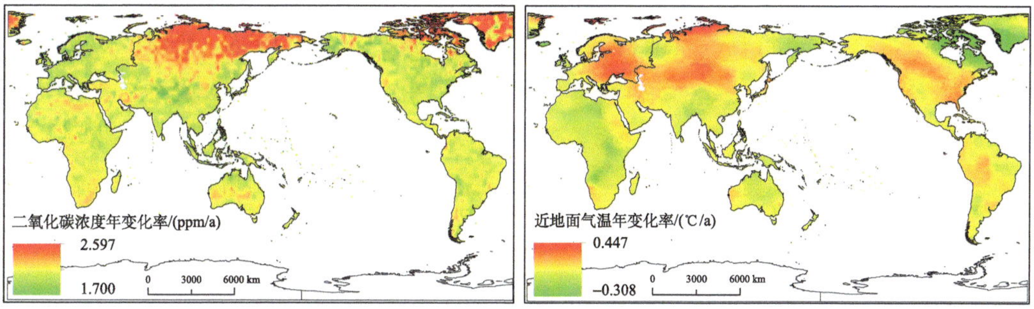

(a) CO_2浓度　　(b) 近地面气温

图 3-2　2003～2015 年 CO_2 浓度与近地面气温年平均变化率

2）社会经济数据

2003～2015 年的全球人口数据来自橡树岭国家实验室（Oak Ridge National Laboratory）的 LandScan 数据集，在大约 1°的空间分辨率下，它表示周围人口（24 小时内的平均值）分布。2003～2015 年的全球 GDP 数据来自 Kummu 等（2018）对全球 GDP 的空间降尺度数据，分辨率为 1°（图 3-3）。2003～2015 年的全球 CO_2 排放数据来自欧盟委员会的全球大气研究排放数据库（EDGAR），其计算主要是基于 IEA 能量平衡统计数据（2014）和中国的 IEA（2016）-《BP 世界能源统计评论》(Janssens-Maenhout et al., 2017)。

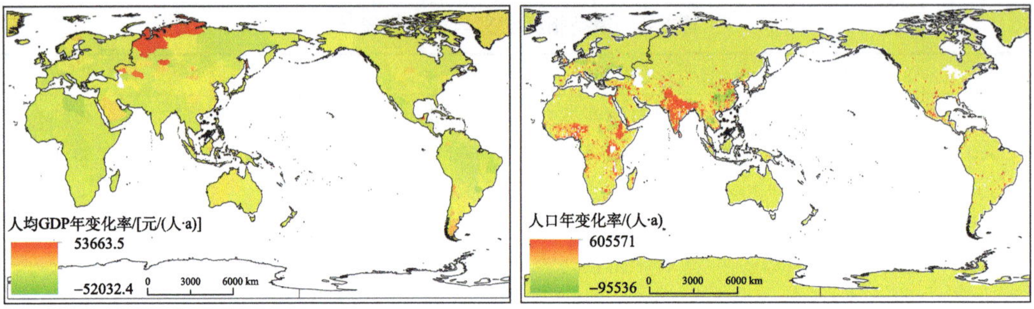

(a) 人均GDP　　(b) 人口数量

图 3-3　2003～2015 年人均 GDP 与人口数量年平均变化率

2. 研究方法

1）全局 Moran 指数

空间变量与空间临近位置变量之间的相关性通常使用空间自相关进行检验。全局 Moran's I 和全局 G 系数是描述属性值在空间上综合水平的常用全局空间自相关指标。G 系数通常用于空间自相关特征呈高值、低值聚集的判断；Moran's I 通常用于某个区域是否存在空间自相关特征的判断，尤其在位于边缘的聚集区域更为可靠。本节采用全局 Moran's I 来判断 CO_2 浓度是否存在空间自相关特征，作为最重要和最主流的空间数据分析工具之一，全局 Moran 指数可以指示全局自相关特征（Anselin, 1995），其公式如式（3-5）所示：

$$I=\frac{\sum_{i=1}^{n}\sum_{j=1}^{n}W_{ij}\left(C_i-\overline{C}\right)\left(C_j-\overline{C}\right)}{S^2\sum_{i=1}^{n}\sum_{j=1}^{n}W_{ij}} \tag{3-5}$$

$$S^2=\frac{1}{n}\sum_{i=1}^{n}\left(C_i-\overline{C}\right)^2$$

式中，I 为 Moran 指数；W 为空间权重矩阵，以距离的倒数为权重系数；i、j 为格点和除该格点外的其他格点；C_i 为 CO_2 浓度；$\overline{C}$ 为 CO_2 浓度的平均值；n 为空间单元个数。I 值介于−1～1 之间，$I=0$ 时，表示研究区域为随机分布状态，不存在空间自相关特征；$I>0$ 时，表示研究区域正相关，为高高集聚或者低低集聚状态；$I<0$ 时，表示研究区域负相关，为高低离散或者低高离散状态。Moran 指数的绝对值越大，表明空间联系的意义越大。

2）局部空间自相关

全局空间自相关在假定研究空间同质的情况下能够很好的表述研究区整体趋势，但现实中研究区域通常存在异质性，这种异质性通常采用局部空间自相关来进行测定（Wang et al., 2017）。本节采用空间联系区域指标（local indicators of spatial association, LISA）和 Moran 散点图来进行局部空间自相关分析，其中 LISA 采用局部 Moran's I

和 LISA 集聚图。与全局 Moran 指数相比，LISA（空间联系区域指标）是一种识别所选指标的重要局部空间簇的方法（Anselin, 1995）。其具体公式如式（3-6）所示：

$$I_i = \frac{\left(C_i - \bar{C}\right)}{S^2} * \sum W_{ij} * \left(C_j - \bar{C}\right) \quad (i \neq j) \tag{3-6}$$

式中，C_i 为 CO_2 浓度；$\bar{C}$ 为 CO_2 浓度的平均值；W 为空间权重矩阵，以距离的倒数为权重系数；i，j 为格点。S 与全局 Moran 指数中相同。根据 P 值和 z 得分，空间数据的聚类/离散值将被区分为集聚区域的高值区域（HH）和低值区域（LL）以及离散区域，即相对隔离的低值区域（HL）或高值区域（LH）。

在 Moran 散点图中，不同的空间自相关关系分别表示在 4 个象限中。第一象限代表高高特征，即高观测值被高观测值包围，呈现集聚状态；第二象限代表低高特征，即低观测值被高观测值包围，呈现离散状态；第三象限代表低低特征，即低观测值被低观测值包围，呈现集聚状态；第四象限代表高低特征，即高观测值被低观测值包围，呈现离散状态。

3.2.3　碳排放与地表升温关系的统计分析

1. CO_2 浓度空间自相关分析

通过 CO_2 浓度 Moran' s I 散点（图 3-4）可知，CO_2 浓度在不同年份（2003～2015 年）具有相同的空间自相关特征：I 值都大于零，表示研究区域 CO_2 浓度在空间上呈现正相关特征，表现为高高集聚或者低低集聚状态，2003～2005 年都表现出较高的空间正相关性。

通过显著性水平检验的局部空间自相关地区在显著性水平 $P \leqslant 0.05$ 的 CO_2 浓度分布 LISA 集聚图能够直观体现出来（图 3-5）。2003 年全球 CO_2 浓度分布呈现高-高的空间自相关特征的区域包括：北美洲的美国和加拿大、欧洲、中东、西亚国家及中国；呈现低-低的空间自相关特征的区域包括：南美洲、非洲中部及南部以及俄罗斯地区。2005 年增

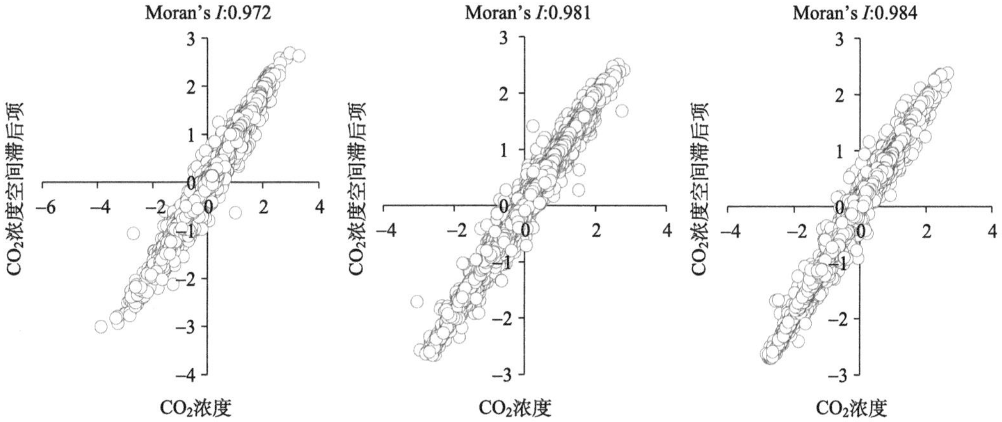

(a) 2003年　(b) 2005年　(c) 2008年

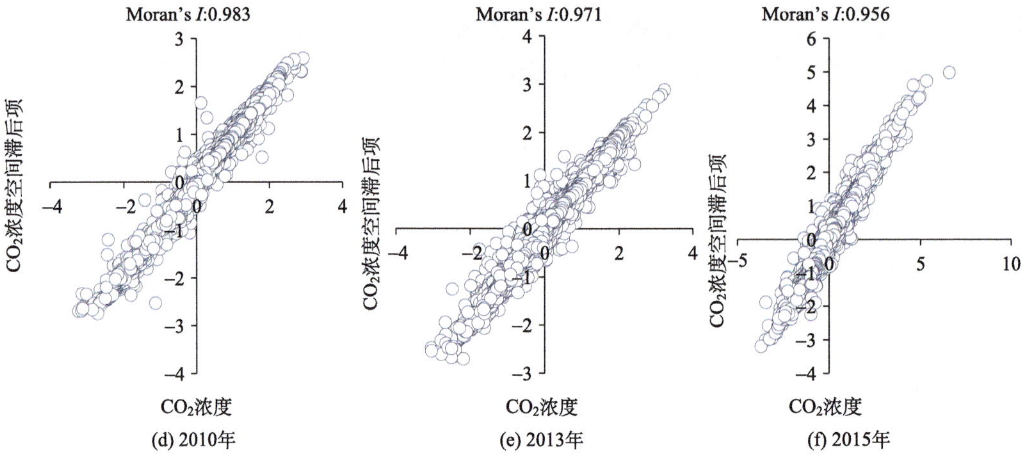

图 3-4　2003～2015 年全球 CO_2 浓度分布 Moran's *I* 散点图

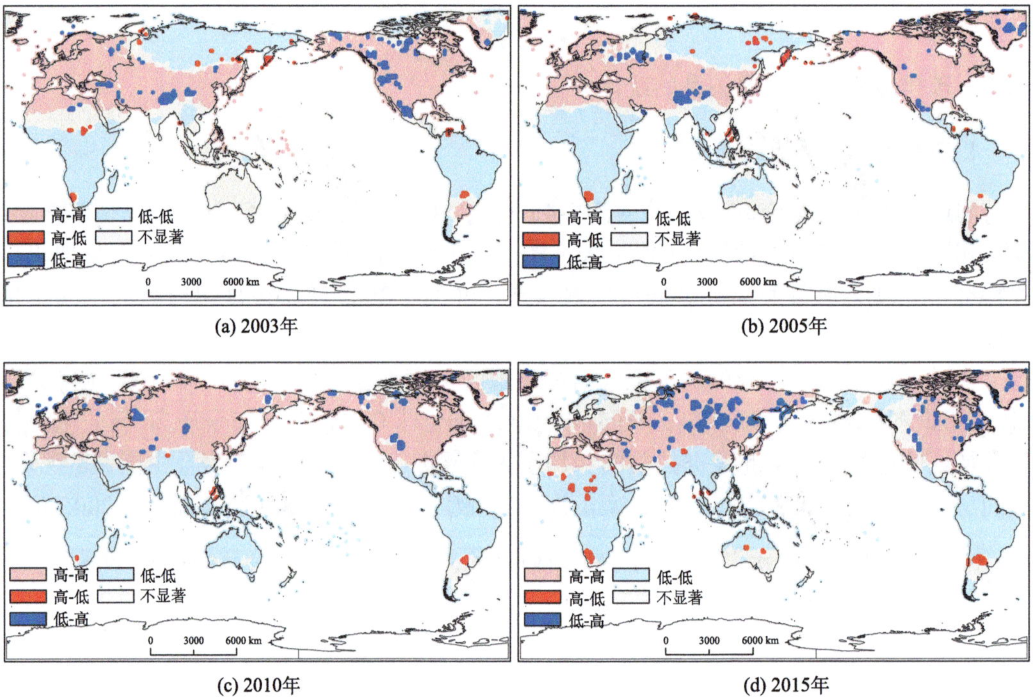

图 3-5　2003～2015 年全球 CO_2 浓度分布 LISA 集聚图

加了呈现高-高的空间自相关特征的格陵兰岛和阿拉斯加州，增加了呈现低-低的空间自相关特征的东南亚及澳大利亚部分地区。2010 年俄罗斯由低-低的空间自相关集聚状态转变为高-高的空间自相关集聚状态。2015 年美国，北欧及俄罗斯的 CO_2 浓度空间分布呈现低-高离散状态的区域有所增加，中亚地区包括中国的低-高离散状态区域大量转变为低-低的空间自相关集聚状态。澳大利亚和非洲内部出现高-低的空间自相关离散状态区域。

2. 空间联立方程组计量结果

根据表 3-2 的参数估计结果，联立方程组中所有方程的卡方检验（chi^2）值都通过了 1%显著性水平，因此联立方程组中每个方程设置的解释变量总体上是显著的，也就意味着本节所设置的模型是合理有效的。在不同的参数估计方法结果中，普通最小二乘法（OLS）的估计结果与其他两种方法估计结果有所差异，尤其是在关键变量碳排放对升温的影响系数估计上与另外两组模型估计结果存在较大差异，由于本节的联立方程组中包括了内生变量，普通最小二乘法的估计结果可能存在估计偏差的问题，认为两阶段最小二乘法（2SLS）和三阶段最小二乘法（3SLS）的估计结果更加稳健，所以主要关注这两者估计方法的参数估计结果。由于采用 2SLS 进行参数估计，对方程之间扰动项间可能存在的相关性造成了忽略，因此方程组的估计效率降低；3SLS 不仅将扰动项之间的可能相关性考虑在内，同时解决了方程组中存在的内生性问题，因此在估计效率上可能更有优势（邱新国等，2015），所以选择三阶段最小二乘法估计结果作为主要估计结果。

表 3-2　联立方程组模型计量结果

变量		模型组一：不考虑 CO_2 浓度			模型组二：考虑 CO_2 浓度		
		OLS	2SLS	3SLS	GSLS	GS2SLS	GS3SLS
dT	$\ln E$	0.0182***	0.191***	0.192***	0.0158***	0.186***	0.187***
		(0.0030)	(0.0065)	(0.0065)	(0.0030)	(0.0065)	(0.0065)
	$\ln CO_2$				16.95***	15.59***	15.80***
					(1.082)	(1.092)	(1.092)
	$W\ln CO_2$				0.372***	0.268***	0.255***
					(0.0401)	(0.0406)	(0.0406)
	ln rain	−0.0075	0.134***	0.0238*	−0.0058	0.130***	0.0242*
		(0.0135)	(0.0143)	(0.0142)	(0.0135)	(0.0143)	(0.0142)
	$\ln rain^2$	−0.0003	0.0045***	0.0025***	0.0001	0.0041***	0.0027***
		(0.0010)	(0.0010)	(0.0010)	(0.0010)	(0.0010)	(0.0010)
	longitude	0.0011***	−0.0005*	−0.0004	0.001***	−0.0002**	−0.0004
		(0.0002)	(0.0002)	(0.0002)	(0.0002)	(0.0002)	(0.0002)
	latitude	0.0032***	0.0115***	0.0136***	−0.0019**	0.0076***	0.0097***
		(0.0007)	(0.0007)	(0.0007)	(0.0008)	(0.0009)	(0.0009)
	DEM	−0.0628***	−0.0185	−0.0107	−0.0579**	−0.0151	−0.0133
		(0.0243)	(0.0245)	(0.0245)	(0.0243)	(0.0245)	(0.0245)
	常数项	0.260***	0.582***	−0.166**	−102.6***	−93.69***	−95.59***
		(0.0733)	(0.0747)	(0.0741)	(6.435)	(6.494)	(6.494)
	Wald chi^2	14.0***	153.4***	1076.4***	53.7***	152.7***	1369.9***
	R^2	0.040	0.039	0.039	0.021	0.021	0.020

续表

变量		模型组一：不考虑 CO_2 浓度			模型组二：考虑 CO_2 浓度		
		OLS	2SLS	3SLS	GSLS	GS2SLS	GS3SLS
	ln T		96.72***	97.33***		96.27***	96.85***
			（0.495）	（0.494）		（0.496）	（0.494）
	ln CO_2					3.271***	3.181***
						（0.738）	（0.738）
	W ln CO_2					0.523***	0.522***
						（0.0293）	（0.0293）
	ln POP		0.0599***	0.0588***		0.0603***	0.0592***
			（0.0049）	（0.0048）		（0.00486）	（0.00481）
	ln POP^2		0.0033***	0.0033***		0.00334***	0.00328***
			（0.0003）	（0.0003）		（0.0003）	（0.0003）
	ln p GDP		0.858***	0.881***		0.757***	0.773***
			（0.0146）	（0.0145）		（0.0156）	（0.0155）
ln E	ln pGDP^2		0.0280***	0.0292***		0.0237***	0.0246***
			（0.0007）	（0.0007）		（0.0007）	（0.0007）
	longitude		0.0103***	0.0104***		0.010***	0.010***
			（0.0002）	（0.0002）		（0.0002）	（0.0002）
	latitude		0.0559***	0.0563***		0.0508***	0.0513***
			（0.0007）	（0.0007）		（0.0008）	（0.0008）
	DEM		0.535***	0.554***		0.517***	0.534***
			（0.0186）	（0.0185）		（0.0186）	（0.0185）
	常数项		−771.4***	−776.2***		−790.0***	−794.2***
			（3.960）	（3.949）		（5.763）	（5.757）
	Wald chi^2		9553.6***	76419.8***		7689.6***	76892.8***
	R^2		0.275	0.275		0.276	0.276
	样本量	202332	202332	202332	202332	202332	202332

*** $p<0.01$，** $p<0.05$，* $p<0.1$；本书下同

注：括号内数字为置信度

对于具体的参数估计结果，两组联立方程模型中的关键变量的系数符号和显著程度是最受关注的。在不考虑 CO_2 浓度分布水平影响的模型中，CO_2 排放对升温有显著的正向作用，影响系数为 0.192，通过了 1%的显著性水平检验，其实际显示含义表示为 CO_2 排放每增加 1%，温度升高 0.0192℃，CO_2 的温室效应吸收从地表射向太空的长波辐射吸收并使地表升温。同时降水的一次项与二次项影响系数也均表现为显著的正向作用，表明降水与升温间存在明显的协同作用，降水量增加区域同时也存在着明显的近地面气温上升的趋势，高温聚集也加快了地面的蒸散与大气水汽循环。而在温度与排放的关系参数估计中，除了温度的影响系数为正，表现为高温地区的高碳排放型以外，反映社会经济发展程度的人均 GDP 与人口数指标的一次项及二次项影响系数也均为正，表明了经济

发展以及人口的聚集对能源消耗的需求拉动，并最终导致了 CO_2 排放量的增加。而在地理控制变量经度、纬度与海拔高度的影响估计中，纬度对升温与碳排放的影响系数均为正，表现为高纬度地带的升温与碳排放上升较快，与全球气象观测数据空间分布尤其是亚洲与美洲地区中高纬度升温表现相吻合。

本节试图揭示在 CO_2 浓度非均匀分布下的碳排放与升温关系，在不考虑 CO_2 浓度的模型组一的基础上，引入了碳卫星观测的 CO_2 浓度数据，并结合空间权重矩阵，将 CO_2 浓度的空间滞后项考虑在内，形成了包含 CO_2 浓度非均匀分布在内的模型组二，并采用了广义空间最小二乘法（GSLS）、二阶段广义空间最小二乘法（GS2SLS）与三阶段广义空间最小二乘法（GS3SLS）估计参数并选取 GS3SLS 估计结果进行主要报道。在考虑 CO_2 浓度分布影响下的估计结果与模型组一相比，主要表现为关键指标碳排放对升温的影响系数略有下降，但仍为显著的正向作用，而新加入的 CO_2 浓度及其空间滞后项也均表现为显著的正向作用，表明 CO_2 浓度对辐射强迫的增强作用，带来了近地面气温的上升，同时由于空间溢出效应的存在，CO_2 浓度的空间滞后项对近地面气温上升也有一定拉动作用，但影响水平较小。同时其他影响因素系数与模型组一估计结果近似，表现为高降水区与中高纬度升温较快以及人口和 GDP 对碳排放的正向拉动作用。

3. 空间尺度效应分析

CO_2 浓度在空间上的分布异质性会受到数据分辨率的影响，同时由于尺度的差异，气温等变化波动也会有所影响，Hansen 和 Sato（2016）通过对比分析全球和区域尺度的平均气温变化情况，得出气温波动随区域尺度减小而增大的结论。为了捕获由于数据采集分辨率所带来的估计结果干扰，本节在原有的 1°分辨率的基础上，分别又对数据进行了重采样，并采用 2°与 3°分辨率的空间尺度数据对 CO_2 非均匀分布下的 CO_2 排放对升温影响进行了参数估计。

如图 3-6 所示，在参数估计结果对比中，样本数据的尺度扩大下，CO_2 排放对升温的影响系数均有所减小，在不考虑 CO_2 浓度的模型估计中，采用 2SLS 与 3SLS 估计参数，得到结果发现 2°与 3°分辨率尺度数据估计结果系数均小于 1°分辨率估计的影响系数，且 3°分辨率影响系数小于 2°分辨率，可见随着采样尺度的加大，CO_2 排放对升温的影响估计由于空间信息量的减少而被低估。而在考虑 CO_2 浓度及其空间滞后项的情况下，CO_2 排放对升温的影响系数也表现为随着采样尺度的加大，系数逐渐减小。并且横向比较同一尺度下，考虑 CO_2 浓度分布与不考虑 CO_2 浓度分布的估计结果，均呈现在 CO_2 浓度非均匀分布下的影响系数更小，三种尺度四种模型估计方法下 CO_2 排放影响系数范围在 0.149～0.192 之间。

同时还对比了不同尺度数据下 CO_2 浓度对升温的影响系数，发现 2°分辨率与 3°分辨率样本估计出的影响系数小于 1°分辨率的采样数据的估计结果，但 2°分辨率的数据估计结果系数小于 3°分辨率采样数据，并且采样尺度对 CO_2 浓度的系数影响相较 CO_2 排放更大，三种尺度四种模型估计方法下 CO_2 浓度对升温的影响系数范围在 0.025～0.268 之间。由于样本尺度的加大，CO_2 浓度在空间上的非均匀分布差异缩小，空间信息量的减少使得影响被严重低估。

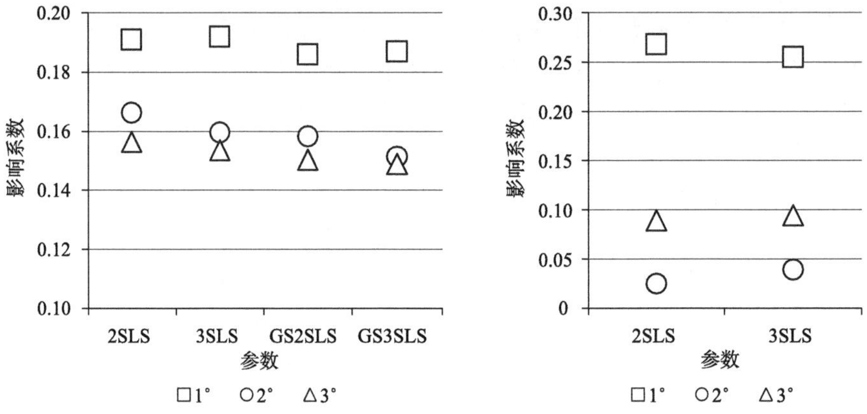

(a) 碳排放对升温的影响系数　　(b) CO_2浓度对升温的影响系数

图 3-6　基于不同分辨率数据下碳排放与 CO_2 浓度对升温影响系数

CO_2 排放与 CO_2 浓度对升温的替代弹性表示了在相同升温情况下，CO_2 排放与浓度之间的替代关系。本节采用不同尺度数据下所估计的两者对升温的影响系数计算了相应的替代弹性（表 3-3），所得结果发现在 CO_2 浓度对 CO_2 排放的替代弹性范围为 83.82～181.23，表明在对相同升温水平下，CO_2 浓度对升温的影响要远大于当期排放水平的影响，具体含义为相对平均水平每下降 1%的 CO_2 浓度对 CO_2 排放的替代为大于 83.82%～181.23%，CO_2 浓度的下降可以缓解应对气候变化减排的压力，可以获得更大的排放空间。Nordhaus 等（2010）采用 DICE 模型模拟基准情景下 2005～2255 年的世界工业 CO_2 排放水平，CO_2 浓度以及升温情况，得到的结果在维持升温水平不变的条件下，CO_2 浓度对 CO_2 排放的替代弹性为 76.86～133.25。由于本节采用的模型并不包含 DICE 模型中考虑了海洋碳库的吸收以及大气碳库自身的碳衰减影响，故本节所估计的 CO_2 排放对浓度的替代水平要高于 DICE 模型模拟的结果，同时空间尺度效应的影响也增加了替代弹性估计的不确定性。

表 3-3　不同分辨率数据 CO_2 浓度与 CO_2 排放对升温影响替代弹性

数据分辨率	替代弹性	
	GS2SLS	GS3SLS
1°	83.82	85.03
2°	164.63	172.71
3°	179.57	181.23

3.3　全球 CO_2 非均匀分布对地表升温与主要经济指标的影响

气候变化作为一个全球环境问题在过去几十年里受到了极大的关注。气候变化将带来包括寻找新能源、能源价格波动、减排技术成本等一系列能源经济学问题，对生产生活成本造成影响；能源技术进步、产业转型将带来经济成本提升、社会福利下降以及就业愈加紧迫等发展经济学问题，可能会对地方社区和国家经济增长造成冲击；甚至还将带来国际地缘政治经济学和国际地缘政治生态学基础上的全球治理问题挑战。因此，评估全球 CO_2 浓度非均匀分布下地表升温对经济所造成的影响对于未来气候变化经济学研究具有重要意义。

3.3.1　地表升温与经济影响的互馈机制

为了参数化 CO_2 浓度空间非均匀分布的影响，开发了一个区域气候模块，并使用模式缩放技术将其耦合到原始 RICE 模型中。如图 3-7 所示，模型从碳模块开始，描述了碳排放与全球碳循环的关系。首先，利用 CMIP6 气候数据，从全球和区域尺度校准了碳循环、辐射强迫和温度升高方面的气候响应系数，然后模拟了区域 CO_2 浓度，以反映大气非均匀分布特征，并预测了相应的辐射强迫和地表升温。此外，使用原始 RICE 模型中的经济气候灾害模块，评估了区域温度升高对气候造成的影响，并比较了均匀分布的 CO_2 浓度强迫对区域升温造成的影响以及气候响应。

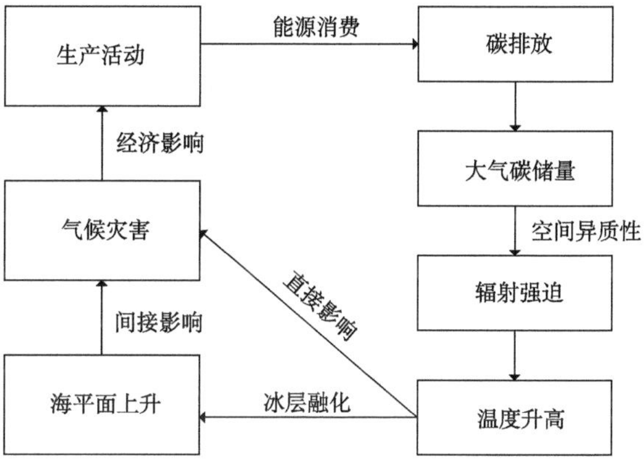

图 3-7　气候变化经济影响的评估框架

3.3.2　数据制备与模型方法构建

1. 全球气候模块

1）碳循环

碳循环模块被描述为碳排放的累积（Pizer, 1999）。据推测，由于碳排放，大气中的 CO_2 较工业化前增加了 5900 亿 t，并通过将 CO_2 吸收到充当碳汇的海洋中而缓慢衰减：

$$M_{AT}^{G}(t)-590=\phi_1 E^G(t-1)+(1-\phi_2)\times\left[M_{AT}^{G}(t-1)-590\right] \tag{3-7}$$

式中，M_{AT}^{G} 为全球大气碳储量，单位为十亿吨碳当量；E^G 为碳排放量；ϕ_1 为碳保留率的量度；ϕ_2 为大气中的碳折旧率。

2）辐射强迫

辐射强迫方程[式（3-8）]用于计算温室气体累积对辐射平衡的影响。这种关系来源于经验测量，并广泛应用于许多简单的IAM。

$$F^{G}(t)=\eta^{G}\left[\log M_{\mathrm{AT}}^{G}(t)/M_{\mathrm{AT}}^{G}(1750)\right]+F_{\mathrm{EX}}^{G}(t) \tag{3-8}$$

式中，$F^{G}(t)$为全球区域总辐射平衡的变化。变暖的原因是CO_2全球大气碳储量M_{AT}^{G}，而该方程将其他温室气体和强迫成分（如气溶胶、火山爆发和云反照率）视为外源$F_{\mathrm{EX}}^{G}(t)$。$M_{\mathrm{AT}}^{G}(1750)$在全球大气中是590 GtC。

3）温度升高

在下一个过程中，不断增加的辐射作用力导致大气和海洋变暖。大气和海洋中的温度变化如式（3-9）、式（3-10）所示。

$$T_{\mathrm{AT}}^{G}=\xi_{1}^{G}F^{G}(t)+\xi_{2}^{G}T_{\mathrm{AT}}^{G}(t-1)+\xi_{3}^{G}T_{\mathrm{OC}}(t-1) \tag{3-9}$$

$$T_{\mathrm{OC}}(t)=\xi_{4}^{G}T_{\mathrm{AT}}^{G}(t-1)+\xi_{5}^{G}T_{\mathrm{OC}}(t-1) \tag{3-10}$$

式中，T_{AT}^{G}为全球大气温度；$T_{\mathrm{OC}}(t)$为海洋温度；$\xi_{1}^{G}\sim\xi_{5}^{G}$为全球温度增加系数。

2. 区域气候模块

1）大气碳储量的模式标度

为了将全球大气碳储量分配到区域尺度，通过拟合区域和全球大气碳储量之间的回归，然后将空间模式定义为回归系数的度量，实现了简单的模式标度估计（Tebaldi and Arblaster, 2014）。式（3-11）描述了全球和区域碳储量之间的关系。所有区域的回归系数之和应等于1，以保证物质守恒。

$$M_{\mathrm{AT}}^{G}(t)=P_{\mathrm{AT}}^{K}M_{\mathrm{AT}}^{K},\ \sum P_{\mathrm{AT}}^{K}=1 \tag{3-11}$$

式中，M_{AT}^{K}为各地区的大气碳储量；P_{AT}^{K}为空间格局系数。

2）区域辐射强迫

区域辐射强迫方程（3-12）校准大气中温室气体的区域积累和大气辐射强迫变化之间的关系。

$$F^{K}(t)=\eta^{k}\left[\log M_{\mathrm{AT}}^{K}(t)/M_{\mathrm{AT}}^{K}(1750)\right]+F_{\mathrm{EX}}^{K}(t) \tag{3-12}$$

式中，$F^{K}(t)$为区域总辐射平衡的变化；$M_{\mathrm{AT}}^{K}(1750)$为根据1750年的区域面积，用加权平均法从全球大气中的590 Gt C分配的区域大气碳储量；$F_{\mathrm{EX}}^{K}(t)$系数在区域回归方程中被视为常数。

3）区域温度上升

区域温度变化直接受区域辐射强迫和海洋温度的影响，关系如式（3-13）所示。

$$T_{\mathrm{AT}}^{K}=\xi_{1}^{K}F^{K}(t)+\xi_{2}^{K}T_{\mathrm{AT}}^{K}(t-1)+\xi_{3}^{K}T_{\mathrm{OC}}(t-1) \tag{3-13}$$

式中，T_{AT}^{K}为各地区的大气温度；ξ_{1}^{K}、ξ_{2}^{K}和ξ_{3}^{K}为区域升温系数。

3. 气候灾害模块

气候灾害函数也来自RICE模型（Nordhaus, 2014）。受温度影响的气候灾害在如式（3-14）～式（3-16）所示。这些方程涉及气候变化的经济损害或影响，这是气候变化经济学中最有争议的问题。这些估计对于在代价高昂的减排和气候灾害之间做出合理的平衡决策是必不可少的。然而，事实证明，提供气候变化长期经济损失的可靠估计极其困难。

$$\Omega^k(t) = Y^k(t) \times \left[g^k_{\text{non-SLR}}(t) + g^k_{\text{SLR}}(t) \right] / \left\{ 1 + \left[g^k_{\text{non-SLR}}(t) + g^k_{\text{SLR}}(t) \right] \right\} \tag{3-14}$$

$$g^k_{\text{non-SLR}}(t) = \left[\sigma^k_1 \times \mathrm{d}T(t) + \sigma^k_2 \times \mathrm{d}T^2(t) \right] / 100 \tag{3-15}$$

$$g^k_{\text{SLR}}(t) = 2 \times \left[\sigma^k_3 \times \text{SLR}(t) + \sigma^k_4 \times \text{SLR}^2(t) \right] \times \left(\frac{Y^k(t)}{Y^k(2005)} \right)^{1/4} \tag{3-16}$$

式中，Ω 是温度升高造成的气候灾害，分为非海平面上升损害部分 $g_{\text{non-SLR}}$ 和海平面上升损害部分 g_{SLR}；$Y^k(t)$ 是地区总产值，单位为十亿美元；非海平面上升损害与气温上升（$\mathrm{d}T$）直接相关，海平面上升损害是由于气温上升引起的海平面上升；σ^k_1、σ^k_2、σ^k_3 和 σ^k_4 代表损伤系数。海平面上升考虑了冰川和小冰盖、格陵兰冰盖和南极冰盖的融化，并用 RICE 模型计算。

在回归中，对于式（3-7）、式（3-8）和式（3-11）～式（3-13），我们使用普通最小二乘法（OLS）校准系数。对于方程式（3-9）、式（3-10）和式（3-14）～式（3-16），我们使用三阶最小二乘法运行同步回归模型。

4. 数据制备

1）气候变量

在这项研究中，所有的气候数据都是从 CMIP6 实验中收集的，该实验由大气和陆地分辨率（约 1.125°×1.125°）的 BCC-CSM2-MR 模型模拟。实验场景由历史场景（1850～2014 年）、SSP1-RCP 2.6（2015～2100 年）、SSP2-RCP 4.5（2015～2100 年）和 SSP5-RCP 8.5（2015～2100 年）组成（Balaji et al., 2018; Eyring et al., 2016）。考虑到模型集成的一致性，本节采用碳排放驱动实验作为输入数据集，将碳排放作为驱动数据，计算大气 CO_2 浓度作为气候系统模型的内部要素。

该评估模型的气候模块中使用的气候变量包括碳排放、碳浓度、碳储量、辐射作用力和温度。碳排放数据来自 input4MIPS（input datasets for model intercomparison projects）的强制数据，这是一项通过地球系统网格联合会（The Earth System Grid Federation，ESGF）提供 CMIP6 所需的边界条件和强制数据集的活动。CO_2 浓度由排放驱动实验模拟。我们使用 RICE 模型中提供的转换系数 2.13 Gt/ppm，根据全球 CO_2 浓度计算了全球大气碳储量。辐射强迫数据不能直接从 CMIP6 实验输出中获得，所以我们从能量不平衡的大气顶部变化和与表面温度变化成比例的气候反馈相关的分量的总和中计算辐射强迫数据。我们这里采用的反馈参数是 $1.24\text{W}/(\text{m}^2{\cdot}\text{K})$，这是 Forster 等（2013）利用 BCC-CSM 实验的输出估计的。我们还使用地表气温和海洋温度来反映大气和海洋温度的上升。利用区域统计方法，将所有原始气候网格数据汇总到全球和区域尺度。关于时间尺度，除了 CO_2 累积之外的所有变量都是根据原始月度数据计算的 5 年平均值。CO_2 的积累是每 5 年总结一次。

2）经济损失指标

本节中用于气候变化影响区域评估的气候灾害系数来自 RICE 模型。它们分为非海平面上升（非 SLR）损伤系数和海平面上升（SLR）损伤系数（Nordhaus and Yang, 1996）。最初的区域性非 SLR 破坏系数与全球变暖有关，因此我们根据 2005 年全球和区域气温升高情况，将它们的响应幅度从全球变暖调整为区域变暖。表 3-4 显示了每个研究领域的相应系数。SSP1、SSP2 和 SSP5 情景下各地区国内生产总值的变化趋势如图 3-8 所示。国际应用系统分析研究所（International Institute for Applied Systems Analysis, IIASA）为每个 SSP 制定了 GDP 情景（Cuaresma, 2017）。

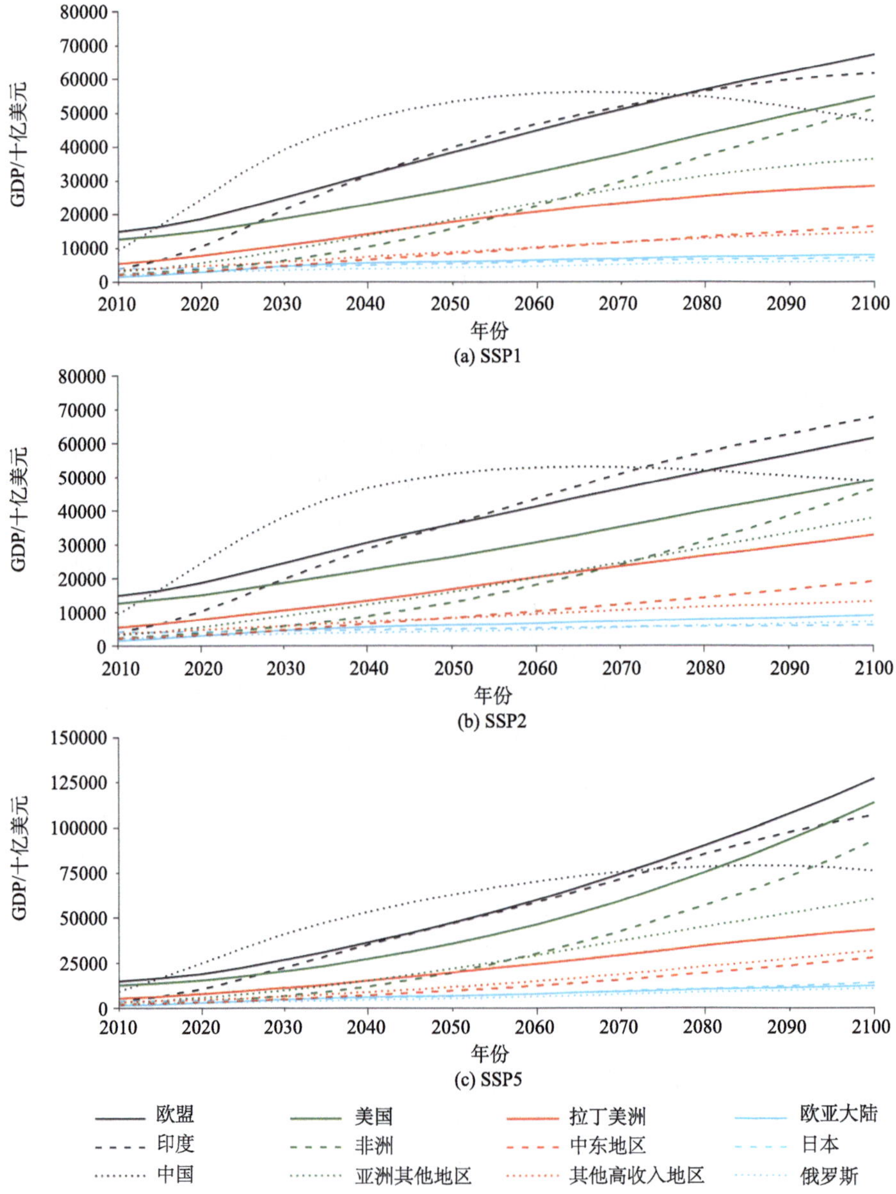

图 3-8　2010～2100 年 SSP1、SSP2 和 SSP5 情景下区域 GDP 的变化趋势

表 3-4　RICE 模型中的区域气候灾害系数

区域	非 SLR 损伤		SLR 损伤	
	σ_1^k	σ_2^k	σ_3^k（10^{-3}）	σ_4^k（10^{-3}）
美国	0.000	0.046	0.000	0.255
欧盟	0.000	0.053	4.517	0.000
日本	0.000	0.122	0.530	0.053
俄罗斯	0.000	0.022	0.000	0.042
欧亚大陆	0.000	0.057	0.111	0.000
中国	0.065	0.086	11.718	0.001
印度	0.363	0.116	0.000	0.255
中东地区	0.194	0.077	1.381	0.000
非洲	0.259	0.114	3.509	0.000
拉丁美洲	0.045	0.072	0.000	0.071
其他高收入地区	0.000	0.031	6.162	0.000
亚洲其他地区	0.143	0.115	0.000	1.239

3.3.3　地表升温与经济影响评估

1. 气候模块校准

主要关注默认的 SSP5-RCP8.5 结果。如表 3-5 所示，我们基于式（3-7）和式（3-9）使用同步回归估算了 SSP5-RCP8.5 情景下的气候响应参数，还估算了 SSP2-RCP4.5 和 SSP1-RCP2.6 实验的参数以供比较。从 SSP5-RCP8.5 的结果中可以发现大多数参数在 $p<0.001$ 的显著性水平上是强显著的，并且每个方程的调整后的 R^2 都高于 0.97，这证明了回归方法和结果是有效的。对于区域气候模块，我们基于式（3.11）～式（3.13）估算了 SSP5-RCP8.5 情景下的区域气候响应参数。表 3-6 中的估计表明气候响应参数因地区而异，大多数参数在显著性水平 $p<0.001$ 时非常显著。例如，俄罗斯似乎对 CO_2 浓度更敏感，辐射作用力对 CO_2 浓度的响应参数和温度对辐射作用力的响应参数分别为 11.346 和 0.393。相比之下，印度、非洲和许多中低纬度地区似乎对 CO_2 浓度的增加不太敏感。

表 3-5　SSP5-RCP8.5 全球气候模块回归结果

模块	因变量	自变量	参数	系数
碳循环	$M_{AT}^G(t)$	$E^G(t-1)$	ϕ_1	0.214^{***}
		$M_{AT}^G(t-1)$	$1-\phi_2$	0.998^{***}
		Adj R^2		0.999
辐射强迫	F^G（t）	$\log M_{AT}^G(t)/M_{AT}^G(1750)$	η^G	6.122^{***}
		constant	F_{EX}^G	-0.116^{***}
		Adj R^2		0.976

续表

模块	因变量	自变量	参数	系数
温度	$T_{AT}^{G}(t)$	$F^{G}(t)$	ξ_1^G	0.215***
		$T_{AT}^{G}(t-1)$	ξ_2^G	0.404***
		$T_{OC}(t-1)$	ξ_3^G	0.590***
		Adj R^2		1.000
	$T_{OC}(t)$	$T_{AT}^{G}(t-1)$	ξ_4^G	0.065***
		$T_{OC}(t-1)$	ξ_5^G	0.936***
		Adj R^2		1.000

表 3-6 SSP5-RCP8.5 区域气候模块回归结果

区域	$M_{AT}^{G}(t)$	$F^{K}(t)$		$T_{AT}^{K}(t)$		
	P_{AT}^{K}	η^k	F_{EX}^{K}	ξ_1^K	ξ_2^K	ξ_3^K
非洲	0.050***	4.749***	0.131***	0.197***	0.566***	0.444***
中国	0.019***	8.021***	−1.614**	0.211***	0.399***	0.573***
欧盟	0.026***	9.151***	−1.283***	0.282***	0.229***	0.706*
欧亚大陆	0.013***	11.199***	−2.450***	0.307***	−0.015***	0.981***
印度	0.005**	3.723***	−0.628***	0.094***	0.778*	0.228***
日本	0.001***	11.289***	−1.614***	0.155**	0.169***	0.810***
拉丁美洲	0.034***	6.652***	0.112***	0.233***	0.175***	0.837**
中东地区	0.009***	5.598***	−0.224*	0.170***	0.715***	0.288***
其他高收入地区	0.048***	10.367***	−0.541***	0.302***	0.277**	0.681***
亚洲其他地区	0.016***	6.087***	−0.543***	0.142**	0.586***	0.412***
俄罗斯	0.057***	11.346***	−1.402*	0.393***	0.144***	0.782***
美国	0.022***	11.217***	−1.061***	0.299***	0.063***	0.898***

为了测试气候模块和这些气候响应参数值的有效性，我们预测了 SSP1-RCP2.6、SSP2-RCP4.5 和 SSP5-RCP8.5 情景下的全球和区域温度上升，并将碳排放作为外生输入变量。其他内生变量是根据上述方程计算的。结果证明，三种情景下的预测气温拟合得非常好。首先，在 SSP5-RCP8.5 的情景下，区域气温的预测偏差均小于 0.484%。世界预测偏差为 0.001%～0.275%，平均值为 0.086%。非洲的预测结果最准确，偏差值为 0.001%～0.217%。相反，美国的预测差异相对高于其他地区，偏差值为 0.001%～0.484%。在 SSP2-RCP4.5 的情景下，世界平均投影偏差为 0.073%，是这三种情景下世界温度偏差的最低值。俄罗斯在 SSP2-RCP4.5 情景下的误差区间分布相对较大，为 0.002%～0.617%，有趣的是欧亚地区在 SSP1-RCP2.6 情景下的投影差区间较大，为 0.004%～0.426%。区域气温与原始结果的预测差异均证明了该气候模块在 SSP5-RCP8.5、SSP2-RCP4.5 和 SSP1-RCP2.6 情景下表现原始 CMIP6 模型输出的高预测能力。

2. 区域气温上升预测

利用三种情景下估算的区域气候响应系数模拟了 2010～2100 年不同气候条件下的未来区域变暖。在区域比较中，在 SSP5-RCP8.5 和 SSP2-RCP4.5 两种情况下，俄罗斯和欧亚地区的温度上升速度比其他地区快。然而，在 SSP1-RCP2.6 的情况下，中东地区的温度上升速度最快，2010～2100 年，那里的地面气温上升了 1.2℃以上。为了比较空间上不均匀和均匀的 CO_2 浓度分布之间的温度增加差异，我们使用一致的区域气候响应系数来预测在空间上均匀的 CO_2 浓度强迫下区域变暖。俄罗斯、欧盟和其他高收入地区由于 CO_2 浓度较高，对空间非均匀分布 CO_2 的变暖响应较强，与其他地区相比，对 CO_2 浓度强迫更为敏感。拉丁美洲的温度上升比均匀 CO_2 分布下的温度上升更温和，这与 CO_2 浓度的空间分布一致。

3. 考虑大气 CO_2 非均匀分布导致的气候变化经济影响的估计

根据 SSP5-RCP8.5、SSP2-RCP4 和 SSP1-RCP2.6 情景下 2030 年、2050 年、2080 年和 2100 年期间的区域温度上升来评估区域经济损失。这里的估计表明，在大多数情况下，与其他地区相比，中国、非洲和中东地区将遭受更大的气候变化经济损失。发展中国家往往更容易受到气候变化的影响，因为它们的经济更加依赖对气候敏感的活动（特别是农业），许多国家已经接近环境和气候耐受水平（Tol, 2009）。考虑到空间上不均匀的 CO_2 分布，在情景 SSP5-RCP8.5、SSP2-RCP4 和 SSP1-RCP2.6 下，中国的气候灾害估计分别为 10.699%、4.604%和 3.133%。相比之下，美国似乎比许多国家更不容易受到气候变化的影响。在 SSP5-RCP8.5、SSP2-RCP4 和 SSP1-RCP2.6 情景下，美国的气候灾害估计分别为产出的 3.158%、0.804%和 0.275%。这是由于其相对温和的气候，其经济对气候的低依赖性及其先进的卫生系统（Nordhaus and Boyer, 2000）。一个重大的意外是，在 SSP5-RCP8.5 和 SSP2-RCP4 的假设情况下，气候变化的影响在大多数地区正在加剧。然而，在 SSP1-RCP2.6 情景下，欧亚大陆和俄罗斯等一些地区的气候灾害先增加后减少，这表明这些地区的气候变化有所缓解。我们还比较了大气非均匀 CO_2 分布和均匀分布的结果。在这些情景下，气候灾害的差异因地区而异。例如，2100 年，在情景 SSP5-RCP8.5、SSP2-RCP4 和 SSP1-RCP2.6 下，与均匀 CO_2 分布相比，中国的气候灾害估计分别增加了 0.030%、0.007%和 0.002%。相反，拉丁美洲将略微受益于不均匀的 CO_2 分布，因为与世界平均水平相比，其浓度相对较低。这表明，与非均匀分布相比，中国和日本等北半球中纬度地区的气候影响（在均匀分布的条件下）被低估了，而对拉丁美洲的损害被高估了。

3.4　小　　结

碳排放引起的全球气候变化及其为经济发展带来的影响是当前研究的热点议题。目前由于碳排放导致的全球气候变化给各个国家和地区发展带来了不可忽视的损失，全球大气 CO_2 浓度非均匀分布作为已经被揭示的客观事实，目前仍缺乏系统、深入的研究，结合气候模式和温控情景的 CO_2 非均匀分布对地表升温过程影响与适应机理也鲜有探究。全球大气 CO_2 浓度非均匀分布是未来研究区域碳排放及其影响时所必须考虑的因素之一。

本章围绕全球大气 CO_2 浓度非均匀分布事实，对非均匀分布进行了科学认知并对全球大气 CO_2 浓度非均匀分布下碳排放与地表升温关系进行了统计分析；对地表升温与经济影响展开了系统研究与阐述，构建了地表升温与经济影响评估模型，评估对比了均匀分布与非均匀分布条件下经济影响差异，为今后系统研究全球大气 CO_2 浓度非均匀分布及其对社会的影响提供了有价值的参考，也为未来气候变化的准确预测和政策的合理制定提供了重要的科学依据。

参 考 文 献

程琨, 潘根兴, 李恋卿, 等. 2011. 中国稻作与旱作生产的气象减产风险评价. 农业环境科学学报, 30(9): 1764-1771.

丑洁明, 叶笃正. 2006. 构建一个经济-气候新模型评价气候变化对粮食产量的影响. 气候与环境研究, (3): 347-353.

崔静, 王秀清, 辛贤, 等. 2011. 生长期气候变化对中国主要粮食作物单产的影响. 中国农村经济, (9): 13-22.

侯琼, 李杨, 包松林. 2011. 内蒙古东部区粮食产量对气候变化的响应. 中国农业气象, 32(S1): 113-117.

金之庆. 2006. 论气候变化对我国粮食生产的影响 // 中国气象学会农业气象与生态学委员会, 江西省气象学会. 全国农业气象与生态环境学术年会论文集. 江西南昌: 中国气象学会: 3.

居辉, 熊伟, 许吟隆, 等. 2005. 气候变化对我国小麦产量的影响. 作物学报, (10): 1340-1343.

雷明. 1996. 资源—经济投入产出核算: 基于存量核算思考的进一步研究. 经济科学, 18(6): 46-54.

李广. 2003. 北方农牧交错带复合生态系统的气候响应与不同配置的生态经济效应研究. 兰州: 甘肃农业大学硕士学位论文.

李兰海, 章熙谷. 1992. 资源配置的灰色控制模型设计及应用. 自然资源学报, (4): 372.

李勇, 杨晓光, 王文峰, 等. 2010. 气候变化背景下中国农业气候资源变化Ⅰ. 华南地区农业气候资源时空变化特征. 应用生态学报, 21(10): 2605-2614.

吕庆堂, 王俊茹, 郭迎伟. 2010. 气候变化对农业生产的影响及对策. 现代农业科技, (15): 344-348.

彭静, 丹利. 2016. 百年尺度地球系统模式模拟的陆地生态系统碳通量对 CO_2 浓度升高和气候变化的响应. 生态学报, 36(21): 6939-6950.

皮军. 2010. 气候变化对东南亚经济的影响. 南洋问题研究, (2): 41-48.

邱新国, 谭靖磊. 2015. 产业结构调整对节能减排的影响研究——基于中国 247 个地级及以上城市数据的实证分析. 科技管理研究, 35(10): 239-243, 254.

宋练, 蔡创, 朱春梧. 2020. CO_2 升高对粮食作物影响的研究进展. 农业环境科学学报, 39(4): 786-796.

孙宁. 2008. 气候变暖对我国制造业创新发展的影响 // 中国科学学与科技政策研究会. 第四届中国科学学与科技政策研究会学术年会论文集(Ⅱ). 江苏南京: 中国科学学与科技政策研究会: 8.

孙薇, 季双双. 2015. 气候变化对经济影响的研究. 改革与开放, (17): 71-73.

陶生才, 许吟隆, 刘珂, 等. 2011. 基于作物模型的气候变化适应技术模拟研究 // 中国气象学会. 第 28 届中国气象学会年会——S11 气象与现代农业. 福建厦门: 中国气象学会: 7.

王翠花. 2003. 减排 CO_2 对江苏国民经济影响的投入产出研究. 南京: 南京气象学院硕士学位论文.
王守荣, 杨昕, 达庆利, 等. 2000. 我国气候异常直接经济损失预测模型. 地理学报, (S1): 163-168.
吴息, 缪启龙, 顾显跃, 等. 1999. 气候变化对长江三角洲地区工业及能源的影响分析. 南京气象学院学报, (S1): 541-546.
熊伟, 居辉, 许吟隆, 等. 2006. 气候变化下我国小麦产量变化区域模拟研究. 中国生态农业学报, (2): 164-167.
姚凤梅, 张佳华, 孙白妮, 等. 2007. 气候变化对中国南方稻区水稻产量影响的模拟和分析. 气候与环境研究, (5): 659-666.
姚志刚, 赵增亮, 韩志刚. 2015. AIRS 观测的东亚夏季平流层重力波特征. 地球物理学报, 58(4): 1121-1134.
张永勤, 缪启龙. 2001. 气候变化对区域经济影响的投入-产出模型研究. 气象学报, 59(5): 633-640.
赵昕奕, 张惠远. 2000. 全球气候变化影响下中国农业产量的可持续性. 地理科学, (3): 224-228.
周曙东, 朱红根. 2010. 气候变化对中国南方水稻产量的经济影响及其适应策略. 中国人口・资源与环境, 20(10): 152-157.
周锁铨, 田广生, 缪启龙, 等. 1999. 气候变化对长江三角洲未来环境经济影响的研究. 南京气象学院学报, (S1): 500-505.
朱大威, 金之庆. 2008. 气候及其变率变化对东北地区粮食生产的影响. 作物学报, (9): 1588-1597.
Anselin L. 1995. Local indicators of spatial association—LISA. Geographical Analysis, 27(2): 93-115.
Balaji V, Taylor K E, Juckes M, et al. 2018. Requirements for a global data infrastructure in support of CMIP6. Geoscientific Model Development, 11(9): 3659-3680.
Cerin P. 2006. Bringing economic opportunity into line with environmental influence: a discussion on the Coase theorem and the Porter and van der Linde hypothesis. Ecological Economics, 56(2): 209-225.
Chahine M T, Chen L, Dimotakis P, et al. 2008. Satellite remote sounding of mid-tropospheric CO_2. Geophysical Research Letters, 35(17): L17807.
Chipalkatti N, Rishi M. 2015. Sustainable development in India: balancing poverty alleviation, economic growth and reduced carbon emissions. International Journal of Social Entrepreneurship and Innovation, 3(5): 387-399.
Choi J, Roberts D C. 2015. How does the change of carbon dioxide emissions affect transportation productivity? A case study of the US transportation sector from 2002 to 2011. Open Journal of Social Sciences, 3(2): 96.
Cuaresma J C. 2017. Income projections for climate change research: a framework based on human capital dynamics. Global Environmental Change, 42: 226-236.
Dean T J, Brown R L. 1995. Pollution regulation as a barrier to new firm entry: initial evidence and implications for future research. Academy of Management Journal, 38(1): 288-303.
Eyring V, Bony S, Meehl G A, et al. 2016. Overview of the coupled model intercomparison project phase 6(CMIP6)experimental design and organization. Geoscientific Model Development, 9(5): 1937-1958.
Forster P M, Andrews T, Good P, et al. 2013. Evaluating adjusted forcing and model spread for historical and future scenarios in the CMIP5 generation of climate models. Journal of Geophysical Research: Atmospheres, 118(3): 1139-1150.
Hansen J, Sato M. 2016. Regional climate change and national responsibilities. Environmental Research

Letters, 11(3): 034009.

Janssens-Maenhout G, Crippa M, Guizzardi D, et al. 2017. Fossil CO_2 & GHG Emissions of All World Countries. Luxembourg: Publications Office of the European Union.

Kheir A M S, El Baroudy A, Aiad M A, et al. 2019. Impacts of rising temperature, carbon dioxide concentration and sea level on wheat production in North Nile delta. Science of the Total Environment, 651: 3161-3173.

Kummu M, Taka M, Guillaume J H A. 2018. Gridded global datasets for gross domestic product and Human Development Index over 1990–2015. Scientific Data, 5: 180004.

Lobell D B, Roberts M J, Schlenker W, et al. 2014. Greater sensitivity to drought accompanies maize yield increase in the U.S. Midwest. Science, 344(6183): 516-519.

Mendelsohn R. 2008. The impact of climate change on agriculture in developing countries. Journal of Natural Resources Policy Research, 1(1): 5-19.

Mohr R D. 2002. Technical change, external economies, and the porter hypothesis. Journal of Environmental Economics and Management, 43(1): 158-168.

Nordhaus W D. 2010. Economic aspects of global warming in a post-Copenhagen environment. Proceedings of the National Academy of Sciences, 107(26): 11721-11726.

Nordhaus W D. 2014. A Question of Balance: Weighing the Options on Global Warming Policies. New Haven: Yale University Press.

Nordhaus W D, Boyer J. 2000. Warming the World: Economic Models of Global Warming. Cambridge, MA: MIT Press.

Nordhaus W D, Yang Z. 1996. A regional dynamic general-equilibrium model of alternative climate-change strategies. The American Economic Review, 86(4): 741-765.

Parry M L, Carter T R, Konijn N T, et al. 1988. The Impact of Climatic Variations on Agriculture. Dordrecht; Boston: Kluwer Academic Publishers.

Pielke Jr R A. 2004. What is climate change? Energy and Environment, 15(3): 515-520.

Pizer W A. 1999. The optimal choice of climate change policy in the presence of uncertainty. Resource and Energy Economics, 21(3-4): 255-287.

Tebaldi C, Arblaster J M. 2014. Pattern scaling: its strengths and limitations, and an update on the latest model simulations. Climatic Change, 122(3): 459-471.

Tol R S J. 2009. The economic effects of climate change. Journal of Economic Perspectives, 23(2): 29-51.

Waggoner P E. 1983. Agriculture and a climate changed by more carbon dioxide. Changing Climate: 383-418.

Wang C, Du X, Liu Y. 2017. Measuring spatial spillover effects of industrial emissions: a method and case study in Anhui province, China. Journal of Cleaner Production, 141: 1240-1248.

Wang Z, Liu W, Yin J. 2015. Driving forces of indirect carbon emissions from household consumption in China: an input-output decomposition analysis. Natural Hazards, 75(2): 257-272.

第 4 章　SSPs 情景下中国碳排放预测及影响因素分析

2010 年，IPCC 调整了其情景发展模型，提出了一套新的框架，即共享社会经济路径（shared socioeconomic pathways, SSPs）。IPCC 设计五种社会经济发展路径预测可能的结果在不同的气候政策：SSP1 是可持续的路径，SSP2 是中间路径，SSP3 是区域竞争路径，SSP4 是不平衡路径，SSP5 是由化石燃料的发展路径。SSPs 是一个多边体系，其中人口、人均 GDP 和教育程度是三个关键变量。在应对气候变化的政策支持方面，SSP 下的影响、脆弱性、适应和缓解分析将逐步应用于不同国家和地区，并应用于不同行业领域的气候变化科学研究。本章 4.1 节从 SSPs 情景介绍出发，阐述了所使用预测模型以及 SSPs 框架下经济预测情景假设，对 SSPs 情景下 2015～2100 年中国 GDP 发展进行了预测；4.2 节首先设计了中国未来碳排放情景，并通过碳排放预测模型、Cobb-Douglas 经济预测模型对中国未来 2020～2100 年碳排放进行了预测；4.3 节主要对 SSPs 情景下中国碳排放影响因素进行了分析，识别了我国主要碳排放影响因素，通过传统面板模型和动态空间面板模型对我国碳排放影响因素进行了分析。

4.1　SSPs 情景下中国 GDP 发展预测

近半个世纪以来，人口和国家经济的水平持续快速发展，由此带来的气候变化风险也为人类社会发展带来了巨大的挑战。同时，经济社会的发展状况也直接决定了人类气候变化的预防对策和控制措施如何选择，社会和国民经济的长期发展总体情况（发展情景）已经成为气候变化和其对人类环境的影响的课题研究的一个重要核心学术问题。20 世纪中叶以来，国际货币基金组织和世界银行等国际机构以早期的古典宏观经济学和凯恩斯宏观经济学为背景，基于新经济时代的全球宏观经济快速增长预测理论，开展了一系列面向全球大规模尺度的宏观经济增长预测分析研究，并发表了连续的年度报告。研究分析结果表明，2017 年，全球的实体经济增速总体增长速度预计将由 2016 年的 2.2%进一步提高到 2.7%，2018～2019 年将进一步提高到 2.9%。2017 年中国的国民经济年均增速由 2016 年的 6.7%进一步降低到 6.5%，2018～2019 年将进一步大幅放缓到 6.3%。国内专家学者基于近年研究的 1960～2005 年经济年均增长速度，借鉴系统经济动力学等分析手段，预测结果得出 2010～2030 年中国经济的年均增速基本在 6.0%左右，2030～2050 年增速下降幅度为 4.0%～5.0%。

2010 年 IPCC 研究提出了五种未来自然和社会经济的发展路径，即共享社会经济路径，以充分反映各种不同的应对气候变化的政策所带来的各种可能的社会影响和经济后果。SSPs 方案的制定取决于对社会经济发展、教育改善和人口增长的不同假设，旨在跨越一系列可供选择的未来。SSPs 与气候变化相关的物理过程脱钩，根据缓释和适应气候变化的挑战来定义每种途径。高缓释挑战被理解为对化石燃料的高度依赖以及对针对全球环境问题的低水平国际合作能力。高适应性挑战的特点是发展增长率低、人力资本投资少以及经济不平等加剧。

目前世界上已有多个学术机构对全球 190 多个国家在不同情景下的经济发展状况开展预测。研究者普遍认为，如果是各国采用不同的经济政策，在 21 世纪中期,全球 GDP 高低差将达到 10 万亿美元，21 世纪末期，差距将进一步扩大至 60 万亿美元。国际上关于未来中国国民经济的数据预测主要是以世界银行 2000 年或 2010 年期间发布的一些资料为主要基础性质的数据，未能考虑中国未来社会经济政策变动所带来的经济发展变化的可能性。

4.1.1 SSPs 情景介绍

SSPs 反映辐射强迫和社会经济发展间的关联。每一个具体的 SSP 代表了一类发展模式，包括相应的人口增长、经济发展、技术进步、环境条件、公平原则、政府管理、全球化等发展特征和影响因素的组合，可以包括人口、GDP、技术生产率、收入增长率以及社会发展指标（如收入分配）等定量数据，也包括对社会发展的程度、速度和方向的定性描述，但不包括排放、土地利用和气候政策（减缓或适应）等假设。如果从未来社会经济面临的减缓和适应挑战角度来设定 SSPs，可以划分为代表可持续发展、中度发展、局部发展、不均衡发展和常规发展 5 种路径。通过对具体指标的设定，SSPs 可以涵盖 SRES 等已有情景中的社会经济假设。如将 SSP 设定为人口在经历较快增长后稳定并逐步减少，经济维持高速增长，全球化水平不断提高，环境条件、社会管理和民生得到稳步发展的模式，类似 SRES 情景族中的 B1 或者 A1T 情景。同样，也可以设定相当于 SRES 情景中的 A2 情景，非均衡发展的世界。如果将 SRES 排放情景放到 SSPs 情景框架中，可以看出在减缓/适应能力中，B2 情景与 RCP6 的中等发展程度相当，A2 情景与 RCP8.5 的低度发展程度相当，A1F1、A1B、B1/A1T 相当于较高的经济发展阶段，具有较强的适应及减缓能力 SSPs 涵盖了 SRES 情景中的社会经济假设，但不局限于这几种具体情况，SSPs 可以包含各种发展模式，可以根据掌握的社会经济数据进行设定，可用于更为宽泛的环境。例如，根据当前某个国家或区域的实际情况以及发展规划，利用 SSPs 的指标体系设定社会经济发展路径；还可以改变其人口发展模式，或经济增长速度，从而获得一个区域的社会经济战略选择；也可以保持在 SSPs 的其他指标不变的条件下，仅改变其中一个指标，如假设能源技术得到极大的提高，评估技术进步对未来社会发展的影响。因此，SSPs 不仅可用于全球、区域，还可以应用在具体部门（如能源、农业等），为分析不同的气候政策（人为减排）、社会经济发展模式的成本和风险提供了可能。

4.1.2 模型与情景假设

1. 预测模型与参数假设

Cobb-Douglas 经济模型常用于 GDP 预测研究，由美国数学家 C. W. Cobb 和经济学家 Paul H. Douglas 共同提出。其模型表达式为

$$Y(t)=K(t)^{\alpha}L(t)^{-\alpha}T(0)e^{\lambda t} \tag{4-1}$$

式中，$Y(t)$ 为 t 年国内生产总值（GDP）；L 为劳动力投入量；K 为资本存量；α 为资本输出的弹性系数；2010 年全要素生产率被选为初始年 $T(0)$；λ 为科技进步水平。劳动力投入量 L 由工作年龄人口（W）、各年龄段劳动参与率（R）和教育程度（H）构成。劳动力投入量可由式（4-2）计算得到：

$$L=\sum qH\times R(q)\times W(q) \tag{4-2}$$

式中，q 为工作年龄人口，一般分为两组：一组为 15～64 岁；另一组为年龄大于 65 岁（包括 65 岁）。根据各省统计年鉴数据，2010 年 15～64 岁人口的劳动参与率约为 77%，≥65 岁人口的劳动参与率为 19%。教育程度（H）的计算公式为

$$H=\exp\begin{pmatrix}0.134\min(M2010,4)+0.101\min(\max(M2010-4,0),4)\\+0.068\max(M2010-8,0)\end{pmatrix} \tag{4-3}$$

式中，2010 年平均受教育年限用 $M2010$ 表示。我国第 6 次人口普查数据显示，$M2010=9.04$。

全要素生产率（TFP）是指产量与全部要素投入量的比值，即技术进步。通过索洛经济增长模型（solow growth model）得出的我国 TFP 与现有研究结果相吻合，为 0.0218。资本存量 K 是使用生产函数法估计生产总值的重要变量，即经济社会在某一时刻上的资本总量。本节以 1952 年为基准，运用永续盘存法（perpetual inventory system），按不变价格计算中国及各省（区、市）资本存量（K）：

$$K_{t+1}=(1-d)K_t+I_t \tag{4-4}$$

式中，d 为折旧率；I 为固定资本形成总额。

根据上式计算得出，2010 年中国资本存量 K 为 1391975 亿元，同时得到 2010 年中国资本输出的弹性系数 α=0.36。

2. SSPs 情景下经济预测情景假设

对 Cobb-Douglas 模型的劳动力投入量 L、全要素生产率 T 和资本存量 K 等相关参数进行假设，以便于进行不同 SSPs 路径下我国社会经济发展状况预测。对不同情景下的经济发展状况进行预测，首先要进行模型参数的构建。这里根据 Cobb-Douglas 模型的参数特点，对中国劳动力生产投入量、资本现存量和全要素生产率等进行构建。具体来看，依据情景我们对一些变量进行了假设。15～64 岁以上的劳动力人口在 SSP2 路径下仍然一直维持着中国现有的发展速度，维持在 0.7 左右，为中等水准；SSP1 路径下人口总数远小于 SSP2 情景，其相对高速的高新技术成果转化与大量的高新技术生产设备的研发投入，使得该拐点路径下的 R 值与 SSP2 基本相似，同样维持在 0.7 左右；SSP5 路径主要指的是人口快速增长，这种增长是利用石油和生物燃料工业作为主要经济产品发展带动起来的，经济的高速发展需要以很高的 R 值为代价，导致其值达到 0.8 左右；SSP4 路径下人口发展极不均衡，长期稳定的高值 R 水平需要缓慢发展后才能得到，收敛于 0.75，其他 SSPs 路径的收敛时间都在 100 年左右。

假设如表 4-1 所示。SSP3 情景下 TFP 年增长率为 0.35%左右；SSP5 情景下 TFP 年

增长率为 1.05%；SSP1、SSP2、SSP4 三种情景下增长率为 0.7%。TFP 增速的收敛速度在不同情景下也存在差异，维持现状的 SSP2 路径为中速收敛，SSP1 和 SSP5 路径由于具有较高的科技进步水平，能在较短时间内追赶世界发达国家，SSP3 和 SSP4 路径则需更久的时间才能达到。

表 4-1　SSPs 情景下中国全要素生产率（TFP）假设

TFP	SSP1	SSP2	SSP3	SSP4	SSP5
增长速度	中	中	低	中	高
收敛速度	高	中	低	低	高

资本输出点弹性系数 α 在不同的情景路径下也存在差异，其中 SSP5 路径较为开放，国际交流较多，系数会更高，其次为 SSP4 路径，在这两种情景下 α 分别 0.35 和 0.45，时间为 75 年和 250 年左右，SSP2、SSP3、SSP4 路径下 α 分别为 0.35、0.25、0.30，SSP2、SSP3 收敛时间相同为 150 年，SSP4 路径时间较短为 75 年。

4.1.3　SSPs 情景下中国 GDP 预测

图 4-1 和图 4-2 分别为中国总 GDP 和人均 GDP 的预测结果。同样地，本节重点估算了经济预测的误差评价结果（表 4-2）。经济预测的准确性虽低于人口预测，但仍很好地模拟了现实情况。5 种 SSP 情景下，中国的总 GDP 均呈现上升趋势。从增长特点来看，SSP2 情景、SSP3 情景和 SSP5 情景近似，总 GDP 均呈现较为稳定的发展态势。SSP1 情景和 SSP4 情景较为接近，在 2050 年之后进入 GDP 增长的减缓期，总 GDP 分别趋向于 320 万亿元和 250 万亿元。在 SSP5 情景下，中国的人均 GDP 具有最高的水平，最低的是 SSP3 情景。

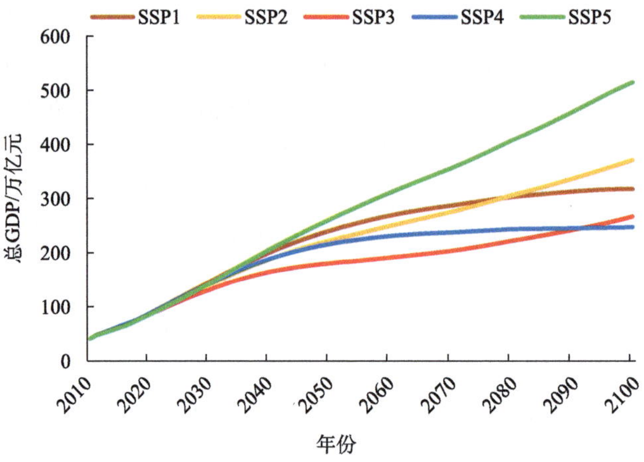

图 4-1　SSP1～SSP5 情景下中国总 GDP 预测结果

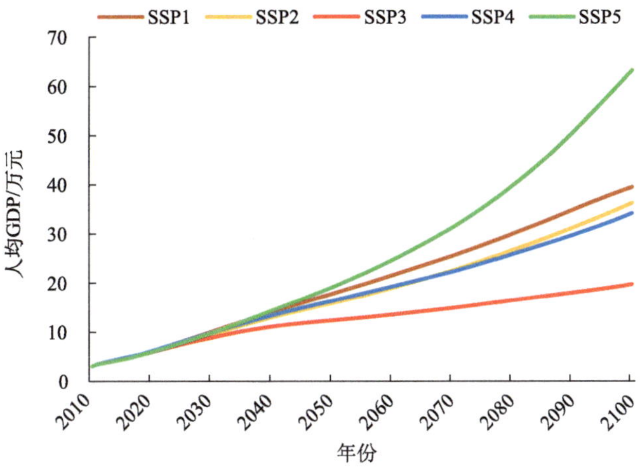

图 4-2　SSP1～SSP5 情景下中国人均 GDP 预测结果

表 4-2　有关经济预测的误差评价指标结果

指标	MAE	RMSE	MAPE/%	样本数/个
总 GDP	1829.84 亿元	2783.65 亿元	7.89	210
人均 GDP	4201.13 元	5580.95 元	8.33	210

根据 2020 年及以往的数据，对 2100 年中国各省 GDP 总量进行计算预测，并对计算结果进行空间可视化展示（图 4-3），结果表明，2100 年我国各省 GDP 总量呈现“东高西低”以及“沿海高内陆低”的基本空间分布特征，高值分布在东南及东部沿海地区。

江苏 GDP 总量最高，在 SSP1～SSP5 情景下分别达到了 14.9 万亿元、14.3 万亿元、13.7 万亿元、14.1 万亿元和 15.3 万亿元。相对于 2016 年的 6.5 万亿元，江苏 GDP 2100 年增长了一倍多，增速较快。相对而言，青海年均 GDP 最低。2100 年广东、江苏、山东、浙江、河南将成为我国 GDP 前 5 位的地区。

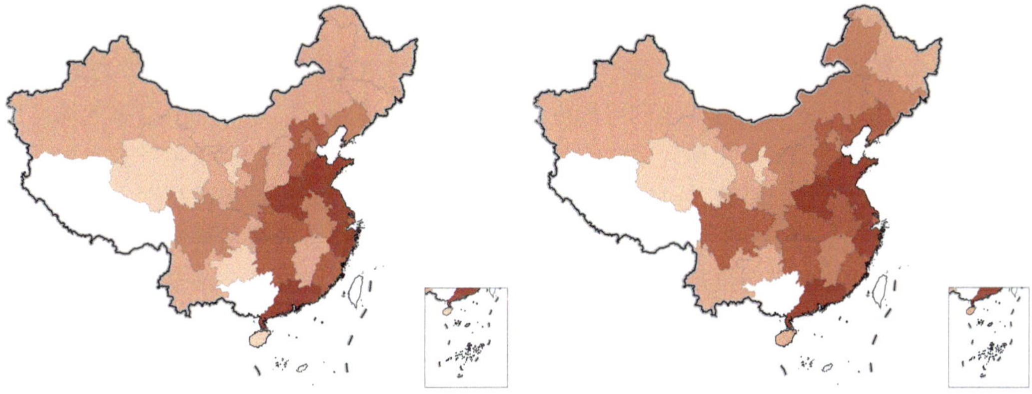

(a) SSP1　　(b) SSP2

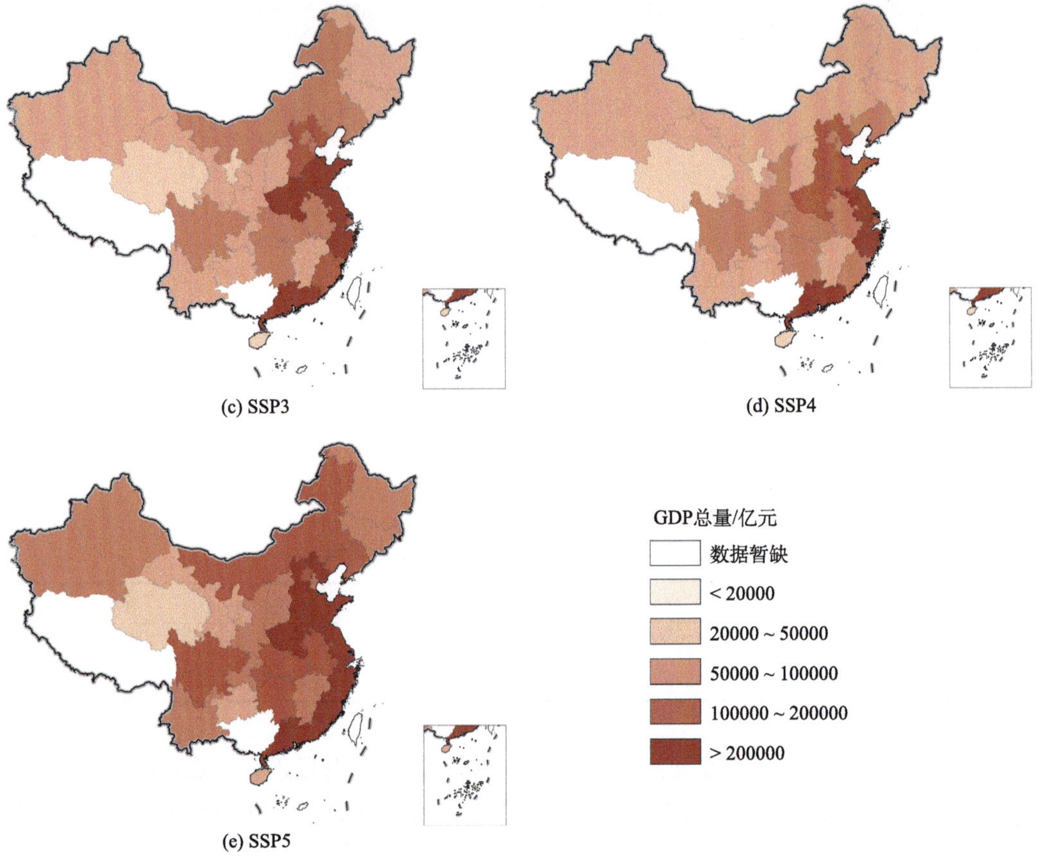

图 4-3　2020 年代中国各省（区、市）年均 GDP 空间分布

4.2　SSPs 情景下中国碳排放预测

4.2.1　中国碳减排情景设计

一个国家所选择的碳排放发展道路将对温室气体未来排放产生直接影响（Neil and Gajewski, 2017）。未来发展变化的可能性通常用不同的情景来描述。未来温室气体排放情况预测中是构建气候变化情景中必须加以考虑的因素。IPCC 自 1990 年以来提出了多种温室气体排放情景。SSPs 是 IPCC 对全球范围社会和经济发展过程进行深入研究后，在 2010 年提出的一种新的气候情景。SSPs 将排放情景与社会经济发展情景相结合，用于阐述全尺度的社会经济发展状况和演变趋势。每一条共享社会经济路径都由诸多影响因素和评判指标组成，不仅仅是社会经济发展和不同排放水平的结合，还包括对不同社会发展的程度、速度和方向的具体描述。5 个 SSPs 情景中社会经济发展状况的具体设定如表 4-3 所示。

表 4-3　不同 SSPs 情景的具体设定

情景	缓释挑战	适应挑战	经济增长	人口增长
SSP1	低	低	高	低
SSP2	中	中	中	中
SSP3	高	高	低	高
SSP4	低	低	中	中
SSP5	高	低	高	低

表 4-3 中的 SSPs 情景是不同类型的社会经济要素和社会化情景和有机结合。比如说，SSP1 代表非常乐观、增长的新生经济体（区域）发展模式，即全球区域一体化得到快速发展，人口规模不断增长，但始终控制在合理范围内，经济增速较高，人与生态和谐共存，社会监管有序，人民权益得到有力维护（曹丽格等，2012）。SSP3 代表了全球区域一体化发展的较低水平，国家和地区间的人口出生率具有明显差异，人口分布极不均衡，经济发展主要以区域性为主，少部分富有地区带来大量的排放（张杰等，2013），既不重视人民生活的改善也不重视严重的污染带来的环境压力，社会经济无明显的增长趋势。

4.2.2　数据制备及模型构建

1. 模型构建

1）碳排放预测模型

研究采用基本模型 $I_i = aP_i^b A_i^c T_i^d e_i$ 来预测我国碳排放峰值。将等式两边同时取对数，改写成加法模式：

$$\ln I_i = a + b\ln P_i + c\ln A_i + d\ln T_i + e_i \tag{4-5}$$

式中，P 为人口；A 为财富；T 为技术；I 为排放量。排放量 I 与经济发展指标 A 间不仅存在单一的一次线性关系，藉此建立二次模型：

$$\ln I_i = a + b\ln P_i + c\ln A_i + d\left(\ln T_i\right)^2 + f\ln T_i + e_i \tag{4-6}$$

考虑碳排放量受产业结构等影响，进一步展开技术 T，产业结构 C 用工业增加值占 GDP 比重表示（表 4-3）。则模型可变为

$$\ln I_i = a + b\ln P_i + c\ln A_i + d\left(\ln T_i\right)^2 + f\ln T_i + g\ln C_i + e_i \tag{4-7}$$

2）Cobb-Douglas 经济预测模型

采用 Cobb-Douglas 经济预测模型进行 SSPs 情景下的中国碳排放预测，具体方法阐述见 4.1.2 节。

2. 数据来源

考虑到 SSPs 框架于 2010 年开始对经济社会数据进行预测使用，本节使用 1997～2010 年中国各省碳排放、总人口、人均 GDP、碳排放强度、产业结构数据作为历史数据进行模型运算（表 4-4）。全部数据均来自《中国统计年鉴》《中国经济年鉴》《中国工业

经济统计年鉴》《中国能源统计年鉴》《中国人口和就业统计年鉴》相关年份。此外，研究使用的人口预测数据来源于该数据库（https://doi.org/10.6084/m9.figshare. c.4605713）。经济预测模型中使用的数据来源于各省的统计年鉴。

表 4-4　碳排放预测模型变量

变量	定义	单位
碳排放	能源消费产生的 CO_2 排放量	万 t
总人口	总人口	万人
人均 GDP	人均 GDP	元
碳排放强度	碳排放量/GDP	万 t/亿元
产业结构	工业增加值占 GDP 的比重	%

4.2.3　中国碳排放预测

该研究基于 1997～2010 年的历史数据对不同 SSP 情景下 2020～2100 年中国碳排放情况进行了预测。从 2011 年开始，不同情景下中国的碳排放总量开始出现差异（图 4-4）。但从总体上看，不同情景下，中国碳排放总量的变化趋势是相似的，皆为先上升到达峰值然后逐渐下降。在到达峰值的时间上，5 种情景的达峰时间处于 2025～2035 年区间，SSP3 情景下达峰的时间最早为 2027 年，SSP5 情景下达峰的时间最晚为 2035 年。

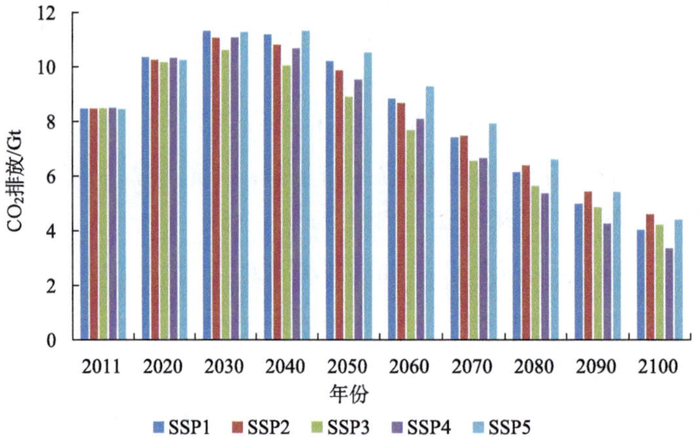

图 4-4　中国 2011 年以来年均碳排放状况

以最晚峰值年为界，本节计算了不同情景下 2011 年至 2035 年的累积碳排放（图 4-5）。这一时期的累积碳排放存在关系：SSP3（252.36Gt）＜SSP4（258.10Gt）＜SSP2（259.57Gt）＜SSP1（260.06Gt）＜SSP5（261.86Gt）。这表明，SSP3 情景不仅可以使中国尽早达到碳排放峰值，还能尽可能地减少碳排放。但是，提前实现碳排放达峰势必会对社会经济造成一定程度的影响。本节使用 2011 年至 2035 年的累积 GDP 表征不同情景下中国在这一时期的财富拥有状况（图 4-6）。5 种 SSP 情景下的累积 GDP 存在关系：SSP3（2495.99

万亿）<SSP2（2601.93 万亿）<SSP5（2628.82 万亿）<SSP4（2649.59 万亿）<SSP1（2679.35 万亿）。鉴于此，如果中国提前完成碳排放峰值目标，累积碳排放和累积 GDP 将会分别减少 2.23%～3.63%和 4.07%～6.84%。

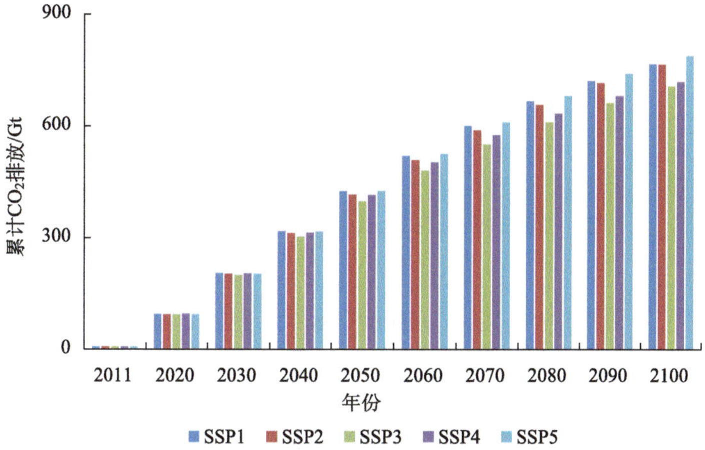

图 4-5 以 2011 年为基期的中国累积碳排放

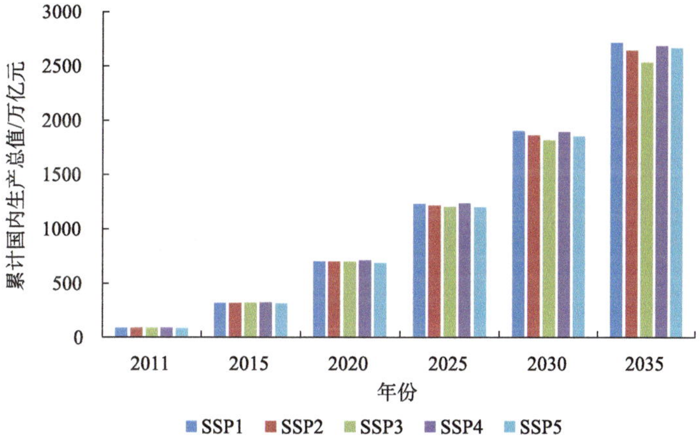

图 4-6 SSP1-SSP5 情景下中国累积 GDP

此前，中国未做出对 2030 年后的碳排放情景的约束性承诺。2020 年 9 月第 75 届联合国大会上，中国宣布要争取在 2060 年前实现碳中和。《巴黎协定》中提出的全球“2℃温控目标”是指在 2065～2070 年实现碳中和的要求，中国所做出的此项承诺是远远超出 2℃目标的。本节评估了中国未来所要面对的碳中和任务。结果表明，2020～2060 年，中国的累积碳排放为 396.10～441.18Gt。这对中国而言是一个不小的挑战。

对于 SSP3 情景，中国的人均碳排放在 2026 年达到 7.25t 的峰值；SSP2 情景和 SSP4 情景均为 2034 年（分别为 7.63t 和 7.77t）；SSP1 情景为 2036 年（7.96t）；SSP5 情景为最晚的 2038 年（7.98t）（图 4-7）。自 2018 年起，SSP1 情景下的人均碳排放将始终处于所有情景中的最低水平。以 2060 年为例，SSP3 情景下的人均碳排放将比其他情景低

1.18～1.96t。

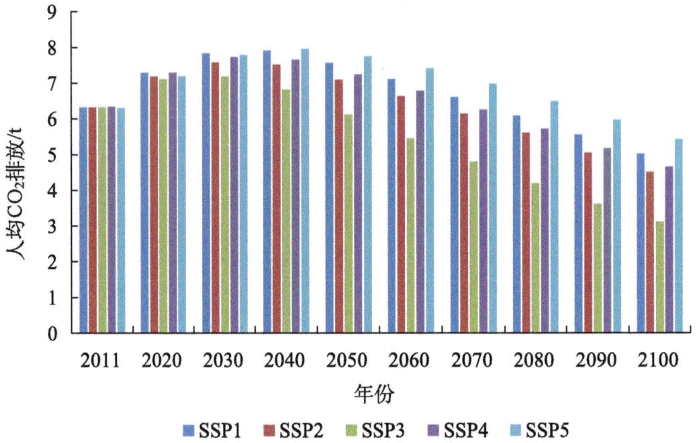

图 4-7　SSP1～SSP5 情景下中国人均碳排放

中国碳排放强度的预测结果如图 4-8 所示。5 种 SSP 情景下的碳排放强度发展趋势相近且差距并不悬殊。2024 年之前，SSP5 情景的年度碳排放强度高于其他 4 种情景；自 2025 年起，SSP3 情景的年度碳排放强度跃升至首位并保持到最后。聚焦于关键年份，2020 年和 2030 年中国的碳排放强度将会较 2005 年水平分别下降 57.16%～57.94%和 71.12%～72.22%，这意味着中国完全有潜力超额完成碳排放强度下降目标。此外，2050 年起，5 种 SSP 情景下的碳排放强度均将降低至每万元 0.50t 以下。对于中国而言，SSP5 情景是降低碳排放强度的最佳方案。碳排放强度预测结果表明中国可以进一步提升设立碳排放强度降低目标的雄心。

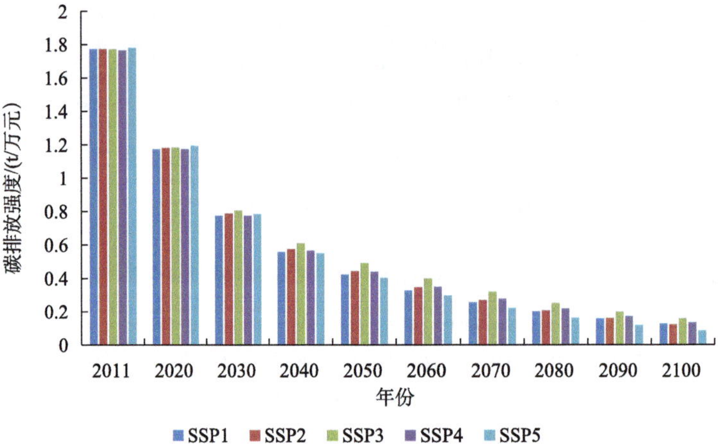

图 4-8　SSP1～SSP5 情景下中国碳排放强度

基于预测结果进行比较，SSP3 情景使中国在 2030 年前达到碳排放峰值的同时实现了更少的排放量。更重要的是，SSP3 情景使个体水平的碳排放在未来很长一段时间内保持在全部情景中的最低水平。当然 SSP3 情景并不完美，相较于其他情景，它会造成

4.07%～6.84%的经济损失，并且 SSP3 情景并没有成为降低碳排放强度的最佳方案。但从环境保护的角度来看，SSP3 情景是未来中国碳排放的最佳情景。

4.3 SSPs 情景下中国碳排放的影响因素

全球能源消耗水平和产业结构正在随城镇化和工业化进程不断深入而不断变化，能源消费的转变会带来环境效益。然而，由于化石能源消费补贴改革的难度和油气供应的供应风险，实现这一目标仍然存在问题（Deng et al., 2015; Ouyang and Lin, 2014）。实现可持续的 CO_2 减排是一个严峻的挑战。全球与能源相关的 CO_2 排放量在 3 年稳定增长之后，在 2017 年增加了 1.6%。此外，预计未来几年它们还将继续增长，这远远达不到气候变化目标的要求（Mohmmed et al., 2019; Li et al., 2019）。自 1750 年以来，CO_2 浓度增加了 40%，导致 CO_2 浓度达到前所未有的水平（Yin et al., 2015）。到 2040 年，全球碳排放，特别是亚洲碳排放将依旧保持不变甚至略微增加，这是一个客观事实。因此，在未来很长一段时间内，碳排放和碳减排问题仍将是各国政府、国际组织、专家学者关注的热点和关键问题。实现绿色生态发展，仍然是全球和区域可持续发展的重要课题。

自 2007 年以来，中国的 CO_2 排放量一直位居世界第一，减排任务艰巨（Dong et al., 2013）。由于中国人口基数大、能源基础设施布局大、产业结构调整难度大，碳排放总量的绝对减少并不是衡量其效率的合理标准。相比之下，碳排放强度（CEI）概念更加科学，能够更好地反映中国的能源利用效率。因此，《“十三五”节能减排综合工作方案》提出，“CEI”将比 2015 年的水平降低 18%，并承诺到 2030 年，“CEI”将比 2005 年的水平降低 60%～65%（Chen et al., 2017）。明确对中国碳排放强度造成影响较大的因素并进行分析预测对中国的碳减排具有重要意义。

4.3.1 中国碳排放主要影响因素

依据文献综述，发现以往的大多数研究都探讨了产业结构和技术进步的影响。产业结构对 CEI 的影响方面，Li 等（2017）利用空间面板数据模型分析了 CEIs 的收敛性；Zhang 等（2014）使用 ARDL 方法分析了 1978～2011 年的历史数据；Zhou 等（2013）利用 1995～2009 年各省面板数据和动态面板模型，得出产业结构优化可降低 CEI 的结论。在技术进步对 CEI 的影响方面，Dong 等（2018）利用分位数回归方法分析了 1999～2014 年中国 30 个省份的面板数据。他们发现技术进步可以有效降低 CEI。Yang 等（2014）利用面板模型分析了 1999～2011 年中国各省的数据，发现不同技术对 CEI 的影响不同。特别是，他们发现，地方研发活动和区域间研发溢出可以显著降低 CEI。在现实中，技术进步主要涉及两个方面，包括技术变革和效率提高（Bai et al., 2018;Fare et al., 1994）。Cheng 等（2018）研究了 1998～2014 年中国各省 CEI 的面板数据，得出产业结构和技术进步都会对 CEI 产生影响，但后者的作用更大。

综上所述，以往关于产业结构和技术进步对 CEI 影响的研究大多是将这些因素单独考察。事实上，产业结构和技术进步不仅是降低 CEI 的重要因素，而且两者对于 CEI 的影响是相互的。技术进步通过提高能源利用率和资源利用率影响产业结构。此外，优化产业结构将不断产生新的技术需求，从而促进技术进步。因此，它们之间的相互作用将对 CEI 产生更深远的影响。根据地理学第一定律，城市作为一个开放的系统，是相互交换信息和资源的（Sui，2004）。空间因素往往具有溢出效应，单位之间的地理距离越近，依赖性就越强。因此，从地理和空间相互作用的角度研究 CEI 的空间依赖性和异质性具有重要的理论价值，也将有助于制定和实施差异化的、有针对性的区域减排政策。

4.3.2　参数制备及模型构建

1. 面板回归模型

本章节将传统的面板模型与动态空间模型进行了对比。

1）传统的面板模型

Grossman 和 Krueger（1994）提出，环境质量受到国际贸易影响，具体可细分为规模效应、结构效应和技术效应。此后许多学者利用这一理论来探讨碳排放的影响因素。基于这一理论，研究扩展了理论框架，量化了各因素的影响，并纳入了其他重要因素的变量。CEI 可以用下面的函数表示：

$$\text{CEI} = f(\text{Scale, Structure, Technique, Variables}) \tag{4-8}$$

规模效应表征了碳排放受经济规模的影响。碳排放受经济规模影响机理十分复杂。一方面，经济规模带来的能源消耗增加直接导致碳排放增加；另一方面，居民对环境质量的要求随着经济水平的提高而提高，这在一定程度上加大了政府制定环境保护措施的压力（Yin et al.，2015）。变量效应代表了影响碳排放的热点研究视角，包括城市化（Zhang et al.,2017），外国直接投资（Zhang and Zhang, 2018）和能源消耗（Shahzad et al.,2017）。结构和技术对碳排放的影响是本节的核心内容。基于此分析，CEI 的常规面板模型可以写成：

$$\text{CEI}_{it} = A + \beta_1\text{TP}_{it} + \beta_2\text{ISU}_{it} + \beta_3\text{ISO}_{it} + \beta_4 Y_{it} + \beta_5\text{UL}_{it} + \beta_6\text{FDI}_{it} + \beta_7\text{EC}_{it} + \varepsilon_{it} \tag{4-9}$$

式中，TP 表示技术进步，包括技术变革和效率提高；ISU 代表产业结构升级；ISO 代表产业结构优化；Y 表示地区国内生产总值；UL 为城市化水平；FDI 是指外国直接投资；EC 表示能耗。A 为常数；β_1～β_7 分别为各变量的回归系数；ε 是一个误差项。在我们的研究中，i 代表 281 个城市；t 为 2006～2016 年。虽然对解释变量取自然对数可以有效地降低异方差，但这种方法并不适用于所有情况。由于我国城市的经济发展水平差异较大，当某些指标的绝对值或相对值较小时，对数处理会对最终结果造成较大误差。因此，在进行估计之前，我们对除 ISO 和 FDI 外的其他变量取对数，以减少异方差，并纠正维数问题。我们有如下公式：

$$\ln\text{CEI}_{it} = A + \beta_1\ln\text{TP}_{it} + \beta_2\ln\text{ISU}_{it} + \beta_3\text{ISO}_{it} + \beta_4\ln Y_{it} + \beta_5\ln\text{UL}_{it} + \beta_6\text{FDI}_{it} + \beta_7\ln\text{EC}_{it} + \varepsilon_{it} \tag{4-10}$$

2）动态空间面板模型

研究表明，CEI 确实具有明显的空间效应（de Oliveira-De Jesus, 2019; Han et al.，2019），我们需要修正基于空间效应的回归模型，建立如下静态空间面板模型。

$$
\begin{aligned}
\ln \mathrm{CEI}_{it} &= A + \beta_1 \ln \mathrm{TP}_{it} + \beta_2 \ln \mathrm{ISU}_{it} + \beta_3 \mathrm{ISO}_{it} + \beta_4 \ln Y_{it} + \beta_5 \ln \mathrm{UL}_{it} + \beta_6 \mathrm{FDI}_{it} \\
&+ \beta_7 \ln \mathrm{EC}_{it} n + \rho \sum_{j=1}^{N} W_{ij} \ln \mathrm{CEI}_{jt} + \eta_t + v_i + \varepsilon_{it} = \lambda \sum_{j=1}^{N} W_{ij} \varepsilon_{jt} + \mu_{it} n
\end{aligned} \tag{4-11}
$$

式中，ρ 和 λ 分别为空间滞后和空间误差的回归系数，反映了 CEI 的溢出效应。W_{ij} 是一个空间权值矩阵，表示每个城市单元的空间联系（Bhattacharjee and Jensen-Butler, 2013）。我们采用地理距离来确定空间权值矩阵 W_{ij}，即 $W_{ij}=1/d_{ij}$，其中 d_{ij} 表示城市 i 与城市 j 之间的欧氏距离，然后将其一阶滞后纳入式（4-12），建立如下普通动态面板模型。

$$
\begin{aligned}
\ln \mathrm{CEI}_{it} &= \tau \ln \mathrm{CEI}_{i(t-1)} + A + \beta_1 \ln \mathrm{TP}_{it} + \beta_2 \ln \mathrm{ISU}_{it} + \beta_3 \mathrm{ISO}_{tt} + \beta_4 \ln Y_{it} \\
&+ \beta_5 \ln \mathrm{UL}_{tt} + \beta_6 \mathrm{FD}_{it} + \beta_7 \ln \mathrm{EC}_{it} + \varepsilon_{it}
\end{aligned} \tag{4-12}
$$

式中，τ 为 CEI 的一阶滞后的回归系数，反映了前因相关因素对 CEI 的影响。同时考虑 CEI 的空间效应和动态效应，将空间滞后和一阶滞后纳入式（4-12），建立如下动态空间面板模型。

$$
\begin{aligned}
\ln \mathrm{CEI}_{it} &= \tau \ln \mathrm{CEI}_{i(t-1)} + A + \beta_1 \ln \mathrm{TP}_{it} + \beta_2 \ln \mathrm{ISU}_{it} + \beta_3 \mathrm{ISO}_{it} + \beta_4 \ln Y_{it} + \beta_5 \ln \mathrm{UL}_{it} \\
&+ \beta_6 \mathrm{FDI}_{it} + \beta_7 \ln \mathrm{EC}_{it} + \rho \sum_{j=1}^{N} W_{ij} \ln \mathrm{CEI}_{jt} + \eta_t + v_i + \varepsilon_{it} = \lambda \sum_{j=1}^{N} W_{ij} \varepsilon_{jt} + \mu_{it}
\end{aligned} \tag{4-13}
$$

2. 变量描述

研究重点关注中国 281 个地级市 2006～2016 年的能源消耗、碳排放和经济数据。数据来源于《中国统计年鉴》和《中国能源统计年鉴》，表 4-5 给出了本节使用的所有变量及其单位的统计说明。

表 4-5　变量的描述性统计

变量	符号	单位	均值	标准偏差	最小值	最大值
碳排放	CE	万 t	3101	3548	15	46386
碳排放强度	CEI	t/万元	2.85	2.25	0.22	75.94
产业结构升级	ISU	%	37.10	9.09	8.58	80.23
产业结构优化	ISO	%	0.12	1.07	–0.08	47.74
技术进步	TP	%	0.99	0.62	0.60	76.4
技术变革	TECH	%	1.01	0.51	0.65	3.18
效率的变化	EFFCH	%	0.98	0.17	0.60	7.52
地区生产总值	Y	亿元	176.96	252.63	5.19	374.48
外国直接投资	FDI	%	2.09	3.50	0.01	60.85
城市化水平	UL	%	48.67	17.98	11.60	100.00
能源消耗	EC	万 t	1452.14	1461.85	5.53	19041.41

1）被解释变量：碳排放强度（CEI）

在 CEI 中，碳排放的计算是至关重要的。本节选择了 8 种主要的化石燃料来估算碳排放。根据以往的研究（IPCC，2007；Tian et al.，2019），计算公式如下：

$$\mathrm{CE}_{\mathrm{energy}}=\sum_{i=1}^{8}CE_i=\sum_{i=1}^{8}E_i\times\mathrm{NCV}_i\times\mathrm{CEF}_i\times\mathrm{COF}_i\times\frac{44}{12} \tag{4-14}$$

式中，$\mathrm{CE}_{\mathrm{energy}}$为化石燃料 i 的消耗所产生的碳排放量，Mt；E_i为燃烧的化石燃料量；NCV_i为低发热量；CEF_i为碳含量，由 IPCC 提供；COF_i为碳氧化速率。八种化石燃料的碳排放系数见表 4-6。CEI 被定义为 CE 与 GDP 的比率。

$$\mathrm{CEI}_{it}=(\mathrm{CE}_{\mathrm{energy}})_{it}/\mathrm{GDP}_{it} \tag{4-15}$$

式中，CEI_{it}（单位：t/万元）为 i 市在 t 年的碳排放强度；（$\mathrm{CE}_{\mathrm{energy}}$）$_{it}$为第 t 年 i 城市的碳排放量；GDP_{it}表示第 t 年 i 市的地区 GDP。

表 4-6　各种化石燃料的碳排放系数

化石燃料	低热值/（kJ/kg）	碳含量/（kgC/GJ）	碳氧化速率	碳排放系数/（tC/t）
煤	20908	25.8	0.913	0.4925
焦炭	28435	29.2	0.928	0.7705
原油	41816	20.0	0.979	0.8187
柴油	42652	20.2	0.982	0.8461
燃料油	41816	21.1	0.985	0.8691
汽油	43070	18.9	0.980	0.7977
煤油	43070	19.5	0.986	0.8281
天然气	38913（$\mathrm{kJ/m^3}$）	15.3	0.990	0.5896（$\mathrm{t/m^3}$）

2）核心解释变量

核心解释变量包括 ISU、ISO 和 TP。

ISU（产业结构升级）。我们用第三产业增加值占 GDP 的百分比来表示 ISU（Cheng et al.，2018），产业一般分为三部分：第一产业主要是指食品原料和其他生物原料的生产；第二产业主要是指加工制造业；第三产业是指第一产业和第二产业以外的产业。

ISO（产业结构优化）。我们采用泰尔指数的倒数来衡量产业结构的优化程度。

$$\mathrm{TL}=\sum_{i=1}^{n}\left(\frac{Y_i}{Y}\right)\ln\left(\frac{Y_i}{L_i}/\frac{Y}{L}\right) \tag{4-16}$$

其中，TL 表示泰尔指数；Y 表示经济产出；L 表示劳动力；n 表示工业部门总数。TL 值越高，产业结构优化水平越低。ISO 和 TL 的作用机制是相反的：TL 越低，ISO 越高，说明产业结构的优化水平越高。

TP（技术进步）。我们使用全要素生产率（TFP）来衡量技术进步。虽然有很多方法可以用来估计全要素生产率，但我们采用了 DEA-Malmquist 方法，因为它避免了联立方程偏差和方程规范错误等问题（Kuang et al.，2020）。这种方法还使我们能够将技术进步分解为技术变革（TECH）和效率提高（EFFCH）。详细的计算和分解过程可以在以前的研究中看到（Fare et al.，1994）。我们使用 DEAP 2.1 来衡量年度 Malmquist 全要素生产率指数。DEA-Malmquist 指数法的关键是输入和输出指数的选择（Wang et al.，2019）。产出指数来源于 2006 年按物价指数平减的地区生产总值。为了得到投入指数，我们使用了三个变量：资本、劳动力和能源消耗。资本由每个地区的资本存量表示，我们使用永续盘存法估算，以 2006 年的价格表示（Barnhart and Miller，1990）。根据数据的可用性和可比性，我们使用每个地区的就业人口规模来衡量劳动力投入。

3）控制变量

控制变量为 Y（地区 GDP）、UL（城市化水平）、FDI（外商直接投资）和 EC（能源消费）。我们使用 2006 年按物价指数平减的地区 GDP 来衡量 Y；使用城市人口占总人口的百分比来衡量 UL；使用实际年度外商投资占 GDP 的百分比来衡量 FDI；使用能源消费总量来衡量 EC。

4.3.3　中国碳排放影响因素分析

1. 中国碳排放强度（CEI）的空间特征

空间聚类分析是分析非随机空间模式和测量空间自相关的客观指标（Stuhlmacher et al.，2019）。CEI 值在 2006～2016 年呈下降趋势，如图 4-9 所示。为了进一步研究 CEI 的空间分布，图 4-10 显示了局部的空间自相关和空间异质性。我们将城市群的空间分布划分为高-高、低-低、高-低和低-高四种类型，并利用 LISA 图描述了城市群的空间分布。

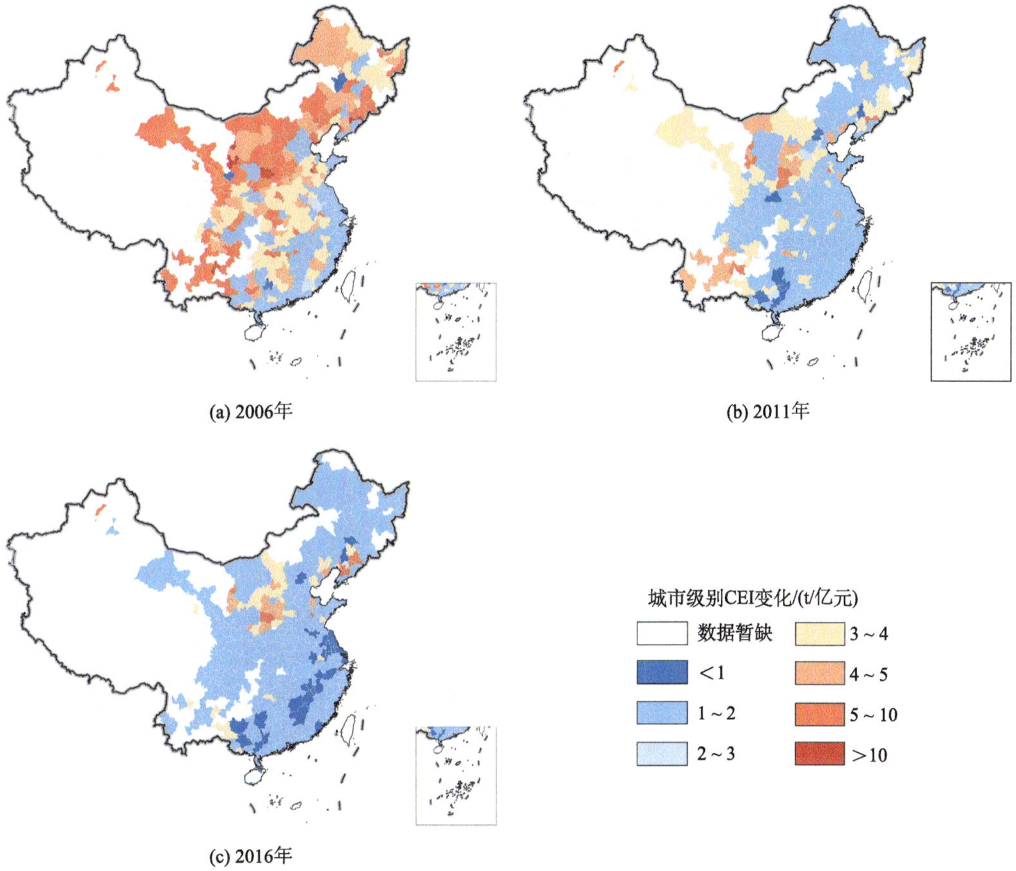

图 4-9　2006 年、2011 年和 2016 年城市级别 CEI 变化

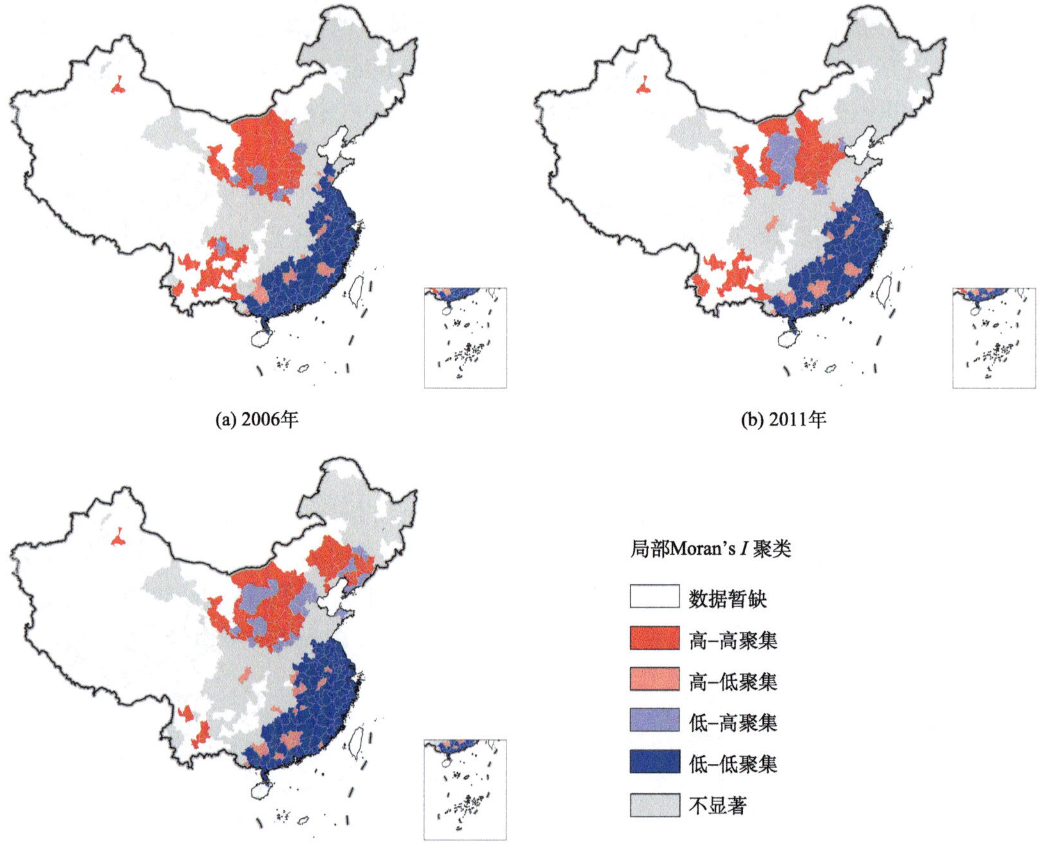

(c) 2016年

图 4-10　2006 年、2011 年和 2016 年 CEI 的 LISA 分布图

高-高集聚水平的城市主要分布在山西、内蒙古、云南等西南和华北地区；2016 年，高-高集聚水平的城市数量出现波动并下降至 50 个。出现此现象的主要原因是它们的工业化水平较低，经济增长极较少，产业结构低端。此外，山西部分城市将煤炭产业作为支柱产业，使这一现象更加明显。

2006～2016 年，低-低集聚水平的城市呈上升趋势，但有一定的波动，主要分布在东部沿海地区；从中部海岸到内陆地区有明显的扩散。这主要是因为这些城市具有较高的工业化水平，较好的技术装备、工业设施，较为高端的产业结构和较强的科技创新能力。虽然这些城市的 CEI 较低，但也应继续努力保持和提高科技创新能力，大力发展新能源和可再生能源供应，通过调整产业结构和技术进步进一步降低 CEI。

2006～2016 年高-低集聚城市主要分布在中国东南部的广东、广西。这些城市的 CEI 较高，而其周边城市的 CEI 较低。究其原因，是其城市产业结构以污染密集型重工业为主，不利于降低 CEI。这些城市应该逐步限制能源和污染密集型制造业的发展，大力发展高科技产业和服务业，通过产业结构升级逐步降低 CEI。

2006～2016 年低-高集聚城市数量逐渐增加，主要分布在华北地区，从陕西向华北、东北扩散明显。这些城市的 CEI 值较低，周边城市经济发展模式集约化程度较高。

2. 产业结构与技术进步的影响

根据动态空间面板模型的结果，回归结果表明，产业结构的升级和优化并不显著，这表明这两种改革对 CEI 的影响都不显著。通过研究系数的符号，我们强调了产业结构对所考虑的环境特征的不利影响。这些系数的大小表明产业结构改革对 CEI 的影响最小。相比之下，技术进步和技术变化在 5%和 1%显著水平下均显著为负。这表明，技术进步有利于降低中国的 CEI。技术变革和效率提高在通过技术进步降低 CEI 的过程中都发挥着重要作用。

我们探讨了这两个因素对 CEI 的联合影响。产业结构与技术进步的相互作用对 CEI 产生了深刻的影响。技术变革与产业结构升级的交叉项系数均显著为正，表明产业结构升级并不能直接降低 CEI，而是通过促进技术变革而间接提高 CEI。

控制变量中，GDP 的系数显著为负；这证明存在经济规模效应，经济增长可以有效降低 CEI。并且，城市化水平的系数也显著为负。结果表明：①快速城市化进程促进了城市人口密度的增加，而规模效应为政府建设城市基础设施提供了条件；当基础设施更加先进时，工厂将拥有更高的能源效率和更低的碳排放。②随着高等教育人才的流入，环境治理意识会增强。③中国公共服务业内部集聚趋势上升导致整体经济集聚，这与规模效应有关。此外，互联网的使用鼓励了高附加值的消费，这是不环保的。FDI 的系数显著为负，说明 FDI 能够有效降低 CEI。从这个意义上说，我们的结果证实了以往研究中 FDI 对环境的积极作用。首先，在自由市场的情况下，外国直接投资鼓励各国之间的配置效率和资源的有效利用，这将对环境有好处。此外，FDI 是技术进步的驱动力，可以通过创新和竞争产生积极的溢出效应。能源消费系数显著为正，表明以煤炭为主的能源消费结构显著提高了 CEI。

3. 碳排放反弹效应的估算

一般来说，效率的提高通过二次创新直接或间接地影响经济系统。它们可以缩小经济制度与技术前沿的距离，不断完善技术应用和经济制度管理，推动二次创新应用于生产活动。提升效率可以有效地提高可用能源的利用率，显著降低 CEI。

对于碳排放反弹效应的计算，Y_t 和 CEI_t 分别表示第 t 年的经济产出和 CEI，第 t 年的碳排放为 $\text{CE}_t = Y_t \times \text{CEI}_t$。在 t+1 年，由于技术变化，CEI 可以降低到 CEI_{t+1}，而经济产出可以提高到 Y_{t+1}。t+1 年的碳排放量为 $\text{CE}_{t+1} = Y_{t+1} \times \text{CEI}_{t+1}$。因此，CEI 的减少导致的碳排放减少量为 $Y_{t+1}\times$（$\text{CEI}_t - \text{CEI}_{t+1}$）。但是，应当指出，技术变革可以促进经济增长；$\sigma_{t+1}\times$（$Y_{t+1} - Y_t$）表示第 t+1 年技术变化促进的经济增长，其中 σ_{t+1} 表示技术变化对经济增长的贡献率。通过公式 $\sigma_{t+1}\times$（$Y_{t+1} - Y_t$）$\times\text{CEI}_{t+1}$，可知技术变革促进的经济增长会增加碳排放。因此，可以计算出 t+1 年碳排放反弹效应：

$$\text{RE}_{t+1} = \frac{\sigma_{t+1} \times \left(Y_{t+1} - Y_t\right) \times \text{CEI}_{t+1}}{Y_{t+1} \times \left(\text{CEI}_t - \text{CEI}_{t+1}\right)} \tag{4-17}$$

式中，RE_{t+1} 为 t+1 年碳排放反弹效应。关于技术变化对经济增长的贡献率，我们在计算

中使用 σ= TECH/GY 方程，其中 TECH 代表技术变化指数，GY 代表经济产出相对于前一年的增长率。碳排放反弹效应及其结果如表 4-7 所示。平均碳排放反弹效应为 12.78%，说明技术变革可以导致显著的碳排放反弹效应。新一轮的能源消费和碳排放激增，会侵蚀技术变革带来的节能效应和减碳效应。由于资本的深化和产出的增长，技术变革对 CEI 的影响显著降低。

表 4-7　碳排放反弹效应

时期	碳排放减少/万 t	反弹的碳排放/万 t	碳排放反弹率/%
2006～2007	86547	7999	9.24
2007～2008	50789	10308	20.29
2008～2009	140707	9430	6.70
2009～2010	150014	9980	6.65
2010～2011	187648	11142	5.94
2011～2012	89135	11998	13.46
2012～2013	91044	14561	15.99
2013～2014	65602	13483	20.55
2014～2015	109764	15180	13.83
2015～2016	102737	15511	15.10
平均	107399	11959	12.78

4.4　小　　结

资源和环境是我国社会经济协调发展路径上的双重约束。因此，如何主动适应气候变化，强化风险管理已成为我国环境友好型、资源节约型社会和生态文明建设所面临的两大挑战。IPCC 提出的共享社会经济路径（SSPs）作为气候变化背景下对未来全球、各国和地区社会发展预测的最新工具，描述了不同的未来社会经济发展情景，分别代表选择不同的气候政策。通过将辐射强迫、温室气体排放、社会经济发展、气候环境变化、能源和土地利用变化等过程有机地联系在一起，SSPs 将提供可靠的工具和科学的参考，用于分析气候变化应对能力与社会经济发展道路之间的关系以及气候变化影响与风险评估。

本章根据中国及各省社会经济以及碳排放相关统计数据，以 SSPs 为基础进行情景设计，对中国未来经济社会及碳排放的情况进行了预测，并对其影响因素进行了探索。首先概述了共享社会经济路径的基本概念与发展历史，探讨了五种 SSPs 情景下中国未来经济发展状况，以中国各省未来 GDP 为代表，比较了不同路径不同区位未来 GDP 的变化差异；然后介绍了 STIRPAT 与 Cobb-Douglas 经典预测模型，预测了 SSPs 情景下中国未来碳排放规律，探索了中国碳排放强度在未来的变化趋势以及碳排放达峰时间；最后利用动态空间面板模型对不同情景下碳排放的影响因素进行了分析，发现产业结构与技术进步，会对中国未来碳排放强度产生不同的影响，其中产业结构变革影响相对较小而技术进步对减碳有较大的促进作用。

参 考 文 献

曹丽格, 方玉, 姜彤, 等. 2012. IPCC 影响评估中的社会经济新情景(SSPs)进展. 气候变化研究进展, 8(1): 74-78.

张杰, 曹丽格, 李修仓, 等. 2013. IPCC AR5 中社会经济新情景(SSPs)研究的最新进展. 气候变化研究进展, 9(3): 225-228.

Bai Y, Deng X, Jiang S, et al. 2018. Exploring the relationship between urbanization and urban eco-efficiency: Evidence from prefecture-level cities in China. Journal of Cleaner Production, 195: 1487-1496.

Barnhart S W, Miller E M. 1990. Problems in the estimation of equations containing perpetual inventory measured capital. Journal of Macroeconomics, 12: 637-651.

Bhattacharjee A, Jensen-Butler C. 2013. Estimation of the spatial weights matrix under structural constraints. Regional Science and Urban Economics, 43: 617-634.

Chen W, Wu F, Geng W, et al. 2017. Carbon emissions in China's industrial sectors. Resources, Conservation and Recycling, 117: 264-273.

Cheng Z, Li L, Liu J. 2018. Industrial structure, technical progress and carbon intensity in China's provinces. Renewable and Sustainable Energy Reviews, 81: 2935-2946.

De Oliveira-De Jesus P M. 2019. Effect of generation capacity factors on carbon emission intensity of electricity of Latin America & the Caribbean, a temporal IDA-LMDI analysis. Renewable and Sustainable Energy Reviews, 101: 516-526.

Deng X, Yu Y, Liu Y. 2015. Effect of construction land expansion on energy-related carbon emissions: empirical analysis of China and its provinces from 2001 to 2011. Energies, 8(6): 5516-5537.

Dong F, Li X, Long R, et al. 2013. Regional carbon emission performance in China according to a stochastic frontier model. Renewable and Sustainable Energy Reviews, 28: 525-530.

Dong F, Yu B, Hadachin T, et al. 2018. Drivers of carbon emission intensity change in China. Resources, Conservation and Recycling, 129: 187-201.

Fare R, Grosskopf S, Norris M, et al. 1994. Productivity growth, technical progress, and efficiency change in industrialized countries. American Economic Review, 84: 1040-1044.

Grossman G M, Krueger A B. 1994. Economic growth and the environment. Nber Working Papers, 110: 353-377.

Han X, Cao T, Sun T. 2019. Analysis on the variation rule and influencing factors of energy consumption carbon emission intensity in China's urbanization construction. Journal of Cleaner Production, 238: 117958.

IPCC. 2007. Climate Change 2007: the Fourth Assessment Report of the Intergovernmental Panel on Climate Change. England: Cambridge University Press.

Kuang B, Lu X, Zhou M, et al. 2020. Provincial cultivated land use efficiency in China: empirical analysis based on the SBM-DEA model with carbon emissions considered. Technological Forecasting and Social Change, 151: 119874.

Li F, Zhuang J, Cheng X, et al. 2019. Investigation and prediction of heavy-duty diesel passenger bus emissions in Hainan using a COPERT model. Atmosphere, 10: 106.

Li W, Sun W, Li G, et al. 2017. Temporal and spatial heterogeneity of carbon intensity in China's construction industry. Resources, Conservation and Recycling, 126: 162-173.

Mohmmed A, Li Z, Arowolo A O, et al. 2019. Driving factors of CO_2 emissions and nexus with economic growth, development and human health in the top ten emitting countries. Resources, Conservation and Recycling, 148: 157-169.

Neil K, Gajewski K. 2017. Impacts of late-Holocene climate variability and watershed - lake interactions on diatom communities in Lac Brûlé, Québec. Ecosphere, 8(7): e01886.

O'Neill B C, Kriegler E, Ebi K L, et al. 2017. The roads ahead: Narratives for shared socioeconomic pathways describing world futures in the 21st century. Global Environmental Change, 42: 169-180.

Ouyang X, Lin B. 2014. Impacts of increasing renewable energy subsidies and phasing out fossil fuel subsidies in China. Renewable and Sustainable Energy Reviews, 37: 933-942.

Shahzad S J H, Kumar R R, Zakaria M, et al. 2017. Carbon emission, energy consumption, trade openness and financial development in Pakistan: a revisit. Renewable and Sustainable Energy Review, 70: 185-192.

Stuhlmacher M, Patnaik S, Streletskiy D, et al. 2019. Cap-and-trade and emissions clustering: a spatial-temporal analysis of the European Union Emissions Trading Scheme. Journal of Environmental Management, 249: 109352.

Sui D Z. 2004. Tobler's first law of geography: a big idea for a small world? Annals of the Association of American Geographers, 94: 269-277.

Sun Z R, Liu Y D, Yu Y N. 2019. China's carbon emission peak pre-2030: exploring multi-scenario optimal low-carbon behaviors for China's regions. Journal of Cleaner Production, 231: 963-979.

Tian X, Bai F L, Jia J H, et al. 2019. Realizing low-carbon development in a developing and industrializing region: Impacts of industrial structure change on CO_2 emissions in southwest China. Journal of Environmental Management, 233: 728-738.

Wang D D. 2019. Performance assessment of major global cities by DEA and Malmquist index analysis. Computers, Environment and Urban Systems, 77: 101365.

Yang Y, Cai W, Wang C. 2014. Industrial CO_2 intensity, indigenous innovation and R&D spillovers in China's provinces. Applied Energy, 131: 117-127.

Yin J H, Zheng M Z, Chen J. 2015. The effects of environmental regulation and technical progress on CO_2 Kuznets curve: an evidence from China. Energy Policy, 77: 97-108.

Zhang N, Yu K, Chen Z. 2017. How does urbanization affect carbon dioxide emissions? A cross-country panel data analysis. Energy Policy, 107: 678-687.

Zhang Y, Zhang S F. 2018. The impacts of GDP, trade structure, exchange rate and FDI inflows on China's carbon emissions. Energy Policy, 120: 347-353.

Zhang Y J, Liu Z, Zhang H, et al. 2014. The impact of economic growth, industrial structure and urbanization on carbon emission intensity in China. Natural Hazards, 73: 579-595.

Zhou X, Zhang J, Li J. 2013. Industrial structural transformation and carbon dioxide emissions in China. Energy Policy, 57: 43-51.

第 5 章　气候变化的经济影响路径研究

气候系统是一个复杂的系统，由大气圈、水圈、冰冻圈、岩石圈和生物圈构成，各圈层共同作用形成当前适宜人类居住的气候环境系统（吴国雄等，2014）。但目前大量可观测与不可观测的科学事实表明了气候变化的客观存在，且气候变化是当前最重要的全球性问题之一，深刻地影响人类生存与发展，是全人类、各国政府、不同社会组织共同面对的长期挑战（Stocker，2014）。

人类对气候变化的认知可以追溯到 19 世纪初，科学家们提出了大胆的设想，假如没有大气圈保护，地球上的温度是怎样的？随着学者的不懈探索，发现了大气中的 CO_2 和水蒸气是使地球表面保持适宜人类居住温度的重要气体之一（Werth，2002）。此时，气候变化并没有真正作为一门科学被学者广泛地探讨。19 世纪 30 年代，全球气候变暖的关键科学事实被争相报道并引起广泛关注，气候变化逐渐成为科学研究的热点之一。20 世纪六七十年代，随着世界气象组织和国际科学联盟理事会先后联合组织了全球大气研究计划、世界气候研究计划，研究学者在全球范围内陆续开展气候变化观测、试验、预测、人为与自然成因解析等方面工作，主要探索了气候变化的生物物理机制与生物化学机制。围绕国际上先后推出的国际地圈生物圈计划、全球变化人文因素计划和生物多样性计划，气候变化科学不再是单学科问题，而是一个系统，涉及地球环境的诸多方面（吴国雄等，2014）。1988 年世界气象组织与联合国环境计划署联合建立联合国政府间气候变化专门委员会，开展气候变化科学知识现状与对社会经济影响、适应和减缓政策等方面的研究，为各国政府制定气候变化相关政策提供科学依据。不同组织对“气候变化”的理解和定义是不同的，《联合国气候变化框架公约》将“气候变化”定义为一定时期内除气候系统的自然变化之外，由人类活动直接或间接造成的变化（Whitmarsh，2009）。由此可推断，UNFCCC 将气候变化直接归因于人类活动。然而，IPCC 评估报告则认为气候变化是由自然变化与人类活动共同作用引起的，同时，不仅是大气系统内部动态变化的结果，也受到外部强迫的影响，外部强迫不仅包括人类活动，还包括火山爆发、太阳活动等自然变化（Le Treut，2007）。两大组织对“气候变化”的定义均表明了人类活动是导致气候变化的主要原因。那么，人类活动如何作用于气候系统呢？

5.1　气候变化与经济增长

5.1.1　气候变化的物理机制分析

地球的大气层均匀的包裹着整个地球，对地球表面的温度具有调节的作用，地球的能量来自太阳辐射，经过大气对太阳辐射的吸收、反射、散射等，能使太阳的短波辐射到达地球表面，到达的辐射一部分被地表吸收转化为热能，地表受热后释放长波辐射到大气中，另一部分被地表反射到大气中，被大气中的二氧化碳等物质吸收。地球通过吸收、反射、散射等保持能量平衡，但大气层的保护和逆辐射的存在，使地球保持一定的温度，该现象被称为“温室效应”（Stephens et al.，2016）。根据这一机理，“辐射强迫”被提出作为外部强加的扰动对地球-气候系统能量收支平衡影响程度的度量（相对于1750 年），用于衡量工业革命以来人类活动对温室效应的影响情况。辐射强迫的因子包含人类活动排放的温室气体、人类活动产生的气溶胶、任何改变地面反照率的因子、太阳活动和火山活动等。IPCC 第五次评估报告指出，总的人为辐射强迫不断增加，1950 年为 0.57W/m^2，1980 年为 1.25W/m^2，2011 年总人为辐射强迫增加了 2.29W/m^2（Stocker，2014），并从人为辐射强迫的变化，总结出人类活动是全球变暖有主要贡献因素。

根据地球-气候系统的能量收支平衡过程，Le Treut（2007）总结改变地球-气候系统能量平衡主要有三条途径，第一条是改变来自太阳的辐射，例如，改变地球公转轨道或太阳本身，这取决于太阳本身的变化，显然该途径很难行得通，因为太阳是很稳定的恒星。第二条是改变地球表面的反射率，例如，改变土地利用/土地覆被类型等，该途径主要通过作用于气候系统的地球生物物理机制影响地球-气候系统的能量平衡。第三条是改变通过大气圈层反射到太空的辐射，例如，改变温室气体浓度等，该途径主要通过作用于气候系统的地球生物化学机制影响地球-气候系统的能量平衡。事实表明，人类活动正在通过第二条途径与第三条途径改变着地球-气候系统的能量平衡。

首先，土地利用/土地覆被变化（land use/cover change，LUCC）是人类活动影响气候系统的重要途径之一，人类活动作为主导因素导致土地利用与土地覆被变化在全球环境变化过程中占据十分重要的地位，这一驱动力直接或间接地作用于陆地表面与大气之间的水热分配和碳调节过程，成为影响区域或全球气候变化的重要因素（Plevin et al.，2015）。土地利用/土地覆被变化对气候系统影响的研究最早可以追溯到 20 世纪 70 年代，Charney 等（1977）研究地表反照率变化与撒哈拉地区干旱的关系，认为地表反照率变化对研究地区气温、降雨具有显著影响。之后，涌现大量关于地表物理特征参数单一因子变化对气候系统影响的研究，以及在气候模式模拟中通过改变地表参数对气候影响的模拟研究。直到 1980 年后，科学家逐渐认识到土地利用/土地覆被变化对气候系统的影响不仅可以通过改变地表物理特性实现，还可以通过排放温室气体实现，因此，这一过程不仅仅是一个简单的地球生物物理过程，还包含地球生物化学的过程（Smith et al.，2016）。目前，学者对于土地利用/土地覆被变化对气候系统影响的研究仍具有很大的不确定性。Hansen 等（2005）应用全球气候模式 GISS 得出土地利用/土地覆被变化引起反照率变化所产生的辐射强迫为 0.4W/m^2，也就是说，该变化在一定条件下会起到降低气温的作用。Bonan（1999）指出美国温带森林砍伐活动加剧导致美国中部和东部年平均气温降低，但 Werth 和 Avissar（2002）的模拟研究指出，热带森林砍伐可导致区域气温升高。综上所述，目前研究关于土地利用/土地覆被变化对全球或区域气候变化影响的相对贡献并不能完全客观评价或估量。

其次，大量研究将人类活动对气候变化的影响主要归结为 CO_2 浓度变化与土地利用/土地覆被变化（刘纪远等，2014）。根据 IPCC 第五次评估报告与美国国家航空航天局（National Aeronautics and Space Administration，NASA）公布的全球地表-海洋温度数据表明，1880～2016 年，全球平均地表-海洋温度升高了 1.18℃，1950 年至今可观测到的极端气候事件频发、大量冰川融化、海平面上升等现象，均表明全球气候变暖的科学事实是客观存在的。报告认为，全球气候变暖是自然因素和人为因素共同作用的结果，1750～2011 年，大气 CO_2 浓度增加了 40%，由 278ppm 升高到 390.5ppm，全球变暖的主要原因是人类活动加剧排放 CO_2 导致大气 CO_2 浓度增加，改变大气-地球能量平衡，加强温室效应，导致全球气温升高。Rodhe（1990）的研究认为人类活动对全球气候变暖的贡献主要归因于社会经济发展导致的温室气体浓度变化，温室气体主要是由水蒸气、CO_2、CH_4、N_2O、O_3 以及少量的氯氟烃组成，不同温室气体组成成分的辐射强迫之间存在一定差异，而目前温室效应增强的主要贡献来源于二氧化碳，其贡献率为 60%，甲烷的贡献率为 15%，臭氧的贡献率为 8%，剩余温室气体组成成分的总贡献率共为 17%。Hansen 等（2013）研究认为过去 20 年人为因素致使的气候变化 80%是由 CO_2 导致的，而剩下的 20%则与化石燃料开发或使用相关。从地球生物化学过程的角度看待气候变化的驱动机制，研究认为大气 CO_2 浓度增加有利于大气层吸收太阳辐射与地表辐射，同时影响大气逆辐射，加强温室效应，导致全球升温（Meinshausen et al.，2011）。Stern（2006）总结温室气体排放的主要来自能源消费、农业生产与森林砍伐。第一，随着社会经济的持续发展，工业化、城镇化进程的快速推进，经济生产对能源消费需求增加，CO_2 排放量加剧增长。根据全球碳计划（Global Carbon Project）2017 年公布的数据表明，1950～2016 年全球化石燃料燃烧导致 CO_2 排放量从 89.91 亿 t 增至 361.82 亿 t，其中中国的 CO_2 排放量则从 7.22 亿 t 增至 101.49 亿 t。近年来，随着人们认识到 CO_2 排放对全球变暖的影响，绿色经济与低碳经济等概念被提出，鼓励各国政府实施有效的减排措施，以减缓气候变化，图 5-1 也表明，近年 CO_2 排放已趋于平稳。第二，Cole 等（1997）研究表明，农业生产导致温室气体排放约占人为辐射强迫的 1/5，农业生产过程中化石燃料燃烧、肥料使用、杀虫剂等均会产生一定量的温室气体。第三，森林生态系统的固碳功能将大气中的 CO_2 吸收并固定在植被或土壤中，来调节大气 CO_2 浓度，对减缓全球气候变化具有十分重要的作用。随着人类活动强度增加，森林、草地等植被破坏削弱了生物圈固碳能力，影响净二氧化碳排放（Fernández-Martínez et al.，2014）。

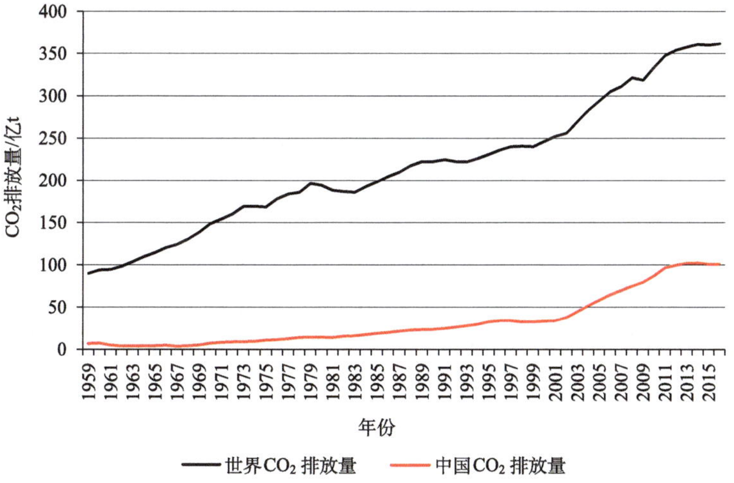

图 5-1　1959～2016 年世界及中国 CO_2 排放量

综上所述，人类活动主要通过作用于土地利用/土地覆被变化与增加大气 CO_2 浓度等改变地球-气候系统能量平衡，从而导致气候变化，这一物理机制表明气候变化的经济影响研究不仅涉及气候系统与经济系统本身，还涉及大气 CO_2 浓度、CO_2 排放、温度等关键参数。因此，气候变化对经济系统的影响路径是复杂的、多样的。

5.1.2 经济系统的弹性、脆弱性与暴露性

气候变化能否对经济系统产生影响取决于经济系统本身承担气候风险的能力，也就是经济系统的弹性、脆弱性与暴露性。弹性是 IHDP 重要的核心概念之一，在不同学科含义差异非常大，在生态学领域，弹性被认为是系统吸收干扰、保持原有功能不发生变化的能力，包含“脆弱性”“适应性”“恢复性”等概念含义（方修琦和殷培红，2007）。弹性理论也用于阐述人类应对与适应环境与经济社会变化，被大量研究应用于城市生态系统的变化研究中，包括城市基础设施弹性、区域弹性等。经济系统的弹性研究较少，多从空间或规划的视角，分析极端气候事件造成的区域经济系统的损失，研究各种外部环境冲击对区域经济系统或区域产业的影响（董丽晶等，2020）。

脆弱性也是 IHDP 重要的核心概念之一，是结合分析自然生态系统与社会经济另一广泛应用的指标，被定义为系统对环境变化的敏感性或遭受扰动损害的恢复能力。早期，脆弱性被理解为系统面对气候变化等不利因素干扰产生不利响应的程度，主要用于气候变化、灾害系统、生态等研究。IPCC 报告提出的气候敏感性概念，主要用于表征气候系统受外界扰动的响应程度，通常取大气 CO_2 浓度达到 2 倍时辐射强迫所产生的全球平均温度的变化，而这里的外界扰动则包含人类活动产生 CO_2 排放。随着对脆弱性研究不断深入，系统脆弱性的研究框架一般包含系统暴露性、敏感性与适应性，脆弱性评估的重点也在于评价敏感性群体在外界干扰（暴露性与适应性）下的脆弱特征与应对方式。随后，脆弱性被引入社会经济系统研究，是脆弱性研究在经济领域的拓展研究与实践应用。1990 年，经济系统脆弱性的概念在马耳他召开的联合国贸易和发展会议上第一次被提出，学者认为在政治经济学中，不发达地区的经济增长缺乏自然资源的支持、经济地理封闭、经济保护技术与政策弱势、出口渠道单一、多元化发展困难等，导致其经济系统存在诸多不可控的暴露特征（任崇强等，2019），容易受外界环境变化的干扰。1999 年，UNDP 正式将经济脆弱性定义为经济发展过程中因遭受未预料到事件冲击而引起的损害所具有的承受能力。随着气候变化导致的极端气候事件的频率增多、强度增加、影响范围扩大、持续时间变长，经济系统固有的脆弱性本质特征造成的气候变化导致的潜在经济损失不断增加，影响可持续的经济增长。结合脆弱性本身的含义与经济脆弱性的定义可知，表征脆弱性往往基于系统面对多种干扰所表现的敏感性与应对能力两方面。其中，经济系统中敏感性研究多以分析方法的形式出现，如经济敏感性分析，或对某一项目的收益风险进行敏感性分析，解析其潜在的项目风险等。但将敏感性纳入经济脆弱性研究时，就不再是“敏感性”与经济系统两者的问题，而是“敏感性”、经济系统与环境变化三者的科学问题。

根据脆弱性的研究框架，经济系统的暴露性是导致经济系统面对外界干扰产生损害的重要因素之一，经济系统的暴露性研究分析框架将从根源上解析气候变化下经济增长

面临的风险、产生原因与被干扰程度，是气候变化经济影响评估的重要理论基础。气候变化具有不同的表现形式，如全球变暖、城市热岛效应、冰川融化导致海平面上升等，而经济系统也是复杂的、动态的、包含万象的，不同的气候变化表现形式不一定导致经济系统中各子系统脆弱，如一定程度的升温有利于植被生长等，这也是气候变化对经济系统影响存在空间异质性的重要理论依据。

5.1.3　气候变化下的经济增长理论认识转变

1. 传统的经济增长理论认识

经济增长通常是指一个国家或地区在一定时期内由就业人数增加、资金积累和技术进步等，导致经济规模数量的扩张，包括商品产出数量与劳务的增加。人类社会的发展依赖对自然资源的开发与利用，尤其是工业革命后，随着人们知识的积累与科技的进步，对自然资源的开发与利用增强，对高速经济增长的追求导致大量资源的消耗，由此伴随的气候变化问题、环境污染问题也为人类生存与发展造成了严重的外部性。20 世纪 50～60 年代，世界经济增长进入了黄金时代，经济快速增长的大趋势提高了人们的收入和消费水平，公平与效率的权衡取舍问题受到极大的关注。逐渐扩大的贫富差距，减少了很多人接受良好教育和医疗保障的机会，其具体表现为失业、健康状况恶化、犯罪率上升等社会矛盾，威胁社会经济的稳定发展，在一定程度上也削弱了经济增长的速度，导致资源投入无法发挥最大效率。新古典经济学将这种经济生产模式以函数形式表现为

$$y = f(k,l,t) \tag{5-1}$$

式中，y 为国民生产总值；k 为资本存量；l 为劳动力数量；t 为时间。根据各学派经济增长理论的发展脉络与关注问题的文献资料表明，经济增长理论主要关注的是什么驱动了经济增长，即其根源问题，寻找促进经济增长的驱动机制。

1）哈罗德-多马模型

20 世纪 40 年代，哈罗德和多马提出了第一个经济增长的数学模型，它假设经济的产出取决于向其投入的资本量。此外，该模型认为资本与劳动两个基本要素具有不可相互替代性，以及资本产出比例是固定的，由此推断出经济增长取决于资本积累能力。其具体可表述为

$$\Delta y = \Delta k / k' \tag{5-2}$$

式中，Δy 为产出增量；Δk 为资本增量；k' 为资本-产出比率即资本效率。

哈罗德-多马模型的基本假设与数学表达式表明，资本积累对经济增长起决定性作用，资本积累是经济增长的根本推动力。基于该模型许多国家在一定时期内一般会采取突出资本积累的经济增长方式，以加大资本投入量来驱动经济增长。但该模型忽略了知识积累与技术进步对经济增长的关键驱动作用，且模型假设的资本与劳动之间的不可替代性存在一定的局限性，它无法解释在相同资本积累水平下，不同国家经济增长存在差异的原因。

2）新古典增长模型和全要素生产率

20 世纪 60 年代中期，索洛、斯旺和丹尼森等对经济增长模型进行了进一步的研究，

并提出了自己的改良模型。其一是否认了资本与劳动之间的不可替代性假设，并认为资本和劳动之间在一定范围内具有相互替代性。其二是强调知识积累与技术进步对经济持续增长的决定性作用。其表达形式为

$$y = f(k,l,r,a) \tag{5-3}$$

式中，r 为可耕地和自然资源存量；a 为投入要素利用效率的提高。该模型除了将自然资源作为生产要素外，还突出了投入要素利用效率的提高对经济增长的贡献。索洛等对经济增长的内在原因进行了测度，认为如果投入要素的利用效率提高对经济增长的贡献作用越大，就意味着经济增长的关键驱动因素已转为投入要素的质量提升和技术进步。

综上所述，根据经济增长的源泉差异来加以区分，粗放型增长模式与集约型增长模式的主要区别在于其增长的来源是要素投入还是要素效率。全要素生产率常常被作为解释经济增长的指标，其原因在于根据新古典经济增长模型，全要素生产率反映了除劳动、资本等要素投入以外的其他因素的增长，反映了资本和劳动带来的要素增长与投入变动之间的增长剩余。丹尼尔根据经济增长的来源对影响经济增长的因素进行了归类，主要包括：①劳动投入；②资本和土地投入；③资源配置的提升；④规模经济；⑤知识。其中全要素生产率的增长包含资本、劳动和土地等投入要素质量的提高及③～⑤类因素。

集约型增长特别重视科技进步。斯蒂格利茨将经济增长的因素归结为资本积累、劳动力质量、资源配置效率以及技术进步四个主要因素。索洛和丹尼森都认为技术变革起着支配作用，是最重要的生产率增长的源泉。因此，经济增长建立在科技进步的基础上是最可靠的，能保持长期的稳定增长。

3）新增长理论与知识经济

根据新古典增长理论，技术进步在经济增长中起到了关键作用，但新古典经济模型将技术进步作为外生的、偶然的因素，并假设在机会均等的条件下,各国没有技术水平的差别，因此各国有很强的使经济发展水平和增长率趋于一致的倾向。 这显然无法解释现实中不同国家和地区的发展差异。20 世纪 80 年代后迅速发展起来的新增长理论则重点从技术进步的实现机制方面对增长模型做了进一步的修正，在经济增长模型中将技术进步内生化，改变了经济增长的研究范式。根据新古典经济增长理论，技术进步来源于经济活动中对于研究和开发的投入，劳动素质提升、新的资本品或者消费品的出现等都能够带来内生技术进步。新古典经济增长理论对于知识积累的重视，使得人们对技术进步的发展路径和实现机制有了新的认知，为“知识经济”理论的出现奠定了基础。

在此基础上，新增长理论的代表人物，美国经济学家罗默和卢卡斯将知识作为除劳动、资本、资源以外的因素纳入经济增长模式。经典罗默经济增长模型的基本形式为

$$Q_i = f(k_i, k, x_i) \tag{5-4}$$

式中，Q_i 和 f 分别为 i 厂商的收益水平和所有厂商的生产函数；k_i 表示专业化知识水平，x_i 则是追加的资本和劳动要素。

罗默经济增长模型的特点就是将知识作为内生变量加入模型，并认为知识积累及其带来的技术进步是现代经济增长的主要动力来源。罗默认为知识可以进一步的划分为一般性知识和专业化知识，一般性知识能够带来规模经济增长，而专业知识才是经济增长

的主要动力，可以促进生产要素的收益递增。一般性知识和专业性知识的结合不仅能够带来知识、技术和人力资本的提升，还可以通过作用于资本、资源等要素产生递增收益。从厂商的角度来讲，由于知识产权形成了垄断利润，并且可以形成新的技术创新，因此厂商加强对知识的投资以实现知识积累，进而获取知识创新的规模收益，从而形成一种良性循环，使得企业保持利润的增长和技术革新。知识创新的差距最终会表现为企业与企业之间、国家与国家之间经济增的差异。而缩小差距的办法主要是实现知识的传播，特别是当前国际贸易的发展，极大地加强了知识的传播速度，发展中国家通过引进发达国家技术和知识，形成了溢出效应，降低了技术进步的费用和实现，形成“后发优势”，从而极大地缩短了与发达国家知识和技术上的差距，并最终实现经济增长的追赶。

基于以上分析，不难发现知识之所以形成对于经济增长的递增效益，最主要的原因在于其与劳动和资本等生产要素相机和形成的收益递增效益，从而使得整个经济系统实现了规模收益的递增，因此罗默内生经济增长模型也被称为规模收益递增的经济增长模式。现代经济的发展使得经济增长对于人力和物质等要素的需求弱化，技术和资本的作用越来越大使得经济增长方式也逐渐由粗放型增长向重视知识和创新的集约型经济增长方式转变。

新经济增长理论对于新古典经济增长的补充和修正不仅仅在于对于知识创新的重视并将其在经济增长模型中进行内生化处理，另外一个补充是修正了新古典经济增长理论关于市场机制的论述，否认了市场机制对经济增长路径的影响，认为市场机制的缺陷是造成资本主义经济增长效率低下的主要问题，而市场在经济增长中的作用被重视，认为政府对于市场的干预是修正市场经济失灵的重要错误。新经济增长理论的理论和实践，对于政府部门加强市场调控、重视知识和创新、改革经济增长路径等起到了重要的作用。

2. 气候变化下的经济增长理论认识

在主流经济增长理论当中，自然资源是实现经济增长的基本要素之一，并通过在经济增长中投入的自然资源的数量、质量和利用的效率共同影响着经济的增长。知识创新、技术进步对自然资源要素的影响和对资本、劳动力等要素的影响基本类似。但事实上，不同于资本、劳动等后天的人工要素，自然资源和环境有其固有的、不以人类意志为转移的一些特性，这使其在经济增长过程中除了和其他人工要素类似作为投入品影响经济增长以外，还需要得到额外的关注，才能保障经济增长和社会发展的可持续性。相比较主流经济学的增长理论，可持续发展下的经济增长理论尤其需要注意要素替代和科技进步的有限性。

正如吉利斯和罗默所分析的，世界上不同发展水平的国家之间存在着明显的目标差异：发达国家对资源和环境的可持续性评价高，而发展中国家更关心经济的快速增长。这反映了处于不同发展阶段上的国家的不同目标取向。

发达国家对造成全球资源耗竭和环境严重污染负有主要责任。发达国家在早期工业化进程中并没有顾及可持续发展，当许多发展中国家尚未进入工业化时，发达国家滥用和掠夺资源无所顾忌，自然资源稀缺程度的提高和对经济增长的限制与发达国家早期对资源的过度利用是分不开的。与此同时，发达国家为维持其整体上更高的生活水平，一方面人均和总量的碳排放水平居高不下，是造成温室效应和全球气候变化的重要原因；另一方面，在通过与发展中国家的贸易满足其国内需求的过程中，通过技术和资金限制不但加剧了发展中国家的资源消耗，也将环境污染的代价转嫁给了发展中国家。在这一背景下，要求发展中国家与发达国家承担同样的资源环境保护义务既不公平，也不合理。

就发展中国家来说，环境恶化的根源在于贫困。由于资金和技术的限制，发展中国家在通过经济增长消除贫困、实现发展的过程中很难全面兼顾到资源环境的保护；贫困和低水平的产业结构也必然导致对自然资源利用强度和广度的提升；再加上人口增长等外部因素，资源耗竭和环境退化等问题很难完全避免。这意味着，在低收入阶段，可持续发展与经济增长之间的矛盾会尤为突出；按国际经验，这个矛盾只有在人均 GDP 达到中等收入水平时才可能会得到缓和。气候变化作为影响经济增长的环境变量，在倡导应对与适应气候变化时，也应合理分配资源帮助发展中国家实现经济增长间接兼顾应对与适应的任务。

5.2　气候变化影响经济增长的路径

5.2.1　气候变化影响的区域特殊性

气候变化深刻地影响着自然生态系统与社会经济系统，在全球气候变化的大背景下，各地区由于自身的自然条件、先天地理位置决定的气候条件以及个体活动的区域特殊性，体现出区域的气候变化特征，如果简单的将气候变化在全球尺度上均衡化，代替区域气候变化变化规律或特征来分析其影响，评估结果将存在严重的偏差。Hansen 和 Sato（2016）对比分析全球尺度和区域尺度的平均气温变化情况，区域尺度越小，气温波动越大，变化也更明显；全球升温 2℃的假设前提下，气候变化影响呈现明显的区域差异，低纬度地区影响更大。全球气候变化的影响涉及方方面面，在其影响机理研究中往往强调区域异质性。一方面，全球气候变暖对区域自然系统影响的程度存在差异，如冰川融化、海平面上升对沿海地区造成的影响更大；升温导致动植物分布范围向极区和高海拔区延伸，影响区域动植物的多样性。另一方面，地区升温的速度和绝对量的差异也导致区域极端气候事件及其发生频率、强度等不同，那么升温对不同区域自然与社会经济系统的影响也是存在差异的。因此，全球平均升温的情况下，各地区气温变化不同，对升温的响应也有差异。在全球 1.5℃和 2℃温控阈值情景下，区域气候变化的特殊性是气候变化影响存在空间异质性的背景前提，本节基于直观的气温降水数据、极端气候经济损失数据，探讨区域气候变化的特殊性。

年均气温与降雨数据来源于国家科技基础条件平台——国家地球系统科学数据共享服务平台（http://www.geodata.cn）。其中本节采用的年均气温数据是基于全国 824 个基准、基本气象台站收集、整理的 1981～2015 年本站平均气温的年值资料，通过严格的质量控制和筛选，采用全国 1km 分辨率的地形图 DEM 为协变量，利用 ANUSPLIN 软件的样条法（thin plate spline，TPS）进行空间插值，生成 1981～2015 年的中国地面水平分辨率 1km×1km 的年格点数据，数据单位为 0.1℃。数据集包含的地理空间范围是全国主要陆地（包含港澳台地区），不含南海岛礁等区域。本节使用的年均降水量数据来源于中国科学院资源环境科学数据中心——资源环境数据云平台（http://www.resdc.cn/data.aspx?DATAID=229），基于 2400 多个气象站点日观测数据，通过整理、计算和空间插值处理生成。

根据 NASA 公布的全球海表年均温度，2015 年较工业前全球平均升温 1.04℃，在全球变暖的背景下，区域升温呈现一定差异。根据历年年均气温的记录与趋势模拟方程，1981～2015 年年均气温处于波动状态，但其总体趋势一直呈上升，数据记录期间内中国地区年均气温从 12.22℃升至 14.12℃[图 5-2(a)]，升温 1.90℃，同时期，全球平均升温 0.59℃。因此，全球升温并不能代表地区的气候变化的情况，在评估区域气候变化的经济影响时，忽略由气候的区域属性导致的经济影响差异，会降低评估结果的准确性，对区域气候变化应对与减缓政策的制定缺乏参考意义。

图 5-2（b）中年均降水量的趋势方程表明，相比年均气温明显的上升趋势，1981～2015 年年均降水量的变化并没有很明显，趋势方程拟合效果差也表明年均降水量波动大，对未来降水量变化的趋势仍旧不明朗。

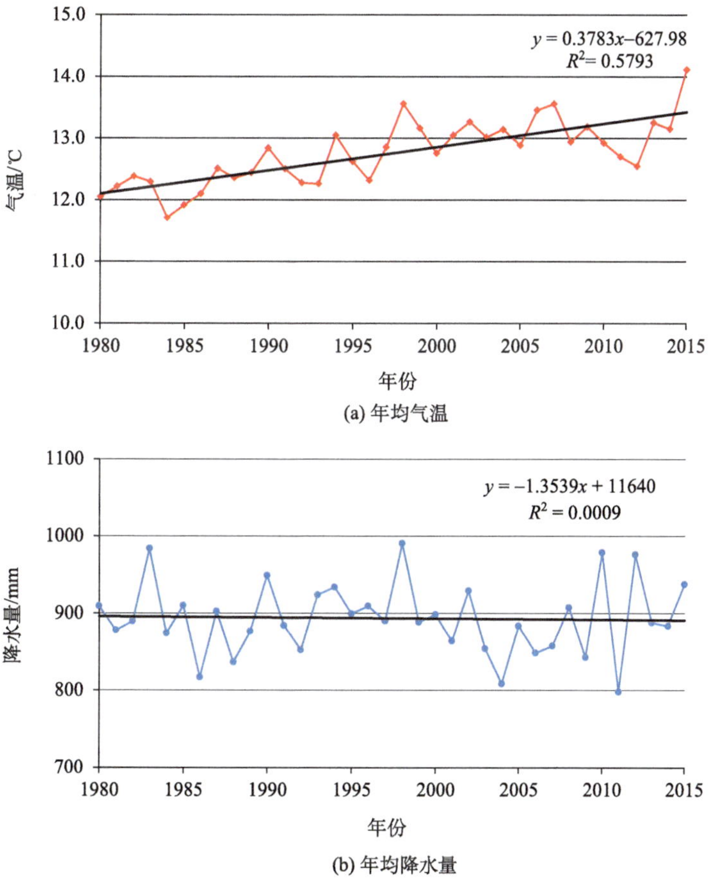

图 5-2　1980～2015 年中国年均气温与年均降水量趋势图

基于 1981～2015 年年均气温的栅格数据，计算 1981～1985 年、1986～1990 年、1991～1995 年、1996～2000 年、2001～2005 年、2006～2010 年、2011～2015 年 7 个时间段内年平均气温的变化情况。气温变化在各个时间段内的有较大的波动，7 个时间段内的增温在 1.0～6.9℃之间，而降温的范围在 0.9～12.5℃之间。增温的低值出现在 2006～2010 年、2011～2015 年；增温的高值出现在 1981～1985 年期间。降温的低值出现在 1996～2000 年；降温的高值出现在 1981～1985 年期间。7 个时间段内区域升温呈现明显的空间异质性。1981～1985 年全国升温和降温主要发生在中国西部地区，如新疆、西藏，而东部的气温变化相对较小，分布相对均匀；1986～1990 年、2001～2005 年、2006～2010 年升温较大的区域主要集中在中国西部部分地区与东北部地区，如内蒙古、青海、新疆、西藏、黑龙江、吉林、辽宁等省份；1991～1995 年温度升高较大的地区主要集中在东北部地区与中部部分地区，如安徽、河南、湖北、黑龙江、吉林、辽宁等省份；1996～2000 年升温明显的地区主要在中部地区与部分西部地区、如内蒙古、新疆、甘肃、宁夏、陕西、河南、安徽、山西等省份；2011～2015 年升温明显的地区主要集中在中部与东部地区。因此，1981～2015 年全国升温较大的地区从西部、东北部地区向中部、东部地区转移。

基于 1981～2015 年年均降水的栅格数据，计算 1981～1985 年、1986～1990 年、1991～1995 年、1996～2000 年、2001～2005 年、2006～2010 年、2011～2015 年 7 个时间段内年平均降水的变化情况。降水变化在各个时间段内的有较大的波动，7 个时间段内的降水增加在 848～1849mm 之间，而降水降低的范围在 596～1914mm 之间。降水增加的低值出现在 2006～2010 年；降水增加的高值出现在 2011～2015 年。降水减少的低值出现在 1986～1990 年；降水减少的高值出现在 2001～2005 年。7 个时间段内年均降水量变化的空间分布较为一致，年均降水量增加的区域均集中在南部沿海区域，如广东、广西、福建、江苏等省份。1981～1985 年降水增加主要发生在华北、东北、西南以及东南沿海的一些区域；而降水降低的区域主要在广州、福建、湖南、江西、安徽、江西的一些区域，以及四川、陕西和甘肃的交界区域。2011～2015 年降水增加的区域主要集中在我国的东南地区，而降水减少主要集中在中国北方，包括东北和西北。因此，1981～2015 年全国降水增加的地区从西部、东北部地区向东南部地区转移。

因此，年均气温与年均降雨的变化在空间分布上存在明显的特征与区域差异，考虑空间异质性对评估升温对经济影响十分必要。

5.2.2 气候变化影响的表现形式与经济系统的关系

除全球变暖导致的经济影响之外，Rahmstorf 和 Coumou（2011）研究认为短期升温会减少极端气候事件发生频率，而全球变暖的长期趋势下，极端气候事件发生频率呈增加趋势。气候变化的经济影响更多来自极端气候事件，极端气候事件造成的直接经济影响的空间异质性是导致气候变化经济影响在空间上呈现差异的重要原因之一。RICE 模型的气候变化损失模块假设升温与经济产出之间是非线性关系，中国地区一次项损失系数设为 0.078，二次项损失系数设为 0.126，极端气候事件（海平面上升与冰川融化）的经济损失系数分别设为 0.011718 与 0.000001，该设定忽略了暴雨、暴雪、极端干旱等其他极端事件对经济的影响。1981～2015 年各省自然灾害统计数据主要来源于《中国统计年鉴》《中国环境统计年鉴》《中国民政统计年鉴》，直接经济损失只有 1990～2015 年的数据。根据本节的研究需求，这里只探讨中国各省 1990～2015 年直接经济损失情况，其中自然灾害的直接经济损失包括暴雨洪涝、干旱、局部强对流、低温冷冻和雪灾等极端气候事件直接造成的经济损失自然灾害直接经济损失的描述统计分析结果如表 5-1 所示。

表 5-1　中国地区自然灾害直接经济损失的描述统计

指标	样本量	平均值	标准差	最小值	最大值
直接经济损失/亿元	796	89.75	292.81	0.04	865
受灾人口/万人	782	1259.86	1100.72	0.1	5488.7
死亡人口/人	736	252	3202	1	86807
直接经济损失与 GDP 比值	796	0.026	0.042	0.0000028	0.62

1990～2015 年各省因自然灾害导致的直接经济损失整体呈上升趋势，其中 2010 年各省相较于其他年份直接经济损失均增加，历年数据表明广东、福建、浙江、四川、安徽、甘肃和西藏一直是自然灾害损失严重的地区，2010～2015 年新疆、内蒙古、青海、甘肃等省份自然灾害直接经济损失较往年更严重（图 5-3）。根据历年直接经济损失的增长率，1990～2000 年直接经济及损失平均年增长率为 22.21%，2001～2010 年平均年增长率为 45.33%，2011～2015 年平均年增长率为–5.97%，其中，1994 年、2008 年、2010 年损失增长率异常，均大于 100%，这与该年份发生极端气候事件的影响有关。除去异常年份，三个时间段内损失增长率分别为 13.46%、–6.96%、–5.97%。

虽直接经济损失的绝对量呈上升趋势，然而 1990～2015 年中国地区（除西藏、新疆等省份外）直接经济损失占当年 GDP 比重却呈下降趋势，26 年间平均损失占 GDP 比值为 0.026，2015 年该指标平均值为 0.0077，远低于多年平均值，结合上述分析，这表明直接经济损失的变化趋势与中国经济快速发展，与城镇化水平提高导致的气候灾害抵抗能力增强密切相关（图 5-3）。

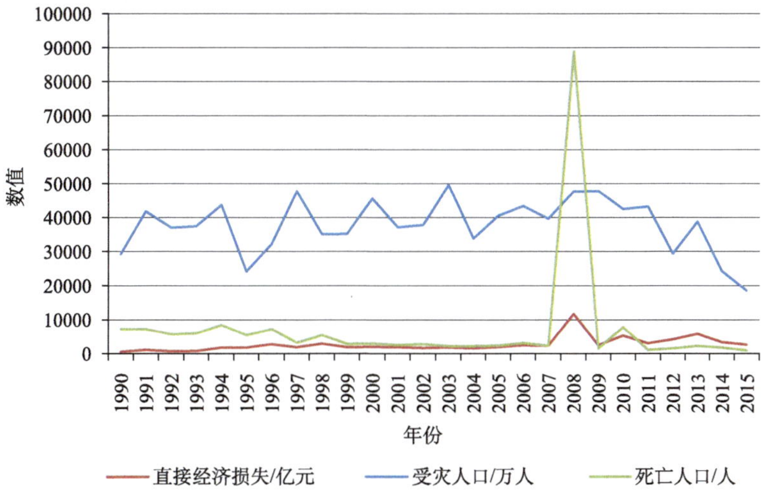

(a) 1990~2015年因自然灾害导致的直接经济损失、受灾人口和死亡人口

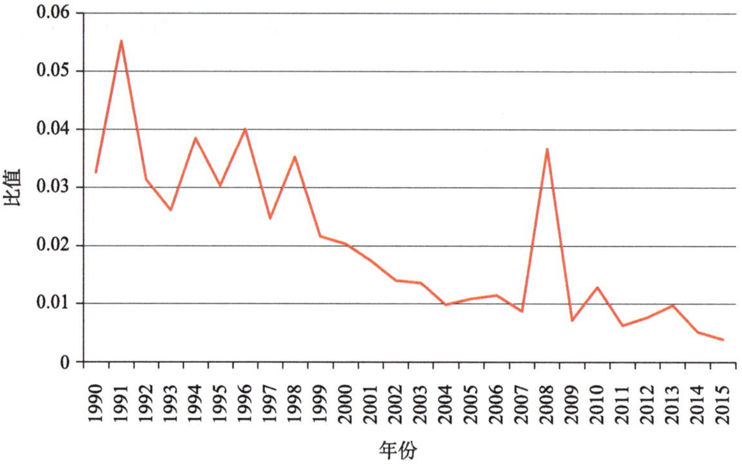

(b) 直接经济损失占当年GDP比值

图 5-3　1990～2015 年中国直接经济损失、受灾人口、死亡人口、直接经济损失占当年 GDP 比值趋势图

5.2.3　气候变化经济影响的路径与层次

依据气候变化的物理机制，碳排放对社会经济系统的影响是间接的，即碳排放通过影响全球变暖作用于社会经济系统，或通过碳循环系统影响生态系统从而间接影响人类福利。目前关于碳排放、气候变化、社会经济系统三者的研究多集中在“社会经济系统—碳排放—全球变暖”的单向关系链上，经济生产产生 CO_2 排放，导致大气 CO_2 浓度增加，从而影响全球温度。当前关于这条影响链的研究内容复杂多样，总结起来可分为以下几个方面。

第一，经济发展对 CO_2 排放的影响。Knight 和 Schor（2014）运用面板数据模型探究经济发展与 CO_2 排放的关系，表明经济发展与化石燃料 CO_2 排放和土地利用变化 CO_2 排放显著相关，随着经济发展土地利用变化 CO_2 排放与其关系越来越弱。Kasman 和 Duman（2015）基于面板数据模型，分析 CO_2 排放、GDP 增长、国际贸易以及城镇化之间的关系，表明无论短期还是长期，CO_2 排放、GDP 增长、对外贸易以及城镇化发展四个指标之间都是正相关的。

第二，CO_2 排放对大气 CO_2 浓度影响的研究。该部分研究多以探讨碳循环的过程来展开，大气 CO_2 浓度变化是由人类活动排放的 CO_2 与海洋系统和陆地系统吸收的 CO_2 不平衡引起的，Friedlingstein 等（2014）根据历史 CO_2 排放，采用 11 种碳循环气候模型（carbon cycle climate model）模拟 2010 年大气 CO_2 浓度，研究并不能确定 CO_2 排放与大气 CO_2 浓度具体的数量关系，不同模型模拟结果相差较大。

第三，大气 CO_2 浓度、辐射强迫与温度三者之间的研究。Tett 等（1999）基于 HadCM2 模型（Hadley climate model）研究 20 世纪地表温度上升过程，表明过去 50 年地表温度上升主要是因为人类活动大量排放 CO_2 导致大气 CO_2 浓度上升、气溶胶增加，从而加强温室效应。Crowley（2000）基于能量平衡模型（energy balance model，EBM）绘制温度与辐射强迫的敏感曲线，对比分析 1850 年前后温度与辐射强迫的相关关系，表明目前大气中 CO_2 浓度已超过气候系统在自然发展情况下 CO_2 的浓度，温度与人为辐射强迫关系越来越大。Stern 和 Kaufmann（2014）进一步采用格兰杰因果检验，分析并验证了辐射强迫与温度之间的相互促进的关系。

碳排放与社会经济系统之间是相互影响的，除上述碳排放对全球变暖的影响研究外，全球变暖对社会经济影响的研究也是气候科学研究最重要的主题之一，共同形成"碳排放—全球变暖—经济系统—碳排放"的影响链。如图 5-4 所示，基于 Web of Science 文献库对"economics of climate change"（气候变化经济学）关键词搜索，气候变化驱动机制、气候变化影响、气候变化减缓与适应是研究最多的议题。

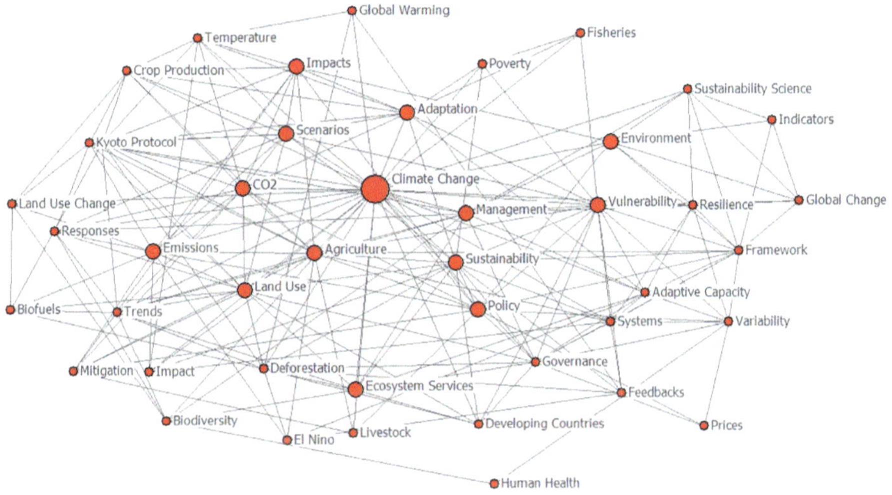

图 5-4　基于 Web of Science 搜索的"economics of climate change"（气候变化经济学）关键词网络关系

全球变暖可直接影响经济生产和消费，且该影响有正面的也有负面的（Lazo et al., 2011）。Asseng 等（2015）研究总结农业部门是对升温最敏感的部门，温度升高影响作物生长、土地生产力与粮食价格，研究模拟结果表明目前的升温降低农作物单产。Lazo 等（2011）研究表明经济部门包括农业、交通运输行业、通信业、建筑业、金融、保险、房地产、制造业、采矿业、零售业、批发业和公共事业均对区域气候变量反响敏感（包括高温天数、低温天数、地区总降雨量），尤其是采矿业相比其他行业对气温的变化反映更为灵敏，研究认为高温导致户外作业减少。Jones 和 Olken（2010）研究表明每升温 1℃将减少约 1.1%的总产量，地区出口会相应减少 2%～5.7%，这种减少主要是因农业部门受影响导致的，温度升高削弱粮食单产，从而减少对其他经济部门生产资料的供给。IPCC 报告指出，气温升高会影响消费者行为，温度升高将降低居民对取暖的能源消费，同时增加对空调的消费。Patz 等（2005）研究表明气温升高不利于人类健康，欧洲 2003 年夏天气温相比往年同期高出 3.5℃，因此导致 22000～45000 人死亡。IPCC 更进一步总结升温不利于人类健康且有利于传染性疾病的传播，从而促进医疗服务行业的发展。Zhang 等（2018）基于企业生产数据，发现气温与制造业全要素生产率呈倒"U"形相关关系，即升温会先有利于提高全要素生产率，然后对全要素生产率起削弱作用。Graff 和 Neidell（2014）对劳动生产力研究发现，高温改变劳动分配时间降低劳动力在高温下的暴露可能性，从而影响其生产力。综上所述，升温影响农业生产、劳动生产力或全要素生产率以及消费者行为直接影响经济各部门及其发展。

全球变暖通过直接作用于自然系统，间接影响社会经济系统。Rojas-Downing 等（2017）研究畜牧业-气候系统，发现最适宜织物生长的温度是 10～30℃，超过适宜温度的升温将不利于草料等植物的生长并影响其空间分布，削弱畜牧业发展。此外，全球变暖对水资源的影响研究较多，水资源是经济生产的关键要素，长期来看，升温会改变河道等水系的径流，春季、冬季径流增加，夏季、秋季径流下降，从而影响经济生产对水资源的可获得性，尤其是夏季持续性的径流下降，将严重减少水运交通（Barnett et al.，2005）。

综上所述，碳排放的经济影响研究按照“碳排放—全球变暖—经济系统—碳排放”链来看，其对经济的影响是通过促进全球升温造成的，而升温通过影响农业生产、全要素生产率（劳动力、水资源）和消费者行为直接或间接地影响经济生产各部门。

根据上述碳排放经济影响空间评估机制的探讨，碳排放与经济系统之间的影响是相互的，大气系统与经济系统按“经济发展—CO_2 排放增加—大气 CO_2 浓度上升—辐射强迫增加—全球温度升高—经济系统”的影响链作用。IPCC 报告表明，海洋作为最大的碳汇载体，吸收因化石燃料与森林砍伐导致的三分之一的 CO_2 排放，随着大气 CO_2 浓度升高，海洋系统吸收过量 CO_2 致使 H+浓度增加，海洋 pH 值下降，严重影响海洋生态系统，尤其是渔业发展。此外，Schimel（1995）研究表明，当大气 CO_2 浓度倍增时，植被光合作用会提升 20%～40%，有利于农业发展。因此，评估碳排放的经济影响是一个复杂的过程，气候变化综合评估模型作为评估气候变化相关政策的主要工具之一，也大多会将“CO_2 排放增加—大气 CO_2 浓度上升—辐射强迫增加—全球温度升高”（碳循环过程）这个复杂的过程简化处理，这也是碳排放影响评估不确定性的来源之一。

5.3 气候变化与粮食安全

5.3.1 气候变化对粮食生产影响的分析方法

根据气候变化与粮食生产的影响-响应过程，气候变化通过直接影响植物生长所需的光、温、水来影响粮食生产，从要素投入的角度来讲，气候变化对粮食生产的影响是从影响自然资源的投入来影响其产出的，即技术效率，一般采用随机前沿生产函数进行测算。记 $x \in R_+^N$ 为投入要素组合，$y \in R_+^N$ 为“好产品”，$b \in R_+^N$ 为“坏产品”，用于测算技术效率的随机前沿生产函数可表述为

$$S = \{(x, y, b) : x \text{ can produce}(y, b)\} \tag{5-5}$$

式中，S 是随机前沿函数的观测样本，式（5-5）表明投入要素组合 x 能产生“好产品”y（期望产出）和“坏产品”b（非期望产出）。随机前沿生产函数的基本假设，是“以最小的投入换取尽可能多的产出”，但生产过程中伴随着非期望产出，满足基本假设并不意

味着生产有效率，当期望产出与非期望产出之间存在着某种生产约束的关系（非期望产出的可处置性问题）时，生产才会有效率。

（a）如果投入要素存在可处置性，且 $(x',y,b)\geqslant(x,y,b)\in S$ ，那么投入要素增加时，产出一定不会减少。

（b）如果期望产出与非期望产出之间存在弱可处置性， $(x,y,b)\in S$ ， $0\leqslant\theta\leqslant1$ ， $(x,\theta y,\theta b)\in S$ ，那么相同数量的投入要素组合，减少非期望产出可能消耗大量成本，同时期望产出也会相应减少。

（c）如果 $(x,y,b)\in S$ ， $b=0$ ，那么 $y=0$ ，表明如果没有非期望产出，也不会有期望产出（Wei et al.，2007；Zhou et al.，2014）。

根据上述非期望产出的可处置性问题，基于方向性距离函数，式（3.10）可表述为

$$\vec{D}(x,y,b;g_y,g_b)=\max\{\lambda:(y+\lambda g_y,b-\lambda g_b)\in S\} \tag{5-6}$$

式中， $g=(g_y,g_b)$ 为方向向量； λ 为指观测样本与前沿面之间的技术差距； $\lambda=\vec{D}(x,y,b;g_y,g_b)$。式（5-6）表明在投入要素给定的情况下，尽可能地达到最大期望产出与最小的非期望产出。

本节采用 meta-frontier 的方法，基于方向性距离函数，核算技术效率与边际减排成本。在大样本数据下，样本之间存在差异，则可根据样本自身的属性，将其分为 *K* 组，先测算各组的随机前沿面（group-frontier），然后采用线性优化模型，获得总样本的随机前沿面（meta-frontier）。具体如图 5-5，*A* 为观测样本，*AB* 为观测样本在分组情况下，观测样本与分组随机前沿面的距离；*AC* 为观测样本与总样本的随即前面的距离，*BC* 为 group-frontier 与 meta-frontier 之间的技术差距。那么，各组的随机生产函数可表述为

$$S^k=\{(x,y,b):x\text{ can produce}(y,b)\},K=1,2,3,\cdots,k \tag{5-7}$$

第 *K* 组产出型导向的方向性距离函数（group-frontier）可表述为

$$\vec{D}^k(x,y,b;g_y,g_b)=\max\left\{\lambda:(y+\lambda g_y,b-\lambda g_b)\in S^k\right\} \tag{5-8}$$

总体的随机前沿面为 $S=\left\{S_1\cup S_2\cup\cdots\cup S_k\right\}$ ，且满足下列假设（图 5-5）。

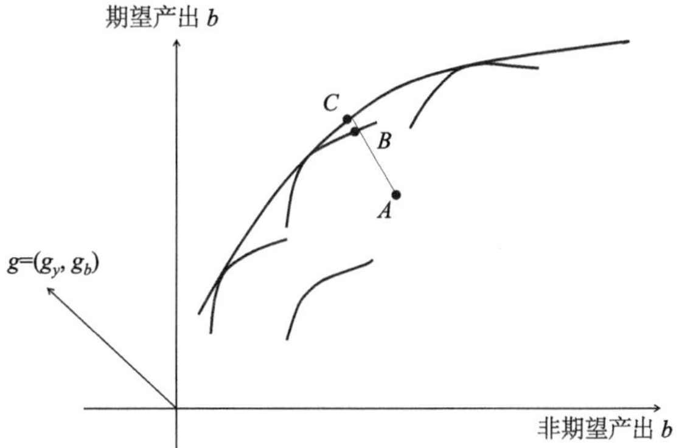

图 5-5　meta-frontier 模型与 group-frontier 模型关系图

（a） $\vec{D}(x,y,b;g_y,g_b)\geqslant 0$。如果$(y,b)$属于$S(x)$，即$(y,b)$在随机前沿面上，那么观测值即为最有效率的投入-产出组合，如果(y,b)无效率，那么$\vec{D}(x,y,b;g_y,g_b)$大于0。

（b）如果$(y',b)\leqslant(y,b)\in S(x)$，那么$\vec{D}(x,y',b;g_y,g_b)\geqslant\vec{D}(x,y,b;g_y,g_b)$。表明生产过程中投入相同的要素，可能导致更多的期望产出且保持非期望产出不增加，能源利用技术效率也可能不减少。

（c）如果$(y,b')\geqslant(y,b)\in S(x)$，那么$\vec{D}(x,y,b';g_y,g_b)\geqslant\vec{D}(x,y,b;g_y,g_b)$。表明生产过程中投入相同的要素，可能生产更多的非期望产出且保持期望产出相同，能源利用技术效率也可能不减少。

（d）如果$(y,b)\in S(x)$且$0\leqslant\theta\leqslant 1$，那么$\vec{D}(x,\theta y,\theta b;g_y,g_b)\geqslant 0$。表明期望产出与非期望产出之间存在弱可处置性。

（e）如果$(y,b)\in S(x)$，$\vec{D}(x,y,b;g_y,g_b)$为凹函数，函数的凹凸性决定产出替代弹性的正负（Li and Zhang，2013）。

根据随机前沿生产函数的凹凸性，可推断，在投入要素一定的情况下，期望产出增加αg_y，同时非期望产出相应减少αg_b，则有利于提高生产效率，减小观测样本与随机前沿技术面的距离，上述特性可表述为

$$\vec{D}(x,y+\alpha g_y,b-\alpha g_b;g_y,g_b)=\vec{D}(x,y,b;g_y,g_b)-\alpha \tag{5-9}$$

$$\vec{D}(x,y+b,0)=\vec{D}(x,y,b)-b \tag{5-10}$$

本节在测算技术效率过程中，根据模型设定的检验结果，选择不同的生产函数形式。一般而言，方向性距离函数的超越对数生产函数形式可表述为

$$\begin{aligned}\vec{D}(x,y,b)=&\alpha_0+\sum_{n=1}^{N}\alpha_n x_n+\alpha_y y+\alpha_b b+\sum_{n=1}^{N}\sum_{m=1}^{N}\alpha_{nm}x_n x_m+0.5\alpha_{yy}y^2\\&+0.5\alpha_{bb}b^2+0.5\sum_{n=1}^{N}x_n^2+\sum_{n=1}^{N}\alpha_{xb}x_n b+\sum_{n=1}^{N}\alpha_{xy}x_n y+\alpha_{yb}yb\end{aligned} \tag{5-11}$$

结合式（5-10）、式（5-11）可得

$$\begin{aligned}-b=&\beta_0+\sum_{n=1}^{N}\beta_n x_n+\beta_y(y+b)+\sum_{n=1}^{N}\sum_{m=1}^{N}\beta_{nm}x_n x_m+0.5\beta_{yy}(y+b)^2\\&+0.5\sum_{n=1}^{N}x_n^2+\sum_{n=1}^{N}\beta_{xy}x_n(y+b)\end{aligned} \tag{5-12}$$

根据图5-5所示，研究区各组技术效率与总样本技术效率的差异为

$$\mathrm{TG}_k=\vec{D}(x_k,y_k,b_k;g_y,g_b)-\vec{D}^k(x_k,y_k,b_k;g_y,g_b) \tag{5-13}$$

即$\mathrm{TG}_k=\mathrm{TE}-\mathrm{TE}^k$，根据超越对数生产函数形式，可表述为

$$\begin{aligned}\vec{D}(x,y,b)=&\alpha_0+\sum_{n=1}^{N}\alpha_n x_n+\beta_1 y+\varphi_1 b+0.5\sum_{n=1}^{N}\sum_{m=1}^{N}\alpha_{nm}x_n x_m\\&+0.5\beta_2 y^2+0.5\varphi_2 b^2+\sum_{n=1}^{N}\eta_n x_n b+\sum_{n=1}^{N}\upsilon_n x_n y+\mu yb\end{aligned} \tag{5-14}$$

相应地，各待估参数需满足

$$\beta_1 - \varphi_1 = -1, \beta_2 = \varphi_2 = \mu, \eta_n - \upsilon_n = 0, \alpha_{nm} = \alpha_{mn}, n = 1,2,\cdots,m,\cdots,N \tag{5-15}$$

第 K 组技术效率与总技术效率的差异需满足

$$\min \sum_{h=1}^{H} \left| \vec{D}(x_h, y_h, b_h; g) - \vec{D}^k(x_h, y_h, b_h; g) \right|$$

$$\vec{D}(x_h, y_h, b_h; g) \geqslant \vec{D}^k(x_h, y_h, b_h; g)$$

$$\frac{\partial \vec{D}(x, y, b; g)}{\partial b} \geqslant 0$$

$$\frac{\partial \vec{D}(x, y, b; g)}{\partial y} \leqslant 0$$

$$\frac{\partial \vec{D}(x, y, b; g)}{\partial x_n} \geqslant 0 \tag{5-16}$$

$$\beta_1 - \varphi_1 = -1, \beta_2 = \varphi_2 = \mu, \eta_n - \upsilon_n = 0, \alpha_{nm} = \alpha_{mn}, n = 1,2,\cdots,m,\cdots,N \tag{5-17}$$

5.3.2 我国粮食主产区气候变化对粮食生产影响的实证研究

基于上节分析，农业是对气候变化最敏感的经济部门。气候变化对粮食生产的影响路径一方面通过影响农田生态系统如水循环等，作用于作物生长。正如 IPCC 报告所强调的全球变暖对灌溉与土壤肥力有着深刻的影响，这些均是作物生长的基本条件。另一方面，由全球变暖导致的降雨分布不均、极端事件发生频率增加等，均直接损害粮食生产或农田生态系统。本节以中国粮食主产区为研究区，以 573 个县为样本点分析气候变化对粮食生产的影响。研究区内粮食产量存在较大的空间差异，一些县的粮食产量小于 1500t，而一些县的粮食产量达 8000t。县域内粮食产量受水、土壤、气候资源及耕地数量的影响，部分县域内粮食产量呈逐年递减的趋势，如内蒙古、山西、河北、湖南等省的一些县市。

1. 指标与数据来源

选取气候变化表征指标包括年均降水量、年均气温，粮食生产指标是粮食产量，投入要素包含劳动力投入，农业机械化、化肥施用量、农业用电量等作为资金投入，耕地生产力作为土地投入变量，研究采用投入型方向距离函数模型，评估引入气候变化变量控制条件下的粮食生产技术效率。其中，关键指标的描述统计如表 5-2 所示。

表 5-2　投入型方向距离函数模型关键指标的描述统计

变量	单位	样本量	平均值	标准差
粮食产量（Y）	kg	6303	5018185	2896019
种植面积（x_1）	hm^2	6303	3194.04	1821.86
农业劳动力（x_2）	人	6303	3763.9	2181.64
农业机械总动力（x_3）	万 kW·h	6303	2468.26	1518.65

续表

变量	单位	样本量	平均值	标准差
化肥施用量（x_4）	t	6303	3812.16	2214.80
农业用电量（x_5）	万 kW·h	6303	3560.88	2020.41
耕地生产力（x_6）	kg/hm^2	6303	3410.02	15253.28
年均降水量（pre）	0.1mm	6303	8504.27	4465.88
气温（tem）	0.1℃	6303	126.56	49.39
日照时长（sun）	0.1h	6303	56.29	14.29
风速（fe）	0.1m/s	6303	21.82	5.48
相对湿度（ur）	%	6303	67.49	8.89

根据上述公式推导以及研究设计，评估模型为

$$-\ln(x_{Ni})=\alpha_0+\sum_{n=1}^{N-1}\alpha_n\ln(X_{ni}^*)+\frac{1}{2}\sum_{n=1}^{N-1}\alpha_n'(\ln(X_{ni}^*))^2+\sum_{n=1}^{N-1}\sum_{k=1}^{N-1}\alpha_{nk}\ln(X_{ni}^*)\ln(X_{ki}^*)+\sum_{m=1}^{M}\beta_m\ln(Y_{mi})$$
$$+\frac{1}{2}\sum_{m=1}^{M}\beta_m'(\ln(Y_{mi}))^2+\sum_{m=1}^{M}\sum_{l=1}^{M}\beta_{ml}\ln(Y_{mi})\ln(Y_{li})+v_i-u_i,i=1,2,\cdots,h. \tag{5-18}$$

2. 结果分析

Thompson（1975）研究表明，因夏季高温大部分粮食生产区位于低纬度地区，粮食单产最高的地区往往是在夏季平均气温较低的地区，也就是说，一定阈值范围内，更高的气温是有利于粮食生产的，如果气温升高到高于这个阈值，升温将不利于作物生长。因此，将气温作为控制变量引入评估模型中时，要考虑这一研究成果，我们将气温与气温的二次项作为变量引入模型，反映升温与作物生长的这一关系。具体模型评估结果如表 5-3 所示。

表 5-3　模型评估结果

变量	模型 1		模型 2	
	估计系数	标准误	估计系数	标准误
Constant	8.05	0.31***	6.55	0.49***
ln（Y）	0.0036	0.045	0.0016	0.044
ln（x_1/x_6）	–0.85	0.066***	–0.86	0.064***
ln（x_2/x_6）	–0.070	0.045	–0.061	0.045
ln（x_3/x_6）	–0.16	0.041**	–0.16	0.040***
ln（x_4/x_6）	–0.11	0.036***	–0.10	0.036***
ln（x_5/x_6）	0.15	0.043***	0.13	0.043**
0.5ln（x_1/x_6）^{2}	–0.087	0.0033***	–0.087	0.0033***
0.5ln（x_2/x_6）^{2}	–0.087	0.0031***	–0.084	0.0031***
0.5ln（x_3/x_6）^{2}	–0.086	0.0041***	–0.087	0.0040***

续表

变量	模型 1		模型 2	
	估计系数	标准误	估计系数	标准误
0.5ln（x_4/x_6）^{2}	−0.074	0.0030***	−0.071	0.0030***
0.5ln（x_5/x_6）^{2}	−0.069	0.0032***	−0.069	0.0032***
0.5ln（Y）^{2}	0.0020	0.0032	0.0021	0.0032
ln（x_1/x_6）×ln（x_2/x_6）	0.038	0.0029***	0.038	0.0029***
ln（x_1/x_6）×ln（x_3/x_6）	0.021	0.0029***	0.022	0.0028***
ln（x_1/x_6）×ln（x_4/x_6）	0.015	0.0030***	0.015	0.0030***
ln（x_1/x_6）×ln（x_5/x_6）	0.024	0.0025***	0.024	0.0024***
ln（x_2/x_6）×ln（x_3/x_6）	0.039	0.0028***	0.038	0.0028***
ln（x_2/x_6）×ln（x_4/x_6）	0.015	0.0025***	0.014	0.0025***
ln（x_2/x_6）×ln（x_5/x_6）	0.016	0.0025***	0.016	0.0025***
ln（x_3/x_6）×ln（x_4/x_6）	0.016	0.0028***	0.016	0.0028***
ln（x_3/x_6）×ln（x_5/x_6）	0.0060	0.0026**	0.0063	0.0026**
ln（x_4/x_6）×ln（x_5/x_6）	0.033	0.0030***	0.033	0.0030***
ln（x_1/x_6）×ln（Y）	0.041	0.0042***	0.042	0.0042***
ln（x_2/x_6）×ln（Y）	−0.0059	0.0029**	−0.0062	0.0029**
ln（x_3/x_6）×ln（Y）	−0.00019	0.0026	−0.00070	0.0026
ln（x_4/x_6）×ln（Y）	−0.0020	0.0024	−0.0023	0.0024
ln（x_5/x_6）×ln（Y）	−0.018	0.0029***	−0.017	0.0029***
ln（pre）			0.011	0.0071
ln（sun）			0.065	0.043
ln（fe）			0.064	0.035*
ln（ur）			0.18	0.069***
tem			0.0037	0.00071***
(tem)^2			−0.000014	0.000003***

注：投入型方向性距离函数模型因变量：ln（x^6）

根据表 5-3 所示结果，模型 1 为未引入气候变量的模型，作为对比结果，模型 2 为引入气候变量的模型。模型 1 评估结果表明，部分自变量估计系数并未呈现预期状态，如农业用电量，其预期应与粮食生产正相关，但估计模型为负相关。同时，种植面积、农业劳动力投入、农业机械总动力与化肥施用量均与粮食生产正相关，且具有显著影响。引入气候变量，对比模型 2，如表 5-4 所示，气候变量与粮食生产显著相关，且呈现倒“U”形关系。

表 5-4　模型 1 与模型 2 模拟效果对比

指标	模型 1	模型 2
log-likelihood value	862	897
Wald chi2	27782***	27900***
gamma	0.66	0.62

基于模型 2，我国粮食主产区平均粮食生产技术效率为 0.75，也就是说，粮食生产仍存在很大的提升潜力，可按当前水平减少 25%的投入，仍能保持当前粮食生产水平。如图 5-6 所示，平均粮食生产技术效率呈下降趋势，模型 1 的粮食生产技术效率下降趋势较模型 2 来说缓和，即气候变化与粮食生产技术效率密切相关（图 5-7）。

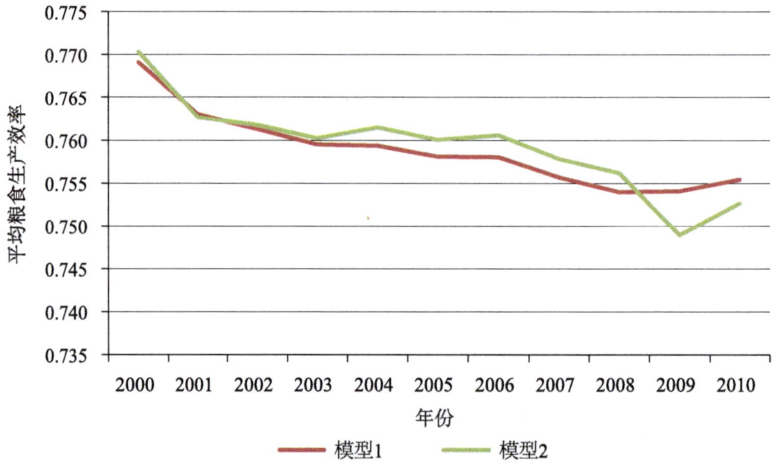

图 5-6　粮食生产效率变化趋势图

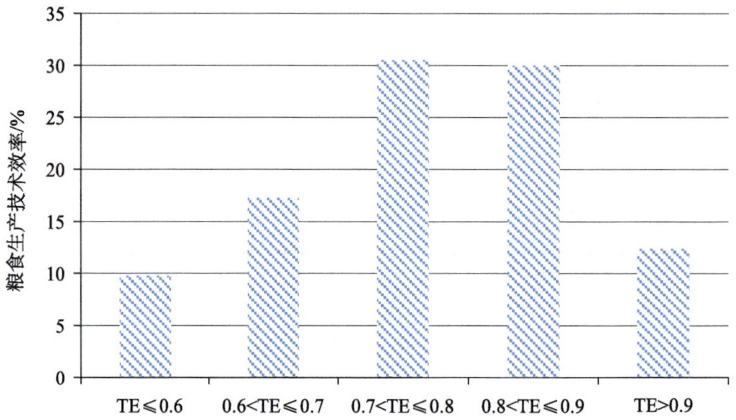

图 5-7　基于模型 2 的粮食生产技术效率分布图

根据表 5-5，我国粮食主产区，70%的县域单位粮食生产效率大于 0.7，而效率低于 0.6 的县域单位主要位于内蒙古、河北、黑龙江与河南，但同时内蒙古、河北、吉林和河南拥有最多粮食生产技术效率大于 0.9 的县域单位，也就是说，这些省份，粮食生产技术效率差异较大，有更大的提升潜力。此外，种植面积、农业劳动力、耕地生产力、气候因素均与粮食生产技术效率呈正相关，且气候因素对粮食生产技术效率的影响大于其他因素。因此，农业生产过程中提高应对与适应气候变化的能力与技术成为突破当前粮食生产技术效率的关键瓶颈。

表 5-5　基于模型 2 的粮食生产技术效率

变量	系数	标准误
ln（x_1）	–0.000059	0.00012
ln（x_2）	–0.00030	0.00010***
ln（x_3）	0.00039	0.00010***
ln（x_4）	0.00019	0.00010**
ln（x_5）	0.000097	0.000087
ln（x_6）	–0.00033	0.00015**
ln（pre）	0.0077	0.00041***
ln（sun）	–0.014	0.0013***
ln（fe）	–0.014	0.0012***
ln（ur）	0.071	0.0020***
tem	–0.00012	0.000038***
（tem）^{2}	0.0000014	0.00000016***

3. 结论与讨论

本节基于气候变化对粮食生产的影响路径分析与方法研究，以我国粮食主产区为案例研究区进行实证分析，研究表明气候变化对粮食生产除直接影响外，还会影响粮食生产技术效率，威胁粮食生产安全。粮食主产区中内蒙古、河北和河南的粮食生产技术效率呈明显的分化趋势，即技术效率大于 0.9 与技术效率小于 0.6 的县域均较多，存在较大的提升空间，缩小粮食生产技术效率的关键瓶颈仍是提高应对与适应气候变化的能力。

5.4　我国气候变化对经济增长影响的实证研究

全球变暖导致的直接经济损失是评估碳排放经济影响的重要参数，是 IAM 模型链接气候系统与社会经济系统的关键。区域气候特殊性前提下，中国地区升温与经济发展的关系如何？对经济的影响是否存在空间异质性？如果存在，如何确定区域的气候变化损失模块？节基于升温对经济影响机制的综述研究，基于 GDP、劳动力、固定资本存量等数据，在全球变暖的背景下，强调区域社会经济的独特属性与区域气候特殊性，探究中国地区升温对经济影响的空间相关性与空间异质性，核算并对比考虑空间异质性的升温对经济影响的估计系数，获取中国地区升温的损失系数，为评价中国地区碳排放的经济影响提供关键参数。

1. 理论模型构建

本节基于中国地区气候的特殊性与社会经济系统的区域属性，分析升温对经济的影响。升温对不同经济部门影响机制表明，升温通过影响劳动力要素、水资源要素等生产要素直接影响经济产出，同时直接影响采矿业、农业部门，从而对其他经济部门生产产生影响；文献资料相关研究表明升温同时通过直接作用于自然系统，如草地生态系统，来影响生态系统为经济生产提供的各种物质资料。尽管目前的研究表明，升温 1℃对部分行业整体影响较小，但除升温与经济产出的直接相互影响外，全球变暖的长期趋势下，降雨量与其他极端气候事件发生频率是呈增加趋势的。升温对经济影响具体如何，仍需进一步分析。

升温与经济产出之间的关系可表述为

$$Y = P(T, X) \tag{5-19}$$

式中，Y 为经济活动产出指标；T 为温度；X 为投入要素，式（5-19）表示投入要素与气候要素共同作用生产经济产品，根据文献综述中温度对农业生产与劳动力等生产要的影响是直接的，根据索洛模型，式（5-19）的可写成

$$Y_t = P\left(K_t, A_t\left(T_t\right)L_t\right) \tag{5-20}$$

基于柯布-道格拉斯（Cobb-Douglas，C-D）生产函数，式（5-20）的具体表达形式为

$$Y_{it} = \mathrm{e}^{h(T_{it})}(A_{it}(T_{it})L_{it})^{\alpha} K_{it}^{1-\alpha} \tag{5-21}$$

式中，Y_{it} 是指地区 i 在第 t 年的经济产出；$A_{it}(T_{it})$ 用来衡量劳动生产率；L_{it} 和 K_{it} 分别是指劳动力投入与资本存量，$h(T_{it})$ 为温度的模型形式，公式两边同除以 L_{it}，则式（5-21）可表述为

$$\frac{Y_{it}}{L_{it}} = \mathrm{e}^{h(T_{it})}\left(A_{it}\left(T_{it}\right)\right)^{\alpha}\left(\frac{K_{it}}{L_{it}}\right)^{1-\alpha} \tag{5-22}$$

式（5-22）两边同取对数，那么

$$\ln\left(\frac{Y_{it}}{L_{it}}\right) = h\left(T_{it}\right) + \alpha\ln\left(A_{it}\left(T_{it}\right)\right) + (1-\alpha)\ln\left(\frac{K_{it}}{L_{it}}\right) \tag{5-23}$$

根据索洛模型的基本假设，资本、劳动力与技术投入随时间而变化，在投入要素给定且恒定增长的情况下，劳动生产率满足下列条件

$$\frac{\mathrm{d}A_{it}\left(T_{it}\right)/\mathrm{d}t}{A_{it}\left(T_{it}\right)} = g_i \tag{5-24}$$

式中，g_i 为外生参数，大量文献研究表明温度与劳动力生产率的相关关系，因此，式（5-24）可表述为

$$\frac{\mathrm{d}A_{it}\left(T_{it}\right)/\mathrm{d}t}{A_{it}\left(T_{it}\right)} = g_i + \gamma G\left(T_{it}\right) + \tau_{it} \tag{5-25}$$

式（5-23）与式（5-25）中，$h\left(T_{it}\right)$ 为温度与经济产出的水平效应，这与碳排放的空间影响机制分析中升温对农业生产部门是直接产生影响的结论相吻合；$\gamma G\left(T_{it}\right)$ 为两者之间的增长效应，这与空间影响机制分析中升温通过影响劳动生产率、水资源等要素影响经济生产的机制相一致。式（5-23）的估计模型为

$$\ln\left(\frac{Y_{it}}{L_{it}}\right) = h\left(T_{it}\right) + \alpha\ln\left(A_{it}\left(T_{it}\right)\right) + (1-\alpha)\ln\left(\frac{K_{it}}{L_{it}}\right) + \mu_{it}\left(T_{it}\right) \tag{5-26}$$

其中，μ_{it} 为随机误差项，应满足下列条件

$$\mu_{it}\left(T_{it}\right)=\beta+R\left(T_{it}\right)+\varepsilon_{ij} \tag{5-27}$$

其中，$R\left(T_{it}\right)$ 为温度的模型形式，结合式（5-25）、式（5-26）与式（5-27），可以得到温度与经济产出之间的估计模型形式：

$$\ln\left(\frac{Y_{it}}{L_{it}}\right)=h\left(T_{it}\right)'+(1-\alpha)\ln\left(\frac{K_{it}}{L_{it}}\right)+\mu_{it}' \tag{5-28}$$

式中，μ_{it}' 为索洛余值，即全要素生产率（TFP）。

2. 指标选取与描述统计

基于理论模型式（5-28），本节的指标分为社会经济指标与气候指标，其中社会经济指标包括人均 GDP 与人均资本存量，气候指标主要是年均气温、年均降水量指标，分别基于 1988～2015 年全国 30 个省市与 285 个地级城市的数据开展研究。1988～2015 年 29 个省市（不包含重庆和西藏）数据描述统计如表 5-6 所示，同期 285 个地级市的数据描述统计如表 5-7 所示。

表 5-6　1988～2015 年 29 个省市相关指标的描述统计

指标	符号	单位	样本量	平均值	标准误	最小值	最大值
人均 GDP	gdppc	元/人	840	17509.58	20138.93	546.97	107960
人均资本存量	kpc	元/人	812	155580.9	84646.9	364.65	11100000
年均气温	tem	0.1℃	840	13.24	5.61	0.48	25.49
年均降水量	pre	0.1mm	840	9.11	5.18	0.71	22.21

表 5-7　1988～2015 年 285 个地级市相关指标的描述统计

指标	符号	单位	样本量	平均值	标准误	最小值	最大值
人均 GDP	gdppc	元/人	7980	17226.33	22586.01	215.40	207163
人均资本存量	kpc	元/人	7980	10117.38	16155.55	6.29	168913.3
年均气温	tem	℃	7980	14.08	5.35	–1.61	26.60
年均降水量	pre	dm	7980	9.88	5.35	0.46	31.54

3. 地区升温与经济产出的互动关系

Dell 等（2012）研究表明探究温度与经济活动的关系一般来说有两种方法：一种是基于经典回归模型，采用国家或地区数据，对经济变量与温度进行回归分析，确定其数量关系。Sequeira 等（2018）收集 122 个国家数据，采用固定效应模型模拟分析升温对贫困的影响。但部分学者认为升温与经济活动的关系是一个复杂的过程，采用经典回归模型探究两者的关系过于简化（Koubi et al.，2012）。另一种方法是采用 IAM 模型，但该模型基于气候变化损失模块衡量温度与经济活动关系，确定温度与经济活动的具体数量关系是气候变化损失模块的重要组成部分。因此，经典回归模型仍然是探究两者关系

的主要方法。本章节首先基于面板数据模型评估中国地区升温与经济产出的关系，再在考虑区域特殊性的基础上对二者关系再次评估，对比两次评估结果，揭示中国地区升温对经济影响的数量关系与内在机制。

1）省级尺度面板数据模型结果

根据理论模型（5-28），探讨年均气温、年均降雨量与人均 GDP、人均资本存量之间的关系，不同气候变量设定关系与形式的面板数据模型及相关检验结果如表 5-8 所示。根据 Hausman 检验结果，本节应采用模型 2p、模型 3p、模型 5p。对比模型结果，尽管加入年均气温指标的二次项，模型拟合度稍有降低，但其在 1%的水平下表现显著，同时年均降水量指标在 1%的水平下不显著，模型 3p 与模型 5p 的拟合度相同。总体而言，模型 3p 更合适，每升温 1℃，人均 GDP 总体会提高 25.4%，当年均气温超过 16.875℃时，升温对经济的影响下降并逐渐转为负影响。

表 5-8　省级尺度面板数据检验及模型估计结果

变量	模型 1p 固定效应	模型 2p 随机效应	模型 3p 固定效应	模型 4p 随机效应	模型 5p 固定效应	模型 6p 随机效应
因变量：ln（gdppc）						
ln（kpc）	0.65 （87.57***）	0.66 （87.57***）	0.66 （79.98***）	0.66 （87.84***）	0.66 （79.75***）	0.66 （87.52***）
tem	0.071 （2.78***）	0.018 （1.46）	0.27 （4.70***）	0.13 （3.23***）	0.27 （4.70***）	0.13 （3.26***）
pre					0.00080 （0.1）	−0.0041 （−0.54）
tem^2			−0.0080 （−3.86***）	−0.0044 （−2.91***）	−0.0080 （−3.85***）	−0.0044 （−2.88***）
constant	1.71 （5.55***）	2.34 （12.77***）	0.72 （1.81*）	1.76 （6.51***）	0.71 （1.73*）	1.77 （6.5***）
F 统计量	53.13		54.55		52.62	
R^2	0.71	0.78	0.69	0.77	0.68	0.77
Hausman test	chi2（2）=（b–B）'[（V_b–V_B）^（−1）]（b–B）=2.89 Prob>chi2=0.24		chi2（3）=（b–B）'[（V_b–V_B）^（−1）]（b–B）=10.70 Prob>chi2 =0.014		chi2（4）=（b–B）'[（V_b–V_B）^（−1）]（b–B）=14.65 Prob>chi2=0.0055	
单方根检验						
ln（gdppc）	−7.75***		tem		−4.13***	
ln（kpc）	−3.66***		pre		−8.90***	

2）城市尺度面板数据模型结果

基于 1988～2015 年 285 个地级市样本数据，不同气候变量设定形式下，面板数据模型模拟结果如表 5-9 所示，各种设定形式下均应采用固定效应模型。根据 Hausman 检验结果，本节应采用 1c、模型 3c 与模型 5c，根据各模型参数估计情况，添加年均降水量指标与年均气温二次项指标，其估计参数在 1%的水平下均表现显著，因此，模型 5c 模拟效果更好，每升温 1℃，人均 GDP 总体会提高 14.61%，且当年均气温高于 19.23℃时，升温对经济的影响下降并逐渐转为负影响。对比表 5-8 与表 5-9，不同空间尺度模拟结果年均气温对人均 GDP 影响不同，且城市尺度下年均降水量指标表现显著，表明降雨在较小的空间尺度上影响明显，但其影响范围较小。城市尺度年均气温对人均 GDP 的影响小于省级尺度，表明大空间尺度对升温造成的损失的抵抗能力更弱，经济结构与发展情况更为复杂。

表 5-9　城市尺度面板数据检验及模型估计结果

变量	模型 1c 固定效应	模型 2c 随机效应	模型 3c 固定效应	模型 4c 随机效应	模型 5c 固定效应	模型 6c 随机效应
因变量：ln（gdppc）						
ln（kpc）	0.60 （89.37***）	0.60 （88.95***）	0.60 （90.04***）	0.61 （89.77***）	0.60 （89.81***）	0.61 （90.37***）
tem	0.041 （4.71***）	0.018 （5.19***）	0.14 （5.04***）	0.048 （2.95***）	0.15 （5.12***）	0.047 （2.91***）
pre					0.0080 （4.45***）	0.0068 （3.92***）
tem^2			−0.0039 （−4***）	−0.0011 （−1.96**）	−0.0039 （−3.94***）	−0.0013 （−2.18**）
constant	3.75 （28.34***）	4.03 （55.41***）	3.16 （15.19***）	3.87 （33.07***）	3.03 （14.34***）	3.84 （33.01***）
F 统计量	19.67		19.91		19.71	
R^2	0.88	0.90	0.87	0.89	0.86	0.89
Hausman test	chi2（2）=（b–B）'[（V_b–V_B）^（−1）]（b–B）=153.85 Prob>chi2=0.00		chi2（3）=（b–B）'[（V_b–V_B）^（−1）]（b–B）=79.73 Prob>chi2 =0.00		chi2（4）=（b–B）'[（V_b–V_B）^（−1）]（b–B）=89.81 Prob>chi2=0.00	
单方根检验						
ln（gdppc）	−17.93***		tem		−13.19***	
ln（kpc）	−5.53***		pre		−31.96***	

4. 地区升温与经济产出的空间联系

1）省级尺度空间相关性分析

基于 1988～2015 年 29 个省市的数据，计算可得全局 Moran's I 指数为 0.33，其 Z 统计量为 7.70，在 1%的水平下表现显著，表明空间回归模型存在空间自相关关系。同时，每年人均 GDP 与年均气温指标的 Moran's I 指数如图 5-8 所示，人均 GDP 全局 Moran's I 指数平均为 0.19，年均气温指标的全局 Moran's I 指数平均为 0.60，表明样本空间单元 i 的人均 GDP 与年均气温指标与其相应地邻近空间单元 j 的人均 GDP 与年均气温呈正相关关系，且年均气温的空间自相关性比人均 GDP 指标强。

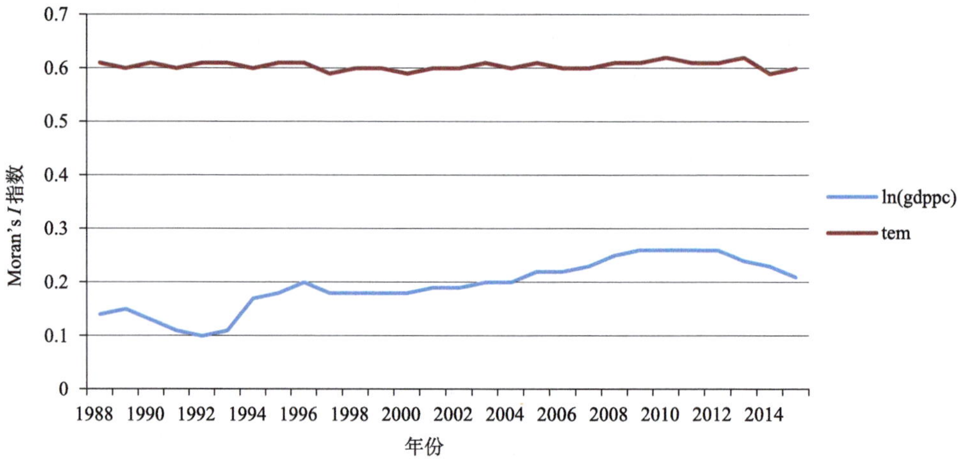

图 5-8 1988～2015 年省级尺度人均 GDP 与年均气温指标的 Moran's *I* 指数

空间自相关检验结果表明（表 5-10），按照模型 3p 的形式，人均 GDP、人均资本存量、年均气温、年均气温二次项等指标的空间回归模型的内生效应与误差项之间空间自相关性检验在 1%的水平下拒绝原假设。对省级尺度指标的空间自相关性检验表明，采用空间模型评估升温对经济影响的空间分布相比经典回归模型更合适。

表 5-10 省级尺度面板数据空间自相关性检验

误差项空间自相关检验	LM 值	人均 GDP 自相关检验	LM 值	一般空间自相关检验	LM 值
LM Error（Burridge）	271.11***	LM Lag（Anselin）	21.61***	LM SAC（LMErr+LMLag_R）	284.76***
LM Error（Robust）	263.16***	LM Lag（Robust）	13.65***	LM SAC（LMLag+LMErr_R）	284.76***

原假设：不存在空间自相关性；备择假设：存在空间自相关性

2）城市尺度空间相关性分析

基于 1988～2015 年中国 285 个地级市数据，全局 Moran's *I* 指数为 0.87，相较于省级尺度而言，基于面板数据的空间相关性明显增强。每年人均 GDP、年均气温的 Moran's *I* 指数如图 5-9 所示，两指标平均值分别为 0.31 与 0.68，对比省级尺度同指标 Moran's *I* 指数平均值，城市尺度上人均 GDP 与年均气温的空间自相关性更强。对比省级尺度的 Moran's *I* 指数，城市尺度气候特征与经济特征的空间相关性更强。

表 5-11 空间自相关性检验表明，在 1%的水平下城市尺度的误差项、人均 GDP 指标表现显著。城市尺度检验结果与省级尺度检验结果的基本结论相同，本章节采用空间回归模型更合适。

5. 地区升温与经济产出的时空关联

1）省级尺度空间异质性分析

基于 1988～2015 年 29 个省市的面板数据，基于时空地理加权回归模型对年均气温

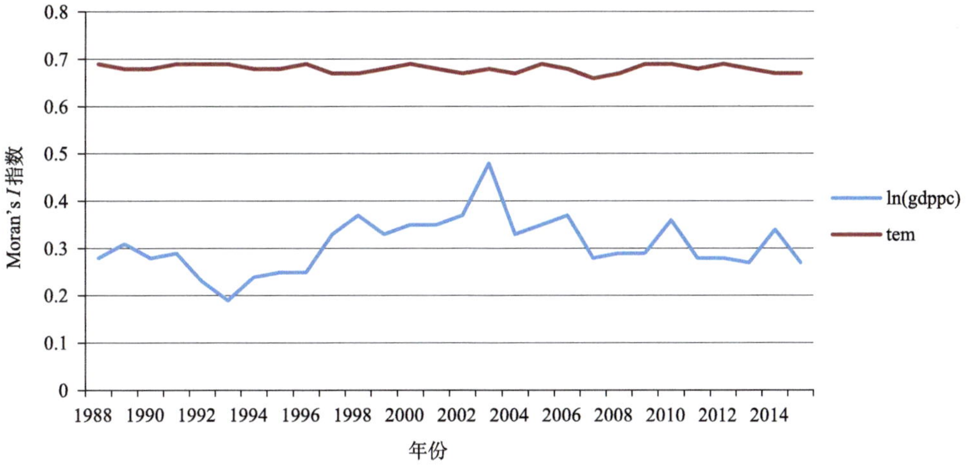

图 5-9　1988～2015 年城市尺度人均 GDP 与年均气温指标的 Moran's *I* 指数

表 5-11　城市尺度面板数据空间自相关性检验

误差项空间自相关检验	LM 值	人均 GDP 自相关检验	LM 值	一般空间自相关检验	LM 值
LM Error（Burridge）	276000***	LM Lag（Anselin）	2225.67***	LM SAC（LMErr+LMLag_R）	28100***
LM Error（Robust）	279000***	LM Lag（Robust）	5645***	LM SAC（LMLag+LMErr_R）	28100***

原假设：不存在空间自相关性；备择假设：存在空间自相关性

与经济产出的异质性进行分析，根据理论模型（5-28）以及模型 3p 中省级尺度年均气温指标的设定形式，计算了年均气温及其二次项的估计系数、误差项、截距项的空间分布。GTWR 模型在每个空间单元上都有各变量相应的估计系数，且不同空间单元的估计系数均不相同。年均气温对经济产出的影响大小与正负关系均存在较大的变化。GTWR 模型采用赤池信息准则（AIC）与调整后的 R^2 作为衡量模型模拟的拟合优度指标，表 5-12 中估计系数与拟合度指标表明 GTWR 模型模拟效果非常好，年均气温对经济产出的影响存在空间异质性。

表 5-12　省级尺度 GTWR 模型估计系数情况

指标	平均值	标准差	最小值	最大值
ln（kpc）	5.15	3.41	−1.24	10.72
tem	1.92	5.86	−8.10	31.85
tem^2	−0.86	4.53	−22.18	15.50
常数项	6.48	2.46	−4.76	11.50
误差项	−0.0032	0.16	−0.55	0.72
AIC		−659.68		
Adjusted-R^2		0.95		

2）城市尺度空间异质性分析

基于 1988～2015 年 285 个地级市的面板数据，采用时空地理加权回归模型，采用模型 5c 的设定形式，即被解释变量为人均 GDP，解释变量为人均资本存量、年均气温、年均气温二次项与年均降水量，计算并评估了模型中年均气温及其二次项、误差项与截距项的估计系数城市尺度的空间分布。各估计系数的空间分布存在明显差异性，对于年均气温指标一次项与二次项系数的空间分布，一次项估计系数呈正值的地区，其二次项估计系数为负值，这表明各个区域年均气温与人均经济产出之间为“U”形或倒“U”形关系，且该“U”形或倒“U”形的对称轴为正，两种关系均有合理的解释，年均气温与人均经济产出之间呈“U”形关系的区域大部分集中在广东省、福建省等年均气温较高的地区，表明升温对经济的正影响逐渐降低，对经济的负影响逐渐增加。年均气温与人均经济产出之间呈倒“U”形的区域多集中在东北部城市、西部城市，该区域升温过程中的经济影响先增加后降低，且逐渐由正影响向负影响转变。

表 5-13 为城市尺度 GTWR 模型估计系数的描述统计，城市尺度的各估计系数与省级尺度的相差较大，这也表明区域尺度对空间异质性的影响较大。

表 5-13　城市尺度 GTWR 模型估计系数情况

指标	平均值	标准差	最小值	最大值
ln（kpc）	0.77	0.16	−1.51	1.94
tem	−0.030	0.25	−3.65	3.18
tem^2	0.00093	0.012	−0.23	0.28
常数项	2.94	2.24	−19.03	20.92
误差项	−0.0033	0.23	−1.16	1.35
AIC		−276.98		
Adjusted-R^2		0.90		

6. 计量经济学评估结果及分析

根据空间自相关性的检验结果，被解释变量人均 GDP 与解释变量年均气温均存在空间自相关性，表明采用空间回归模型需包含内生效应、外生效应，即采用基于面板数据的 SDM 模型评估升温对经济产出的空间影响，省级尺度与城市尺度的模型评估结果及其相应的模型检验如表 5-14、表 5-15 所示。

1）省级尺度的空间面板回归模型结果

如表 5-14，模型检验结果表明被解释变量人均 GDP 与解释变量年均气温均存在空间依赖性，且 SDM 模型适合本章节研究。采用最大似然估计对省级尺度空间面板 SDM 模型进行评估，年均气温的估计系数表明当地气温变化对当地经济影响为正，其邻接地区年均气温升高对当地经济影响反而为负，根据模型中各变量的弹性（总效应、直接效应、间接效应）表明，年均气温升高 1℃，总损失系数为 8.72%，其中直接损失为 3.63%，空间效应造成的间接损失为 4.93%，对比两种损失来源，表明年均气温升高导致的经济损失主要来自空间效应，即其邻接地区升温导致的经济损失。对比面板数据回归模型结果中，中国地区气温升高对人均 GDP 影响为正，且升温 1℃，促进人均 GDP 增长 25.4%，空间面板杜宾模型模拟结果表明当地升温 1℃，本地升温促进人均 GDP 增加 0.2%，但邻接地区导致当地人均 GDP 减少 7.3%。

表 5-14 省级尺度空间面板回归模型估计结果及检验

变量	估计系数	总效应	直接效应	间接效应
因变量：ln（gdppc）				
ln（kpc）	0.27 （6.36***）	0.28	0.12	0.16
tem	0.0020 （0.33）	0.0027	0.0012	0.0016
tem^2	0.00051 （2.09**）	0.0106	0.0045	0.0061
W×ln（gdppc）	0.60 （11.52***）	—	—	—
W×tem	–0.073 （–8.51***）	–0.099	–0.042	–0.057
常数项	1.6 （11.64***）	—	—	—
模型检验				
Adjust R^2	0.25	F-test	66.81***	
Wald Test SDM vs. OLS（Rho=0）:			132.79***	
Wald Test（wX's =0）			72.42***	

2）城市尺度的空间面板回归模型结果

如表 5-15 所示，Wald 检验结果表明城市尺度上人均 GDP 与年均气温存在明显的空间自相关性，采用最大似然估计对城市尺度空间面板杜宾模型进行估计，城市尺度年均气温指标的二次项系数与省级尺度相反，与省级尺度相同，城市尺度邻接地区年均气温升高对当地经济影响为负。模型年均气温指标的弹性表明，年均气温升高 1℃，总损失系数为 1.78%，其中直接损失为 1.06%，空间效应造成的间接损失为 0.72%。城市尺度年均气温升温导致的损失主要来自本地的升温，其邻接地区对本地经济的影响相对较小。相应地，城市尺度的面板回归模型表明每升温 1℃，促进人均 GDP 增长 14.22%；表 5-15 的结果表明，升温 1℃，本地升温促进人均 GDP 增加 3.04%，其邻接地区升温导致本地人均 GDP 减少 5.1%。

表 5-15 城市尺度空间面板回归模型估计结果及检验

变量	估计系数	总效应	直接效应	间接效应
因变量：ln（gdppc）				
ln（kpc）	0.56（48.49***）	0.49	0.28	0.21
tem	0.023（4.29***）	0.036	0.020	0.016
tem^2	–0.00011（–0.58）	–0.0028	–0.0016	–0.0012

续表

变量	估计系数	总效应	直接效应	间接效应
pre	0.0089（4.19***）	0.0097	0.0055	0.0042
W×ln（gdppc）	0.43（10.88***）	—	—	—
W×tem	−0.032（−10.84***）	−0.051	−0.029	−0.022
常数项	0.75（1.91*）	—	—	—
		模型检验		
Adjust R^2	0.27	F-test	577.53***	
Wald Test SDM vs. OLS（Rho=0）:			118.47***	
Wald Test（wX's =0）			116.87***	

7. 结果与讨论

本章首先从区域气候特征与自然灾害直接经济损失的空间分布，阐述区域气候特殊性，计算极端气候事件的损失系数，构建升温对经济影响的理论模型，进行空间分析与回归建模，估计升温对经济的影响。模型结果表明中国东北部地区、西部地区升温与人均 GDP 的关系呈倒“U”形，东部、中部地区两者关系呈“U”形，省级尺度升温与人均 GDP 的回归系数要远大于城市尺度。空间面板杜宾模型的估计结果表明，无论是省级尺度还是城市尺度都存在空间效应，且邻接区域升温对本地人均 GDP 呈负影响，程度甚至大于本地升温的影响。

对比目前研究单纯的从面板数据模型量化升温对经济影响，本章从升温对经济影响的内在机制出发，基于空间分析，探讨升温对人均 GDP 的影响。省级尺度与城市尺度评估结果存在一定差异，也表明区域特殊性对碳排放—气候变化—经济系统链是有一定影响的，然而在 IAM 模型应用中具体应该采用哪种尺度的评估结果仍值得探讨，且如何从多层次的角度将省级尺度与城市尺度结合，探讨升温对经济的影响，是目前亟待解决的问题。

参 考 文 献

董丽晶，苏飞，温玉卿，王永超. 2020. 阜新市收缩城市经济系统弹性演变趋势与障碍因素分析. 地理科学, 40(7): 1142-1149.

方修琦，殷培红. 2007. 弹性、脆弱性和适应——IHDP 三个核心概念综述. 地理科学进展, 26(5): 11-22.

刘纪远，邵全琴，延晓冬，等. 2014. 土地利用变化影响气候变化的生物地球物理机制. 自然杂志, 36(5): 356-363.

任崇强，孙东琪，翟国方，等. 2019. 中国省域经济脆弱性的综合评价及其空间差异分析. 经济地理, 39(1): 37-46.

吴国雄，林海，邹晓蕾，等. 2014. 全球气候变化研究与科学数据. 地球科学进展, 29(1): 15-22.

Asseng S, Ewert F, Martre P, et al. 2015. Rising temperatures reduce global wheat production. Nature Climate Change, 5(2): 143.

Barnett T P, Adam J C, Lettenmaier D P. 2005. Potential impacts of a warming climate on water availability in snow-dominated regions. Nature, 438(7066): 303.

Bonan G B. 1999. Frost followed the plow: impacts of deforestation on the climate of the United States. Ecological Applications, 9(4): 1305-1315.

Charney J, Quirk W J, Chow S, et al. 1977. A comparative study of the effects of albedo change on drought in semi–arid regions. Journal of the atmospheric sciences, 34(9): 1366-1385.

Cole C V, Duxbury J, Freney J, et al. 1997. Global estimates of potential mitigation of greenhouse gas emissions by agriculture. Nutrient Cycling in Agroecosystems, 49(1): 221-228.

Crowley T J. 2000. Causes of climate change over the past 1000 years. Science, 289(5477): 270-277.

Dell M, Jones B F, Olken B A. 2012. Temperature shocks and economic growth: evidence from the last half century. American Economic Journal: Macroeconomics, 4(3): 66-95.

Färe R, Grosskopf S, Pasurka Jr C A. 2007. Environmental production functions and environmental directional distance functions. Energy, 32(7): 1055-1066.

Fernández-Martínez M, Vicca S, Janssens I A, et al. 2014. Nutrient availability as the key regulator of global forest carbon balance. Nature Climate Change, 4(6): 471.

Friedlingstein P, Meinshausen M, Arora V K, et al. 2014. Uncertainties in CMIP5 climate projections due to carbon cycle feedbacks. Journal of Climate, 27(2): 511-526.

Graff Zivin J, Neidell M. 2014. Temperature and the allocation of time: implications for climate change. Journal of Labor Economics, 32(1): 1-26.

Hansen J, Kharecha P, Sato M. 2013. Climate forcing growth rates: doubling down on our Faustian bargain. Environmental Research Letters, 8(1): 011006.

Hansen J, Sato M. 2016. Regional climate change and national responsibilities. Environmental Research Letters, 11(3): 034009.

Hansen J, Sato M K I, Ruedy R, et al. 2005. Efficacy of climate forcings. Journal of Geophysical Research: Atmospheres, 110(D18).

IPCC. 2014. Climate Change 2013: the Physical Science Basis: Working Group I Contribution to the Fifth Assessment Report of the Intergovernmental Panel on Climate Change. Cambridge: Cambridge University Press.

Jones B F, Olken B A. 2010. Climate shocks and exports. American Economic Review, 100(2): 454-459.

Kasman A, Duman Y S. 2015. CO_2 emissions, economic growth, energy consumption, trade and urbanization in new EU member and candidate countries: a panel data analysis. Economic Modelling, 44: 97-103.

Knight K, Schor J. 2014. Economic growth and climate change: a cross-national analysis of territorial and consumption-based carbon emissions in high-income countries. Sustainability, 6(6): 3722-3731.

Koubi V, Bernauer T, Kalbhenn A, et al. 2012. Climate variability, economic growth, and civil conflict. Journal of Peace Research, 49(1): 113-127.

Lazo J K, Lawson M, Larsen P H, et al. 2011. US economic sensitivity to weather variability. Bulletin of the American Meteorological Society, 92(6): 709-720.

Le Treut H. 2007. Historical overview of climate change. Climate Change 2007: The Physical Science Basis. Contribution of Working Group I to the Fourth Assessment Report of the Intergovernmental Panel on Climate Change.

Li B, Zhang J. 2013. Government Debt in an Intergenerational Model of Economic Growth, Endogenous

Fertility and Elastic Labor with an Application to Japan. Perth: University of Western Australia, Business School, Economics.

Meinshausen M, Raper S C B, Wigley T M L. 2011. Emulating coupled atmosphere-ocean and carbon cycle models with a simpler model, MAGICC6–Part 1: model description and calibration. Atmospheric Chemistry and Physics, 11(4): 1417-1456.

Patz J A, Campbell-Lendrum D, Holloway T, et al. 2005. Impact of regional climate change on human health. Nature, 438(7066): 310.

Plevin R J, Beckman J, Golub A A, et al. 2015. Carbon accounting and economic model uncertainty of emissions from biofuels-induced land use change. Environmental Science and Technology, 49(5): 2656-2664.

Rahmstorf S, Coumou D. 2011. Increase of extreme events in a warming world. Proceedings of the National Academy of Sciences, 108(44): 17905-17909.

Rodhe H. 1990. A comparison of the contribution of various gases to the greenhouse effect. Science, 248(4960): 1217-1219.

Rojas-Downing M M, Nejadhashemi A P, Harrigan T, et al. 2017. Climate change and livestock: impacts, adaptation, and mitigation. Climate Risk Management, 16: 145-163.

Schimel D S. 1995. Terrestrial ecosystems and the carbon cycle. Global Change Biology, 1(1): 77-91.

Sequeira T N, Santos M S, Magalhães M. 2018. Climate change and economic growth: a heterogeneous panel data approach. Environmental Science and Pollution Research, 25(23): 22725-22735.

Smith P, House J I, Bustamante M, et al. 2016. Global change pressures on soils from land use and management. Global Change Biology, 22(3): 1008-1028.

Stephens G L, Kahn B H, Richardson M. 2016. The super greenhouse effect in a changing climate. Journal of Climate, 29(15): 5469-5482.

Stern D I, Kaufmann R K. 2014. Anthropogenic and natural causes of climate change. Climatic Change, 122(1-2): 257-269.

Stern S N. 2006. What is the economics of climate change? World Economics, 7(2): 1-10.

Stocker T. 2014. Climate Change 2013: the Physical Science Basis: Working Group I Contribution to the Fifth Assessment Report of the Intergovernmental Panel on Climate Change. Cambridge: Cambridge University Press.

Tett S F B, Stott P A, Allen M R, et al. 1999. Causes of twentieth-century temperature change near the Earth's surface. Nature, 399(6736): 569.

Thompson D S. 1975. Metallurgical factors affecting high strength aluminum alloy production. Metallurgical Transactions A, 6(4): 671-683.

Werth D, Avissar R. 2002. The local and global effects of Amazon deforestation. Journal of Geophysical Research: Atmospheres, 107(D20): LBA 55-1-LBA 55-8.

Whitmarsh L. 2009. What's in a name? Commonalities and differences in public understanding of "climate change" and "global warming". Public Understanding of Science, 18(4): 401-420.

Zhang P, Deschenes O, Meng K, et al. 2018. Temperature effects on productivity and factor reallocation: Evidence from a half million Chinese manufacturing plants. Journal of Environmental Economics and Management, 88: 1-17.

Zhou P, Ang B W, Poh K L. 2008. A survey of data envelopment analysis in energy and environmental studies. European Journal of Operational Research, 189(1): 1-18.

第 6 章　温控阈值情景下气候变化的经济影响评估

情景设计是评估气候变化经济影响的基础，不同社会经济发展前景下，气候变化减缓和应对的技术难度及政策力度均是不同的，相应地，政府、组织或个人为减缓和应对气候变化的支付意愿与碳减排的成本也会有所差异。为此，本章 6.1 在对 IPCC 现有情景研究的基础上，通过分析现有情景之间的关联，基于 2018 年 IPCC 公布的 1.5℃和 2℃情景，结合同年 IIASA 发布的 1.5℃情景发生器，整理并提炼全球 1.5℃和 2℃温控阈值情景，及温控阈值下的关键情景参数。在此基础上，根据 IPCC 公布的情景参数估算的模型方法，分别 2020 年与 2030 年制备 1.5℃和 2℃温控阈值下国家尺度及省级尺度下的关键情景参数，以期探讨全球温控阈值情景下，区域发展前景的差异性，并为中国气候变化减缓与应对所导致的经济影响空间评估提供情景方案。

CO_2 的排放主要来源于人类经济活动燃烧化石燃料、土地利用变化与农业生产等，反过来，CO_2 的排放具有的外部性特点，深刻地影响人类的经济活动。CO_2 作为导致全球变暖的温室气体之一，直接作用于气候系统的同时，通过碳循环间接影响生态系统，从而影响人类福利。为了量化碳排放的外部性，美国政府提出采用碳排放的社会代价（social cost of carbon, SCC）作为关键指标，衡量每增加 1t CO_2 排放所带来的损失，或者经济成本。该指标是政府对有关碳排放进行管理或制定的减缓措施进行评估的有效工具。随着 1.5℃温控目标逐渐受到重视，中国 2030 年承诺自主减排目标的确定，评估温控阈值目标下的碳排放外部性，是控制相应管理或减缓措施严格程度的依据，也是评估气候变化减缓与应对政策效果的基础指标。本章 6.2 节、6.3 节首先采用 Meta 分析，归纳提炼现有文献研究对 SCC 评估的现状；其次，基于 RICE 模型理论框架，对其区域进行扩展，构建区域集成评估模型，评估中国各省 SCC 与碳减排成本。

6.1　IPCC 温控阈值情景下中国经济增长预估

6.1.1　IPCC 温控阈值情景

1. IPCC 气候变化情景

情景分析是对未来发展前景的科学假设，被广泛的应用于气候变化影响评价研究中。最初情景设计用于规划军事行动，随后被企业采用规划企业应对策略。20 世纪 70 年代，国际应用系统分析研究所（International Institute of Applied Systems Analysis，IIASA）运用情景分析方法估算未来 CO_2 排放。随着 IAM 模型的构建与兴起，90 年代，IIASA 与世界能源理事会（World Energy Council，WEC）基于 IAM 模型联合构建了一系列全球与区域的气候变化情景。1990 年，IPCC 设计 SA90 情景，基于 GCMs（general circulation models）模型评估气候变化的影响。SA90 对未来人口、经济增长（GDP 增长率）和各种温室气体排放量进行预测，设计了 A、B、C、D 四种情景。1992 年，在探讨了不同排放路径的基础上，IPCC 通过了 6 种新情景 IS92。相较于 SA90，IS92 的 6 种情景在指标上考虑了人均 GNP，各经济部门的经济增长情况，不同社会经济活动下的能源消费，不同经济活动下的温室气体排放。2001 年，IPCC 发布的 SRES 在 IS92 指标的基础上进行了进一步的归纳和扩充，除人口和 GDP 指标之外，不同种类一次能源消费量，不同种类终端能源消费量，不同温室气体排放量，以及土地利用。SRES 相较于 SA90 与 IS92，设计更为复杂，包含 A1、A2、B1、B2、A1FI、A1T 解释型情景，根据不同 IAM 模型设计的情景共计 40 种（Nakicenovic et al.，2000）。与上述线性的排放情景不同，IPCC 第五次评估报告采用非线性的典型浓度路径情景（representative concentration pathways，RCPs），该情景主要有三个方面的特点：一是 RCPs 不是排放情景，是辐射强迫情景，情景指标主要是各种温室气体浓度、辐射强迫、排放量；二是 RCPs 是以辐射强迫为出发点，运用 IAM 模型推演相应的排放参数；三是 RCPs 情景有明确的气候政策，如 RCP2.6 描述为 2100 年之前辐射强迫下降到 2.6W/m^2。2010 年 IPCC 将影响、适应和脆弱性 3 个研究领域的评估方法进行整合，以更好地反映社会经济发展与气候情景的关联为目的，发布了同被学者归类为非线性的情景 SSPs 情景，该情景综合考虑人口、经济、能源、土地利用、温室气体排放、温室气体浓度、辐射强迫、气温、农业产出、技术等指标，定量描述气候变化与社会经济发展的关系（姜彤等，2017；巢清尘等，2014）。基于上述不同 IPCC 情景的发展，表 6-1 描述了 5 大情景的基本情况。

表 6-1　IPCC 不同情景的基本信息与描述

情景	情景概述	设计模型	情景指标	参考文献
SA90	包括 A、B、C、D 四种情景 情景 A：基准情景，煤炭密集型，技术效率提升； 情景 B：低碳能源，保护森林，低碳经济； 情景 C：可再生清洁能源，无碳排放； 情景 D：可再生清洁能源在工业化国家广泛推广，碳排放减排 50%	—	人口，GDP 增长，CO_2、CH_4、N_2O、CFCs、CO 和 NO_x 排放量	IPCC,1990
IS92	该情景认为新世纪因缺乏新技术与控制措施，温室气体排放大量增加，通过对未来温室气体排放量的假设可分为 6 种情景。 IS92a：接近 SA90 的基准情景，中等发展速度。 IS92b：接近 SA90 的基准情景，欧洲地区适当减少碳排放，但对其他地区影响不大。 IS92c：人口增长，21 世纪中期后开始下降，经济发展缓慢，化石能源供给严格。 IS92d：人口增长情况与 IS92c 相同，经济发展速度低于 IS92a，高于 IS92c，清洁能源推广应用，全球控制温室气体排放，森林保护。 IS92e：人口增长速度中等，经济高速发展，大量消耗化石能源。 IS92f：人口、经济增长与 a、b 相同，能源供给与 e 相同，因新能源的使用，碳排放与 a 相同	—	人口，GNP，人均 GNP，各部门的二次消费，各种类能源二次消费，各种能源发电，合成燃料消费和生产，各种类能源一次能源消费和生产，化石燃料燃烧、生物质燃烧、农业生产及其他途径排放 CO_2、CH_4、N_2O、CO 和 NO_x	Leggett et al.，1992

续表

情景	情景概述	设计模型	情景指标	参考文献
SRES	6 大情景，40 个子情景 A1：经济高速发展，全球人口在本世纪中期达峰后下降，新技术被快速引进，区域发展协同发展，文化互动交流频繁，地区收入差距减小。其中A1FI：化石燃料密集型；A1B：各能源平衡消费；A1T：非化石能源为主。 A2：强调全球差异化发展，注重区域特点，人口持续增长，地区经济发展差异增加，人均经济与技术发展相对其他情景较慢。 B1：全球化发展，人口发展趋势与 A1 相同，经济结构更偏向服务业与信息技术业，物质强度下降，引入清洁、高效的技术，强调全人类共同面临社会、经济、环境等问题。 B2:区域差异化发展，各自面对社会、经济、环境等问题，人口增长率低于 A2，经济发展速度中等，经济与技术发展速度均低于 A1 和 B1 的水平，强调环境保护、社会公平以及区域发展	A1（AIM）； A2（ASF）； B1（IMAGE）； B2（MESSAGE）； A1F1（MiniCAM）； A1T（MESSAGE）	人口，GDP，各种种类终端能源消费和一次能源消费，资源累计使用，CO_2 累计排放量，各种土地利用类型面积，各种人为温室气体排放（CO_2、CH_4、N_2O、S_xO、CFC、PFC、SF_6、CO、NMVOC 和 NO_x）	Nakicenovic et al.，2000
RCPs	RCP3-PD（一般采用 RCP2.6）：低气候变化减缓情景，2100 年辐射强迫为 2.6W/m^2（490ppm CO_2）。 RCP4.5:中等稳定情景，2100 辐射强迫为 4.5W/m^2（650ppm CO_2）。 RCP6.0：高度稳定情景，2100 辐射强迫为 6W/m^2（850ppm CO_2）。 RCP8.5：高排放情景，2100 辐射强迫为 8.5W/m^2（1370ppm CO_2）	RCP 2.6（IMAGE）； RCP 4.5（MiniCAM）； RCP 6.0（AIM）； RCP 8.5（MESSAGE）	各种气体浓度[CO_2、CH_4、N_2O、CO_2-eq（只考虑温室气体中的含量）和 CO_2-eq（考虑所有辐射强迫气体）]，CO_2、CH_4、N_2O、卤碳及其他气体辐射强迫，各种温室气体排放	van Vuuren et al.，2011
SSPs	SSP1：高速可持续发展，减缓和适应挑战变低，趋向公平，技术提升，有利于低碳经济和土地资源高效利用。 SSP2：减缓和适应挑战中等，发展介于 SSP1 与 SSP3 之间。 SSP3：减缓和适应挑战变高，减缓和适应挑战变高，排放未减缓，人口增长，能源技术提升缓慢，人力资本投入低，区域不公平加剧，国际贸易减少，部分人对气候变化适应能力低。 SSP4：减缓和适应挑战变高，低碳经济以及相关技术在排放重点地区高速发展，其他地区发展缓慢，不公平增加。 SSP5：减缓和适应挑战变高，缺乏气候政策，能源需求高，且以化石燃料为主，对能源技术的投入低，减缓途径少，然而经济高速发展，人力资本投入大，其他资源分配相对公平，人口增长较慢，适应能力强	由 SSP1、SSP2、SSP3、SSP4 和 SSP5 情景家族组成，不同情景分别基于 AIM、IMAGE-GLOBIOM、GCAM、REMIND 和 WITCH 构建	人口，GDP，能源，土地利用，温室气体排放，温度，辐射强迫，温室气体浓度，农业生产变量，技术系数，消费，碳价格	O'Neill et al.，2014

IPCC 在不同阶段基于情景关键描述指标，构建各情景数据库，2018 年在以前情景设计与研究的基础上，将 RCPs 情景与 SSPs 情景结合，分别从气候系统、社会经济系统

两方面对 1.5℃和 2℃的温控阈值情景进行描述。本节基于表 6-1 中 SSPs 情景描述，结合温控阈值情景的设计方法，构建中国及各省的温控阈值情景。

2. IPCC 温控阈值情景

2018 年 IIASA 发布的 1.5℃情景发生器，囊括了基于 25 个 IAM 模型模拟的 177 个情景，其中包括 IPCC 的 SSP1-19、SSP2-19、SSP5-19 情景，情景参数包括能源、技术、温室气体排放、土地利用、各部门经济、水资源等各方面指标，在空间尺度上，情景发生器描述了全球及六大区域的温控 1.5℃的发展路径，其中，六大区域包括亚洲、拉丁美洲和加勒比地区、中东及非洲、经济合作与发展组织（Organization for Economic Co-operation and Development，OECD）、东欧、世界其他地区，但该情景发生器并没有国家尺度的情景参数。同年，IIASA 公布了基于 SSPs 情景的扩展情景，结合人口和 GDP 基本参数，设置 2100 年辐射强迫 1.9W/m^2、2.6W/m^2、3.4W/m^2、4.5W/m^2、6W/m^2、8.5W/m^2 基础上，采用 IAM 模型构建了基于 SSPs 的气候变化减缓情景（mitigation scenario）（Riahi et al.，2017）。基于 SSPs 情景数据库，参考 van Vuuren 和 Carter（2014）、O'Neill 等（2014）等对 IPCC 情景关系的总结，结合本节的情景设计需求，表 6-2 总结 IPCC 情景的之间的关联及基于 SSPs 的气候变化减缓情景下 2020～2100 年全球温度变化情况。

表 6-2　IPCC 情景之间的关联以及基于 SSPs 的气候变化减缓情景下的全球温度情况（单位：℃）

减缓和适应挑战难度	低	中	高			情景
RCP	SSP1	SSP2	SSP3	SSP4	SSP5	
	A1T/B1	A2	A2	—	A1FI	SRES
1.9W/m^2	1.45 （1.24～1.56）	1.5 （1.24～1.65）	—	—	1.58 （1.26～1.81）	—
2.6W/m^2	1.68 （1.22～1.84）	1.71 （1.24～1.86）	—	1.74 （1.23～1.91）	1.83 （1.26～2.06）	—
3.4W/m^2	1.91 （1.22～2.23）	1.91 （1.24～2.22）	1.93 （1.23～2.21）	1.89 （1.23～2.21）	2.01 （1.26～2.34）	—
4.5W/m^2	2.06 （1.22～2.65）	2.06 （1.24～2.63）	2.10 （1.23～2.62）	2.01 （1.23～2.52）	2.15 （1.26～2.68）	B1
6W/m^2	—	2.26 （1.24～3.23）	2.29 （1.23～2.18）	2.27 （1.23～3.16）	2.42 （1.26～3.32）	B2/A1B
8.5W/m^2	2.20 （1.22～3.02）	2.42 （1.22～3.76）	2.59 （1.23～4.07）	2.53 （1.24～3.76）	3.06 （1.27～5.05）	A2/A1FI

注：4～9 行 2～5 列为全球平均温度与 2020～2100 年基于 SSPs 的气候变化减缓情景下全球温度变化范围，另外，本表数据来源 SSPs 中 IAM 情景 MARKER 情景描述，具体参考数据库如下：

SSP Public Database（Version 2.0）（https://tntcat.iiasa.ac.at/SspDb）

表 6-2 与图 6-1 可知，根据情景库中 2020～2100 年全球升温变化的平均值，温控 1.5℃的情景包括 SSP1-19、SSP2-19、SSP5-19，温控 2℃的情景包括 SSP1-26、SSP2-26、SSP4-26、SSP5-26、SSP1-34、SSP2-34、SSP3-34、SSP4-34、SSP5-34。根据 2100 年全球升温情况，温控 1.5℃的情景与平均值情况下的情景一致，温控 2℃的情景包括 SSP1-26、SSP2-26、SSP4-26、SSP5-26。因此，结合上述两种情况，本节将基于温控 1.5℃（SSP1-19、SSP2-19、SSP5-19）和 2℃（SSP1-26、SSP2-26、SSP4-26、SSP5-26）的情景，探讨中国地区及各省的发展前景。

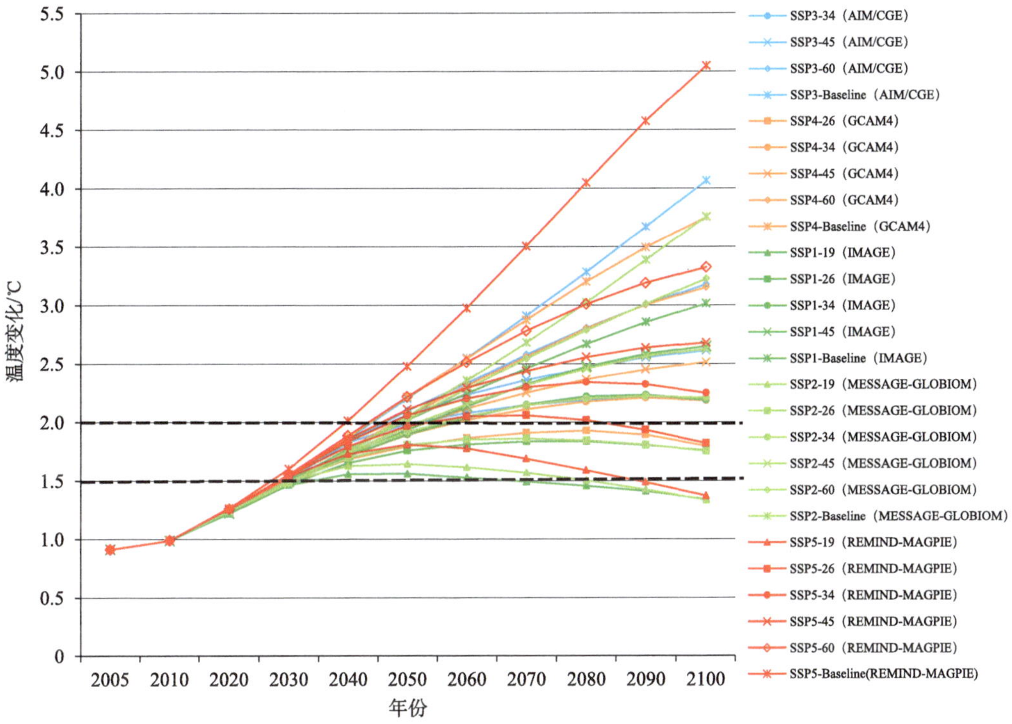

图 6-1　SSP 减缓情景下 2020～2100 年全球升温变化

3. 国家尺度温控阈值情景

Riahi 等（2017）在对 SSPs 情景的文献综述中表明，基于 SSPs 的气候变化减缓情景，是以国际应用系统分析研究所——维特根斯坦中心（International Institute for Applied Systems Analysis-Wittgenstein Centre，IIASA-WiC）的人口预测数据和 OECD 的 GDP 预测数据为外生变量，同时以 RCPs 情景的辐射强迫为气候变化政策参数，采用 IAM 模型模拟减缓情景下的关键情景参数。因此，人口、GDP 为温控阈值情景的关键基础指标。基于 SSPs 情景其他参数的获取方法，温控阈值情景参数将参考 IAM 模型的构建原理进行选择、制备，同时，可推断，温控阈值情景下 SSP1-19 与 SSP1-26、SSP2-19 与 SSP2-26、SSP5-19 与 SSP5-26 的人口、GDP 情景参数相同，那么在评估温控阈值情景下碳排放与减碳的经济影响时，如何分别区分 SSP1-19 与 SSP1-26、SSP2-19 与 SSP2-26、SSP5-19

与 SSP5-26？

基于 SSPs 的情景数据库（https://tntcat.iiasa.ac.at/SspDb），可获得中国地区 SSP1-19、SSP2-19、SSP5-19、SSP1-26、SSP2-26、SSP4-26 和 SSP5-26 情景的人口、GDP 参数（本章只列出部分年份参数）（表 6-3）。

表 6-3　IPCC 温控阈值情景下中国及全球人口与 GDP

地区	指标		人口/万人		GDP/亿美元	
			2020 年	2030 年	2020 年	2030 年
中国	温控 1.5℃	SSP1-19	137117	135951	205484.8	382924.9
		SSP2-19	137923	138065	203768.1	335823.4
		SSP5-19	137095	135919	207723.9	426517.1
	温控 2.0℃	SSP1-26	137117	135951	205484.8	382924.9
		SSP2-26	137923	138065	203768.1	335823.4
		SSP4-26	136881	135000	202598.7	335803.1
		SSP5-26	137095	135919	207723.9	426517.1
全球	温控 1.5℃	SSP1-19	751850	799991	1004181.6	1521934.0
		SSP2-19	761272	826271	1002142.4	1418102.3
		SSP5-19	752712	802944	1016215.1	1660417.4
	温控 2.0℃	SSP1-26	751850	799991	1004181.6	1521934.0
		SSP2-26	761272	826271	1002142.4	1418102.3
		SSP4-26	759973	823190	996777.6	1411820.2
		SSP5-26	752712	802944	1016215.1	1660417.4

表 6-3 表明，温控阈值情景下，除 SSP2 情景外，SSP1、SSP4、SSP5 情景人口均为负增长，2020～2030 年中国经济年均增长速度分别为 6.22%（SSP1）、5%（SSP2）、5.05%（SSP4）、7.19%（SSP5），相对应的人口年均增长速度为–0.085%、0.010%、–0.14%、–0.086%。根据 SSPs 情景数据库公布的 GDP 预测方法（C-D 生产函数），GDP 取决于全要素生产率、劳动力、资本存量投入，当劳动力减少时，GDP 的增长主要固定资本存量的增长与全要素生产率的增长。

基于 SSPs 的气候变化减缓情景数据库只有全球及其五大区域的 CO_2 排放数据，这就意味着达到全球温控 1.5℃和 2℃的 CO_2 排放路径有多种。此时，结合中国的减排目标，2020 年碳排放强度比 2005 年下降 40%～45%，2030 年碳排放强度比 2005 年下降 60%～65%，中国以自身的减排目标为气候政策产生 CO_2 排放，具体计算过程如下。

（1）根据全球碳计划公布的各国历年 CO_2 排放量的数据，中国 2005 年碳排放为 1608MtC/a，其中 1Mt C=3.664MtCO_2，2005 年中国 CO_2 排放总量为 5891.71MtCO_2；根据 SSPs 情景数据库，2005 年中国 GDP 为 53642.51 亿美元，则 2005 年中国 CO_2 排放强度为 0.11Mt/亿美元。

（2）减排目标下中国 CO_2 排放量的计算如下：

$$E_{\text{CHN}} = 0.11 \times (1 - r) \times \text{GDP}_{\text{CHN}} \tag{6-1}$$

$$CI=E/GDP \tag{6-2}$$

式中，E_{CHN} 为中国 CO_2 排放量；r 减排目标，本节取值为 2020 年为 40%，2030 年为 60%，GDP_{CHN} 为 SSPs 情景下中国的 GDP，CI 为碳排放强度，根据式（6-1）可推算不同情景下基于中国减排目标的 CO_2 排放量。

（3）基于 SSPs 情景数据库提供的温控阈值情景下全球 GDP、CO_2 排放的数据，可计算全球其他地区不同温控阈值情景下的 CO_2 排放量，具体计算公式如下：

$$E_{OTH} = E_W - E_{CHN} \tag{6-3}$$

式中，E_{OTH}、E_W 分别为全球其他地区和全球 CO_2 排放量。根据上述计算过程可得到温控阈值情景下全球、中国及全球其他地区的 CO_2 排放相关参数（表 6-4，图 6-2）。

表 6-4　温控阈值情景下全球、中国及全球其他地区的 CO_2 排放相关参数

地区	指标		CO_2 排放量/Mt		碳排放强度/（Mt/亿美元）		人均 CO_2 排放量/（t/人）	
			2020 年	2030 年	2020 年	2030 年	2020 年	2030 年
全球（温控阈值情景下）	温控 1.5℃	SSP1-19	33208.80	17967.97	0.0331	0.0118	5.270	2.894
		SSP2-19	40931.32	23633.13	0.0382	0.0167	4.417	2.246
		SSP5-19	39700	37770	0.0391	0.0227	5.106	4.241
	温控 2.0℃	SSP1-26	38389.78	33930.93	0.0382	0.0223	5.377	2.860
		SSP2-26	40656.97	34541.60	0.0406	0.0244	5.341	4.180
		SSP4-26	40048.79	23821.81	0.0402	0.0169	5.274	4.704
		SSP5-26	39561.25	43164.65	0.0389	0.0260	5.256	5.376
中国（减排目标情况下）	温控 1.5℃	SSP1-19	1356.20	1684.87	0.066	0.044	0.989	1.239
		SSP2-19	1344.87	1477.62	0.066	0.044	0.975	1.070
		SSP5-19	1370.98	1876.68	0.066	0.044	1.000	1.381
	温控 2.0℃	SSP1-26	1356.20	1684.87	0.066	0.044	0.989	1.239
		SSP2-26	1344.87	1477.62	0.066	0.044	0.975	1.070
		SSP4-26	1337.15	1477.53	0.066	0.044	0.977	1.094
		SSP5-26	1370.98	1876.68	0.066	0.044	1.000	1.381
全球其他地区（温控阈值情景下）	温控 1.5℃	SSP1-19	31852.6	16283.1	—		—	
		SSP2-19	39586.45	22155.51				
		SSP5-19	38329.02	35893.32				
	温控 2.0℃	SSP1-26	37033.58	32246.06				
		SSP2-26	39312.1	33063.98				
		SSP4-26	38711.64	22344.28				
		SSP5-26	38190.27	41287.97				

根据表 6-4，对比分析温控阈值情景下全球与中国的碳排放强度与人均 CO_2 排放量，计算结果表明在减排政策下，虽然中国碳排放强度仍稍高于全球碳排放强度，但中国的人均 CO_2 排放量远远小于温控阈值情景下全球的人均 CO_2 排放量，基于中国减排目标的

温控阈值情景设计不仅综合考虑全球气候变化减缓的目标与中国的基本国情和政策，还充分体现了中国对全球气候变化减缓的贡献。

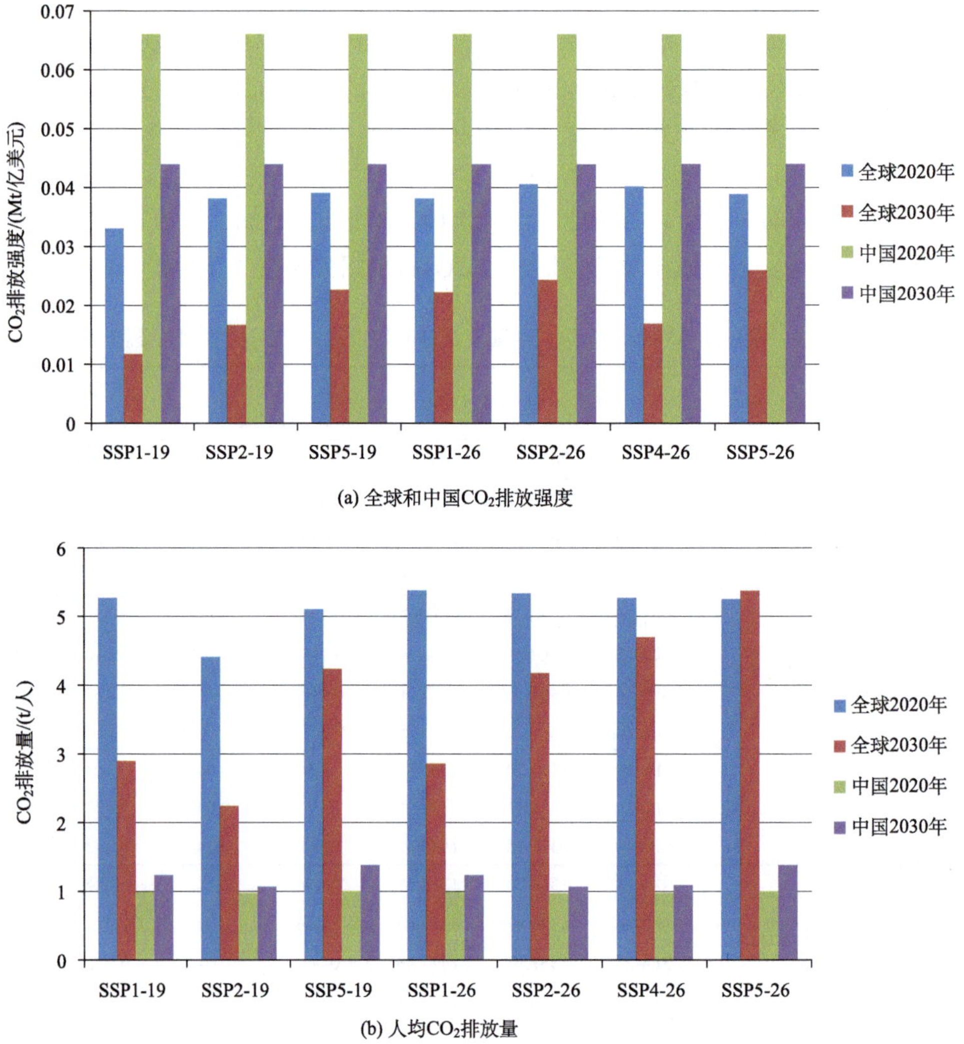

图 6-2　IPCC 温控阈值情景下全球、中国 CO_2 排放强度与人均 CO_2 排放

6.1.2　IPCC 温控阈值情景下中国的人口增长

在设计并构建省级尺度温控阈值情景的过程中，需要考虑区域集成评估模型对情景参数要求、温控阈值情景下中国整体的关键参数情况、区域个体发展的趋势。根据 6.1 节中对基于 SSPs 的气候变化减缓情景的阐述，IAM 评估的关键参数仍然是人口、GDP、辐射强迫、碳排放强度变化，在全球大气 CO_2 浓度几乎均衡的情况下，辐射强迫的情景是针对全球设置的情景，碳排放强度变化已经根据减排目标进行设定，省级尺度的温控阈值情景的关键参数则是人口和 GDP。为与 SSPs 情景数据库相一致，将计算 2020～2100

年各参数的情况，本节主要分析温控情景下，考虑中国自主减排目标的实际情况，评估各省碳排放与减碳的经济影响，因此，相关参数与估计结果只对 2015～2030 年的情况进行具体分析（部分参数基期年为 2010 年）。

未来社会经济前景的预测需要基于良好可靠的现状信息与关键指标的遴选，人口预测是未来重大规划决策与政策制定的基础，是对未来社会经济前景预测的基础且关键的指标（Wilson and Rees，2005）。根据表 6-3 中，IPCC 不同情景遴选的关键指标可知，人口是各种情景设计的重点，省级尺度的温控阈值情景设计需要在国家尺度温控阈值情景的基础上，重点关注省级总人口预测。早期的人口预测多关注人口增长率对总人口增长的作用，20 世纪 70 年代，IIASA 从年龄、性别等人口结构的角度，分析人口内部结构增长的差异性，随着人口预测方法的日渐成熟，生育率、死亡率、迁移率等因素对不同结构人口增长的贡献被越来越多的研究探讨。尤其是教育与生育率的关系，研究认为女性受教育程度越高，生育率越低，较高的受教育比例往往与低死亡率、更好的健康状态、迁移空间分布差异相关（Lutz and Samir，2011）。因此，人口预测依赖女性受教育比例和受教育程度。SSPs 情景中人口预测采用由 IIASA 发展的多状态人口预测（multi-state population projection）的方法，对不同年龄的人口数预测（Samir and Lutz，2017）。

本节基于 2010 年中国第 6 次人口普查数据，采用多状态人口预测的方法，对 2020 年与 2030 年各省人口进行预测。多状态人口预测方法中影响人口结构的关键参数，如各省生育率、迁移人口数、平均受教育年限等，是总人口预测的基础，因此，基于 SSPs5 种情景对未来社会经济发展前景的描述，率定 SSP1、SSP2、SSP4、SSP5 情景下的关键参数，为各省总人口预测提供基础数据。

1. *模型与方法*

本节对各省人口预测采用多状态人口预测方法，将总人口按照性别、年龄、受教育程度等进行分类，基于人口动态预测模型，根据各地区 2010 年人口普查数据，分性别年龄死亡人口、育龄妇女年龄生育率、现住地和五年前常住地人口（迁移人口）等普查数据，计算人口总数与结构随时间变化的过程。人口增长的基本公式为（Hinde，2014）：

$$P_{t+n} = P_t + B_t - D_t + I_t - E_t \tag{6-4}$$

式(6-4)表明 $t+n$ 年的人口总数为 P_{t+n}，由 t 年人口总数 P_t、t 到 $t+n$ 年出生人口（B_t）、死亡人口（D_t）、迁入人口（I_t）与迁出人口（E_t）所决定。$B_t - D_t$ 为人口普查数据中的自然增长人口，如果 $D_t > B_t$，则 t 到 $t+n$ 年人口自然增长为负。$I_t - E_t$ 为地区净迁移人口。

年龄与性别作为反映人口内部差异性的结构指标，经常被用于多状态人口预测方法中。在此基础上，根据 SSPs 情景描述对生育率、死亡率、净迁移率参数的设定，实现对 $t+n$ 年不同性别年龄人口的动态移算。其中，Samir 和 Luzt（2017）将平均受教育年限作为衡量教育水平的关键指标，因此，生育率（F）、死亡率（D）、净迁移率（M）、平均受教育年限（E）的计算公式分别为

$$F_t = t\text{ 年出生活婴数}/t\text{ 年育龄妇女人数} \tag{6-5}$$

$$D_t=t\text{ 年死亡人口数}/t\text{ 年总人数} \tag{6-6}$$

$$M_t=t\text{ 年净迁移人口}/t\text{ 年地区平均人口数} \tag{6-7}$$

$$E_t=\text{小学人数}\times6+\text{中学人数}\times9+\text{高中人数}\times12+\text{大专及以上}\times16/\text{总人数} \tag{6-8}$$

2. 关键参数率定与数据来源

1）SSPs 情景与关键参数率定

基于人口预测对关键参数需求，将 SSPs 情景以生育率、死亡率、净迁移率、教育水平等指标反映。其中，人口研究表明，母亲受教育水平提高在降低婴儿死亡率的同时，会导致生育率下降（Das，1990），对教育水平的设定和探讨，是为了确定不同教育背景下生育率和死亡率的变化情况。Hinde（2014）将全球国家划分为高生育率国家（F>2.9，总和生育率大于 2.9）、低生育率国家（F≤2.9，总和生育率小于等于 2.9）和 OECD 高收入国家，根据 2010 年普查数据，中国总和生育率为 1.18，属于低生育率国家。依据 SSPs 各情景的描述，Hinde 对各参数设置了高、中、低三种假设，并明确了高生育率国家、低生育率国家与 OECD 高收入国家的生育率、死亡率、净迁移率、教育水平在不同情景下的假设，那么中国的 SSPs 假设如表 6-5 所示。

表 6-5　SSPs 对人口预测相关参数的假设

情景	生育率	死亡率	净迁移率	教育水平
SSP1	低	低	中	高
SSP2	中	中	中	中
SSP3	高	高	低	低
SSP4	低	中	中	低
SSP5	低	低	高	高

基于 SSPs 情景对未来人口的假设，其相应的关键参数生育率、死亡率、净迁移率、教育水平的假设如下。

可持续发展情景 SSP1。假设未来社会对教育和健康投资增加，促进人口结构转型，引导社会成为相对低人口国家。同时，该情景下迁移率的假设为中等水平。

中等发展情景 SSP2。假设生育率、死亡率、净迁移率、教育水平均为中等水平，即国际应用系统分析研究所——维也纳人口学研究所（International Institute for Applied Systems Analysis-Vienna Institute of Demography，IIASA/VID）数据库的情景。

区域发展情景 SSP3。假设在发展中国家人口快速增长，在工业化国家人口增长速度减缓，强调安全的环境。因此，该情景下生育率高，死亡率高，教育水平低，相对安全的环境会导致迁移率低。

不公平发展的情景 SSP4。教育两极分化严重，受高等教育的少部分人从事更好的工作，受教育较低的大部分人从事低技能工作，高生育率国家仍是处于高生育率水平，低生育率国家仍处于低生育水平，同时，高生育率国家死亡率处于高水平，低生育率国家的死亡率处于中等水平，迁移率处于中等水平。

高速发展情景 SSP5。该情景强调技术进步，人口快速增长带来的高速经济发展，这反映了高教育水平和低死亡率。OECD 高收入国家生育率相对较高，其他国家的生育率较低，全球化背景下，迁移率水平较高。

中国各省在 SSPs 情景下的人口相关参数假设与全球 SSPs 的假设和描述一致（表 6-5）。此外，本节采用 IIASA-WiC 提供的高、中、低水平假设下中国的生育率、死亡人口、迁移人口，基于 2010 年普查数据中各省分年龄分性别的数据，预测 2020 年、2030 年其人口情况，因此，教育水平参数设定对本节情景设定作用不大。基于此，本节将对各省生育率、死亡率与净迁移率参数进行率定。

2）教育水平

教育水平的现状与不同情景下的发展情况，是生育率与死亡率参数设定的基础，SSPs 情景数据的说明材料表明，教育水平的差异会导致生育率的差异。SSPs 全球情景中，没有接受教育、初等教育、中等教育与高等教育的育龄妇女，其生育率的变化范围 1.3～1.8，对于生育率低于 1.3 的国家，不同情景下生育率设定是恒定的。

将死亡率分别设定为高、中、低三种水平时，研究认为年龄低于 15 岁时的死亡率，取决于其母亲的受教育水平。IIASA/VID 按照国际教育标准分类将教育水平分为未接受教育、初等教育、中等教育与高等教育，对应中国小学、中学、高中、大专及以上水平的教育水平，其中未接受教育是指只接受学前教育或未接受教育；初等教育对应完成小学教育，中等教育对应完成中学教育，高等教育高中及以上教育程度。

（1）Samir 和 Lutz（2010）基于 Gompit 模型推导教育水平与生育率的关系，具体如下：

$$\text{Gompit 模型：} Y(x) = -\log(-\log(x)) \tag{6-9}$$

式中，x 年龄的累计生育率为 $\int_0^x \frac{\text{ASFR}(y)}{\text{TFR}}\text{d}y$，记为 $F(x)$。记 $Y_s(x) = -\log(-\log(F_s(x)))$，$F_s(x)$ 为某标准人口的累计生育率，则

$$Y(x) = \alpha_0 + \beta_0 Y_s(x) \tag{6-10}$$

式中，α_0、β_0 为标准生育模式与现状生育模式相关关系的系数，对省份 i 的而言：

$$Y_i(x) = \alpha_i + \beta_i Y_s(x) \tag{6-11}$$

那么

$$Y_i(x) = \alpha_i - \frac{\alpha_0}{\beta_0} + \frac{\beta_i}{\beta_0} Y(x) \tag{6-12}$$

Samir 和 Lutz（2017）给出

$$\beta = 1.4395\text{TFR}^{-0.4218}\text{，}\quad \alpha_i = \alpha_0 + d_{ij} \tag{6-13}$$

式中，d_{ij} 为省份 i 教育水平 j 与标准生育模式下教育水平的分异程度。

（2）母亲在不同教育水平下的 15 岁以下儿童的死亡率

$$e = \sum_i p_j e_j \tag{6-14}$$

式中，e 为母亲在不同教育水平下 e_j，以其人数为权重 p_j 的年龄为 15 岁以下的平均死亡率。

$$e_j = e_1 + d_j \tag{6-15}$$

式中，d_j 为不同教育水平下，死亡率的分异程度。根据式（6-14）与式（6-15），得

$$e_1 = e - \sum_i p_j d_j \tag{6-16}$$

因此，结合表 6-5 与各省平均受教育年限的现状，在 SSPs 情景下中国生育率、死亡率的设定下，基于各省的教育水平，对温控阈值情景下各省的生育率与死亡率进行修正。

温控阈值情景对教育水平的高、中、低等设定是对招生率进行设定，中等水平是指招生率不变的情况，即根据 2010 年人口普查数据，各阶段教育水平升学率分别为 97.91%（上学人数百分比）、74.89%（小学升中学升学率）、87.5%（中学升高中升学率）、47.33%（高中升大专及以上教育）。高等水平设定下教育水平趋于新加坡或韩国的水平，分别为 100%，99.9%、78%（姜彤等，2017）。低等水平设定，各等级水平下中部地区受教育年限提升较为明显，华北、东北地区受教育年限一直较高。

3）生育率

根据世界银行数据库 1960～2016 年中国生育率的变化趋势，2000～2016 年中国生育率在 1.50～1.62 之间，平均值为 1.5，处于相对稳定的状态（图 6-3）。在此基础上，IIASA-WiC 指出统计数据对 1990～2010 年中国生育率存在高估的可能，在此基础上，预测 2015～2100 年高、中、低水平的中国人口生育率（图 6-4）。

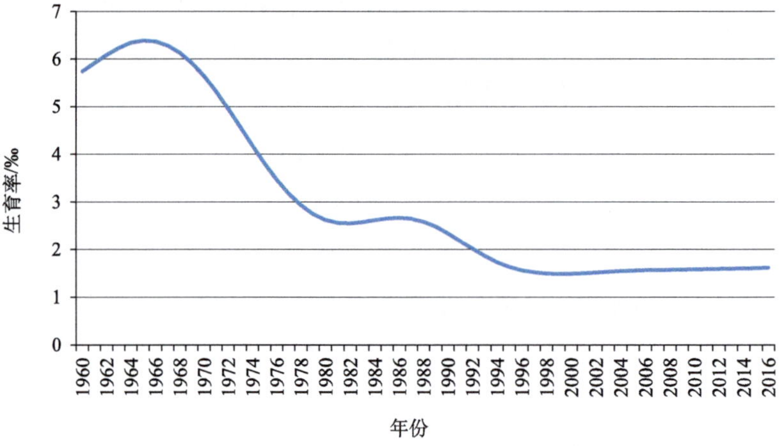

图 6-3　1960～2016 年中国生育率变化趋势

数据来源：世界银行人口数据库. https://data.worldbank.org/indicator/SP.DYN.TFRT.IN?locations=CN

根据 IIASA-WiC 对中国整体生育率的预测，基于 2010 年普查数据中各省的生育率以及中国整体的生育率，在高、中、低水平下 2015～2020 年、2020～2025 年与 2025～2030 年的生育率进行预测。在低中等水平下，2010～2015 年、2020～2025 年与 2025～2030 年中国整体的生育率远低于平均值，部分地区略高，如广西、贵州等；在中等水平下，2010～2015 年、2020～2025 年与 2025～2030 年中国整体的生育率与平均值接近，广西、贵州等地贡献大部分比重；在高等水平下，2010～2015 年、2020～2025 年与 2025～2030 年中国整体的生育率略高于平均值，但东北三省的生育率仍处于全国最低水平。

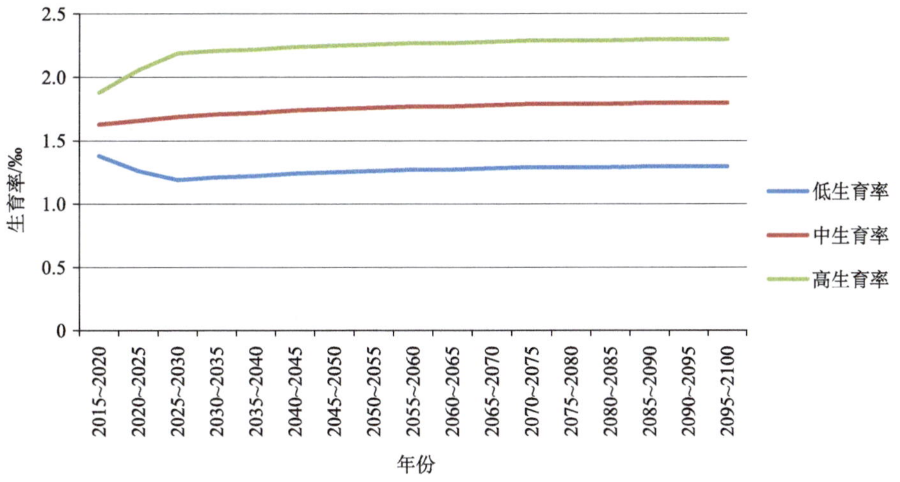

图 6-4　2015～2100 年中国高、中、低水平生育率预测

数据来源：联合国世界人口数据库. https://population.un.org/wpp/Download/Standard/Fertility/

4）死亡率

联合国世界人口数据库（https://population.un.org/wpp/）为 IIASA-WiC 中高、中、低三种水平假设，提供了死亡率情景数据，该数据库对中国 2015～2100 年各年龄段的死亡人口预测，基于 2010 年各年龄段死亡人口数据，对各省在高、中、低假设下 2015～2020 年、2020～2025 年、2025～2030 年死亡人口在东南、西南以及华北地区是较为明显的高值区，西藏和青海一直是死亡人数较少的地区。

5）净迁移率

根据联合国世界人口数据库中水平净迁移率假设下，2015～2030 中国迁移率数据，年均净迁移率介于–1.19%～–0.39%，姜彤等（2017）在预测 SSPs 情景下中国人口时，认为净迁移率非常小，可以忽略不计，本节将该参数作为修正各省预测人口总量的指标。一般而言，SSPs 情景中高水平假设下人口迁移率参数比中等水平假设下要高出 50%，中等水平假设下人口迁移率按现状发展，低水平假设下人口迁移率参数比中等水平下低 50%（Samir and Lutz，2017）。因此，在省际人口迁移的高、中、低水平人口迁移具有明显的差异性，中部和西南地区是人口迁出较为明显的区域，并且东北地区在中、高情景下人口迁出较为明显。东南沿海以及京津地区在中高情景下是较为明显的人口迁入地，西北及内蒙古地区则是人口迁入次等区域。

3. 省级尺度温控阈值情景的人口增长

根据生育率、死亡率、净迁移率、受教育水平等关键参数在高、中、低假设下的计算结果，结合表 6-5，按式（6-4），计算温控阈值情景所需的 SSP1、SSP2、SSP4、SSP5 情景下的人口，对减排目标期限内人口预测呈现明显的地域差异。西北和内蒙古自治区是人口分布较少的区域，各温控情景下华北地区以及四川均是人口分布较为集中的区域。2015～2030 年，温控阈值情景下各省人口增长率的平均值为–0.45%（SSP1）、–0.29%（SSP2）、–0.45%（SSP4）、–0.60%（SSP5），各省人口增长率表明北京、天津、内蒙古、辽宁、上海、江苏、浙江、福建、广东等省区市人口增长率低于平均水平，一半以上的省市人口增长率均小于 0。

对比 2015 年各省人口分布情况，2020 年、2025 年、2030 年中国人口空间分布变化不大，2015～2030 年中国总体人口变化趋势平缓增长，SSP2 情景人口相比其他情景人口总数更多，SSP5 情景中高迁移率的假设导致人口较大，经济发达地区人口逐渐减少。

6.1.3 IPCC 温控阈值情景下中国的经济增长

基于中国各省经济发展现状，预测 2020 年、2030 年省级尺度 GDP，是设计省级温控阈值情景的基础。基于 SSPs 情景提供的关于 2010～2100 年各国 GDP 的预测信息可知，SSPs 情景中地区或国家的 GDP 数据分别来源于与 IIASA、PIK 和 OECD 三个机构开展的预测评估，不同机构对 SSPs 情景下 GDP 的设计方法是不同的。IIASA 对 GDP 的预测是基于生产函数，主要考虑区域劳动力的差异，建立动态模型评估不同地区的 GDP，其中劳动力的差异性主要来源于年龄结构、不同年龄教育水平的差异。PIK 基于 C-D 生产函数，分别对劳动人口、资本投入、TFP 进行预测。OECD 采用 ENV-Growth 模型预测各国 GDP，该模型基于索洛增长模型，考虑经济增长的六大驱动要素，即 TFP、固定资本投入、劳动力、能源需求、自然资源价值增长，SSPs 情景主要通过设计六大要素预测 GDP。根据模型及数据的可获取性，本节拟采用 IIASA 的评估方法设计各省的温控阈值情景的关键参数。

1. 模型与方法

PIK 预测 SSPs 情景中 GDP 指标，主要是基于 C-D 生产函数的形式，按年龄与受教育程度，对劳动力进行分解。根据 Hall 和 Jones（1999）对生产函数解析，预测方法中采用的劳动力指标为基于人类资本扩展的劳动力数量。

$$Y_{it} = A_{it} K_{it}^{\alpha} H_{it}^{1-\alpha} \tag{6-17}$$

式中，Y_{it} 为某省 i 第 t 年的总产出；A_{it} 为 TFP；K_{it} 为固定资本投入；H_{it} 为基于人类资本扩展的劳动力数量。

$$\alpha = P_k K / Y \tag{6-18}$$

式中，P_k 为资本价格；K/Y 为资本强度。根据式（6-8），分别从劳动力、资本存量、TFP 三个方面进行温控阈值情景参数预估。

1）劳动力参数

对于 H_{it}，可表述为

$$H_{it} = e^{\psi(E_{it})} L_{it} \tag{6-19}$$

式中，E_{it} 为平均受教育年限；$\psi(E_{it})$ 为平均受教育年限 E_{it} 的劳动力人口的效益，且 $\psi(0)=0$，$\psi(.)$ 为分段线性函数；L_{it} 为就业人口，可表述为

$$L_{it} = \sum_{q} \mathrm{LFPR}_{it}(q) \times \mathrm{WAP}_{it}(q) \tag{6-20}$$

其中，$\mathrm{WAP}_{it}(q)$ 工作年龄人口，此时设定为 15～64 岁的人口；$\mathrm{LFPR}_{it}(q)$ 为 15～64 岁

劳动力人口参与率。根据 Psacharopoulos 和 Patrinos 调研，人均收入为 22530 美元的国家低、中、高等教育水平的教育投资社会效益率分别为 0.134、0.103、0.095，人均收入为 2996 美元的国家低、中、高等教育水平的教育投资社会效益率分别为 0.188、0.129、0.113，其中亚洲国家的低、中、高等教育水平的教育投资社会效益率分别为 0.162、0.111、0.11。PIK 预测 GDP 时基于 Psacharopoulos 和 Patrinos（2004）研究成果，将教育投资的社会效益设为：①平均受教育年限低于 4 年时为 0.134；②平均受教育年限高于 4 年且低于 8 年时为 0.101；③平均受教育年限大于 8 年时为 0.068。那么

$$\psi(E_{it})=\begin{cases}0.134E_{it},\text{当}E_{it}\leqslant 4;\\0.134\times4+0.101\times(E_{it}-4),\text{当}\ 4<E_{it}\leqslant 8;\\0.134\times4+0.101\times4+0.068\times(E_{it}-8),\text{当}\ E_{it}>8\end{cases}\tag{6-21}$$

因此，根据温控阈值情景下人口预测情况，可得劳动力人口预测情况。

2）资本存量参数

基于资本存量的计算方法

$$K(t+1)=(1-d)\times K(t)+I(t)\tag{6-22}$$

式中，$K(t)$ 为第 t 年资本存量；d 为折旧率。根据 SSPs 情景对资本存量的预测中，资本存量可写成

$$K(t+1)=\left[\frac{K(t)}{L(t)}\right]^{(1-\alpha(t))/(1-\alpha(t+1))}\times\left[\frac{K(t+1)}{Y(t+1)}\frac{Y(t)}{K(t)}\frac{A(t+1)}{A(t)}\right]^{(1/(1-\alpha(t)))}\times L(t+1)\tag{6-23}$$

对于给定的劳动力投入 L，TFP 与资本强度 K/Y 的增长率可表述为

$$g_K=(g+g_{K/Y})/(1-\alpha)+g_L\tag{6-24}$$

式中，g_K、$g_{K/Y}$、g_L、g 分别为资本增长率、资本强度增长率、劳动力增长率与 TFP 增长率。

3）TFP 参数

Leimbach 等（2017）采用索洛余值估计基期 TFP，记为 $A(0)$，设 TFP 的增长率为 g，初始增长率为 g_0，转移速率为 γ，则第 t 年 TFP 为

$$A(t)=A(0)\times\{1+[g+(g_0-g)\times e^{-\gamma t}]\}^t\tag{6-25}$$

$$A(t+1,i)=\begin{cases}\dfrac{t\times\{A(t+1)-[A(t)-A(t,i)]\}\times e^{-t(\beta(t)/10)}+(\tau(t)-t)\times(1+g_0(i))A(t,i)}{\tau(i)},t\leqslant\tau\\\max\left\{A(t,i),A(t+1)-[A(t+1)-A(t,i)]\times e^{-t\left(\frac{\beta(t)}{10}\right)}\right\},t>\tau\end{cases}$$

式中，$A(t)$ 一般是指发展最好地区的 TFP；$A(t,i)$ 为地区 i 的 TFP；β 为收敛参数；τ 为两阶段 TFP 转换的时间段，一般设为 5 年。

TFP 初期增长速度 g_0 按照 RICE 模型的计算公式获取

$$g_0=g_{\text{GDP}}\times(1-\alpha)\tag{6-26}$$

式中，g_{GDP} 为 GDP 增长速度。

2. 关键参数率定与数据来源

基于对 GDP 预测的参数需求，中国地区 TFP 与增长速度在不同 SSPs 情景下的设定与全球的假设一致，如表 6-6 所示。

表 6-6　SSPs 对 GDP 预测相关参数的假设

情景	SSP1	SSP2	SSP3	SSP4	SSP5
TFP 增长	中	中	低	中	高
收敛速度	高	中	低	高收入地区：中 中收入地区：低 低收入地区：低	高
劳动参与率	中	中	低	中-高之间	高

1）劳动力参数

不同温控阈值情景下劳动力参数的变化主要取决于劳动参与率、受教育水平的设置。其中，劳动参与率在 SSP1、SSP2、SSP3、SSP4、SSP5 情景下分别为 70%、70%、60%、75%、80%。受教育水平按照表 5.4 中各情景的设定，2015 年除贵州、青海两省以外，其他各省受教育年限达到 8 年以上，故根据式（6-21）计算教育投资的社会效益。温控阈值情景下劳动力参数空间差异较为明显，四川、广东以及华北地区是较为明显的劳动力集中地区。SSP5 情景下中部地区劳动力人口增加较为明显，西南地区劳动力人口增加则仅次于中部地区。SSP2 情景下，安徽、江苏劳动力人口增加较为明显，宁夏回族自治区则出现了劳动力人口先增加后减少的情况。SSP4 情景下中部地区劳动力人口增加较为明显，而东北地区、贵州和重庆则出现了劳动力人口较少的现象。

2）TFP 参数

根据表 6-6 中不同 SSPs 情景下对 TFP 增长速度的设定，结合式（6-25），分别计算高、中、低水平下 TFP 参数。在高水平下，TFP 参数较高值在 2020 年、2025 年集聚于青海、甘肃、云南、山西等省份，在 2030 年蔓延至周边其他地区，包含青藏高原、云贵高原、四川盆地等区域。在中水平下，TFP 参数在整体较为舒缓，但山东半岛仍处于全国最低值。在低水平下，TFP 参数呈块状分布，云贵高原以及黄土高原占据 TFP 参数高值、山东半岛、内蒙古则处于较低水平。

3）固定资本存量

根据式（6-24）计算温控阈值情景下固定资本存量的增长速度，基于 2015 年中国各省固定资本存量的数据，计算温控阈值情景下各省固定资本存量。在不同阶段的 SSP1 中，与 2015 年相比，固定资产存量趋于平均，但河南一直处于全国高值。在 SSP2 中，与 2015 年 SSP1 相比，固定资产存量在原有的趋于平均基础上，吉林也加入河南全国高值梯列，与广西、贵州、湖南等地共同构成固定资产存量高值的一、二梯队。而 SSP4 与 SSP5 较为相似，固定资产存量高值长期集中于河南、北京、吉林等区域。

3. 省级尺度温控阈值情景 GDP 变化

根据式（6-17），结合表 6-6 中各情景下的参数假设，计算各省在温控阈值情景下 GDP 参数。2015～2030 年 SSP1 与 SSP2 情景经济增长缓慢，SSP5 情景经济增长较快。温控阈值情景下，东部及中部地区经济仍然快速发展，且整体上呈现明显的区域发展不平衡现象，即西部地区经济与中、东部地区相差较大，东北部地区经济快速增长，逐渐减小与经济较好地区的差异，整体上相较于 2015 年均得到发展。根据预测结果，2015～2030 年，温控阈值情景下中国经济平均增长速度为 5.82%（SSP1）、5.04%（SSP2）、5.07%（SSP4）、6.40%（SSP5）（各省年均增长速度的平均值），其中北京与上海经济增长为负值，东部地区除海南、河北外，其他省市经济增长速度均低于平均水平，东北部地区只有辽宁增长速度低于平均水平，其他省市经济增长速度均高于中国平均水平。因此，温控阈值情景强调区域经济公平发展，减小地区经济差异。

6.2　气候变化经济影响评估的模型与方法

6.2.1　气候变化综合评估模型的文献研究

国内外研究气候变化经济影响的方法众多，大多从单个区域或部门向多区域多部门发展。Burke 和 Emerick（2016）基于成本效益法分析气候变化通过影响美国农业而对其他社会经济部门的影响。Ochuodho 等（2016）利用 CGE 模型（general computable equilibrium，可计算一般均衡模型）对不同经济区域的旅游业和人类健康进行综合评估，通过 CGE 理论将不同经济区域和部门的相互作用结合起来，反映相对动态的结果。IAM 模型被作为评估气候适应措施、应对政策、气候变化影响等的主要工具，根据气候变化的成因与影响，以“碳排放-碳循环-气候-社会经济损失”链，来评估气候变化的社会经济影响。如图 6-5 所示，一般的 IAM 模型包含气候模块、碳循环模块、损失函数模块与社会经济模块，各模块分别采用模型公式语言阐述碳排放与全球变暖的关系（碳循环与气候变化过程）、全球变暖与经济系统关系（社会经济模块与损失模块）（Hasegawa et al., 2017）。Weyant 等（1996）研究总结 IAM 模型对气候变化研究主要有两方面的作用，一

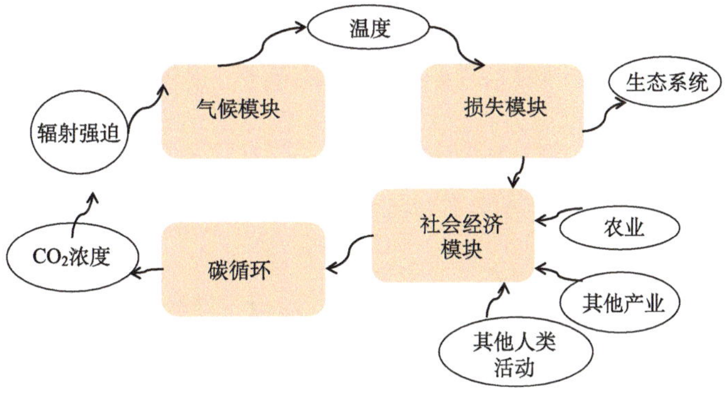

图 6-5　气候变化综合评估模型框架

是评估气候变化或气候变化政策对社会经济的影响，为决策者提供参考。二是用模型公式语言阐述气候-经济系统的互馈关系，为研究气候变化的传导路径和响应提供思路；同时，IAM 模型存在的不确定性也是目前气候变化研究中难以解决的问题。

最早的 IAM 模型框架研究可追溯到 20 世纪 70 年代出版的 *Club of Rome* 一书，该书基于生态与经济的互馈关系，研究环境、人口增长与污染的关系，系统地阐明了生态与经济问题的基本结构和解决方法（魏一鸣等，2013；Meadows et al.，1972）。然而，早期的 IAM 模型偏向探究气候变化模块，如气候影响评估计划（climatic impacts assessment program，CIAP）模型、RAINS 模型等。后来，模型的开发者结合经济发展、生态问题与气候变化三者之间的相互关系，构建跨学科的仿真模型，如 World3 模型等。20 世纪 90 年代，人类活动导致 CO_2 排放增加引起气候变化受到关注，大量 IAM 模型涌现，如 IMAGE1.0、ESCAPE 等（Goodess et al.，2003）。随着学者对气候变化认识的加深，能源模块、生态环境等被嵌入不同的 IAM 模型中，如 MAGICC、CETA、DNE21、E3MG 等。Nordhaus（1991）将气候变化引入经济系统，构成“社会经济-碳循环-气候变化-经济损失”的基本框架，并研发产生 DICE、RICE 模型。

IAM 模型逐渐受到重视，并被各政府、组织用于评估气候政策效果。例如，美国政府采用 FUND 模型、PAGE 模型与 DICE 模型评估碳排放的社会成本，即碳排放引起全球升温对经济造成的损失。随着 IAM 模型的增多，学者尝试根据不同 IAM 模型的内部机理、模型用途等情况对其进行分类总结。Dowlatabadi（1995）根据 IAM 模型的用途，分为成本-效果模型（cost-effectiveness）、成本-影响模型（cost-impact）和成本-效益模型（cost-benefit）；同时，根据构建方式，将其分为一般均衡模型（general equilibrium models）、最优模型（optimization model）和模拟模型（simulation model）。Weyant 等（1996）根据模型目标，将其分为政策优化模型（policy optimization model）和政策评估模型（policy evaluation model）。Stanton 等（2009）在此分类基础上，将 IAM 模型进一步细分为五类，福利最大化模型（welfare maximization model）、一般均衡模型（general equilibrium model）、局部一般均衡模型（partial equilibrium model）、模拟模型（simulation model）和成本最小化模型（cost minimization model）。根据各 IAM 模型的文献资料，大部分 IAM 模型是包含社会经济、气候、碳循环、损失模块，而又全面重新构建的模型，小部分 IAM 模型是集成气候模型、CGE 模型等已有的单独模型进行评估，如 CLIMPACTS、DEMETER 等（Cai et al.，2015）。

基于文献调研分析，对 IAM 模型进行分类统计，提炼研究现状信息。在 Web of Science、Google Scholar 数据库中搜索统计 2000 年以来不同类型的气候变化综合评估模型，数据表明 2009 年至今学者对福利最大化模型与一般均衡模型的研究关注增加，但总的 IAM 模型研究文献数量稍减少，学者越来越关注 IAM 模型的不确定性与其评估结果的准确度（图 6-6、图 6-7）。

基于文献分析总结，表 6-7 罗列了 36 种用于评估气候变化政策或评估碳排放社会成本的 IAM 模型，包含各模型的名称、开发单位、评估空间尺度、模型模块、衍生模型等基本信息。

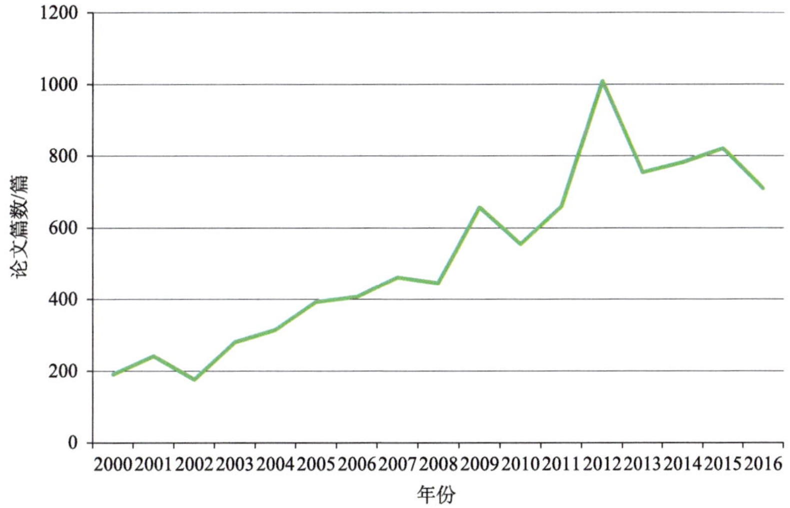

图 6-6　基于 Web of Science 与 Google Scholar 数据库 IAM 模型的研究文献数量

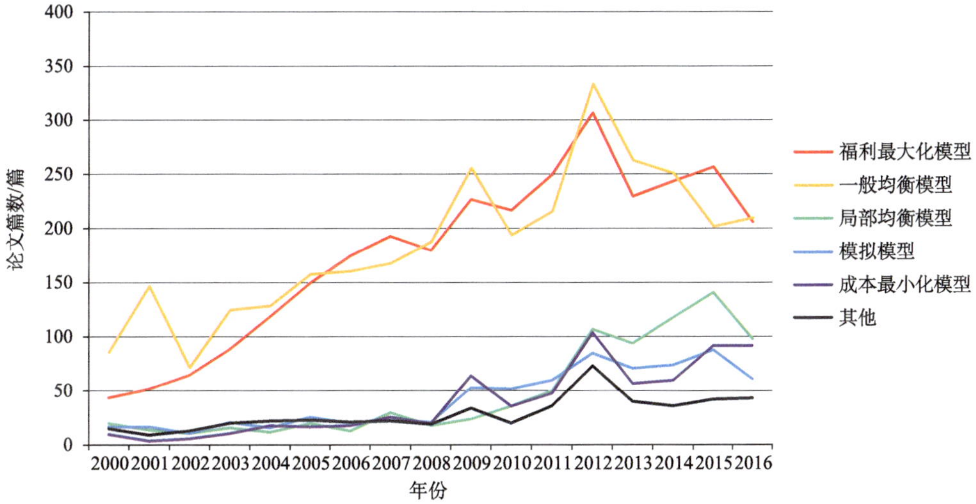

图 6-7　基于 Web of Science 与 Google Scholar 数据库不同分类 IAM 模型的文献数量

表 6-7　36 个 IAMs 的基本信息

模型	开发者/单位	空间尺度	模块	衍生模型	参考文献
AIM（Asia-Pacific integrated model）	东京大学，日本瑞穗信息研究所	太平洋地区（21 个地区）	温室气体排放模块、升温影响模块、温室气体循环与气候模块	AIM/Dynamic Global; AIM/Trend; AIM/Enduse	Wen et al.，2014
ASF（atmospheric stabilization framework）	美国国家环境保护局	9 个地区	温室气体排放模块、农业部门经济、CFC 模块、热带森林模块	AIM	Leggett et al.，1992
CETA（carbon emission trajectory assessment）	Peck 和 Teisberg	6 个地区	经济增长、能源消费、能源利用技术、气候模块、损失模块	CETA-M; CETA-R	Peck and Teisberg，1992

续表

模型	开发者/单位	空间尺度	模块	衍生模型	参考文献
CLIMPACTS	新西兰研究与科学技术基金会（FRST）	新西兰	MAGICC，GCM 和作物-气候模型	SimCLIM	
DEMETER（development of a European multi-model ensemble forecast system for seasonal to inter-annual climate prediction）	欧盟第五框架计划	全球	7 大全球海洋-大气模型：CERFACS/ ECMWF/ INGV/ LODYC/ Météo-France/ Met Office/ MPI	DEMETER-1CCS	Warrick et al.，2001
DICE（dynamic integrated model of climate and the economy）	William Nordhaus	全球	碳循环、气候、损失、排放控制	RICE/ ENTICE/ MARIA	Nordhaus and Sztorc，2013
DNE21（dynamic new earth 21）	横滨国立大学	10 个地区	能源模块、可计算一般均衡模型、气候变化模块	LDNE21	Yamaji，1998
DEARS（dynamic energy-economy assessment model with multi-regions and multi-sectors）	地球环境产业技术研究机构，日本立命馆大学	18 个地区	18 个经济部门、7 种一次能源消费来源、4 种能源消费类型	THERESIA	Homma and Akimoto，2013
ENTICE（endogenous technological change in the DICE model of global warming）	国家经济调查局	全球	能源模块、可计算一般均衡模型、碳循环模块、损失模块	ENTICE-BR	Tamaki et al.，2017
ESCAPE（evaluation of strategies to address climate change by adapting to and preventing emissions）	荷兰国家公共卫生及环境研究所，牛津大学，东安格利亚大学气候研究组	4 个地区	碳排放模块、气候模块、损失模块	—	
E3MG（energy-environment-economy model of the globe）	剑桥计量经济学会	20 个地区	经济、能源模块	—	Després，2015

续表

模型	开发者/单位	空间尺度	模块	衍生模型	参考文献
FUND（framework for uncertainty, negotiation and distribution）	Richard S. J. Tol	16 个地区	气候变化、人口与经济、碳循环、损失模块	—	Tol，1997
G-CUBED/MSG3（global general equilibrium growth model）	布鲁金斯学会，澳大利亚国立大学，得克萨斯大学，美国国家环境保护局	8 个地区	可计算一般均衡模型	Asia-Pacific G-Cubed Model	McKibbin and Wilcoxen，1999
GCAM（global change assessment model）	马里兰大学西北太平洋国家实验室	全球	基于技术参数的经济模块、能源、气候、土地利用、水模块	MiniCAM, GCAM-IIM	Turnbull et al.，2015
GIM（global impact model）	耶鲁大学林业与环境研究学院，明德学院，伊利诺伊大学	全球	气候、部门经济、各部门损失模块	—	Mendelsohn and Williams，2004
GRAPE（global relationship assessment to protect the environment）	日本应用能源研究所	11 个地区	能源、气候、土地利用、宏观经济、环境影响模块	—	Kurosawa，2004
GTEM（global trade and environmental model）	澳大利亚农业资源经济局	45 个地区	Megabare model/ GTAP model（可计算一般均衡模型）		Zhang et al.，2016
ICAM（integrated climate assessment model）	美国卡耐基梅隆大学	全球	能源模块、GNP（Gross National Product，国民生产总值）参数、气候变化市场影响模块	ICAM-1; ICAM-2; etc	Dowlatabadi，1998
IGEM（inter-temporal general equilibrium model）	哈佛大学，雪城大学马克斯维尔公民与公共事务学院	美国	美国经济动态模型	—	Jorgenson et al.，2018
IGSM（integrated global systems model）	麻省理工学院	37 个地区	经济预测与政策分析模型（EPPA）、麻省理工地球系统模型（MESM）	IGSM-WRS; IGSM-CAM	Reilly et al.，2013
IMAGE（integrated model to assess the greenhouse effect）	荷兰国家公共卫生及环境研究所	全球	能源模块、土地利用模块、植被与碳循环模型、碳水循环（LPJmL）、农业-经济模型（MAGNET）、政策与影响模块	—	van Vuuren et al.，2015

续表

模型	开发者/单位	空间尺度	模块	衍生模型	参考文献
IMACLIM-R（IMpact assessment of CLIMate policies-recursive version）	环境与发展国际研究中心	5 个地区	动态可计算一般均衡模型	IMACLIM-S	Crassous et al.，2006
MADIAM（multi-actor dynamic integrated assessment model）	全球气候论坛（Klaus Hasselmann 和 Dmitry V. Kovalevsky）	全球	动态经济模型、气候模块	SDIAM; SDEM	Weber and Hasselmann，2005
MAGICC（model for the assessment of greenhouse gas induced climate change）	美国国家大气研究中心，阿德莱德大学，曼彻斯特城市大学	全球	大气循环模块、气候模块	—	Meinshausen et al.，2011
MARIA（multiregional approach for resource and industry allocation）	东京理科大学科学与技术学院，工程管理系（S. Moil）	3 个地区	气候模块、经济模块、能源供给、能源消费、土地利用变化模块、碳循环模块、粮食需求与供给	—	Mori，1995
MARKAL	Fishbone L G 和 Abilock H	全球	能源模块、技术成本核算模块	ETSAP-TIAM, TIMES	Loulou et al.，2004
MERGE（model for evaluating regional and global effects of GHG reductions policies）	斯坦福大学	全球	Global 2200 模型、气候模块、损失模块	—	Manne et al.，1995
MESSAGE（model for energy supply strategy alternatives and their general environmental impact）	国际应用系统分析研究所（IIASA）	13 个地区	模拟模型、经济模型、经济最优化模型	—	Messner and Schrattenholzer, 2000
MIND（model of investment and technological development）	德国波茨坦气候影响研究所	全球	能源模块、气候模块、损失模块	—	Edenhofer et al.，2005

续表

模型	开发者/单位	空间尺度	模块	衍生模型	参考文献
MS-MRT（multi-Sector, multi-region trade model）	国际能源署	10 个地区	可计算一般均衡模型	—	Bernstein et al.，1999
PAGE（policy analysis of the greenhouse effect）	剑桥大学（Chris Hope）	4 个地区	气温参数、全球变暖影响、适应与减缓政策实施成本	—	Hope et al.，1993
RAINS（regional air pollution information and simulation）	国际应用系统分析研究所	—	碳排放、排放控制、损失模块、环境敏感性分析模块	—	Schöpp et al.，2005
RICE（regional integrated model of climate and the economy）	耶鲁大学（William Nordhaus）	10 个地区	碳排放、碳循环、损失模块和排放控制模块	—	Nordhaus and Yang，1996
SEAMLESS-IF（System for environmental and agricultural modelling: linking European science and society）	SEAMLESS	全球	农业生产模型（APES），农户模拟（FSSIM），链接模型（EXPAMOD），市场模型（SEAMCAP）	—	http://www.seamless-ip.org/
SIAM（structural integrated assessment model）	西北太平洋国家实验室（Pacific Northwest National Laboratory）	全球	碳循环、气候、损失模块和减排成本	—	Hasselmann et al.，1997
SGM（second generation model）	西北太平洋国家实验室（Pacific Northwest National Laboratory）	全球	可计算一般均衡模型	—	Sands，2004

由表 6-7 中 IAM 模型各模块信息可知，评估碳排放经济影响的模型可分为闭合模型与开放模型，前者是将气候模块、碳循环模块、经济模块、损失模块集成在一起，形成独立的综合评估模型开展研究分析，这也是一般的 IAM 模型框架；后者是基于一般均衡模型，结合气候模块、碳循环模块与损失模块分步、分模块的进行评估研究。上述两种类型的模型方法各有利弊：闭合模型相对而言操作简便，且全面结合气候系统与经济系统，模型是封闭的，具有连续性，不用考虑不同模型或模块的兼容问题，但这种模型的缺点也很明显，一是对气候系统与经济系统的互馈机制的数学描述过于简单，影响评估结果；二是模型的封闭性导致其应用只能针对特定的研究需求进行模拟，不灵活。开放模型基于研究需求选取不同的模型进行组合，并对模型进行相应改善或扩展，操作灵活，但这类模型的缺点在于不同模型之间的衔接问题与兼容问题。本节将从这两种类型的模

型，介绍评估碳排放对经济影响的评估方法。

6.2.2　气候变化综合评估模型的理论基础与基本原理

基于上述文献研究，基于一般均衡模型对碳排放的经济影响进行空间评价，需结合传统 IAM 模型中气候模块、碳循环模块与损失模块。

1. 气候和碳循环模块

气候和碳循环模块是 IAM 模型的重要模块，Dowlatabadi 将气候和碳循环模块分 4 个部分进行公式的表述，即气候模块、陆地碳循环模块、海洋碳循环模块与土地利用变化模块。不同的 IAM 模型引入的碳循环表达系统不一致，DICE 模型则包含气候模块与海洋碳循环模块，IMAGE 模型包含气候模块、陆地碳循环模块与土地利用变化模块，van Vuuren 等（2011）总结，大部分 IAM 模型的气候模块是温度与辐射强迫之间的方程式，MAGICC-4 模型采用“空间型标度（pattern scaling）”方法计算栅格尺度的气候因素，DICE 模型构建“双盒模型（two-box model）”描述气候和碳循环模块，具体各模型的气候和碳循环模块如表 6-8 所示。

表 6-8　不同 IAM 模型的气候和碳循环模块

模型	模型尺度	碳循环	气候因素	参考文献
DICE/RICE	全球	三层碳库模型（three-reservoir model）	双盒模型（two-box model）	Nordhaus，2014
FUND 2.8	全球	脉冲响应模型（Pulse-response function）	温度与辐射强迫方程式	Tol，2007
IMAGE	0.5×0.5	BernCC model	空间型标度（pattern scaling）	Alcamo，2012
MAGICC 6	全球	六层碳库模型（6 global reservoirs）	上升-扩散，能量平衡模式	Goldammer and Price，1998
MERGE	全球	脉冲响应模型（pulse-response function）	温度与辐射强迫方程式	Manne and Richels，2005
PAGE	全球	同上	温度与辐射强迫方程式	Hope，2006

2. 气候变化损失模块

IAM 模型中气候变化损失模块是链接气候系统与经济系统的关键，一般根据研究需求分析升温对 GDP 或 GNP 或收入等经济指标的直接影响，基于生产函数，将气温作为控制变量，对升温与经济的关系进行计量分析（Dell et al.，2014）。如表 6-9，各 IAM 模型的气候变化损失模块方程表明，升温与经济损失的关系可分为指数型、线性、倒“U”形，并没明确统一。

表 6-9　不同 IAM 模型的气候变化损失模块

模型	方程	指标解释	参考文献
SIAM	$c_d = \{(T/T_c)^2 + (\dot{T}/\dot{T}_c)^2\}D_d(t)$ $D_d(t) = \exp(-t/\tau_d)$	c_d 为气候损失成本；$T,\dot{T}$ 为气温与气温变化率；$T_c,\dot{T}_c$ 为规模系数；$D_d(t)$ 为气候损失成本的贴现率；τ_d 为时间贴现率	Hasselmann et al.，1997
MERGE	$\text{damages} = d_1 \times \Delta \text{AT}^{d_2} \times \text{GDP}$	d_1,d_2 为常数；ΔAT 为年均气温升高值（相较 1990 年）	Manne and Richels，2005
ICAM	$D(\Delta) = 1 - 1/(1+\theta_1(\Delta/\Delta_r)^{\theta_2})$ $\Delta = \lvert T - T_a \rvert$ $T_a(t) = \int((T(t) - T_a(t))/\tau_a)\mathrm{d}t$	D 为气候损失；Δ 为适应气温的变异系数；Δ_r 为文献中适应气温的变异系数；θ_1 为规模系数；θ_2 为气候损失指数；T 为气温；T_a 为气候变化适应气温；τ_a 为适应时间	Fiddaman，1997
CETA	$\text{damages} = \alpha + \beta \times \text{GDP}$	α、β 系数来源于 Fankhauser（1995）	Peck and Teisberg，1999
FUND3.5	$\text{damfrac} = az/(b-z)T$	T 为气温；a 和 b 为参数；z 为随机变量	Tol，2007
DICE; RICE	$\text{damfrac} = a_1 \times T(t) + a_2 \times T(t)^{a_3}$	$T(t)$ 为年均气温升高值（相较 1990 年）；a_1, a_2 为系数；a_3=2	Nordhaus，2014
MARIA	$\text{damfrac} = 1/\{1 + z \times T(t)^2\}$	z=0.013/9	Mori，1995

3. 可计算一般均衡模型

基于气候模块、碳循环模块与气候变化损失模块测算的关键参数，结合一般均衡模型分析，可评估碳排放的经济影响，不仅分析一般 IAM 模型中对 GDP 的影响，还可以对整个经济系统的冲击进行分析。CGE 模型已在各个领域被广泛应用，如能源、生态环境等，是评价政策效果的实用工具。CGE 模型是在一般均衡理论的基础上构建的，考察由厂商、消费者、商品构成的封闭的单个市场，商品和要素的均衡状态，是局部均衡分析的方法，也是一般均衡分析的基础。一般均衡理论可分析包含多区域、多部门的经济系统整体，描述经济系统中生产的均衡过程、消费的均衡过程、收入分配过程、资源分配过程，并采用价格、弹性等将这些过程联系起来。一般均衡可分为交换的一般均衡和生产的一般均衡，前者是在生产状况与收入分配既定的条件下，以效用最大化为目标，通过交换商品达到均衡状态；后者是在生产技术和资料既定的条件下，以产量或利润最大化为目标，使资源配置达到均衡的状态。一般均衡是所有市场共同均衡的过程，这包含消费者在既定收入下达到效用最大化，厂商在投入产出组合下达到利润最大化，所有市场供需平衡，厂商只获得正常利润且超额利润为零。

对于全球市场而言，市场可分为国内市场与国外市场，行为主体包括个体、政府和厂商，生产要素包含土地、资本、劳动力和自然资源，将单个国家生产、消费、政府支出作为一般均衡子系统，各子系统通过国家之间、各部门之间的贸易联系起来，形成全球的 CGE 模型，CGE 模型遵循新古典经济学的基本假设，即完全竞争市场和资源稀缺性（Corong et al.，2017）。一般的 CGE 模型主要描述生产过程、要素市场、商品交易市场和最终需求等，涉及厂商、消费者、政府以及外部单位等各主体。

综上所述，基于 CGE 模型评估碳排放的经济影响，在一定程度上为没有单独构建

IAM 模型的国家提供解决方案，可根据研究需求，对不同模型进行选择，搭配组合。

6.2.3 气候变化综合评估模型的区域扩展功能构建

1. 基于 RICE 模型的碳排放成本评估方法

不同 IAM 模型的 SCC 的评估模型的核心公式，William Nordhaus 发展的 DICE/RICE 模型评估 SCC 的核心公式为

$$\mathrm{SCC}(t)=\frac{\partial W}{\partial E(t)}\Big/\frac{\partial W}{\partial C(t)} \tag{6-27}$$

式中，$\mathrm{SCC}(t)$ 为第 t 年碳排放的社会成本；$C(t)$ 为总消费；$E(t)$ 为总碳排放；W 为总福利或效用。式（6.6）为评估全球 SCC，并没有按地区进行评估，RICE 模型假设福利的变化来自增加 1t CO_2 排放导致的各地区经济损失的总变化，并以各地区消费的边际效用为权重，进行加权平均，那么

$$\Delta W=\sum_{t=1}^{T}\left\{\sum_{i=1}^{n}U'\left[c_i(t),t\right]\Delta D_i(t)\right\} \tag{6-28}$$

式中，$U'[c_i(t),t]$ 为地区 i 的消费效用函数的一阶导数；$\Delta D_i(t)$ 为经济损失变化。基于 SCC 相关研究综述表明，大气 CO_2 浓度的增加是历史累积 CO_2 排放造成的，因 CO_2 较为稳定，第 t 年的 CO_2 排放导致大气 CO_2 浓度的增加对经济的影响是持续性的，因此，福利的变化是 t-T 年的福利变化之和。

考虑未来发展的区域公平性，RICE 模型将不公平视为风险，记为 α ，采用风险规避型的常弹性效用函数（constant relative risk aversion，CRRA），那么

$$U(c)=\begin{cases}\dfrac{c^{1-\alpha}-1}{1-\alpha}\\ \ln(c)\end{cases} \tag{6-29}$$

式中，α 为消费弹性，$\alpha=0$ 时，则没有厌恶不公平的假设。相应地，边际效用函数可表述为

$$U'(c)=c^{-\alpha} \tag{6-30}$$

对于地区 i 的福利变化可表述为

$$\Delta W_i=\sum_{t=1}^{T}\left\{c_i(t)^{-\alpha}\,\Delta D_i(t)(1+r)^{-t}\right\} \tag{6-31}$$

式中，r 为代际贴现率。则 SCC 可表述为

$$\mathrm{SCC}(i,t)=\frac{\partial U(c_i(t))/\partial E(t)}{\partial U(c_i(t))/\partial c_i(t)} \tag{6-32}$$

基于式（6-31），分别从消费与经济损失两方面进行分析。

1）消费函数

消费函数可表述为

$$c_i(t)=y_i'(t)(1-\mathrm{sr}_i(t)) \tag{6-33}$$

其中，$y_i'(t)$ 为净产出；$\mathrm{sr}_i(t)$ 为储蓄率，则

$$y_i'(t)=\frac{y_i(t)}{1+R(\mathrm{Dam})}-y_i(t)R(\mathrm{Acost}) \tag{6-34}$$

其中，$y_i(t)$ 总产出；$R(\mathrm{Dam})$ 为气候变化损失占总产出的比例；$R(\mathrm{Acost})$ 为减排损失占总产出的比例；RICE 模型只考虑冰川融化、海平面上升及升温造成的损失。根据 C-D 生产函数：

$$y_i(t)=\mathrm{TFP}_i(t)(K_i(t))^{\alpha'}(P_i(t)))^{1-\alpha'} \tag{6-35}$$

$$R(\mathrm{Dam})=R(\mathrm{TE})+R(\mathrm{Tem}) \tag{6-36}$$

$$R(\mathrm{TE},t)=100\theta_1(\lambda_1\mathrm{TE}+\lambda_2\mathrm{TE}^2)\left(\frac{y_i(t+\tau)}{y_i(t)}\right)^{1/\theta_2} \tag{6-37}$$

$$R(\mathrm{Tem})=\beta_1\mathrm{Tem}+\beta_2\mathrm{Tem}^2 \tag{6-38}$$

式中，θ_1、θ_2 为替代弹性；λ_1、λ_2 为损失系数；τ 为时间间隔；RICE 模型设 $\tau=10$，$R(\mathrm{TE})$ 为冰川融化、海平面上升造成的损失占总产出比例，RICE 模型根据 IPCC 报告进行计算得到相应参数；$R(\mathrm{Tem})$ 升温造成的损失占总产出的比例，β_1、β_2 为升温对经济影响的估计系数。

2）经济损失的变动

经济损失的变动可用一阶导数的形式表示

$$\frac{\partial U(c_i(t))}{\partial E(t)}=\int_t^{\infty}\mathrm{d}D_i(t)/\mathrm{d}E \tag{6-39}$$

$$\frac{\mathrm{d}D_i(t)}{\mathrm{d}E}=\frac{\mathrm{dTem}}{\mathrm{d}E}\times\frac{\mathrm{d}D_i(t)}{\mathrm{dTem}} \tag{6-40}$$

$$\frac{\mathrm{d}D_i(t)}{\mathrm{dTem}}=(\beta_1+\beta_2\mathrm{Tem})c \tag{6-41}$$

其中，$\frac{\mathrm{dTem}}{\mathrm{d}E}$ 的参数根据碳循环模块进行设定。

2. 区域集成评估功能扩展

根据上述 RICE 模型评估 SCC 的原理，将其扩展到中国各省，构建区域集成评估模型，模型主要包括各省总产出、固定资本存量、人口、TFP、碳排放强度与储蓄率、TFP 增长速度、碳排放强度增长速度、人口增长速度等 9 个外生变量。各省 2005 年（基期）总产出、固定资本存量、人口、TFP、碳排放强度已在上节中计算得到，未来年份 9 个外生变量的取值根据不同情景的设定进行取值。此外，区域集成评估模型计算 TFP 增长速度的方法与 SSPs 情景的计算方法不一致，具体公式如下：

$$\mathrm{TFP}_i(t+1)=\mathrm{TFP}_i(t)\left[\frac{\mathrm{TFP}(t+1)}{\mathrm{TFP}(t)}\right]\left[\frac{\mathrm{TFP}(t)}{\mathrm{TFP}_i(t)}(\text{converge ratio})\right]^{\text{converge rate}} \tag{6-42}$$

然而，温控阈值情景下的 TFP 是按式（5.25）计算，不同情景的 TFP 增长速度如表 5.5 所示，根据本节的研究需求，采用温控阈值情景下的 TFP 设定进行评估。

人口增长速度的公式：

$$g_{\text{pop}} = \ln\left(\text{POP}(t+\Delta) / \text{POP}(t)\right) / \Delta \tag{6-43}$$

基于 RICE 模型进行区域评估功能扩展时，温控阈值情景下各省的总产出、固定资本产量、人口参数与区域集成评估模型的核算方法一致，均基于 C-D 生产函数获得；碳排放强度参数则结合减排目标与温控阈值情景对碳排放的要求，取值由基期碳排放强度确定；省级尺度区域集成评估模型中常数参数的取值按中国地区的参数相应地进行设置。

区域集成评估模型的减排成本基于 RICE 模型中减排成本设定的原理，假设当全球碳排放交易市场碳价格统一时，以国际碳交易市场达到平衡时的碳排放为各国排放额度，实际碳排放超过该额度时需减排造成的损失为减排成本。根据式（6.13），$y_i(t)R(\text{Acost})$ 为减排成本，其中

$$R(\text{Acost}) = \varphi \text{ECR}^f \tag{6-44}$$

$$\varphi = P\sigma / f \tag{6-45}$$

式中，φ 为减排成本函数系数；ECR 碳排放控制比例；f 为控制成本函数指数；P 为支持价格；σ 为碳排放强度。根据式（6.44）可知，模型中的 f 为常数。

$$P(t+\tau) = r(\text{asy}) \times P(0) + \left(P(t) - r(\text{asy}) \times P(0)\right) \times \left(1 - r(\text{dec})\right) \tag{6-46}$$

$$\sigma(t+\tau) = a\sigma(t)e^{\tau g} \tag{6-47}$$

$$\text{ECR} = \frac{C_{\text{tax}}}{(1000P)^{1/(f-1)}} \tag{6-48}$$

式中，$r(\text{asy})$ 为初始价格渐进比；$r(\text{dec})$ 支持价格衰减率，均设置为常数；a 为常数；g 为碳排放强度增长率；C_{tax} 为碳税。值得注意的是，在全球碳交易市场上，当碳交易价格一定时，ECR 的变化取决于支持价格的变动。结合式（6-44）、式（6-45）与式（6-46）可得

$$R(\text{Acost}) = b \times \frac{C_{\text{tax}}^f \sigma}{P^{1/(f-1)}} \tag{6-49}$$

$$\text{Abatement cost} = b \times \frac{C_{\text{tax}}^f \times (\text{emission})}{P^{1/(f-1)}} \tag{6-50}$$

温控阈值情景下，全球碳排放交易完全竞争市场的假设下，减排成本直接取决于碳排放。基于 RICE 模型进行区域评估功能扩展时，模型的主要外生变量是碳排放强度。

6.2.4 气候变化经济影响的表征指标

基于上述研究方法，气候变化的经济影响空间评价结果也可分为两类：一是基于一般 IAM 模型的评估结果，即碳排放的社会成本（SCC）；二是基于 CGE 模型的评估结果，GDP（包含消费、投资、政府支出和净出口）或 GNP 或收入等经济指标的影响。

1. 基于 IAM 模型的评估结果——碳排放的社会代价

SCC 指标是由美国政府提出，用于评价碳排放的经济影响或气候变化政策实施效果的指标，研究将其定义为每排放 1t 碳到大气中所造成的经济损失（Nordhaus，2014）。依据定义，SCC 也可以作为衡量政府对防止气候变化的支付意愿的指标，对比分析 IAM 模型中测算 SCC 的核心方程，不同模型采用的计算 SCC 的方法不尽相同，如表 6-10 所示。

表 6-10　不同 IAM 模型的 SCC 计算方程

SCC 评估的核心方程	作者
$\frac{CC}{SCC}=\frac{\mathrm{cov}(D_r,Y_{r0})/Y_{w0}+D}{\mathrm{cov}(D_r,n_r)+D}$	Hope 和 Newbery，2007
$SCC=\frac{dC_t}{dX_t}=\frac{\partial E[W_0]/\partial X_t}{\partial E[W_0]/\partial C_t}$	Newbold et al.，2013
$SCC=\frac{\partial W}{\partial E(t)}\Big/\frac{\partial W}{\partial C(t)}$	Nordhaus，2014
$SCC_r=\sum\frac{I_{tr}(\sum E_s+\delta_s)-I_{tr}(\sum E_s)}{\prod 1+\rho+\eta g_{sr}}\Big/\sum\delta_t$	Anthoff et al.，2009
$SCC_r=\frac{1}{\frac{\partial U}{\partial C}}\frac{1}{\sum\delta}\sum_r\sum_t\frac{dC\frac{\partial U}{\partial C}}{\prod 1+\rho}$	Anthoff and Tol，2010
$SCC=\sum\frac{(C_b-C_1)_t}{(1+r)^t}$	Moyer et al.，2014
$SCC=\Delta\theta(c)Y(t)W(\sigma,\gamma)$	Bijgaart et al.，2016

一般对待污染的外部性所采取的对策是定义其价格，被归纳为边际社会成本（marginal social cost）的范畴，即生产者或消费者增加一单位污染物所导致的社会成本或损失。边际社会成本可以通过福利经济学的“庇古税”进行量化，“庇古税”对污染物设立产权，其价格取决于排放污染物交易中排放需求与固定供给排放量均衡时的价格（Metcalf and Stock，2017）。需要强调的是，未来碳排放的边际社会成本可能呈增长的趋势，因为大气中 CO_2 是累计排放的 CO_2，增加一单位 CO_2 排放是基于现状大气 CO_2 浓度，因此，随着大气 CO_2 浓度增加，每增加一单位排放的边际社会成本可能呈增长趋势。SCC 最开始被作为实用的环境管控措施评估工具广泛应用于交通运输行业、环境政策制定等方面，直到 2009 年，美国 IWG 运用 FUND 模型、PAGE 模型、DICE 模型评估全球及部分国家 SCC，并将其作为政策分析的参考。2013 年、2016 年 IWG 分别基于更新版本的 FUND 模型、PAGE 模型与 DICE 模型对 SCC 进行评估，更新的 SCC 评估结果相比 2009 年均有所上调。

除具体政策分析与应用外，国外对 SCC 的研究多集中在其评估方法、不确定性等方面。Clarkson 和 Deyes（2002）总结评估 SCC 的方法分为成本收益法（cost-benefit approach，CBA）与边际成本法（marginal cost，MC），其中 CBA 方法用于计算最适宜的碳排放量，即边际减排成本与边际社会成本相等时的碳排放量，此时的 SCC 以“庇古税”的形式表述，当固定供给碳排放量为最适宜碳排放量时的碳排放额度交易价格。MC 方法则是直接计算增加或减少一单位碳排放的未来损失。Pearce（2003）的相关文献研究中提到支付意愿（willingness to pay，WTP）与接受补偿愿意（willingness to accept compensation，WTA）的方法，通过实地调研了解个人、组织或机构为避免增加一单位碳排放导致的损失的支付意愿（WTP），或者忍受单位碳排放造成的损失接受补偿愿意（WTA），货币化碳排放的损失。Clarkson 和 Deyes 阐述 CBA 方法时表明，为探索最佳碳排放路径需构建综合评估模型，即 IAM 模型，将经济增长假设、碳排放预测、减排成本评估与全球变暖的损失函数链接起来。因此，IAM 模型是实现 CBA 评估的具体工具，是政府或学者用于评估 SCC 最广泛应用的模型方法。

然而，SCC 的作为政策评估标准仍受到广泛争议，主要集中在其评估方法的不确定性与评估结果的准确性。表 6-10 列举了部分 SCC 评估方法的核心公式，核心公式简化了碳循环过程，最适宜碳排放的计算依赖损失函数的关键参数，如气候敏感参数、代际贴现率、地区公平性、风险规避指数等。根据 IAM 模型的构建原理，SCC 评估方法的不确定性主要来自两个方面。

（1）碳循环模块的不确定性。一是碳排放与大气 CO_2 浓度关系的不确定性，碳排放一部分被海洋、森林等碳汇系统吸收，一部分到大气中混匀导致大气 CO_2 浓度增加，而被吸收的碳排放核算存在不确定性；二是大气 CO_2 浓度增加对气候变化的贡献存在不确定性。

（2）气候变化损失模块的不确定性。一是损失系数的不确定性，即气候变化的成本收益分析存在不确定性。Pearce 在研究中表明基于 WTP、WTA 方法衡量气候变化损失的市场价值时，高收入群体与低收入群体的 WTP 与 WTA 存在明显差异。非市场价值则很难确定，也是影响 SCC 结果准确性的重要因素。

尽管 SCC 评估存在很多局限性，但其评估结果仍具有政策参考意义（Kotchen，2016）。

2. 基于 CGE 模型的评估结果

基于开放型的模型，碳排放对经济影响的评估对 CGE 模型而言，主要是分析其对一般均衡理论所描述的整个经济系统的影响，主要是经济总量 GDP 的变化情况或人均收入等关键经济指标，其中按支出法核算 GDP 的公式，分别从碳排放对 GDP 总量、居民消费、企业投资、政府购买和净出口五个方面对受影响的经济系统进行分析。链接气候变化损失模块，仍然可以将 GDP、人均收入、消费等关键经济指标的影响转化为 SCC。

综上所述，本节基于研究目标与内容的设定，选择采用 RICE 模型，评估温控阈值情景下中国的 SCC。依据前后评估方法的一致性，基于 RICE 模型框架，对其评估区域进行扩展，构建区域集成评估模型，评估温控阈值情景下中国各省的 SCC。

6.3　IPCC 温控阈值情景下中国气候变化经济影响评估的实证研究

CO_2 的排放主要来源于人类经济活动燃烧化石燃料、土地利用变化与农业生产等，反过来，CO_2 的排放具有的外部性特点，深刻地影响人类的经济活动。气候变化物理机制的文献研究与分析表明，CO_2 作为导致全球变暖的温室气体之一，直接作用于气候系统的同时，通过碳循环间接影响生态系统，从而影响人类福利。为了量化碳排放的外部性，美国政府提出采用 SCC 作为关键指标，衡量每增加 1t CO_2 排放所带来的损失，或者经济成本。该指标是政府对有关碳排放进行管理或制定的减缓措施进行评估的有效工具。随着 1.5℃温控目标逐渐受到重视，中国 2030 年承诺自主减排目标的确定，评估温控阈值目标下的碳排放外部性，是控制相应管理或减缓措施严格程度的依据，也是评估气候变化减缓与应对政策效果的基础指标。首先，本节采用 Meta 分析，归纳提炼现有文献研究对 SCC 评估的现状；其次，基于 RICE 模型理论框架，对其区域进行扩展，构建区域集成评估模型，评估中国各省 SCC 与碳减排成本。

6.3.1　基于元分析的气候变化经济影响评估研究

1. Meta 分析的模型与方法

基于 SCC 相关研究的文献资料，采用 Meta 分析方法对 SCC 进行评估。Meta 分析最早是由 Karl Pearson 于 1904 年基于现有文献资料证明牛痘疫苗抗肠热症的存在，现广泛地应用于医疗、心理研究、教育、社会学等领域。Meta 分析的关键是建立 Meta 回归模型，一般而言，Meta 回归模型的被解释变量是研究指标或“效应量”，解释变量一般包括文献资料特征数据、研究设计、模型方法、样本量、文献发表日期、文献类型等，大部分自变量为虚拟变量（Nelson and Kennedy，2009）。基于此，对 SCC 相关文献资料的 Meta 分析主要从以下几方面建模。

1）构建 SCC 或“效应量”模型

根据 SCC 评估研究文献资料的特点，本节选取 SCC 评估值为被解释变量；则回归模型可表述为

$$y_{ij} = x_{ij}\beta + \varepsilon_{ij} \tag{6-51}$$

式中，y_{ij} 为文献 i 中第 j 个 SCC 评估值（一篇文献中多个 SCC 评估值）；x_{ij} 为相应的文献资料特征与评估 SCC 过程中的关键参数；β 为估计系数；ε_{ij} 为随机干扰项。

2）Meta 回归模型

基于 Meta 回归模型探究文献资料之间评估 SCC 异质性，因选取文献样本时，存在一定的样本偏误（不能完全代表所有相关研究），则样本文献评估 SCC 之间存在以下关系：

$$y_i = y_0 + \mathrm{SE}\left(y_i\right)\beta' + \mu_i \tag{6-52}$$

式中，y_0 为样本评估 SCC 的平均值；$\mathrm{SE}(y_i)$ 为样本 y_i 的标准误；β' 为样本的选择性偏差，μ_i 为随机干扰项。该模型认为 SCC 为随机选取，则样本 SCC 应基于其均值随机分

布，若因评估 SCC 不符合一般评估结果而舍去该样本，则样本评估 SCC 与其标准误相关（Havranek et al.，2015）。式（6.2）可变换为

$$y_i / \mathrm{SE}(y_i) = y_0 / \mathrm{SE}(y_i) + \beta' + \tau_i \tag{6-53}$$

根据 Doucouliagos 和 Stanley（2013）对 β' 取值范围的界定，即

（1）当 β' 在 Meta 回归模型中表现不显著，或 $|\beta'| < 1$ 时，则样本文献几乎不存在选择性偏差；

（2）当 β' 在 Meta 回归模型中表现显著，且 $1 \leqslant |\beta'| \leqslant 2$ 时，则样本文献存在一定的选择性偏差；

（3）当 β' 在 Meta 回归模型中表现显著，且 $|\beta'| > 2$ 时，则样本文献存在严重的选择性偏差。

2. 指标选取与数据收集

本节以 58 篇研究文献 578 个评估结果为样本进行建模分析，所有研究样本的选取按“social cost of carbon”的关键词在 Google Scholar 文献库中搜索得到，基于关键词选取 172 篇文献，剔除以理论阐述、模型发展等为主且不包含具体评估 SCC 值的文献，根据 Tol（2008）的研究，记录剩余 58 篇文献的基本特征与评估情况信息，除作者、发表年份等基本信息外，具体如下：

（1）是否为同行评审文献（peer-reviewed，PR），选取样本文献根据是否为同行评审分为两组，将同行评审文献赋值为 1，非同行评审文献赋值为 0。

（2）文献中 SCC 是否具有独立性（independed estimated，IE），部分文献对气候变化政策效果的评估主要是基于其他文献的 SCC 评估值开展，对于这部分文献赋值为 0；另一部分文献基于 IAM 模型对 SCC 进行评估，该部分文献赋值为 1。

（3）SCC 评估是否设置基准情景（realistic scenario，RS），基于相关的气候变化情景对 SCC 进行评估是文献样本中的一般研究步骤，其中少部分研究在评估 SCC 时，设置任意情景（arbitrary scenario），此时对该特征赋值为 0，其他情景赋值为 1。

（4）是否处理不确定性（treatment of uncertainty，ToU），部分文献基于动态递减的贴现率评估 SCC，近期文献更倾向于采用 Monto Carlo 的方法处理 IAM 模型中的不确定性。

（5）在评估 SCC 的文献中，4 个关键参数是评估过程中的重点：一是收入或消费的边际效用弹性（μ）；二是纯时间偏好率（pure rate of time preference，PRTP，ρ）；三是公平性权重（equity weight，EW）；四是气候敏感参数（climatic sensitivity，CS）。评估 SCC 最关注的参数是代际贴现率，一般基于纯时间偏好率与经济增长率（g）计算得到

$$r = \rho + \mu \times g \tag{6-54}$$

更值得注意的是，早期 SCC 评估研究往往忽略区域公平性参数与处理不确定，近期的 SCC 评估研究大多采用 DICE/RICE、PAGE、FUND 模型，结合 Monto Carlo 的方法，引入公平性权重参数开展评估研究。综上所述，基于 Meta 分析的文献特征及关键指标的描述统计如表 6-11 所示。

表 6-11　基于 Meta 分析关键指标的描述统计

变量	描述	样本量/个	平均值	标准误
year	文献发表年份	578	2007.80	5.54
SCC	文献中评估 SCC 结果	578	200.57	514.82
PR	同行评审，PR=1 非同行评审，PR=0	578	0.58	0.49
IE	SCC 为独立评估，IE=1 SCC 为非独立评估，IE=0	574	0.67	0.47
RS	未设置任意情景，RS=1 设置任意情景，RS=0	500	0.97	0.18
ToU	不考虑不确定性，ToU=0 考虑不确定性，处理方法不明，ToU=1 考虑不确定性与变率，ToU=2 考虑不确定性与随机性，ToU=3	469	1.27	0.84
μ	收入或消费的边际效用弹性	469	1.11	0.72
ρ	纯时间偏好率	564	0.019	0.019
EW	考虑公平性权重，EW=1 不考虑公平性权重，EW=0	576	0.17	0.37
CS	气候敏感性（大气 CO_2 浓度倍增时升高的温度）	561	2.90	0.57
t	评估年份	420	2045.19	44.53
model1	采用 DICE/RICE 模型评估 SCC	578	0.43	0.50
model2	采用 PAGE 模型评估 SCC	578	0.12	0.32
model3	采用 FUND 模型评估 SCC	578	0.35	0.48

3. 基于 Meta 分析的 SCC 评估结果

1）基于文献样本的 SCC 模型结果

样本文献中 SCC 的评估结果分布如图 6-8 所示，样本文献中 SCC 评估结果介于 –50～8752 美元/tC（–13.36～2386.91 美元/tCO_2），剔除任意情景的评估值后，所有样本数据 2020～2050 年 SCC 的平均值为 200.57 美元/tC（54.70 美元/tCO_2），其中当纯时间偏好率取值为 3%时，所有同行评审文献的 SCC 结果平均值为 112.86 美元/tC（30.78 美元/tCO_2），对比 IWG 评估结果，2020 年 SCC 为 46 美元/tCO_2，2050 年为 69 美元/tCO_2，样本文献评估结果基本与 IWG 评估相一致。

SCC 评估结果与 Meta 分析各变量进行泊松分布的卡方检验，检验结果如表 6-12 所示。检验结果表明除 IE、CS 以外的所有变量都与 SCC 评估结果相关，但 Hansen 等(2013）对气候敏感参数进行分析时表明，当其他参数相同，气候敏感参数取 3 与 3.55 时，2005 年 SCC 的评估值分别为 12.7 美元/tC 与 14.95 美元/tC，尽管卡方检验该参数与 SCC 评估结果不相关，但实证研究表明二者紧密相关。通常，DICE/RICE 模型中气候敏感参数一般取值 3℃，PAGE 模型取值 3.5℃，FUND 模型取值 2.5℃。因此，在构建模型时，解释变量需包含除 IE 变量之外的所有变量。

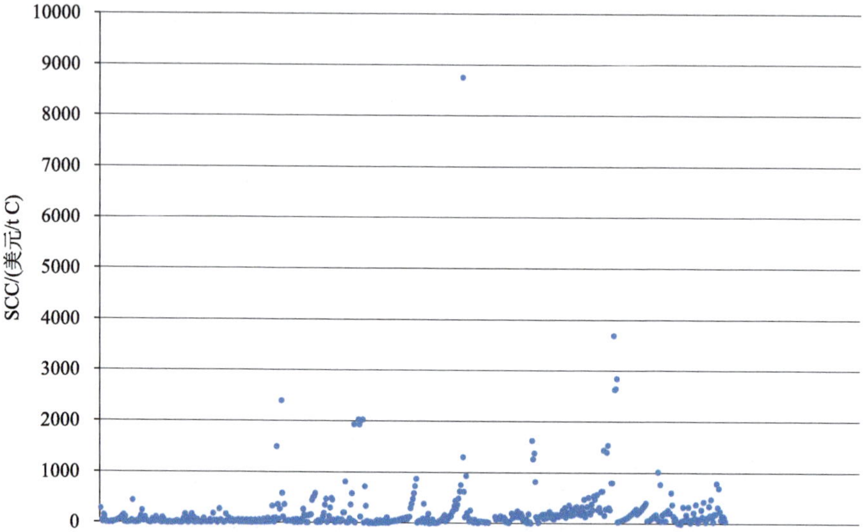

图 6-8　样本文献中 SCC 评估结果分布

表 6-12　各变量的卡方检验

变量	皮尔森卡方值	*P* 值
year	10000	0.00
PR	520.84	0.01
IE	471.18	0.26
RS	521.93	0.01
ToU	1400	0.01
μ	9900	0.00
ρ	14000	0.00
EW	494.55	0.07
CS	7300	0.89
t	8400	0.00
model1	531.73	0.01
model2	503.01	0.049
model3	524.50	0.01

基于式（6.1），构建 SCC 与文献特征及相关变量的关系模型，其模型估计结果如表 6-13 所示。分别以 SCC 评估结果原始值与取对数值作为被解释变量，对包含 IE 变量与不包含 IE 变量的模型进行回归分析，结果表明以 SCC 直接作为解释变量的模型拟合程度更好，但以 SCC 对数值为被解释变量的模型各系数在 10%的水平下表现显著（除 ToU、EW 与 model3 变量之外）。结合卡方分布与模型模拟结果，IE 变量可剔除，则 SCC 及其影响因素模型结果如式（6-55）所示：

$$\ln(\mathrm{SCC}) = -190.23 + 0.088\times \mathrm{year} + 0.26\times \mathrm{PR} - 4.69\times \mathrm{RS} - 0.17\times \mathrm{ToU} + 0.21\times \mu - 14.46\times \rho - 0.19\times \mathrm{EW} + 0.31\times \mathrm{CS} + 0.011\times t + 0.5\times \mathrm{model1} + 0.61\times \mathrm{model2} - 0.27\times \mathrm{model3} \tag{6-55}$$

根据模型，文献发表年份与 SCC 评估结果密切相关且在 1%的水平下表现显著，表明文献年份越近，其 SCC 评估结果越大，但该影响较小。导致这种情况出现的原因可能有两个：一是情景设计的发展与改进，早期 SCC 评估多集中采用基准情景进行评估，随后，越来越多的文献采用 IPCC 公布的多种情景进行评估、对比；二是不确定性处理方法与 IAM 模型的综合评估，基于不确定性分析的 SCC 评估结果相比不考虑不确定性的结果更大。尽管如此，ToU 变量在模型中表现并不显著，但 Schauer（1995）评估结果表明，考虑外部不确定性情况下，SCC 评估值从 8.27 增长到 112.5 美元/tC。

表 6-13　基于样本文献的 SCC 及其影响因素模型结果

解释变量	被解释变量			
	SCC	ln（SCC）	SCC	ln（SCC）
year	8.61（6.54）	0.089***（0.020）	9.62（6.55）	0.088***（0.020）
PR	95.22**（44.54）	0.27**（0.13）	112.40**（43.93）	0.26**（0.13）
IE	−101.98**（49.80）	0.060（0.15）		
RS	−8642.20***（328.44）	−4.69***（0.96）	−8647.49***（329.80）	−4.69***（0.96）
ToU	69.56（79.89）	−0.20（0.24）	10.77（74.87）	−0.17（0.22）
μ	86.73***（27.47）	0.22***（0.081）	96.61***（27.16）	0.21***（0.079）
ρ	−5245.78***（842.29）	−14.31***（2.52）	−5071.67***（841.48）	−14.46***（2.49）
EW	−19.70（51.21）	−0.18（0.16）	−7.70（51.09）	−0.19（0.16）
CS	35.71（32.59）	0.33***（0.096）	54.38*（31.42）	0.31***（0.091）
t	1.86***（0.52）	0.011***（0.0015）	2.42***（0.44）	0.011***（0.0013）
model1	45.27（88.37）	0.53**（0.26）	95.95（85.19）	0.50**（0.25）
model2	138.24（98.06）	0.63**（0.29）	186.33**（95.60）	0.61**（0.28）
model3	−30.71（102.43）	−0.22（0.31）	50.59（94.81）	−0.27（0.28）
constant	−12428.2（13505.33）	−192.24***（40.50）	−15750.94（13463.31）	−190.23***（40.15）
R^2	0.69	0.52	0.69	0.52

注：括号内数字代表 t 统计量；*、**、***分别代表在 0.1、0.05、0.001 水平上显著；本书下同

PR 变量的表现也表明，同行评审文献的 SCC 评估值相较于非同行评审的文献更高，结合图 6-9（a），异常值均出现在非同行评审文献中，同时 SCC 评估值为负数的情况也均出现在非同行评审的文献中。同理，图 6-9（b）也表明异常值基本都出现在任意情景的评估中。更值得注意的是，纯时间偏好率、收入或消费的边际效用弹性变量与 SCC 的评估值显著相关，如图 6-9（c）所示，一般文献中 PRTP 取值一般为 0～3%，纯时间偏好率取值越大，SCC 评估结果越小；收入或消费的边际效用弹性越大，SCC 评估结果也越小。

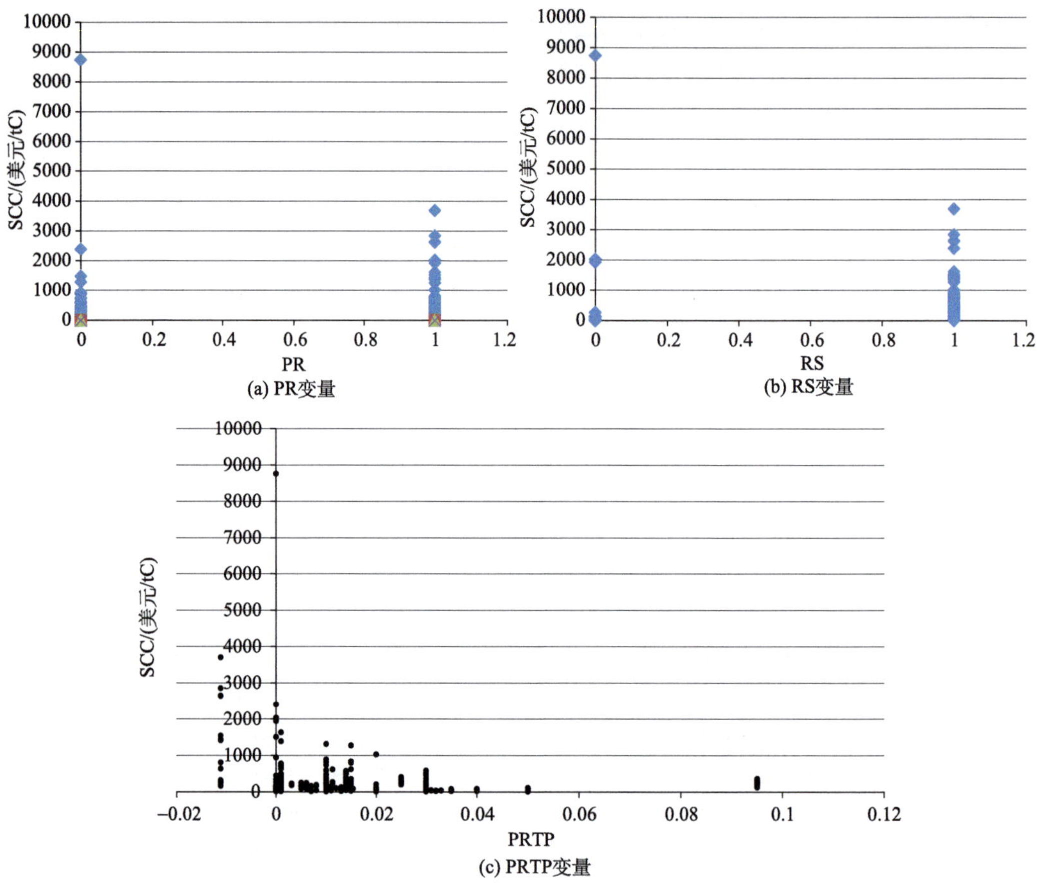

图 6-9　SCC 评估结果与 PR、RS、PRTP 变量的关系分布图

2）Meta 回归模型结果

如表 6-14 所示，Meta 回归模型中 SCC 标准误的估计系数为正且在 1%的水平下表现显著，这与图 6-10 的对称分布图一致，样本文献中 SCC 越大，其不确定性或存在的偏误也越大。基于式（6.2），SCC 标准误的估计系数为 2.13，表明样本文献存在选择性偏差，常数项为 76.11，可视为样本文献 SCC 评估结果的平均值（假设随机干扰项为 0 时），该平均值比对所有样本文献的 SCC 评估结果的直接平均值要小。

表 6-14　样本文献 SCC 的 Meta 回归模型估计结果

解释变量	被解释变量		
	SCC	SCC	ln（SCC）
SE	2.13*** （7.41）	0.96*** （3.24）	0.023*** （2.65）
year	—	9.26（1.43）	0.087*** （4.47）
PR	—	155.83*** （3.43）	0.37** （2.4）
RS	—	−8548.54*** （−26.12）	−4.46*** （−4.68）
ToU	—	−5.33（−0.07）	−0.21（−0.93）
μ	—	82.60*** （3.04）	0.18*** （2.28）

续表

解释变量	被解释变量		
	SCC	SCC	ln（SCC）
ρ	—	−5139.26***（−6.18）	−14.63***（−5.92）
EW	—	−47.99（−0.92）	−0.3*（−1.86）
CS	—	36.08（1.14）	0.27***（2.94）
t	—	2.33***（5.31）	0.01***（7.95）
model1	—	34.98（0.41）	0.36（1.41）
model2	—	163.73*（1.73）	0.55**（1.99）
model3	—	78.23（0.83）	−0.21（−0.74）
constant	76.11***（2.87）	−14890.51*（−1.12）	−187.26***（−4.7）
R^2	—	0.70	0.53

添加样本文献特征等控制变量后，分别以样本文献的 SCC 评估结果与其对数为被解释变量，SCC 标准误的估计系数分别为 0.96、0.023，几乎不存在样本文献的选择性偏差，此时，常数项并不能代表 SCC 评估结果的平均值。

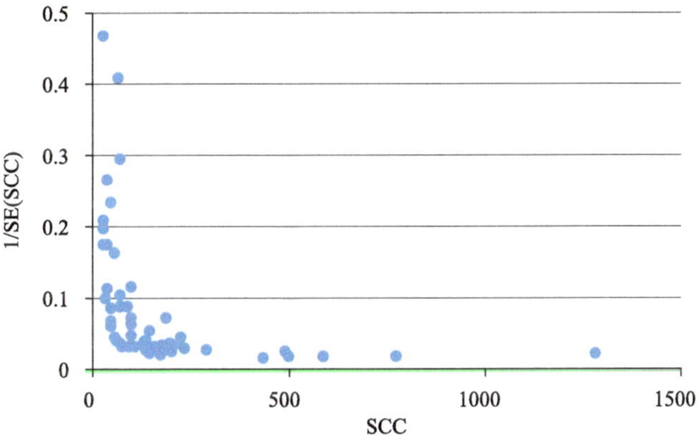

图 6-10　样本文献 SCC 与其标准误散点分布图

4. 结论与讨论

本节基于 58 篇 SCC 相关文献 578 个评估结果，对样本文献进行 Meta 分析，样本文献 SCC 评估值范围为−50～8752 美元/tC（−13.36～2386.91 美元/tCO_2），剔除任意情景下的评估结果后，所有样本文献 SCC 在 2020～2050 年的平均值为 200.5 美元/tC（54.70 美元/tCO_2），与 3%（95%）贴现率情况下 IWG 评估结果几乎一致。对 SCC 与样本文献特征进行回归，情景设置、纯时间偏好率、气候敏感参数、评估年份、模型类型等变量在 10%的水平下表现显著，其中除情景设置与纯时间偏好率指标与 SCC 评估值显著负相关外，其他表现显著的指标与 SCC 评估结果呈正相关关系。另外，Meta 回归模型结果表明，在加入样本文献特征等控制变量后，SCC 标准误的估计系数表明样本文献几乎不存在选择性偏差，即选择样本文献具有一定的代表性。

本节的 Meta 分析过程仍存在可改进的方面，首先，在样本文献选择方面，基于“social cost of carbon”的关键词搜索选择 172 篇文献，剔除评估结果相同、无评估结果的文献后，仅存 58 篇样本文献，剔除比例较高，导致样本文献在一定程度上缺乏随机性。其次，选取的样本文献特征较少，统计数据还包含评估尺度、SCC 影响因素、极端气候等指标，但因数据缺乏，剔除这些变量。

6.3.2 基于区域扩展的气候变化综合评估模型的中国经济影响评估

1. 温控阈值情景下中国碳排放成本评估

本节基于 RICE 模型对其评估区域进行扩展，结合 IPCC 温控阈值情景下省级尺度的参数，评估温控阈值情景下中国及省级尺度的 SCC。本次评估贴现率取值为 3%，公平系数取值为 1.5，气候敏感性参数为 3.2℃，与 RICE 模型的基础参数一致。如表 6-15 所示，base run 为基于原 RICE 模型参数中国模拟结果，对比 IWG 在贴现率为 3%时全球 SCC 的评估结果，2015 年为 87.35 美元/tC（23.8 美元/tCO_2），RICE 模型的 base run 结果低于 IWG 的估计结果。对比 Meta 分析结果，2020～2050 年 SCC 平均值为 200.5 美元/tC（54.70 美元/tCO_2），修正参数的 RICE 模型 base run 的 SCC2020～2050 年取值范围为 68.48～230.75 美元/t C（18.66～62.87 美元/tCO_2），RICE 模型的 base run 结果低于 Meta 分析的估计结果。对比表 6-14 全球与中国 SCC 及各情景评估结果，中国 SCC 低于全球平均水平，2015 年中国地区排放 1t 碳或 1t CO_2 造成的经济损失分别为 52.9 美元与 14.43 美元，全球平均排放 1t 碳或 1t CO_2 造成的经济损失分别为 68.48 美元与 18.66 美元，换句话说，全球排放 1t CO_2 造成的经济损失与中国排放 1.3t CO_2 的经济损失相同。

表 6-15 基于 RICE 模型的 IPCC 温控阈值情景下 SCC 的评估结果 （单位：美元/tC）

情景		2015 年	2025 年	2035 年
base run（全球）		68.48	113.71	170.38
base run（中国）		52.90	94.69	149.02
温控 1.5℃	SSP1-19	19.34	51.45	108.15
	SSP2-19	25.30	64.74	119.29
	SSP5-19	15.07	40.60	89.07
温控 2.0℃	SSP1-26	19.39	51.63	108.57
	SSP2-26	25.37	64.95	119.72
	SSP4-26	23.64	60.80	114.64
	SSP5-26	15.10	40.71	89.37

注：本书基期数据采用 SSPs 情景数据库 2005 年的数据，对 RICE 模型中国地区基期参数进行修正，因此，本书评估的 base run 结果中国地区结果相较于 William Nordhaus 相应的评估结果数据偏大

从 SSPs 情景的角度，结合图 6-11，温控阈值情景下的 SCC 均低于未设置情景时的评估结果，温控 1.5℃情景下，按照 SSP5 情景的未来社会经济发展的 SCC 最小，2025 年为 40.6 美元/tC（11.06 美元/tCO_2）、2035 年为 89.07 美元/tC（24.27 美元/tCO_2），SSP1

情景次之，最后为 SSP2 情景；温控 2.0℃情景下，同样按照 SSP5 情景的社会经济发展路径的 SCC 最小，2025 年为 40.71 美元/tC（11.09 美元/tCO_2）、2035 年为 89.37 美元/tC（24.35 美元/tCO_2），SSP1 情景次之，随后为 SSP4 情景，SSP2 的社会经济发展路径为最差的选择。因此，单从 SCC 的角度选择未来社会经济发展路径，无论在温控 1.5℃还是温控 2.0℃的情况，SSP5 情景均为最优社会经济发展路径，结合第 2 章与第 5 章对 SSPs 情景的描述与关键参数设置，该情景在人口方面强调低生育率、低死亡率、高教育水平，在经济发展方面强调高效的资源利用率、高度的劳动参与率与高速经济发展。

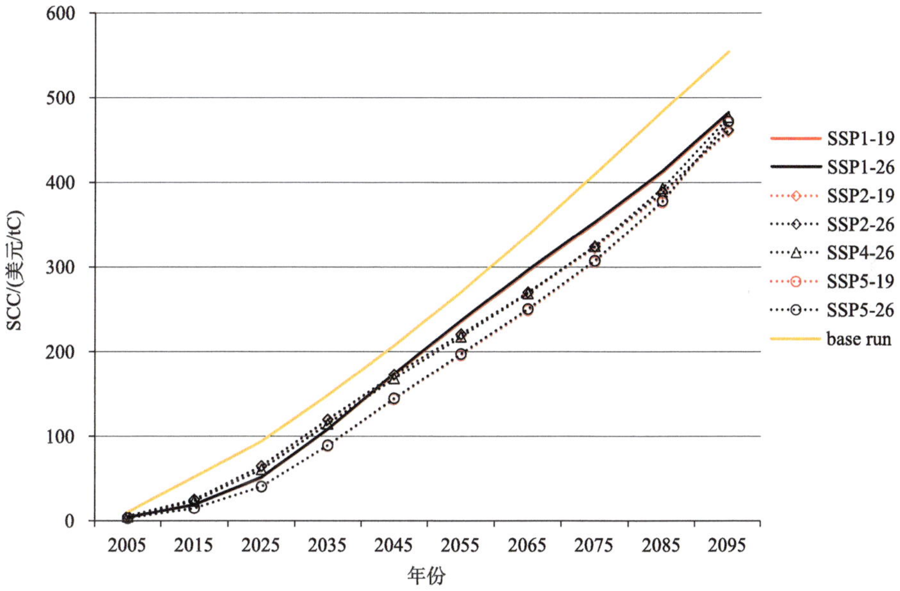

图 6-11　温控阈值情景下 2005～2095 年中国 SCC 评估结果

从温控阈值的角度，相同社会经济发展路径下温控 1.5℃与温控 2.0℃的 SCC 的结果相差不大，如 SSP1 情景温控 1.5℃与温控 2.0℃的 SCC 评估结果差距 2015 年为 0.05，2035 年为 0.42，虽然差距逐年增大，但总体仍然较小。根据 SCC 的核算方法与步骤，这种差距主要来自温度变化，如式（6.16）和式（6.20），在社会经济参数相同的情况下，造成不同温控阈值下 SCC 的微小差距，分别来源于升温导致的冰川融化、海平面上升造成的经济损失以及升温直接对消费的影响。那么相同的社会经济发展路径下不同的温度变化趋势的原因主要来源于技术因素，一方面可能是减碳技术进步导致社会经济系统排放的 CO_2 进入大气减少，如碳捕捉与储存技术；另一方面可能是加大清洁能源的使用，减少化石能源燃烧，且太阳能、风能等绿色能源储存、转化等技术提升。

2. 温控阈值情景下省级尺度碳排放成本评估

基于 RICE 模型的区域集成评估功能扩展对 2015 年、2025 年、2035 年中国省级尺度 SCC 进行评估。2015 年温控阈值情景下 SCC 评估结果空间分布表明，相同社会经济情景下温控 1.5℃与温控 2.0℃的 SCC 相差不大，但各情景下空间分布存在明显的差异，

SCC 小于 1.55 美元/tC 的地区集中在西部地区、南部沿海地区，SCC 较大的地区主要集中在我国东部与中部地区，大于 10.14 美元/tC 的地区主要有山东半岛以及苏粤地区。2025 年各情景下 SCC 的地区差异增加，SCC 小于 8.66 美元/tC 的地区有河西走廊地区以及南部沿海地区，SSP5-19 情景下还包括新疆；除 SSP1-19 之外，其他各情景 SCC 大于 28.69 美元/tC 的地区包括山东半岛、华北平原、华中平原等。SCC 评估结果按照自然断裂的方法进行空间分布，对比各年不同情景下的分布情况，SCC 较大的地区逐渐向中部地区偏移，东南丘陵东北部地区 SCC 相对增长较慢。

根据上述温控阈值情景下中国各省 SCC 结果的空间差异性，对比分析各省不同情景下 SCC 评估结果，根据 SCC 的定义，按照排放 1t 碳或 CO_2 造成的经济损失最小的原则，解析不同省市的最优发展路径（表 6-16）。与中国整体社会经济发展最优路径的选择不同，温控 1.5℃与温控 2.0℃情景下各省最优发展路径不同，且 2025 年与 2030 年的最优路径选择不同。在温控 1.5℃情景下，只有北京、天津、上海、浙江、广东在 2015 年、2025 年、2035 年的最优社会经济发展路径一致，均为 SSP5 路径，其他省市的最优发展路径处于变动状态，这表明这些省市的社会经济发展仍然不稳定。2015～2025 年，发展路径变化的地区为河北、山西、内蒙古、吉林、广西、云南、陕西、青海、宁夏，均为 SSP5 转为 SSP1 发展路径，根据 SSPs 情景描述，这些地区人口净迁移率降低，区域发展趋向公平，经济发展速度趋缓；2025～2035 年发展路径除 5 个稳定省份外，剩余省份发展路径均发生变动，主要由 SSP5 转为 SSP2 与 SSP1 转为 SSP2，这些地区人口方面生育率、死亡率升高，经济发展速度降低。在温控 2.0℃情景下，除北京、上海的最优发展路径一直为 SSP5 外，其他省份最优发展路径均发生变化，主要由 SSP1 转为 SSP4、SSP5 转为 SSP4 两种情况。黑龙江、安徽、江西、河南、湖北、湖南、广西、重庆、四川、贵州、甘肃为最优发展路径由 SSP1 转为 SSP4 的地区，主要是中国中部、西部地区省份，根据情景描述，这部分地区公平发展趋向地区不公平发展，强调低碳经济在重点地区的发展，从人口方面地区死亡率增长，教育水平提升速度减缓，经济发展仍然增长缓慢；最优发展路径由 SSP5 转为 SSP4 的地区主要集中在东部地区与东北部地区，强调低碳经济发展，总体经济发展速度减缓，人口死亡率上升，教育水平增长速度也相对下降，地区之间净迁移率下降。综上所述，温控阈值情景下最优路径的变动也表明，各省份目前的发展相对温控目标与自主减排承诺而言，仍需转型发展。

表 6-16　2015～2035 各省份的最优发展路径情况

省份	2015 年	2025 年	2035 年
北京	SSP5-19、SSP5-26	SSP5-19、SSP5-26	SSP5-19、SSP5-26
天津	SSP5-19、SSP5-26	SSP5-19、SSP5-26	SSP5-19、SSP4-26
河北	SSP5-19、SSP5-26	SSP1-19、SSP4-26	SSP2-19、SSP4-26
山西	SSP5-19、SSP5-26	SSP1-19、SSP4-26	SSP2-19、SSP4-26
内蒙古	SSP5-19、SSP5-26	SSP1-19、SSP4-26	SSP2-19、SSP4-26
辽宁	SSP5-19、SSP5-26	SSP5-19、SSP4-26	SSP2-19、SSP4-26
吉林	SSP5-19、SSP5-26	SSP1-19、SSP4-26	SSP2-19、SSP4-26
黑龙江	SSP1-19、SSP1-26	SSP1-19、SSP4-26	SSP2-19、SSP4-26

续表

省份	2015 年	2025 年	2035 年
上海	SSP5-19、SSP5-26	SSP5-19、SSP5-26	SSP5-19、SSP5-26
江苏	SSP5-19、SSP5-26	SSP5-19、SSP5-26	SSP2-19、SSP4-26
浙江	SSP5-19、SSP5-26	SSP5-19、SSP5-26	SSP5-19、SSP4-26
安徽	SSP1-19、SSP1-26	SSP1-19、SSP4-26	SSP2-19、SSP4-26
福建	SSP5-19、SSP5-26	SSP5-19、SSP5-26	SSP2-19、SSP4-26
江西	SSP1-19、SSP1-26	SSP1-19、SSP4-26	SSP2-19、SSP4-26
山东	SSP5-19、SSP5-26	SSP1-19、SSP4-26	SSP2-19、SSP4-26
河南	SSP1-19、SSP1-26	SSP1-19、SSP4-26	SSP2-19、SSP4-26
湖北	SSP1-19、SSP1-26	SSP1-19、SSP4-26	SSP2-19、SSP4-26
湖南	SSP1-19、SSP1-26	SSP1-19、SSP4-26	SSP2-19、SSP4-26
广东	SSP5-19、SSP5-26	SSP5-19、SSP5-26	SSP5-19、SSP4-26
广西	SSP5-19、SSP1-26	SSP1-19、SSP4-26	SSP2-19、SSP4-26
海南	SSP5-19、SSP5-26	SSP5-19、SSP5-26	SSP2-19、SSP4-26
重庆	SSP1-19、SSP1-26	SSP1-19、SSP4-26	SSP2-19、SSP4-26
四川	SSP1-19、SSP1-26	SSP1-19、SSP4-26	SSP2-19、SSP4-26
贵州	SSP1-19、SSP1-26	SSP1-19、SSP4-26	SSP2-19、SSP4-26
云南	SSP5-19、SSP5-26	SSP1-19、SSP4-26	SSP2-19、SSP4-26
陕西	SSP5-19、SSP5-26	SSP1-19、SSP4-26	SSP2-19、SSP4-26
甘肃	SSP1-19、SSP1-26	SSP1-19、SSP4-26	SSP2-19、SSP4-26
青海	SSP5-19、SSP5-26	SSP1-19、SSP1-26	SSP2-19、SSP4-26
宁夏	SSP5-19、SSP5-26	SSP1-19、SSP5-26	SSP2-19、SSP4-26
新疆	SSP5-19、SSP5-26	SSP5-19、SSP5-26	SSP2-19、SSP4-26

3. 温控阈值情景下中国减排成本评估

本节基于温控阈值情景，分别采用 RICE 模型与区域集成评估模型，评估中国与中国各省减排成本。中国地区不同情景下的评估结果如图 6-12（a）所示，相同社会经济发展路径下，温控 1.5℃与温控 2.0℃的减排成本几乎相差无几。各情景的减排成本在 2055～2065 年达到最大值。2015 年各情景之间减排成本的差距小于 1 美元，当国际碳排放交易平衡时，各情景下中国地区排放超出排放额度减排的平均成本为466.59 美元。2025 年 SSP4-26 情景下减排成本最低，为 599.92 美元，SSP5-19 与 SSP5-26 情景减排成本最高，均为 651.88 美元。2035 年最低减排成本出现在 SSP2-19、SSP2-26 情景中，均为 718.75 美元。按照减排成本最小的原则选择最优发展路径，则温控 1.5℃时，SSP2 发展路径优先，其次是 SSP1，最后是 SSP5；温控 2.0℃时，SSP2、SSP4 发展路径优先，最后为 SSP5。上述发展路径选择与按照 SCC 最小原则的发展路径选择完全相反，这表明相同发展路径下，SCC 与减排成本呈此消彼长的关系，且呈逐渐上升的趋势，2065 年后各情景下减排成本均呈下降趋势。由图 6-12（b），2035 年后碳价格大于各温控阈值情景下的 SCC 的价格，2015 年所有温控阈值情景下的 SCC 均大于碳价格，此时气候减缓与应对措施应强调减排。2025 年 SSP5 发展路径下 SCC 小于碳价格，其他发展路径下仍是 SCC 大于碳价格的状态，则选择 SSP5 发展路径时，考虑到温控阈值目标与自主减排承诺，应快速转型低碳经济发展或提升减碳技术，相应的气候减缓与应对政策或措施应偏重强调经济发展；其他发展路径下仍以减排优先。2035 年，SSP1 与 SSP5 发展路径下 SCC 小于碳价格；2045 年后，各发展路径均需成功转型低碳经济发展。

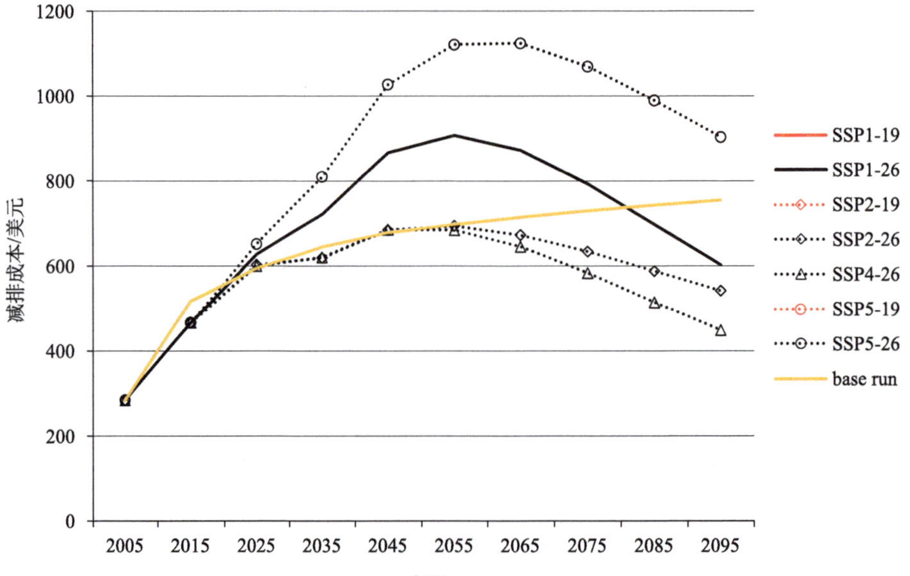

(a) 减排成本

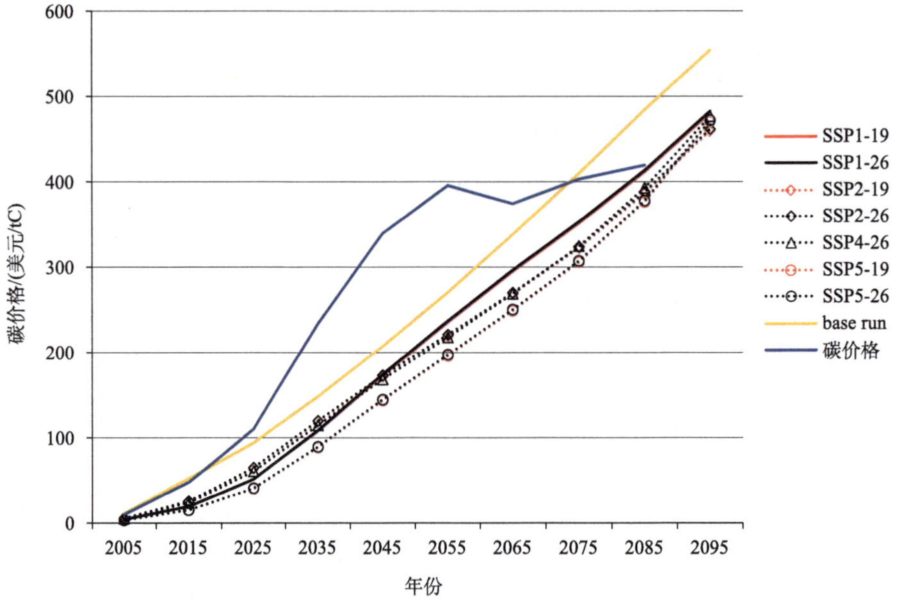

(b) SCC与碳价格

图 6-12　2005～2095 年温控阈值情景下中国减排成本、SCC 与碳价格对比图

4. 温控阈值情景下省级尺度减排成本评估

将我国各省份 2015 年、2025 年、2035 年的温控阈值情景下减排成本进行空间分布分析，根据各省减排成本的变化趋势，北京、天津、上海、江苏、浙江、福建、广东以及东部沿海各省份间的减排成本在各情景下均呈下降趋势，且各区域下降趋势中，以云贵高原、四川盆地、黄土高原中西部最为明显；2015 年山东省减排成本最高，并且影响 2025 年、2035 年各情景下山东的减排成本，将一直处于高值区域，河北与山西的减排成本增加情况显著，2035 年相比 2015 年分别增加了约 1.19 倍、2.04 倍，减排成本总量上升且超过山东省。

对比分析各省各情景下 SCC 与碳价格，结合表 6.5 各省的最优发展路径，2015 年江苏、山东、河南、广东的 SCC 均大于碳价格，这些地区的气候政策需强调减排，适当淘汰部分能源利用效率低的产业。2025 年、2035 年尽管整体上仍有 SCC 大于碳价格的情况，但这期间各情景下各省 SCC 均小于碳价格，选择 SSP5 发展路径要求国家与区域均进行转型发展，选择其他发展路径，则各省的发展相比整体上要更快速进入转型阶段。因此，以牺牲经济减少碳排放的发展方式一不可持续，应更偏重经济发展，减低碳排放强度，注重能源技术创新。

5. 结论与讨论

本节根据温控阈值情景设计，基于 RICE 模型评估碳排放成本的原理，构建评估中国省级尺度 SCC 的区域集成评估模型，分别采用 RICE 模型与区域集成评估模型评估中国及各省碳排放成本。模型评估结果表明，中国地区 2015 年 SCC 为 52.9 美元/tC，低于 RICE 模型与 IWG 评估的全球 SCC，从空间上来看，SCC 较高的地区逐渐由东部向中部地区偏移，省际间 SCC 差距逐渐增大。且温控阈值各情景下 SCC 的评估结果表明，SSP5 是当前温控目标与自主减排目标下的最优发展路径，强调经济高速发展、人口增长缓慢、区域人口流动增强。然而，各省的最优发展路径呈现明显的差异与变动性，温控 1.5℃情景下，除北京、天津、上海、浙江、广东外，其他省份经济发展明显减缓、人口流动性降低；温控 2.0℃情景下，除北京、上海外，人口、经济增长速度均减缓，强调低碳经济发展。上述结果表明，中国整体的最优发展路径仍是高速经济发展，强调区域自身优势，发展较差的地区减速发展，较好的地区大力发展低碳经济，同时各省份最优发展路径的变动性表明，除北京、上海、广东天津、浙江外，其他省市仍需明确目标转型发展。按照上述讨论，相同发展路径下不同的温度变化趋势表明，技术因素难以量化并植入相应的 IAM 模型中，这是 IAM 模型的不确定性，也是本节研究的不缺性来源之一。

本章分别采用 Meta 分析的方法、RICE 模型与区域集成评估模型，基于中国及各省的温控阈值情景，分别从全球尺度、国家尺度与省级尺度评估碳排放与减碳的经济影响。研究结果表明文献调研 2020～2050 年 SCC 平均值为 200.5 美元/tC（54.70 美元/tCO_2），修正参数后的 RICE 模型同期的评估结果为 68.48～230.75 美元/tC（18.66～62.87 美元/tCO_2），中国地区 2015 年 SCC 为 52.9 美元/tC（14.41 美元/tCO_2）。温控阈值情景与自主减排承诺目标下，SSP5 为中国社会经济发展的最优路径。省级尺度上，温控 1.5℃时，除北京、天津、上海、浙江、广东最优发展路径一直为 SSP5 外，剩余省市最优发展路径处于变动状态，2035 年后为 SSP2；温控 2.0℃时，除北京、上海最优发展路径为 SSP5 外，其他地区 2035 年后最优发展路径为 SSP4。SCC 与减排成本呈此消彼长的关系，基于减排成本的最优路径选择与上述完全相反。温控目标与减排目标要求各省要快速进入转型发展阶段，转型发展要求注重低碳经济，经济优先且提倡碳减排技术创新。通过对不同空间尺度 SCC 与减排成本的评估，为达到温控目标与减排目标，明确各地区短期内的最优发展路径，为地方政府提供政策制定决策信息。

参考文献

巢清尘, 刘昌义, 袁佳双. 2014. 气候变化影响和适应认知的演进及对气候政策的影响. 气候变化研究进展, 10(3): 167-174.

邓祥征, 丹利, 叶谦, 等. 2018. 碳排放和减碳的社会经济代价研究进展与方法探究. 地球信息科学学报, 20(4): 405-413.

符传博, 丹利, 冯锦明, 等. 2018. 我国对流层二氧化碳非均匀动态分布特征及其成因. 地球物理学报, 61(11): 4373-4382.

姜彤, 赵晶, 景丞, 等. 2017. IPCC 共享社会经济路径下中国和分省人口变化预估. 气候变化研究进展, 13(2): 128-137.

魏一鸣, 米志付, 张皓. 2013. 气候变化综合评估模型研究新进展. 系统工程理论与实践, 33(8): 1905-1915.

徐现祥, 周吉梅, 舒元. 2007. 中国省区三次产业资本存量估计. 统计研究,(5):6-13.

杨萍, 叶梦姝, 陈正洪. 2014. 气象科技的古往今来. 北京: 气象出版社.

周鹏, 周迅, 周德群. 2014. 二氧化碳减排成本研究述评. 管理评论, 26(11): 20-28.

宗振利, 廖直东. 2014. 中国省际三次产业资本存量再估算: 1978-2011. 贵州财经大学学报, 3: 8-16.

Ajmi A N, Hammoudeh S, Nguyen D K, et al. 2015. On the relationships between CO_2 emissions, energy consumption and income: the importance of time variation. Energy Economics, 49: 629-638.

Alcamo J. 2012. IMAGE 2. 0: Integrated Modeling of Global Climate Change. New York: Springer Science & Business Media.

Anselin L. 1995. Local indicators of spatial association—LISA. Geographical Analysis, 27(2): 93-115.

Anselin L, Getis A. 1992. Spatial statistical analysis and geographic information systems. The Annals of Regional Science, 26(1): 19-33.

Anthoff D, Tol R S J. 2010. On international equity weights and national decision making on climate change. Journal of Environmental Economics and Management, 60(1): 14-20.

Anthoff D, Tol R S J, Yohe G W. 2009. Risk aversion, time preference, and the social cost of carbon. Environmental Research Letters, 4(2): 024002.

Belotti F, Hughes G, Mortari A P. 2017. Spatial panel-data models using stata. The Stata Journal, 17(1): 139-180.

Bernstein P M, Montgomery W D, Rutherford T F. 1999. Global impacts of the Kyoto agreement: results from the MS-MRT model. Resource and Energy Economics, 21(3-4): 375-413.

Burke M, Emerick K. 2016. Adaptation to climate change: evidence from US agriculture. American Economic

Journal: Economic Policy, 8(3): 106-140.

Cai Y, Newth D, Finnigan J, et al. 2015. A hybrid energy-economy model for global integrated assessment of climate change, carbon mitigation and energy transformation. Applied Energy, 148: 381-395.

Clarkson R, Deyes K. 2002. Estimating the Social Cost of Carbon Emissions. London: HM Treasury.

Cole C V, Duxbury J, Freney J, et al. 1997. Global estimates of potential mitigation of greenhouse gas emissions by agriculture. Nutrient cycling in Agroecosystems, 49(1-3): 221-228.

Corong E L, Hertel T W, McDougall R, et al. 2017. The standard GTAP model, version 7. Journal of Global Economic Analysis, 2(1): 1-119.

Crassous R, Hourcade J C, Sassi O. 2006. Endogenous structural change and climate targets modeling experiments with Imaclim-R. The Energy Journal,(1): 259-276.

Das Gupta M. 1990. Death clustering, mothers' education and the determinants of child mortality in rural Punjab, India. Population Studies, 44(3): 489-505.

Dell M, Jones B F, Olken B A. 2012. Temperature shocks and economic growth: evidence from the last half century. American Economic Journal: Macroeconomics, 4(3): 66-95.

Després J. 2015. Modelling the Long-term Deployment of Electricity Storage in the Global Energy System. Grenoble Alpes: Université Grenoble Alpes.

Dogan E, Aslan A. 2017. Exploring the relationship among CO_2 emissions, real GDP, energy consumptionand tourism in the EU and candidate countries: evidence from panel models robust to heterogeneity and cross-sectional dependence. Renewable and Sustainable Energy Reviews, 77: 239-245.

Dong H, Dai H, Dong L, et al. 2015. Pursuing air pollutant co-benefits of CO_2 mitigation in China: a provincial leveled analysis. Applied Energy, 144: 165-174.

Doucouliagos C, Stanley T D. 2013. Are all economic facts greatly exaggerated? theory competition and selectivity. Journal of Economic Surveys, 27(2): 316-339.

Dowlatabadi H. 1995. Integrated assessment models of climate change: an incomplete overview. Energy Policy, 23(4-5): 289-296.

Dowlatabadi H. 1998. Sensitivity of climate change mitigation estimates to assumptions about technical change. Energy Economics, 20(5-6): 473-493.

Elhorst J P. 2014. Spatial Econometrics: From Cross-sectional Data to Spatial Panels. Heidelberg: Springer.

Färe R, Grosskopf S, Pasurka Jr C A. 2007. Environmental production functions and environmental directional distance functions. Energy, 32(7): 1055-1066.

Fiddaman T S. 1997. Feedback complexity in integrated climate-economy models. Massachusetts Institute of Technology.

Getis A. 2008. A history of the concept of spatial autocorrelation: a geographer's perspective. Geographical Analysis, 40(3): 297-309.

Getis A. 2009. Spatial weights matrices. Geographical Analysis, 41(4): 404-410.

Getis A, Aldstadt J. 2004. Constructing the spatial weights matrix using a local statistic. Geographical Analysis, 36(2): 90-104.

Goldammer J G, Price C. 1998. Potential impacts of climate change on fire regimes in the tropics based on MAGICC and a GISS GCM-derived lightning model. Climatic Change, 39(2-3): 273-296.

Goodess C M, Hanson C, Hulme M, et al. 2003. Representing climate and extreme weather events in integrated assessment models: a review of existing methods and options for development. Integrated Assessment, 4(3): 145-171.

Hall R E, Jones C I. 1999. Why do some countries produce so much more output per worker than others? The Quarterly Journal of Economics, 114(1): 83-116.

Hasegawa T, Fujimori S, Ito A, et al. 2017. Global land-use allocation model linked to an integrated assessment model. Science of The Total Environment, 580: 787-796.

Hasselmann K. 1999. Intertemporal accounting of climate change–harmonizing economic efficiency and climate stewardship. Climatic Change, 41(3-4): 333-350.

Hasselmann K, Hasselmann S, Giering R, et al. 1997. Sensitivity study of optimal CO_2 emission paths using a simplified structural integrated assessment model(SIAM). Climatic Change, 37(2): 345-386.

Havranek T, Irsova Z, Janda K, et al. 2015. Selective reporting and the social cost of carbon. Energy Economics, 51: 394-406.

Hinde A. 2014. Demographic Methods. London: Routledge.

Homma T, Akimoto K. 2013. Analysis of Japan's energy and environment strategy after the Fukushima nuclear plant accident. Energy Policy, 62: 1216-1225.

Hope C. 2006. The marginal impact of CO_2 from PAGE2002: an integrated assessment model incorporating the IPCC's five reasons for concern. Integrated Assessment, 6(1): 19-56.

Hope C, Anderson J, Wenman P. 1993. Policy analysis of the greenhouse effect: an application of the PAGE model. Energy Policy, 21(3): 327-338.

Hope C, Newbery D. 2007. Calculating the social cost of carbon.

Huang B, Wu B, Barry M. 2010. Geographically and temporally weighted regression for modeling spatio-temporal variation in house prices. International Journal of Geographical Information Science, 24(3): 383-401.

IPCC. 1990. Emissions scenarios from the response strategies working group of the intergovernmental panel on climate change, Appendix 1//Climate Change: The IPCC Scientific Assessment. Prepared for IPCC by Working Group I. Cambridge, UK: Cambridge University Press.

Jorgenson D W, Goettle R J, Ho M S, et al. 2018. The welfare consequences of taxing carbon. Climate Change Economics, 9(1): 1840013.

Kotchen M J. 2018. Which social cost of carbon? A theoretical perspective. Journal of the Association of Environmental and Resource Economists, 5(3): 673-694.

Koubi V, Bernauer T, Kalbhenn A, et al. 2012. Climate variability, economic growth, and civil conflict. Journal of Peace Research, 49(1): 113-127.

Kurosawa A. 2004. Carbon concentration target and technological choice. Energy Economics, 26(4): 675-684.

Leggett J, Pepper W J, Swart R J, et al. 1992. Emissions scenarios for the IPCC: an update. Climate Change, 1040: 75-95.

Leimbach M, Kriegler E, Roming N, et al. 2017. Future growth patterns of world regions: a GDP scenario approach. Global Environmental Change, 42: 215-225.

Loulou R, Goldstein G, Noble K. 2004. Documentation for the MARKAL Family of Models. Energy Technology Systems Analysis Programme, 65-73.

Lutz W, Samir K C. 2011. Global human capital: integrating education and population. Science, 333(6042):

587-592.

Manne A, Mendelsohn R, Richels R. 1995. MERGE: a model for evaluating regional and global effects of GHG reduction policies. Energy Policy, 23(1): 17-34.

Manne A S, Richels R G. 2005. MERGE: an integrated assessment model for global climate change//Energy and Environment. Boston: Springer: 175-189.

Masson-Delmotte V, Zhai P, Pörtner H O, et al. 2018. Global warming of 1.5℃. https: //www.ipcc.ch/sr15/ [2020-06-18].

McKibbin W J, Wilcoxen P J. 1999. The theoretical and empirical structure of the G-Cubed model. Economic Modelling, 16(1): 123-148.

Meadows D H, Meadows D L, Randers J, et al. 1972. The Limits to Growth: a Report for the Club of Rome's Project on the Predicament of Mankind. New York: UniverseBooks.

Meinshausen M, Raper S C, Wigley T M. 2011. Emulating coupled atmosphere-ocean and carbon cycle models with a simpler model, MAGICC6–Part 1: model description and calibration. Atmospheric Chemistry and Physics, 11(4): 1417-1456.

Mendelsohn R, Williams L. 2004. Comparing forecasts of the global impacts of climate change. Mitigation and Adaptation Strategies for Global Change, 9(4): 315-333.

Messner S, Schrattenholzer L. 2000. MESSAGE–MACRO: linking an energy supply model with a macroeconomic module and solving it iteratively. Energy, 25(3): 267-282.

Metcalf G E, Stock J H. 2017. Integrated assessment models and the social cost of carbon: a review and assessment of US experience. Review of Environmental Economics and Policy, 11(1): 80-99.

Mori S. 1995. A long term evaluation of nuclear power technology by extended DICE+e model simulations—Multiregional approach for resource and industry allocation(Maria)model. Progress in Nuclear Energy, 29: 135-142.

Moyer E J, Woolley M D, Matteson N J, et al. 2014. Climate impacts on economic growth as drivers of uncertainty in the social cost of carbon. The Journal of Legal Studies, 43(2): 401-425.

Nakicenovic N, Alcamo J, Grubler A, et al. 2000. Special Report on Emissions Scenarios(SRES), a Special Report of Working Group III of the Intergovernmental Panel on Climate Change. Cambridge: Cambridge University Press.

Nas T F. 2016. Cost-Benefit Analysis: Theory and Application(2nd). Washington DC: Rowman and Littlefield.

Nelson J P, Kennedy P E. 2009. The use(and abuse)of meta-analysis in environmental and natural resource economics: an assessment. Environmental and Resource Economics, 42(3): 345-377.

Newbold S C, Griffiths C, Moore C, et al. 2013. A rapid assessment model for understanding the social cost of carbon. Climate Change Economics, 4(1): 1350001.

Nordhaus W. 2014. Estimates of the social cost of carbon: concepts and results from the DICE-2013R model and alternative approaches. Journal of the Association of Environmental and Resource Economists, 1(1/2): 273-312.

Nordhaus W, Sztorc P. 2013. DICE 2013R: Introduction and User's Manual. Yale: Yale University and the National Bureau of Economic Research, USA.

Nordhaus W D. 1991. To slow or not to slow: the economics of the greenhouse effect. The Economic Journal,

101(407): 920-937.

Nordhaus W D, Yang Z. 1996. A regional dynamic general-equilibrium model of alternative climate-change strategies. The American Economic Review, 741-765.

O'Neill B C, Kriegler E, Riahi K, et al. 2014. A new scenario framework for climate change research: the concept of shared socioeconomic pathways. Climatic Change, 122(3): 387-400.

Ochuodho T O, Lantz V A, Olale E. 2016. Economic impacts of climate change considering individual, additive, and simultaneous changes in forest and agriculture sectors in Canada: a dynamic, multi-regional CGE model analysis. Forest Policy and Economics, 63: 43-51.

Ord J K, Getis A. 1995. Local spatial autocorrelation statistics: distributional issues and an application. Geographical Analysis, 27(4): 286-306.

Paelinck J H P. 1967. L'efficacité de la politique économique régionale. Namur, Faculte des Sciences Economiques, 58.

Pearce D. 2003. The social cost of carbon and its policy implications. Oxford Review of Economic Policy, 19(3): 362-384.

Peck S C, Teisberg T J. 1992. CETA: a model for carbon emissions trajectory assessment. The Energy Journal, 13(1): 55-77.

Peck S C, Teisberg T J. 1999. CO_2 emissions control agreements: incentives for regional participation. The Energy Journal, 20: 367-390.

Pielke Jr R A. 2004. What is climate change? Energy and Environment, 15(3): 515-520.

Psacharopoulos G, Patrinos H A. 2004. Returns to investment in education: a further update. Education Economics, 12(2): 111-134.

Rahmstorf S, Coumou D. 2011. Increase of extreme events in a warming world. Proceedings of the National Academy of Sciences, 108(44): 17905-17909.

Reilly J, Paltsev S, Strzepek K S, et al. 2013. Valuing climate impacts in integrated assessment models: the MIT IGSM. Climatic Change, 117(3): 561-573.

Riahi K, Van Vuuren D P, Kriegler E, et al. 2017. The shared socioeconomic pathways and their energy, land use, and greenhouse gas emissions implications: an overview. Global Environmental Change, 42: 153-168.

Samir K C, Lutz W. 2017. The human core of the shared socioeconomic pathways: Population scenarios by age, sex and level of education for all countries to 2100. Global Environmental Change, 42: 181-192.

Sands R D. 2004. Dynamics of carbon abatement in the second generation model. Energy Economics, 26(4): 721-738.

Schöpp W, Klimont Z, Suutari R, et al. 2005. Uncertainty analysis of emission estimates in the RAINS integrated assessment model. Environmental Science and Policy, 8(6): 601-613.

Sequeira T N, Santos M S, Magalhães M. 2018. Climate change and economic growth: a heterogeneous panel data approach. Environmental Science and Pollution Research, 25(23): 22725-22735.

Solomon S, Plattner G K, Knutti R, et al. 2009. Irreversible climate change due to carbon dioxide emissions. Proceedings of the National Academy of Sciences, 106(6): 1704-1709.

Stanton E A, Ackerman F, Kartha S. 2009. Inside the integrated assessment models: four issues in climate economics. Climate and Development, 1(2): 166-184.

Tamaki T, Nozawa W, Managi S. 2017. Evaluation of the ocean ecosystem: climate change modelling with backstop technologies. Applied Energy, 205: 428-439.

Tol R S J. 1997. On the optimal control of carbon dioxide emissions: an application of FUND. Environmental Modeling and Assessment, 2(3): 151-163.

Tol R S J. 2007. The double trade-off between adaptation and mitigation for sea level rise: an application of FUND. Mitigation and Adaptation Strategies for Global Change, 12(5): 741-753.

Turnbull D, Glaser A, Goldston R J. 2015. Investigating the value of fusion energy using the global change assessment model. Energy Economics, 51: 346-353.

van den Bijgaart I, Gerlagh R, Liski M. 2016. A simple formula for the social cost of carbon. Journal of Environmental Economics and Management, 77: 75-94.

van Vuuren D P, Carter T R. 2014. Climate and socio-economic scenarios for climate change research and assessment: reconciling the new with the old. Climatic Change, 122(3): 415-429.

van Vuuren D P, Edmonds J, Kainuma M, et al. 2011. The representative concentration pathways: an overview. Climatic Change, 109(1-2): 5.

van Vuuren D P, Kok M, Lucas P L, et al. 2015. Pathways to achieve a set of ambitious global sustainability objectives by 2050: explorations using the IMAGE integrated assessment model. Technological Forecasting and Social Change, 98: 303-323.

Vrontisi Z, Abrell J, Neuwahl F, et al. 2016. Economic impacts of EU clean air policies assessed in a CGE framework. Environmental Science and Policy, 55: 54-64.

Wang M, Feng C. 2018. Decomposing the change in energy consumption in China's nonferrous metal industry: an empirical analysis based on the LMDI method. Renewable and Sustainable Energy Reviews, 2018, 82: 2652-2663.

Wang S, Li Q, Fang C, et al. 2016. The relationship between economic growth, energy consumption, and CO_2 emissions: Empirical evidence from China. Science of the Total Environment, 542: 360-371.

Warrick R A, Kenny G J, Harman J J. 2001. The Effects of Climate Change and Variation in new Zealand: an Assessment using the CLIMPACTS System. Waikato: The International Global Change Institute(IGCI), University of Waikato.

Weber M, Barth V, Hasselmann K. 2005. A multi-actor dynamic integrated assessment model(MADIAM)of induced technological change and sustainable economic growth. Ecological Economics, 54(2-3): 306-327.

Weerasinghe S. 2014. Meta-Analysis in Environmental Science. Wiley StatsRef: Statistics Reference Online.

Wen Z, Meng F, Chen M. 2014. Estimates of the potential for energy conservation and CO_2 emissions mitigation based on Asian-Pacific Integrated Model(AIM): the case of the iron and steel industry in China. Journal of Cleaner Production, 65: 120-130.

Weyant J, Davidson O, Dowlabathi H, et al. 1996. Integrated Assessment of Climate Change: an Overview and Comparison of Approaches and Results. Cambridge, United Kingdom and New York: Cambridge University Press.

Wilson T, Rees P. 2005. Recent developments in population projection methodology: a review. Population,

Space and Place, 11(5): 337-360.

Xu S C, He Z X, Long R Y. 2014. Factors that influence carbon emissions due to energy consumption in China: Decomposition analysis using LMDI. Applied Energy, 127: 182-193.

Yamaji K. 1998. Simulation studies for environmental policy analysis. IEEE Transactions on Electronics, Information and Systems, 118(10): 1399-1402.

Zhang X, Karplus V J, Qi T, et al. 2016. Carbon emissions in China: How far can new efforts bend the curve? Energy Economics, 54: 388-395.

第 7 章　IPCC 温控阈值情景下土地系统动态模拟与分析

由世界气象组织和联合国环境规划署共同组建的政府间气候变化专门委员会（The Intergovernmental Panel on Climate Change，IPCC）对外发布的第五次气候变化评估报告指出，1880～2012 年全球平均地表温度上升了 0.85℃，1951～2012 年全球地表升温速率为 0.12℃/10a（IPCC，2014）。在全球气候变暖的大背景下，气候变化多呈现为温度明显升高，降水时空异质性增强，极端气候事件发生频率和发生强度增加的特征，对自然生态系统和人类社会都产生了深刻的影响（秦大河，2014）。如何应对气候变化对生态系统与人类生计的影响，保障社会经济-生态系统可持续发展成为当前科学研究与气候变化议程关注的焦点（Nerini et al.，2019）。

土地作为和气候变化密切相关的部门，在实现减缓和适应气候变化目标过程中发挥着至关重要的作用（Popp et al.，2014；Arneth et al.，2014；IPCC，2019）。IPCC（2019）最新发布的《气候变化和土地特别报告》指出，土地早已处在人类施加的日益沉重的压力之下，而气候变化正在加剧这些压力。已有研究表明，气候变化的区域性差异加之人类活动的影响使得土地系统动态变化十分复杂（陈军明等，2010）。同时，土地系统反过来又对区域乃至全球的气候系统产生影响。据估计，1990～2012 年，通过土地利用变化和农业活动产生的温室气体（greenhouse gas，GHG）排放量占全球总排放量的四分之一，主要来源于森林砍伐、动物饲养、肥料使用以及土地利用管理（Tubiello et al.，2015）。明晰土地利用和气候变化、人类活动之间的关系，探索不同尺度气候变化、土地系统和社会经济系统的互馈机制，对于气候变化治理、可持续土地管理和实现可持续发展等方面具有重要意义（Ordonez et al.，2014；Bryan et al.，2018；Song et al.，2018；Brown et al.，2019；IPCC，2019）。

2015 年 12 月 12 日，巴黎气候变化大会通过了全球气候变化的新协议《巴黎协议》，要求把全球平均气温升幅控制在 2℃之内，并努力将气温升幅限制在工业化前水平以上 1.5℃之内。土地在气候系统中起着重要作用，更好的土地管理有助于应对气候变化。然而，面对未来的不确定性，人口动态、经济发展、粮食安全和适应及缓解气候变化的目标等因素都会导致的未来土地系统动态高度的不确定性（Dong et al.，2018）。近年来，在典型浓度路径（RCP）研究的基础上，学者们基于气候变化背景和未来可能的社会经济条件提出了一套新的情景设计方案，即 IPCC 共享社会经济路径（SSP）（O'Neill et al.，2014，2017），旨在评估社会应对当前气候变化适应和减缓的能力（O'Neill et al.，2014；van Vuuren et al.，2014）。在这个背景下，基于 SSP 情景分析框架的全球尺度的模拟相继展开，学者们评估了不同适应和减缓挑战下的未来土地系统动态轨迹（Popp et al.，2017；Doelman et al.，2018；Stehfest et al.，2019）。然而，当前研究大多在全球尺度展开，以粗略的空间分辨率（0.5°×0.5°）进行处理，而在国家/区域尺度上的研究尚处在刚刚起步的阶段（Dong et al.，2018）。大尺度的研究往往忽略了区域和地方一级的政策背景和地方特征（姜彤等，2018），并且忽略了土壤、地形和当地气候等小规模环境变量对土地利用空间分布造成的差异（Thomson et al.，2014；West et al.，2014；Barbier，2014），因而给气候变化经济影响评估模型中下垫面参数带来偏差。

为此，本章以气候变化-土地系统-社会经济系统的互馈机制为主线，构建土地利用变化均衡分析（computable general equilibrium of land use change of inner mongolia，IMCGELUC）模型，集成土地系统动态模拟（dynamic of land system，DLS）模型，构建自上而下空间显性的土地-经济系统集成模型；开展 IPCC 温控阈值情景的本地化、参数化和空间化工作，基于构建的模型体系，模拟预测温控阈值情景下未来土地系统动态变化。本章为气候变化经济影响评估模型提供动态和精准的下垫面参数，为气候变化区域适应的模拟和评估提供理论依据和技术支持，为区域土地利用管理决策、气候变化适应和减缓和区域可持续发展提供科学依据和决策参考。

7.1 IPCC 温控阈值情景及参数率定

气候模拟基于科学假设分析未来不同的发展情况，其中科学的气候情景是保证模拟分析有效进行的基础。作为最新一代气候变化情景的重要组成部分，共享社会经济路径（shared socioeconomic pathways，SSP）在评估气候变化影响、支撑气候政策决策上起到了巨大的作用。SSP 描述了五种不同的未来情景，旨在反映缓解和适应方面不同的社会经济挑战。其中，SSP1 描述了一种适应和减缓挑战较低的未来路径；相反，SSP3 路径下，适应和减缓挑战都很高；SSP5 路径以减缓挑战为主，而 SSP4 路径以适应挑战为主；SSP2 描述了适应和减缓挑战适中的未来路径，旨在表示未来的发展趋势在任何维度上都不是极端的，而是沿着中等程度发展。分析表明，社会经济条件是对内蒙古土地系统动态解释度最高的影响因素，而 SSP 情景的参数化当中，人口和 GDP 也是最为关键的情景数据。目前，现有研究已在全球和地区/国家尺度开展了不同 SSP 情景下的人口和经济预测，而大多数基于 SSP 情景开展模拟分析和应用的研究均直接采用全球 SSP 情景数据库中的情景数据，忽略了全球 SSP 情景在次国家（省/市/县）层面的细化拓展，因此难以满足区域研究的情景需求。特别是在国内的研究中，SSP 的发展和应用还未能形成完善的体系，在对中国的人口和经济预测中，忽略了基于中国实际情况与相关政策的参数修正。为此，本节基于 IPCC 发布的可持续发展情景 SSP1、中等发展路径情景 SSP2、局部发展情景 SSP3、不均衡发展情景 SSP4 和常规发展情景 SSP5 等 5 个 SSP 情景，提出了一套 SSP 情景在县域尺度本地化、参数化和空间化的技术方案，开展了不同 SSP 情景下内蒙古县域尺度人口和经济增长预测，为下面开展气候变化区域适应的模拟和分析提供关键情景参数和数据基础。

7.1.1 IPCC 温控阈值情景下人口增长预测

本节基于内蒙古 2010 年第六次人口普查数据，采用 IPCC 发布的可持续发展情景 SSP1、中等发展路径情景 SSP2、局部发展情景 SSP3、不均衡发展情景 SSP4 和常规发展情景 SSP5 等 5 个 SSP 情景，结合内蒙古实际情况和相关政策，率定人口-发展-环境分析（PDE）模型中的人口生育率、死亡率、迁移率、教育水平等参数，对 2011～2050 年内蒙古各旗县人口变化进行预估，为下文开展情景分析提供情景数据基础。

1. 人口-发展-环境分析（PDE）模型

PDE 模型是 IIASA 基于多状态生命表与队列预测延展而来，起初通过不同经济发展情景下的人力资本进行预测，并基于区域、教育水平、性别、年龄等因素将人口划分为多种“状态”，通过多种“状态”间的转移变换实现人口在多种“状态”间的动态流动，并根据出生队列的顺序进行自然移动（孟令国等，2014）。在 PDE 模型中，机械增长与自然增长共同组成了人口增长。其中，机械增长表示的是发生迁移的人口数量，若是迁入，则为正值，反之，则为负值；自然增长表示的是死亡与出生数量间相差的数值。某一年 t+1 岁的人口数 P_{t+1} 为

$$P_{t+1}=P_t'\times(1-D_{t+1})+M_{t+1} \tag{7-1}$$

式中，P_t' 表示前一年 t 岁的人口数量；D_{t+1} 表示当年 t+1 岁人口的死亡率；M_{t+1} 表示当年 t+1 岁的迁移人口数量。

某一年（n 年）新生人口数 P_n 为

$$P_n=\sum_{t=15}^{49}P_t\times R_t\times F_t \tag{7-2}$$

式中，P_t 表示当年 t 岁的人口数量；R_t 表示当年 t 岁的女性人口占总人口的比例；F_t 为当年 t 岁人口的生育率。

PDE 模型要求数据具有较高的准确度，基于对死亡率、出生率、教育水平以及迁移率等参数进行设定，对新出生以及不同年龄结构的人口进行模拟，从而实现多种“状态”间的转移变换。

2. 参数率定

自 SSP 提出之后，IIASA 基于系列研讨与论证，对 SSP 各情景下人口的假设情况进行了深入分析，并将未来情况下的死亡率、出生率、迁移率和教育水平划定为高、中、低 3 种发展水平。本节参考 IIASA 对不同 SSP 情景下的人口假设（表 7-1），形成了不同死亡率、出生率与迁移率组合的集合。其中，SSP1 情景是可持续发展情景，由于对教育的重视程度与医疗水平较高，相应的出生率较低，人均寿命较高，迁移率属于中等水平；在 SSP2 情景中，死亡率、出生率、教育程度以及迁移率都保持了现有的发展水平；在 SSP3 情景中，人口转换变得迟缓，教育水平保持了现有的入学率，教育水平较低导致出生率增加，人均寿命降低，且人口在区域间的流动程度减弱，迁移率处于较低水平；SSP4 情景是各国不平衡的发展路径，就内蒙古来说，教育水平的提升速度较慢，中国目前属于低生育率国家，其出生率处于较低水平，迁移率和死亡率保持了当前的中等水平；在 SSP5 情景中，经济的飞速发展导致死亡率、出生率以及教育水平均与 SSP1 情景中相似，并且全球化与市场化导致迁移率也处于较高水平。

表 7-1　IPCC 共享社会经济路径下内蒙古人口预估模型参数

参数	生育率	死亡率	迁移率	教育水平
SSP1	低	低	中	高
SSP2	中	中	中	中
SSP3	高	高	低	低
SSP4	低	中	中	低
SSP5	低	低	高	高

由于内蒙古第六次人口普查数据中基于县域单元的分年龄段、性别的生育率、死亡率、人口总量等数据没有进一步区分教育水平，因而本节在县域尺度的人口预测不再区分教育结构。结合当前我国人口政策和内蒙古地区实际情况，仅对不同 SSP 情景下不同县域单元的分年龄段、性别的生育率、死亡率、迁移率进行率定，并采用 PDE 模型预测县域尺度的人口变化情况。同时，我们估算考虑教育结构变动下的内蒙古人口增长情况，采用 Hauer（2019）的方法，以内蒙古总人口变化为依据，修正县域尺度的人口预测结果。

1）生育率

现有 IIASA 划分的低、中、高三种假设之中，中等假设表示保持现有的生育率水平。姜彤等（2017）的研究指出，若考虑二胎政策对出生率的影响，2016～2018 年形成了新增人口的生育高峰。因此在中等假设中，将中国总和生育率设定为逐渐增加，并于 2019 年达到峰值（1.9），随后逐渐降低，并于 2021 年逐渐达到稳定状态（1.8）。结合中国国情和实际政策情况，本节采用姜彤等（2017）对我国 2011～2050 年总和生育率增长幅度的设定，基于普查数据中 2010 年内蒙古各旗县的总和生育率数据，计算中等假设下 2010～2050 内蒙古各旗县的总和生育率。高等与低等假设中的出生率选择维也纳人口研究所（VID）提出的预估方案，即到 2030 年相比于中等假设分别高/低 20%，到 2050 年相比于中等假设分别高/低 25%，进而获取 2010～2050 年低、中、高三种假设的内蒙古各旗县的总和生育率。假设内蒙古各旗县不同年龄段生育率比例维持 2010 年不变。依据上述计算方法，内蒙古 2010～2050 年总和生育率设计方案如表 7-2 所示。

表 7-2　内蒙古 2010～2050 年总和生育率设计方案

生育率	2010 年	2015 年	2020 年	2025 年	2030 年	2035 年	2040 年	2045 年	2050 年
低	1.07	1.38	1.51	1.39	1.31	1.29	1.27	1.24	1.22
中	1.07	1.45	1.68	1.63	1.63	1.63	1.63	1.63	1.63
高	1.07	1.52	1.85	1.88	1.96	1.98	1.99	2.02	2.04

2）死亡率

2018 年 IIASA 联合维特根斯坦中心（WiC）共同发布了《21 世纪人口和人力资本情景：基于全球 201 个国家的评估》，其中综合考虑了不同国家死亡率的差异并且最终确定预估方案。基于其中高、中、低三种假设下中国人口死亡率预测方案，采用 2010 年基期内蒙古各旗县不同性别、年龄段的死亡率数据对此预测方案进行修正，得到内蒙古各旗县人口预测的死亡率参数。

3）迁移率

采用普查数据中内蒙古各旗县按现住地和 5 年前常住地划分的人口，获取内蒙古各旗县近 5 年的迁移人数，计算得到迁移率的初始值。参考 IIASA 制定的迁移率假设，在中等假设下，保持当前的迁移率，在高/低等假设下，迁移率会逐渐增加/减少，在低等假设下，迁移人口会减少为 0，而在高等假设下，迁移人口将增加至 2010 年的 2 倍（Lutz et al.，2018），从而得到内蒙古各旗县 2010～2050 年人口迁移率。

4）教育水平

在人口预估过程中，将不同的教育水平划定为不同的“状态”，“状态”与“状态”之间通过转换率实现相互转换。将生育率、死亡率以及迁移率导入模型并对人口进行模拟和预测，按照不同年龄段各种“状态”间的转移，估测不同教育水平下人口数量的变化情况。根据内蒙古人口普查数据教育水平分级，将 0～4 岁年龄段人口设定为文盲水平，5～9 岁、10～14 岁、15～19 岁、20～24 岁年龄段分别根据小学、小学升初中、初中升高中、高中升大学的升学率，实现不同教育水平间的人口流动。此外，参考 IIASA 对教育水平变化的假设，设定低等假设下维持升学率现状，小学、小学升初中、初中升高中、高中升大学的升学率分别为 96.2%、93.1%、87.5%、27.4%，快速发展假设下，设定升学率逐年增加，并在 2050 年以前达到 100%、99.9%、99.9%，78.0%。中等假设取以上两者的均值。2010 年内蒙古各年龄段的教育程度如图 7-1 所示。

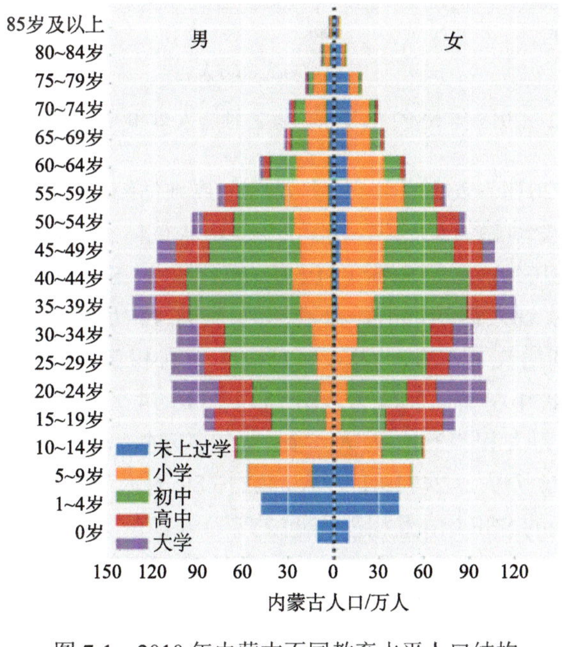

图 7-1　2010 年内蒙古不同教育水平人口结构

数据来源：《内蒙古自治区 2010 年第六次人口普查资料》

3. 结果分析

选取 2015 年内蒙古及分县实际人口与模型估计人口进行对比，由此验证 PDE 模型的可靠性和内蒙古及分县本地化参数的合理性。由于 SSP2 情景表示按照当前发展状态发展的中等发展情景，因此我们选择 SSP2 的预测结果进行结果验证。根据 2016 年《内蒙古统计年鉴》，2015 年内蒙古总人口为 2511 万人，而在 SSP2 情景下估算内蒙古人口为 2522 万人，误差在 0.4%左右。同时，我们做出 2015 年内蒙古分县人口的实际值和估计值的散点图，建立实际人口和估算人口之间的关系（图 7-2）。从图中可以看出，PDE 模型预测得到的估计人口数量和实际人口数量之间具有很好的相关性，分析结果表明 PDE 模型在内蒙古未来的人口预估研究中较为稳健，且模型中设定的本地化参数较为合理。

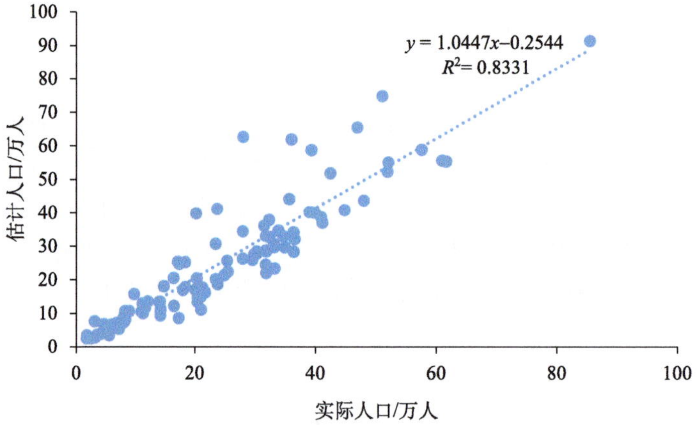

图 7-2　2015 年 SSP2 情景下内蒙古预测人口和实际人口的关系

5 个 SSP 情景下 2010～2050 年内蒙古人口总数预估结果如图 7-3 所示。研究发现，5 个 SSP 情景下人口变动趋势均为先增加后减少。从整体上看，5 个 SSP 情景下内蒙古人口总量的排序为 SSP3>SSP2>SSP5>SSP1>SSP4。其中，SSP2 情景、SSP3 情景和 SSP5 情景下将在 2035 年实现人口的峰值，分别达到 2591.44 万人、2625.54 万人和 2548.96 万人，较 2010 年分别增长了 120.81 万人、154.91 万人和 78.33 万人；SSP1 情景、SSP4 情景下人口将在 2020 年左右达到峰值，分别为 2546.74 万人和 2543.08 万人，较 2010 年分别增长了 76.11 万人和 72.45 万人。到 2050 年时，SSP1～SSP5 情景下分别达到 2331.72 万人、2413.74 万人、2471.81 万人、2236.89 万人和 2348.85 万人，人口最多的 SSP3 情景和人口最少的 SSP4 情景相差将近 235 万人。从不同情景的变化趋势上看，这与 IIASA 预估的中国人口变化趋势相似，说明结果预测较为合理。但人口数量达峰较 IIASA 预测晚一些，这与中国“二孩”政策的实施使内蒙古生育率提高，导致人口达峰推迟有关。

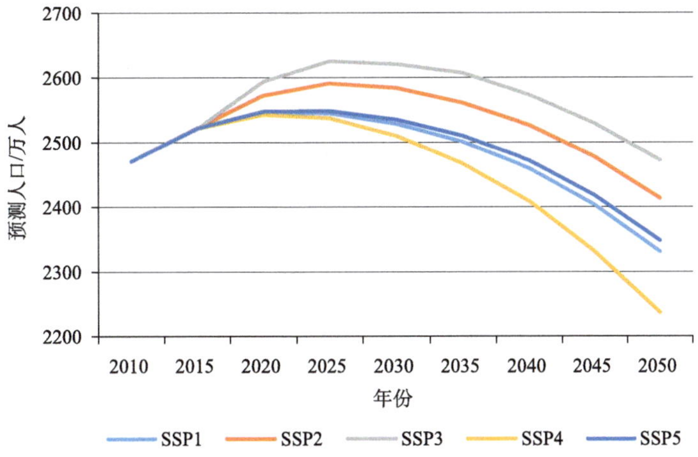

图 7-3　2010～2050 年不同共享社会经济路径下内蒙古人口变化

到 2050 年时，除新生人口外，不同 SSP 情景下年龄结构相差不大（图 7-4）。由于 SSP2 情景、SSP3 情景下生育率较高，相比于其他三个生育率较低的情景，新生人口明显增加。尤其在 SSP3 情景下，2045～2050 年的新出生人数为 127.08 万人，高出其他 3 个情景（SSP1、SSP4、SSP5）接近 1 倍。SSP1 情景和 SSP5 情景则属于生育率和死亡率均处于较低水平的人口发展模式，由于教育水平得到发展从而导致生育率进一步下降，新出生人数较少，人均寿命较高，但面临人口老龄化和劳动力短缺等问题；相反，SSP3 情景下生育率和死亡率都高于其他路径，教育水平低进一步提高了生育率水平，因此新生人口多，人均寿命低。SSP4 情景下，由于受到适应性挑战较高，死亡率较 SSP1 情景和 SSP5 情景下相对较高，其低教育水平带来的人均寿命受到限制，因此老龄人口较 SSP1 情景和 SSP5 情景下相对较少，低生育率导致的新生人口数较少。在 SSP2 情景下，生育率和死亡率都保持了中等的社会经济发展水平。

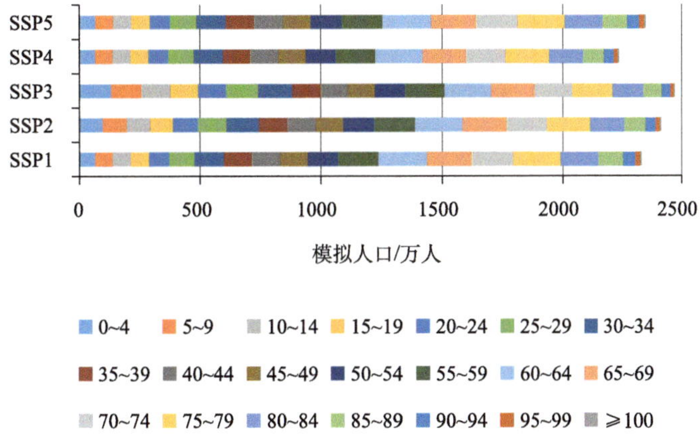

图 7-4　2050 年不同共享社会经济路径下内蒙古人口年龄结构

不同 SSP 情景下 2030 年和 2050 年内蒙古各旗县的人口分布如图 7-5 所示。整体上来说，不同 SSP 情景下的各旗县人口数量排序为 SSP3>SSP2>SSP5>SSP1>SSP4。从时间变化上看，2050 年内蒙古各旗县人口数量相较于 2030 年均呈现减少的态势，从空间分布上看，内蒙古各旗县人口数量呈现出由西向东不断增大的趋势，其中，内蒙古东部呼伦贝尔市、通辽市、赤峰市以及西南部呼和浩特市、包头市人口规模较大。2010～2030 年，不同 SSP 情景下内蒙古各旗县人口的平均增长率从大到小依次为 4.12%（SSP3）、2.86%（SSP2）、1.06%（SSP5）、0.77%（SSP1）和 0.001%（SSP4），其中，超过一半的旗县人口增长率高于平均水平。2010～2050 年，不同 SSP 情景下内蒙古各旗县人口的平均增长率从大到小依次为–3.84%（SSP3）、–5.39%（SSP2）、–7.40%（SSP5）、–8.19%（SSP1）和–12.12%（SSP4），其中，超过一半的旗县人口增长率低于平均水平。

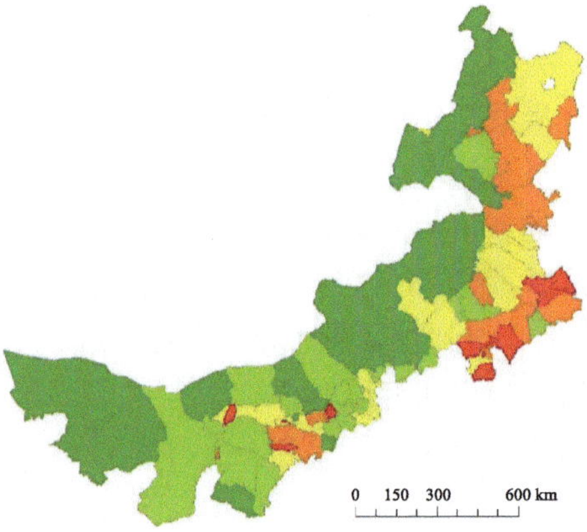

(a1) SSP1 2030年

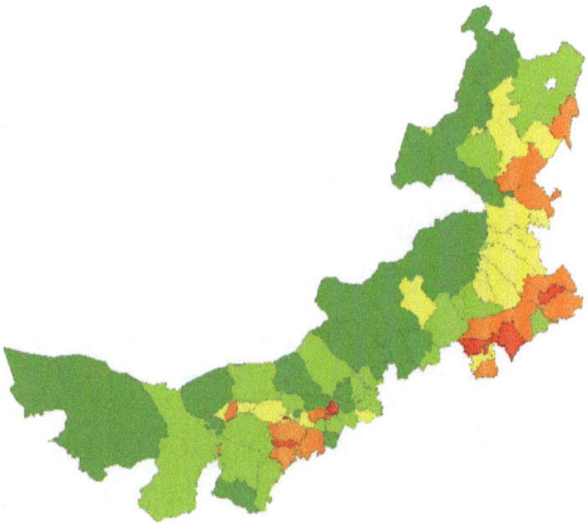

(a2) SSP1 2050年

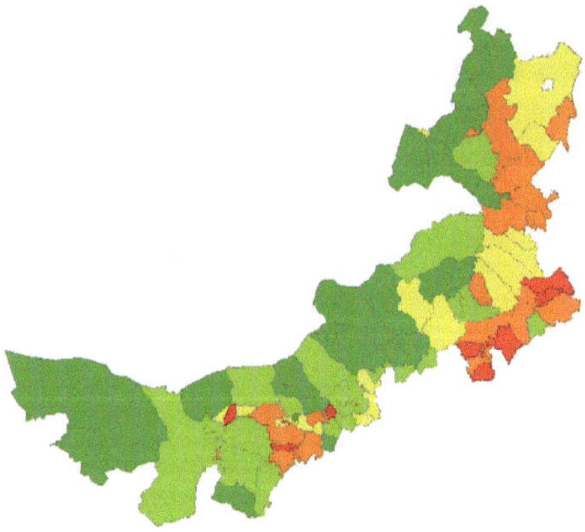

(b1) SSP2 2030年

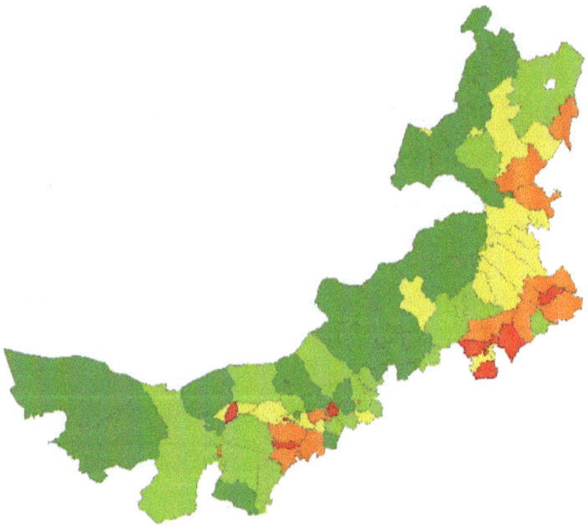

(b2) SSP2 2050年

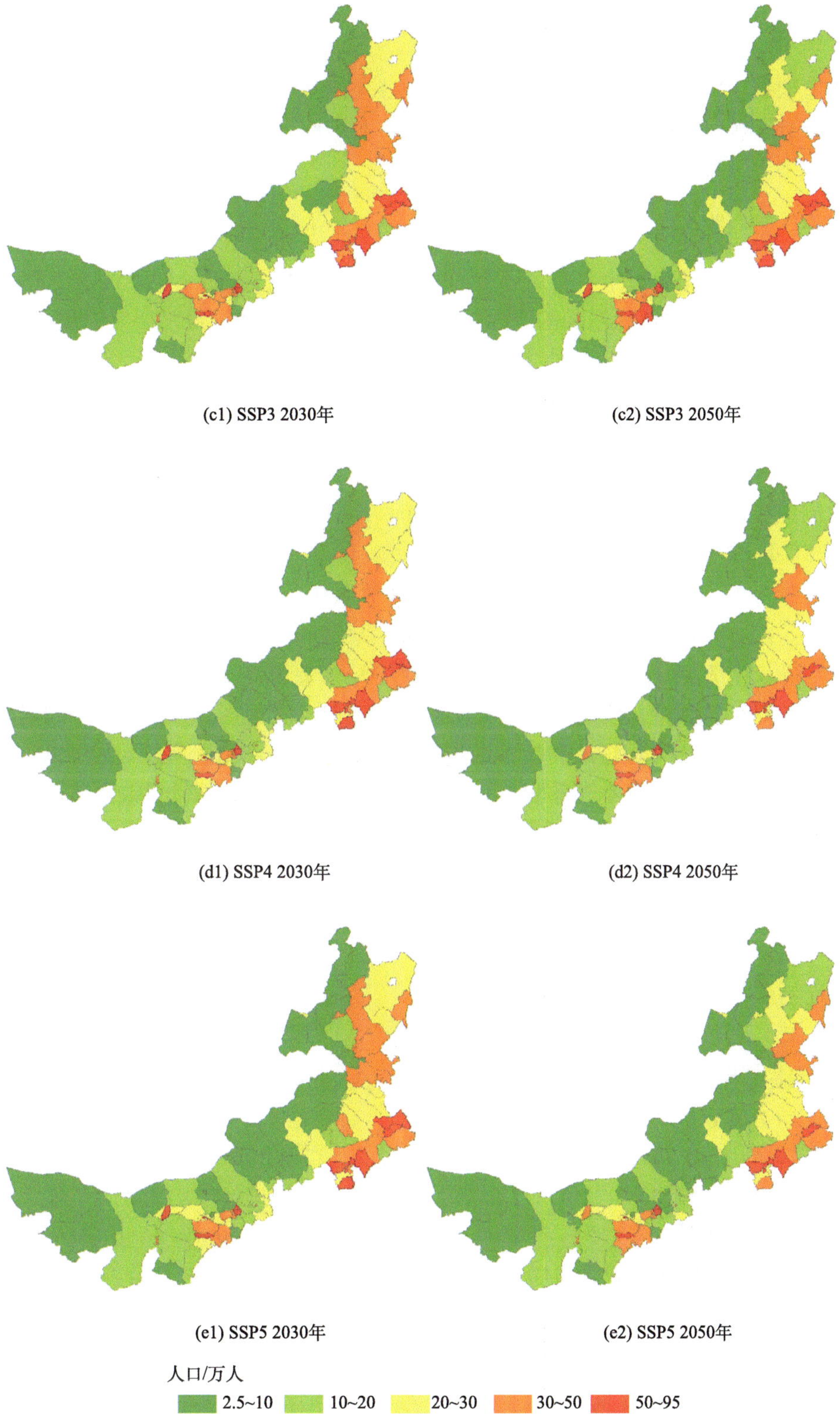

图 7-5　不同共享社会经济路径下内蒙古各旗县人口分布

7.1.2 IPCC 温控阈值情景下经济增长预测

本节根据 1996～2016 年《内蒙古统计年鉴》数据和前文人口预测结果数据，采用柯布-道格拉斯（Cobb-Douglas，C-D）预测模型，对不同 SSP 情景下内蒙古的经济情况进行预测，为下文开展情景分析提供情景数据基础。

1. C-D 预测模型

现代经济学自诞生以来，有关一个国家/区域 GDP 增长率的决定因素以及不同国家/区域的 GDP 以不同的速度增长的原因等问题始终是理论与实证经济研究的焦点。现有研究主要通过新古典生产函数来回答这个问题。新古典生产函数代表了一种技术关系，这个技术关系可以用产出水平表示为投入水平（如劳动力、资本、土地等）的函数来表达。在过去的一个世纪里，学者们致力于刻画这个生产函数的特定形式。研究发现，如果产出对要素投入的弹性是恒定的，并且技术进步是希克斯中性的，那么 C-D 生产函数将为经验数据提供最佳的统计拟合（McCombie and Thirlwall，1995）。假设技术进步率恒定为 λ，则 C-D 生产函数可以表示为

$$Y(t)=A(0)\mathrm{e}^{\lambda t}K(t)^{\alpha}L(t)^{1-\alpha} \tag{7-3}$$

式中，$Y(t)$ 表示第 t 年的产出（GDP）；$A(0)$ 表示基期的全要素生产率（TFP）；$K(t)$ 表示第 t 年的资本存量；$L(t)$ 表示第 t 年的劳动力投入；α 表示资本产出弹性。C-D 生产函数的一个优势是估计弹性与实际要素收入份额间的近似对应关系，基于 C-D 生产函数的研究方法试图通过劳动力、资本和技术进步的增长率来解释产出的增长。根据式（4-3），可以从劳动力投入量、资本存量和全要素生产率三个方面进行情景参数预估，从而预测不同 SSP 情景下内蒙古各旗县域单元的经济变化情况。

1）劳动力投入量

劳动年龄人口是劳动生产要素的基础，劳动力投入主要来源于前文人口预估结果。C-D 函数中的劳动生产要素包含三个组成部分：劳动年龄人口（WAP）、劳动力参与率（LFPR）和教育程度（H）。

$$L=\sum\nolimits_{q}H\times \mathrm{LFPR}(q)\times \mathrm{WAP}(q) \tag{7-4}$$

上述等式中，我们区分了工作年龄段 q，包括 15～64 岁和 65 岁及以上。两个工作年龄段都有其特定的劳动参与率。

上述等式中，首先通过将劳动参与率与各自的人口数相乘，获取实际的劳动力人口。下一步是解释由于教育水平不同而造成的质量差异。我们选择平均受教育年限（MYS）作为衡量教育水平的标准。为了计算人力资本我们选择了与 Hawksworth（2006）相同的研究方法：假定前四年的教育可以每年增加 13.4%的人力资本，第 4～8 年的平均教育增加 10.1%的人力资本，之后的教育每年增加 6.8%的人力资本。因此给出教育程度（H）的估算公式：

$$H = \begin{cases} e^{0.134\times \mathrm{MYS}} \\ e^{0.536+0.101\times(\mathrm{MYS}-4)} \\ e^{0.94+0.068\times(\mathrm{MYS}-8)} \end{cases} \tag{7-5}$$

2）资本存量

以 2005 年为基准，基于可用的历史投资数据，运用永续盘存法按不变价格计算内蒙古及其各旗县的历史时期资本存量，计算公式如下：

$$K(t+1) = (1-d)\cdot K(t) + I(t) \tag{7-6}$$

式中，d 为折旧率；I 为固定资本形成总额。

未来资本存量的预测参考 Leimbach 等（2017）的方法，其资本存量的递推方程为

$$K(t) = \left[\frac{K(t-1)}{L(t-1)}\right]^{(1-\alpha(t-1))/(1-\alpha(t)))} \cdot \left[\frac{K(t)}{Y(t)}\cdot\frac{Y(t-1)}{K(t-1)}\cdot\frac{A(t)}{A(t-1)}\right]^{(1/(1-\alpha(t)))} \cdot L(t) \tag{7-7}$$

并且可通过下面的方程得出资本强度和资本存量：

$$\alpha = p_K \cdot \frac{K}{Y} \tag{7-8}$$

式中，p_K 表示资本价格；K/Y 为资本强度。

3）全要素生产率

现有经济增长的相关研究表明，在索洛模型框架下，TFP 起主导作用，即观察到的经济增长主要归因于 TFP 的增长。TFP 的未来动态预测方法主要基于如下假设：经验观察到的 TFP 增长形式为指数增长形式也反映在 TFP 未来动态变化之中。TFP 的预测方法包含四个部分：①发展最快地区的 TFP 增长率的未来设定；②基于历史数据，采用索罗经济增长模型估计得到的各地区基期 TFP 及 TFP 增长率；③长期上，各地区追赶发展最快地区的收敛率；④各地区基期 TFP 增长率收敛到未来长期 TFP 增长率的转换时间。

发展最快地区的未来 TFP A_L 预测主要包括初始 TFP $A_L(0)$、发展最快地区的初始 TFP 增长率 g_A^L、未来 TFP 增长率 g^L 以及转换率 γ 等关键参数：

$$A_L(t) = A_L(0)\cdot\left\{1+\left[g^L + (g_A^L - g^L)\cdot e^{-\gamma t}\right]\right\}^t \tag{7-9}$$

所有其他区域 r 的 TFP A 根据以下公式计算得出：

$$A(t+1,r) = \begin{pmatrix} \dfrac{t\cdot\left\{A_L(t+1) - \left[A_L(t+1) - A(t,r)\right]\cdot e^{-t(\beta(r)/10)}\right\} + (\tau(r)-t)\cdot(1+g_A(r))A(t,r)}{\tau(r)} & t \leqslant \tau \\ \max\left\{A(t,r), A_L(t+1) - \left[A_L(t+1) - A(t,r)\right]\cdot e^{-t(\beta(r)/10)}\right\} & t > \tau \end{pmatrix} \tag{7-10}$$

式中，β 为收敛参数；τ 为两阶段 TFP 的转换时间，单位为 5 年；g_A 为初始 TFP 增长率。

2. 参数率定

Leimbach 等（2017）为 SSP 情景下的经济预测提供了基本的情景参数。为预测不同

SSP 情景下内蒙古经济发展状况，本节参考其研究，对模型劳动力投入量（L）、全要素生产率（A）和资本存量（K）中的相关参数做出如下假设。

1）劳动参与率

对于 15～64 岁人口组，设定 SSP2 情景下维持现有发展状况，劳动参与率处于中等水平，为 0.7 左右；SSP1 情景下人口总数小于 SSP2 情景，其相对高速的技术转化与大量科技设备的投入使该路径下的劳动参与率与 SSP2 情景相当，收敛于 0.7；SSP5 情景是以化石燃料为主的快速发展，高速的经济增长依赖于高的劳动参与率，其值收敛于 0.8 左右；SSP3 情景下的劳动参与率则与 SSP5 情景相反，低于历史平均值并收敛于 0.6；SSP4 情景下的发展极不均衡，以缓慢的速度（400 年）达到一个长期稳定的劳动参与率水平，收敛于 0.75，其他 SSP 情景的收敛时间均为 100 年。对于＞64 岁人口组，假设不同路径下劳动参与率不变，维持在 2010 年水平。

2）资本输出的弹性系数

为了构建未来资本存量的情景，除全要素生产率和劳动力投入外，还需要对资本弹性系数 α 进行预测。这里，我们参考 Leimbach 等（2017），假设资本弹性系数 α 的长期水平在不同 SSP 情景中是不同的。一般来说，资本与劳动之间存在着 1∶2 的收入分配，即 α=1/3。本节中，我们假设在以高度合作为特征的 SSP1 情景和 SSP5 情景中，α 分别长期收敛于 0.35 和 0.45，收敛时间为 75 年，其中，我们假设 SSP5 情景下的 α 具有较高的水平，是因为这种高增长情景的发生很大程度上是由资本的大量积累驱动的。SSP2 情景中我们也假定 α 为 0.35，然而，这种长期水平的收敛速度要慢得多，设定为 150 年。假设 SSP3 情景中的弹性参数收敛较慢且水平较低，设定 α 为 0.25，收敛时间为 150 年，根据这一假设，表示在 SSP3 情景下经济发展相当于劳动密集型而非资本密集型。假设 SSP4 情景的收敛速度更慢，收敛时间为 250 年，α 长期水平为 0.3。

3）全要素生产率

我们假设发展最快地区的中长期 TFP 增长率（g^L）为 0.7%/a，高增长情景和低增长情景的 TFP 增长率分别增加和减少 50%，即：设定发展最快地区的全要素生产率（TFP）的年均增长率 g^L 在 SSP1 情景、SSP2 情景和 SSP4 情景维持中等水平，为 0.7%，SSP3 情景下为 0.35%，SSP5 情景下为 1.05%。不同 SSP 情景下内蒙古 TFP 增速的收敛速度存在差异。维持现状的 SSP2 情景为中速收敛；拥有较高科技进步水平的 SSP1 情景和 SSP5 情景为高速收敛；SSP3 情景和 SSP4 情景为低速收敛。

3. 结果分析

本节根据内蒙古逐年统计年鉴数据和前文人口预测数据，采用 C-D 预测模型，开展了不同共享社会经济路径下 2010～2050 年内蒙古经济变化预测，为下文开展情景分析提供情景数据基础。研究以每五年为预测周期，因此选取 2015 年内蒙古及分县实际 GDP 与模型估计 GDP 进行对比，由此验证 C-D 模型的可靠性和内蒙古及分县本地化参数的合理性。由于 SSP2 情景表示保持按照当前发展状态发展的中等发展情景，因此我们选择 SSP2 情景的预测结果进行结果验证。根据内蒙古统计年鉴数据，2015 年内蒙古 GDP 为 14529 亿元，而在 SSP2 情景下估算内蒙古 GDP 为 14864 亿元，误差在 2.31%左右。

同时，我们做出 2015 年内蒙古 101 个旗县 GDP 的实际值和估计值的散点图，建立实际 GDP 和估算 GDP 之间的关系（图 7-6）。由图可以看出，C-D 模型预测得到的估计 GDP 和实际 GDP 之间有很好的相关性，分析结果表明 C-D 模型在内蒙古未来的经济预估研究中较为稳健，且模型参数设置较为合理。

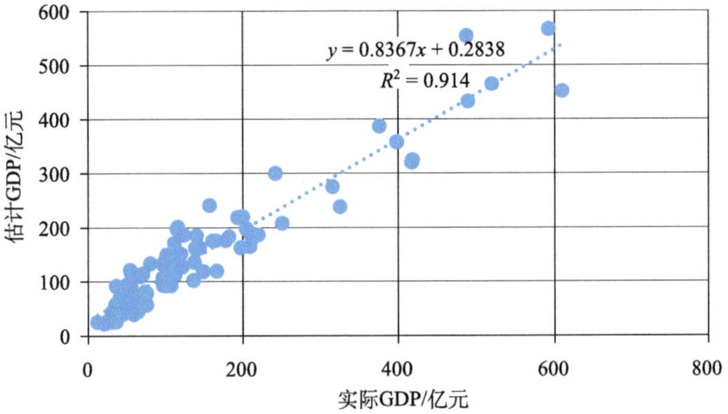

图 7-6　2015 年内蒙古预测 GDP 和实际 GDP 的关系

注：2005 年不变价

研究发现，2010～2050 年，内蒙古 GDP 变化呈增长趋势，但增长速度逐渐变缓。从整体上看，不同共享经济路径下内蒙古 GDP 增长量从大到小排序为 SSP5、SSP1、SSP2、SSP4、SSP3（图 7-7）。2020 年之前，不同 SSP 情景下 GDP 差异不显著；2020 年之后，不同 SSP 情景下 GDP 差异逐渐明显。SSP5 情景下 GDP 保持较快速度增长，2050 年 GDP 达到 58733 亿元，较 2010 年增加 6.6 倍；相对于其他几个 SSP 情景，SSP3 情景下 GDP 增长幅度较小，2050 年 GDP 达到 44073 亿元，较 2010 年增加 4.9 倍。总体来看，到 2050 年，GDP 总量最大的 SSP5 情景和最小的 SSP4 情景相差近 15000 亿元。

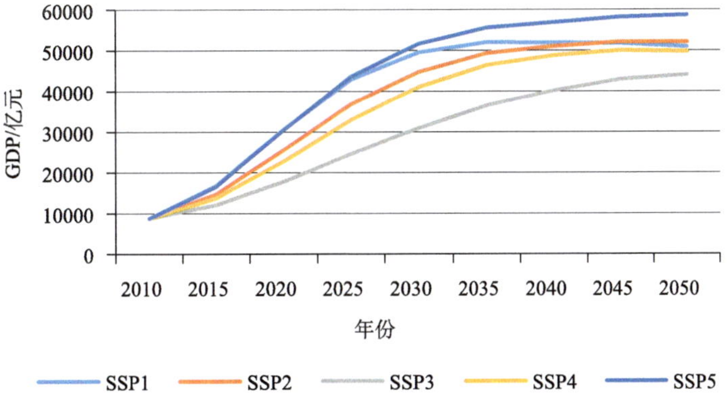

图 7-7　2010～2050 年不同 SSP 情景下内蒙古 GDP 变化

注：2005 年不变价

从 GDP 的增速来看，2010～2050 年，不同 SSP 情景下内蒙古 GDP 的年均增速在 4%～5%之间，GDP 增速逐渐放缓。SSP5 情景下，2010～2020 年 GDP 年均增速为 13.5%，

2020～2030 年放缓至 5.4%，2030～2050 年放缓至 0.6%；SSP1 情景下，2010～2020 年 GDP 增速为 13.8%，2020～2030 年放缓至 4.9%，2030～2050 年 GDP 年均增速放缓至 0.1%，且在 2040 年之后开始出现负增长；SSP2 情景下，2010～2020 年 GDP 增速为 11.2%，2020～2030 年放缓至 5.7%，2030～2050 年放缓至 0.7%；SSP4 情景下，2010～2020 年 GDP 年均增速为 7.3%，2020～2030 年 GDP 增速放缓至 5.6%左右，2030～2050 年 GDP 增速进一步放缓；SSP3 情景下，2010～2020 年 GDP 年均增速为 10.0%，2020～2030 年 GDP 增速维持在 6.0%左右，2030～2050 年 GDP 增速放缓至 1%。

我们选择 2030 年和 2050 年两个时间节点来分析内蒙古各个县域单元的 GDP 总量及增速变化情况。如图 7-8 所示，不同 SSP 情景下 2030 年和 2050 年内蒙古各旗县的 GDP 分布不同。整体上来说，内蒙古分县的 GDP 在不同 SSP 情景下由大到小的排序为 SSP5>SSP1>SSP2>SSP4>SSP3。从空间分布上看，内蒙古各旗县 GDP 呈现出“东高西低、南高北低”的特点，其中，内蒙古东部赤峰市、通辽市、兴安盟和西南部的呼和浩特、包头市在内的旗县 GDP 较大，区域上存在发展不平衡的现象。2010～2030 年，不同 SSP 情景下内蒙古各旗县 GDP 的年均增长率从大到小依次为 9.75%（SSP5）、9.52%（SSP1）、8.98%（SSP2）、6.98%（SSP4）和 0.001%（SSP3）。而 2030～2050 年，不同 SSP 情景下内蒙古各旗县 GDP 的年均增长率从大到小依次为 1.50%（SSP3）、0.70%（SSP4）、0.51%（SSP2）、0.41%（SSP5）和–0.09%（SSP1）。从空间分布上看，内蒙古各旗县 GDP 年均增长率呈现出“东高西低、南高北低”的特点（图 7-9）。在不同 SSP 情景下，内蒙古 GDP 未来的增速均呈现不同程度的放慢状态，其中，GDP 增长较快的情景下 GDP 放缓的状态更早发生，区域发展不平衡的现象非常显著。尽管在 SSP5 情景下，经济保持了连续增长，但是伴随高消耗的能源消费方式导致的温室气体排放等问题日益严峻。而保持目前发展状况的 SSP2 情景同样不可持续，需要进一步调整经济政策与结构，降低能源消耗水平。面临经济增速放缓、生态环境压力不断增大等众多矛盾和挑战，可持续发展是内蒙古未来的发展之路。

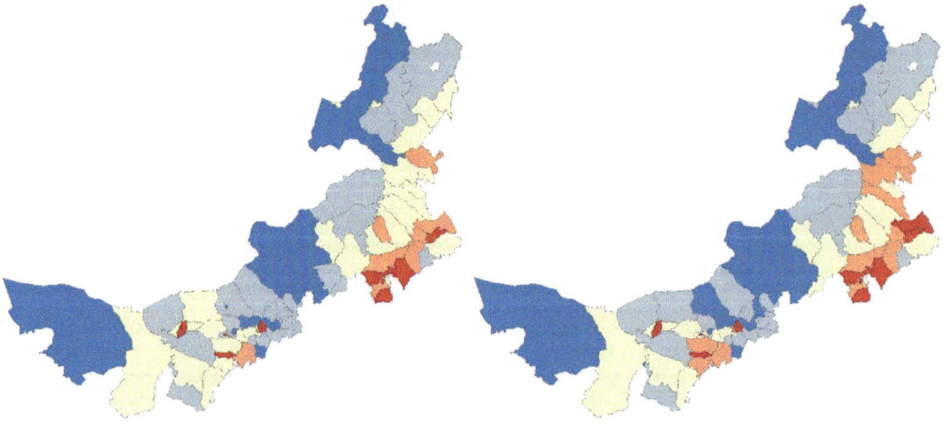

(a1) SSP1 2030年　　(a2) SSP1 2050年

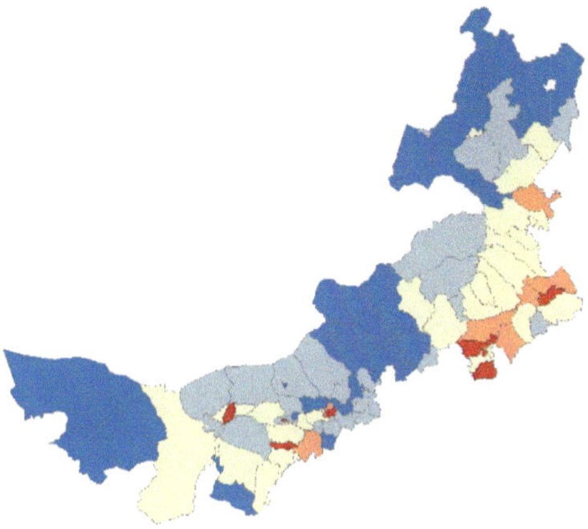

(b1) SSP2 2030年

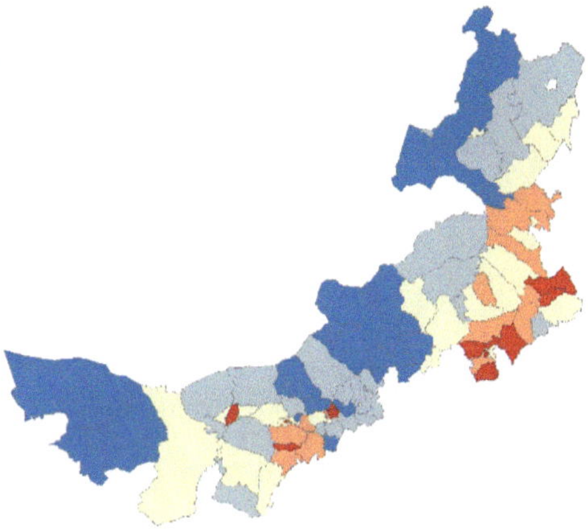

(b2) SSP2 2050年

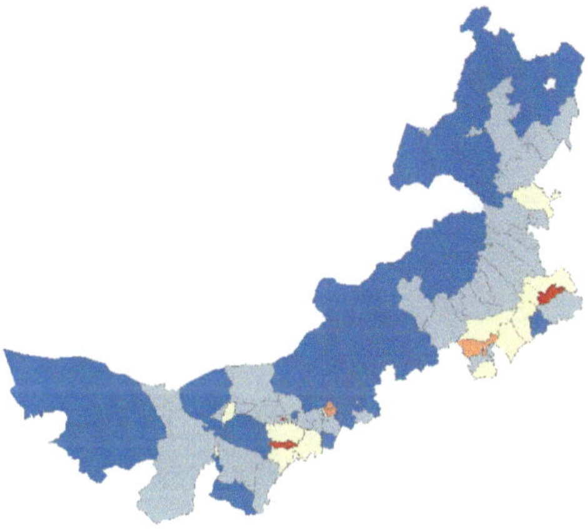

(c1) SSP3 2030年

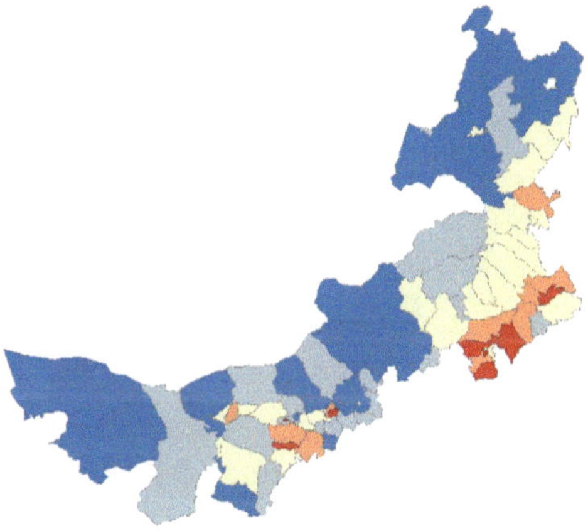

(c2) SSP3 2050年

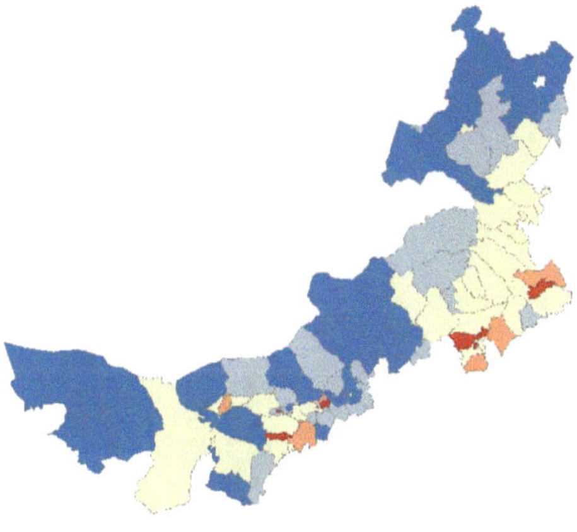

(d1) SSP4 2030年

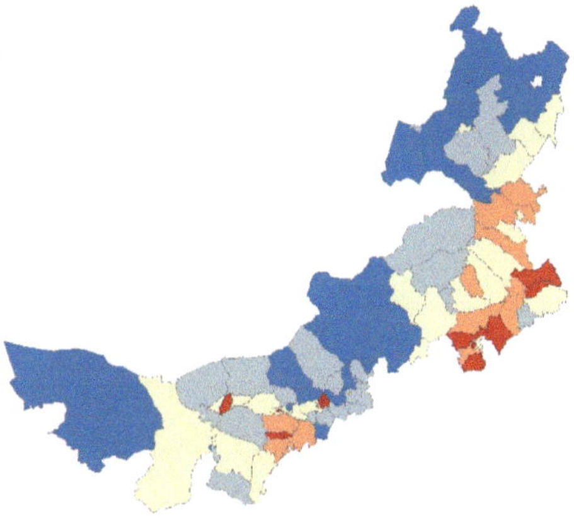

(d2) SSP4 2050年

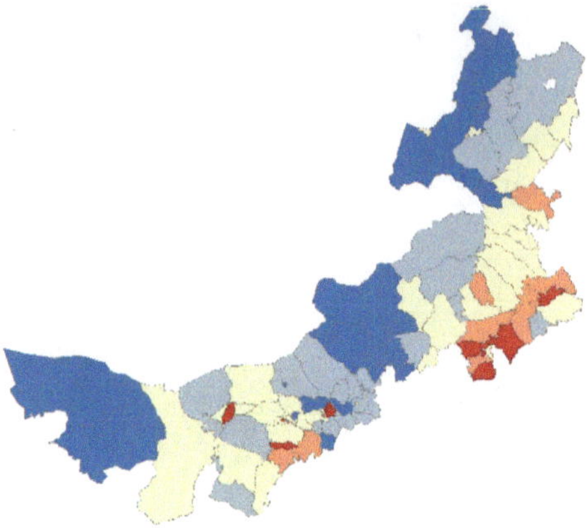

(e1) SSP5 2030年

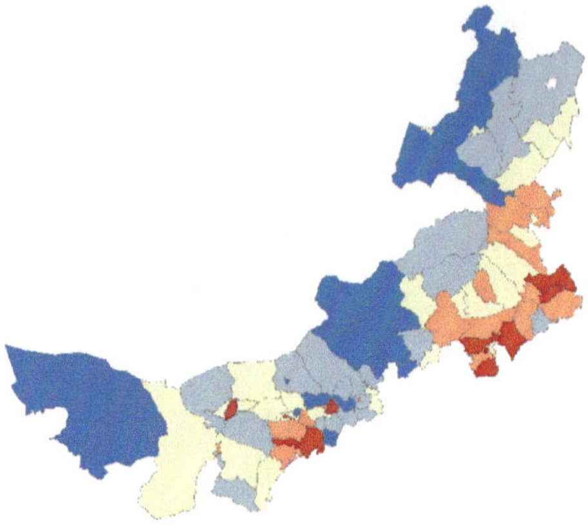

(e2) SSP5 2050年

GDP/亿元

<200　200~400　400~700　700~1000　>1000

图 7-8　不同 SSP 情景下内蒙古各旗县 GDP 分布（2005 年不变价）

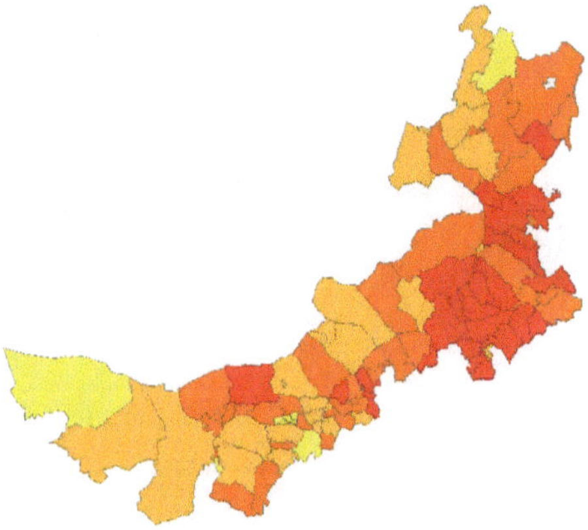

(a1) SSP1 2010~2030年

(a2) SSP1 2030~2050年

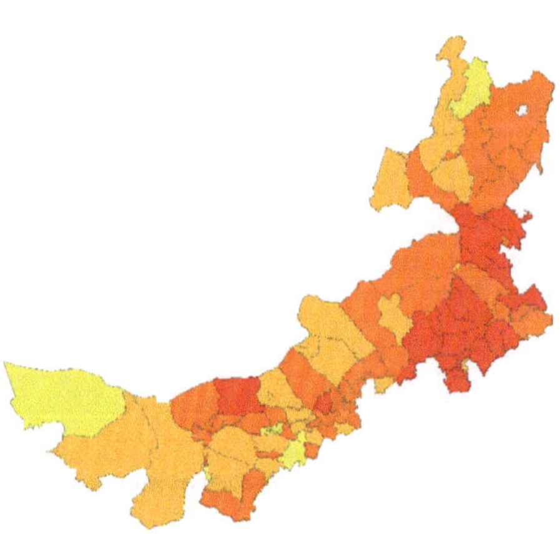

(b1) SSP2 2010~2030年

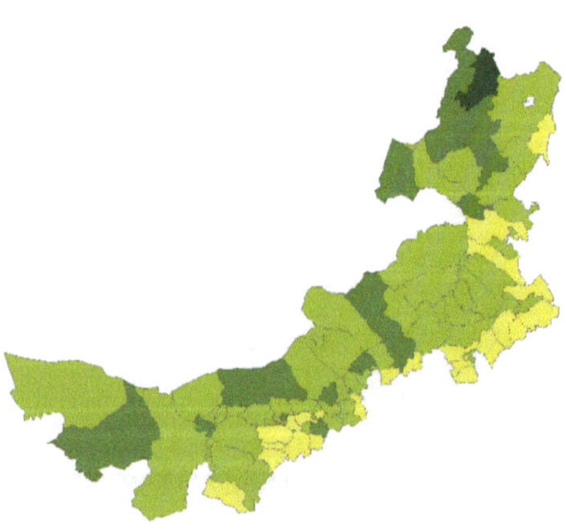

(b2) SSP2 2030~2050年

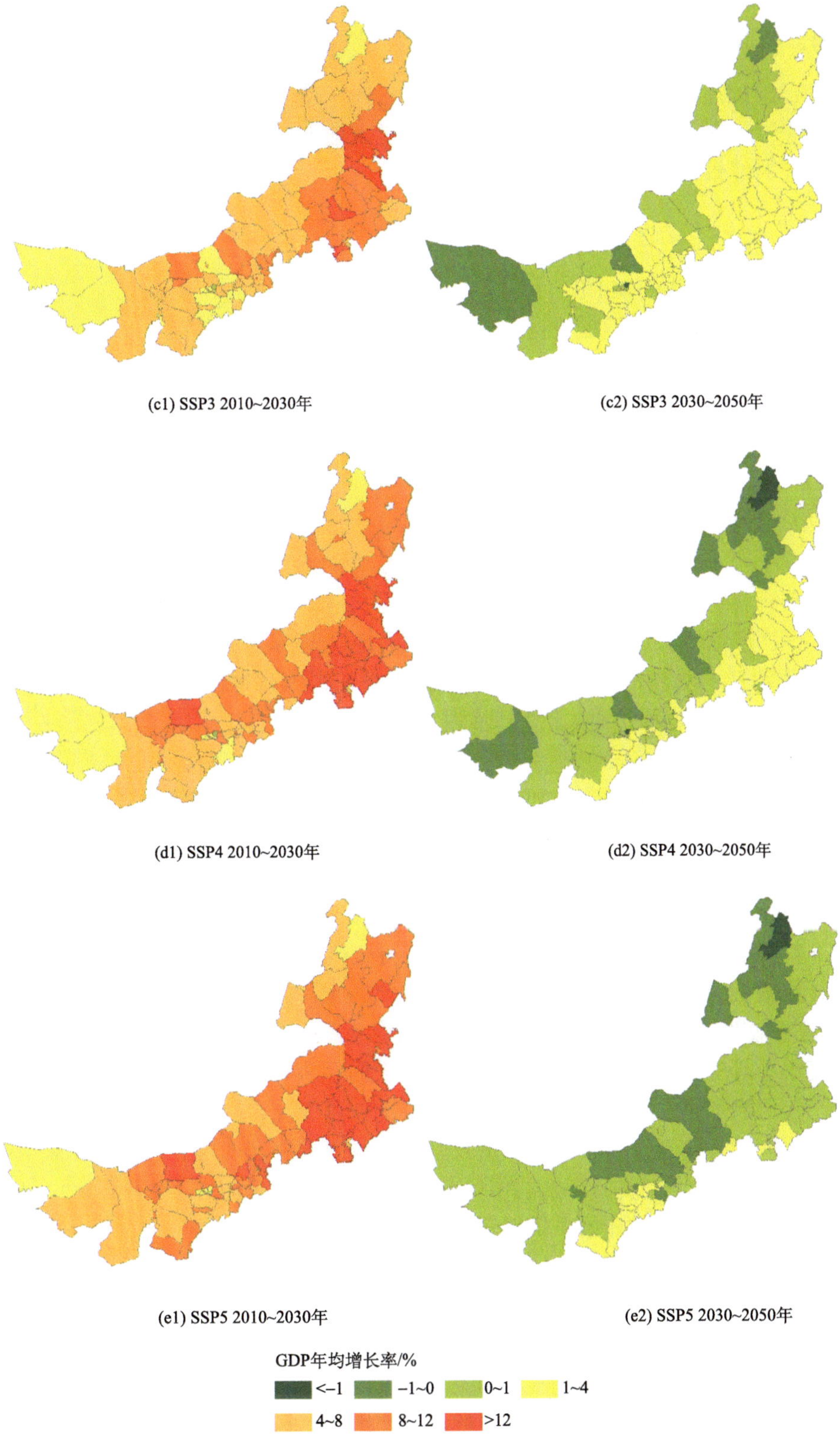

图 7-9 不同 SSP 情景下内蒙古各旗县 GDP 年均增长率

7.1.3 IPCC 温控阈值情景下土地系统变化参数分析

我们已经综述了不同共享社会经济路径（SSP）情景的主要特征。在本节中，我们聚焦到 SSP 情景故事线在土地部门上的拓展，以土地部门为重点对五个 SSP 情景进行定性分析，并对情景参数进行量化。

1. 情景描述

1）可持续发展路径 SSP1

朝一条更加可持续的发展方向转变，更加强调尊重感知环境边界的更加包容性的发展模式。土地利用受到严格管制，如森林砍伐率大幅降低。低收入和中等收入地区/国家的农作物产量正在迅速增长，从而更快地赶上高收入地区/国家。低热量与少肉的健康饮食方式日益盛行。在一个开放、全球化的经济中，加强食品贸易合作。在 SSP1 路径下，适应/减缓气候变化的国际合作开始较早。

2）中等发展路径 SSP2

朝着一条经济和社会设条件遵循历史发展趋势的道路前进，土地利用变化受到不完全调控，即森林砍伐仍在继续，尽管随着时间的推移，土地利用率逐渐下降。随着时间的推移，作物产量增长速度缓慢下降，但低收入地区/国家在一定程度上有所增加。热量消耗和肉类消费朝着高水平缓慢趋近。国际贸易在很大程度上仍然是区域化的。SSP2 中，适应/减缓气候变化的国际合作被推迟。

3）区域竞争路径 SSP3

复兴的民族主义，对竞争力和安全的关注以及区域冲突促使各国越来越关注国内或区域问题，包括粮食和能源安全。 土地使用变化难以规范。随着时间的推移，作物产量增长率的下降幅度很大，特别是由于新农业技术向发展中国家的转移非常有限。动物性食品消费比例高，不健康的饮食习惯盛行。区域化发展导致农产品贸易流量减少。在 SSP3 中，由于发展中国家的执行能力低下，从而使得植树造林活动减少。适应/减缓气候变化的国际合作被推迟。

4）不平衡发展路径 SSP4

高度不平等的人力资本投资，加上越来越大的经济和政治权力的差距，导致国家内部的不平等问题加剧。高收入国家严格监管土地使用变化，但森林砍伐仍然发生在贫穷国家。高收入国家实现了高收益率的增长，而低收入国家在农业方面仍然相对生产力较低。食品贸易全球化，但贫穷国家的市场有限，增加了非连通性群体的脆弱性。在 SSP4，气候变化减缓的国际合作开始于早期（2020 年之后）。但是，2030 年之前避免砍伐和植树造林的激励措施有限。适应气候变化的国际合作被推迟。

5）常规发展路径 SSP5

在工业化和新兴经济体经济的推动下，全球对竞争性市场、创新和参与性社会的追求日益增强，以促进技术的快速发展和人力资本的发展，从而实现可持续发展的道路。土地利用变化受到不完全管制，即森林砍伐仍在继续，尽管随着时间的推移有所减缓。作物产量随着时间推移而增加，饮食不健康，动物食品消费偏好较高。国际贸易的壁垒大大减少，强大的全球化使得国际贸易水平提高。但与 SSP1 形成鲜明对比的是，减缓气候变化的国际合作被推迟。

2. 情景参数率定

根据不同 SSP 情景下土地利用相关的情景描述，构建了一套包含人口、经济、农业和畜牧业生产效率、居民食品消费偏好、土地利用监管和基于土地的气候变化减缓/适应政策的土地系统驱动力情景要素库（表 7-3），并对如何量化特别是本地化这些情景要素的参数做了说明，具体如下。

表 7-3　SSP 内蒙古土地系统变化主要情景参数

	SSP1	SSP2	SSP3	SSP4	SSP5
人口/万人（2050）	2331.72	2413.74	2471.81	2236.89	2348.84
GDP（2005 年不变价/亿元）（2050）	50933	52164	44073	49790	58734
动物性食品消费	减少对动物性食品需求	当前对动物性食品偏好	对动物性食品高偏好	当前对动物性食品偏好	对动物性食品高偏好
土地利用变化监管	严格调控	适度调控	轻微调控	适度调控	适度调控
作物单产提高	高产量提升	中产量提升	低产量提升	中产量提升	高产量提升
畜牧系统效率	高效率提升	中效率提升	低效率提升	中效率提升	高效率提升
基于土地利用的气候变化减缓	非常有效	中等有效	无效	中等有效	无效
基于土地利用的气候变化适应	非常有效	中等有效	无效	无效	中等有效

1）人口和 GDP

采用第三章预测得到的不同 SSP 情景下 2015～2050 年内蒙古人口和 GDP 估计结果作为情景冲击数据。

2）动物性食品消费

基于内蒙古统计年鉴数据，2015 年内蒙古农村居民人均肉类消费为 30.58kg，城市居民人均肉类消费为 37.47kg。参考程广燕等（2015），按照当前发展趋势，假定 2030 年以前农村和城市居民人均肉类消费以年均 0.6kg 增量计；2030 以后城市居民人均肉类消费增速放缓，以年均 0.3kg 增量计，农村居民人均肉类消费仍以年均 0.6kg 增量计，由此得到 SSP2 和 SSP4 路径下肉类消费需求量。参考 Doelman 等（2018），假定 SSP1 路径下内蒙古肉类消费需求比 SSP2 低 50%，SSP3 和 SSP5 路径下内蒙古肉类消费需求比 SSP2 高 50%，由此得到不同 SSP 情景下 2010～2050 年肉类消费需求量。

3）土地利用变化调控

并不是所有土地都可开发利用，2015 年内蒙古未利用地面积为 30 万 km^2，占土地总面积的 27%。根据内蒙古自治区土地利用总体规划（2006—2020 年），内蒙古规划期内未利用地开发面积控制在 17484 万 km^2。结合内蒙古实际情况，本节设定 SSP2 中等发展路径下社会经济系统可利用土地面积以 0.15%的年均速度增加，SSP4、SSP5 和 SSP2 调控幅度一致。SSP1 路径下内蒙古社会经济系统可利用土地面积控制在年均 0.05%的年均速度增加，SSP3 路径下可利用土地面积控制在年均 0.25%的年均速度增加。

4）农业和畜牧业生产效率

由于科学技术和管理水平的进步，未来发展必然会带来作物单产的提高和畜牧业生产效率的提升。本节以农业和畜牧业的技术进步率作为模型情景冲击参数。基于内蒙古历史统计数据，设定 SSP2 路径下未来农业和畜牧业技术进步率为 5%，假定 SSP4 路径下农业和畜牧业技术进步率和 SSP2 路径一致。SSP1 和 SSP5 路径下农业和畜牧业技术进步率较 SSP2 路径下高 50%，SSP3 路径下农业和畜牧业技术进步率较 SSP2 路径下低 50%。

5）基于土地利用的气候变化减缓和适应政策

减少发展中国家毁林和森林退化（REDD）和植树造林是基于土地利用的重要的气候变化减缓政策。结合内蒙古土地利用发展规划，本节做如下假设：SSP1 可持续发展路径下内蒙古天然林以年均 0.4%速度增长，SSP2、SSP4 和 SSP5 路径下以年均 0.2%速度增长，而在 SSP3 路径下内蒙古天然林数量不增长。除此之外，内蒙古实施草地生态保护工程，如退耕还草、草畜平衡政策等适应政策，致力于恢复草地退化和维护生态安全，本节假设在 SSP1 可持续发展路径下，退化草地恢复，并以年均 0.4%速度增长，SSP3 区域竞争路径下导致退化草地向未利用地转变，以年均 0.4%速度减少，其他路径下退化草地的数量维持在当前水平，即面积不改变。这里，天然林和已发生中等程度以上退化的草地不参与 IMCGELUC 模型中经济系统的运转和社会经济需求用地的动态演变。

7.2 气候-土地-经济系统集成模型

7.2.1 气候-土地-经济系统集成模型框架

通过集成内蒙古土地利用变化均衡分析模型（IMCGELUC）和空间显性的土地系统动态模拟模型（DLS），我们构建了空间显性的内蒙古土地-经济系统集成模型，并结合 SSP 情景设计方案，建立了一套基于 SSP 情景适应气候变化的土地系统动态模拟的技术体系框架（图 7-10）。首先，根据 SSP 故事线定性的提取了不同 SSP 情景下以土地部门为核心的内蒙古的社会经济发展情景参数，包括人口、GDP、农牧业生产效率和消费、气候变化适应/减缓政策等方面的情景参数库，服务于未来区域土地系统动态模拟的情景分析。在模型集成上，对于 IMCGELUC 模型，我们首先基于传统静态 CGE 模型-ORANI-G 模型框架，通过将土地作为生产要素纳入模型生产函数，并建立模型的动态递归机制，实现 IMCGELUC 模型的构建；该模型数据库以嵌入土地资源账户的投入产出表为基础，为此，我们通过调研收集内蒙古社会经济统计数据，制备土地利用功能分类数据，开展了分产业用地的价值核算，并将土地资源账户嵌入内蒙古投入产出表。基于构建的 IMCGELUC 模型，开展不同 SSP 情景下适应气候变化的内蒙古 2010～2050 年土地系统结构动态预测。在此基础上，在不同 SSP 情景土地系统结构（数量）的约束下，通过集成空间显性的土地系统动态模拟模型（DLS），这个技术框架现了区域长期动态下的土地利用类型和土地系统空间格局的交互。

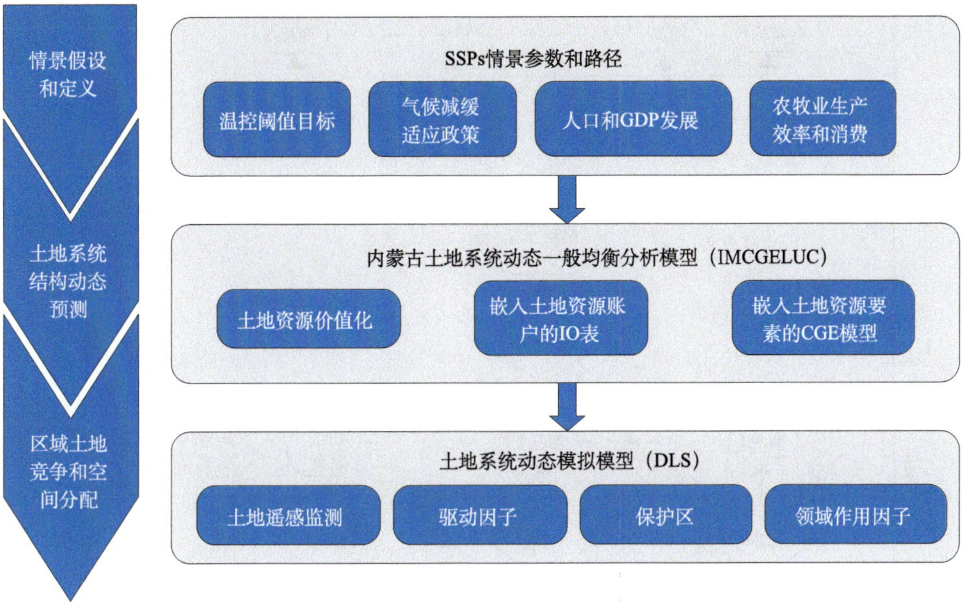

图 7-10　基于 SSP 情景的土地系统动态模拟技术体系框架

7.2.2　气候-土地-经济系统集成模型功能模块

1. IMCGELUC 模型模块

本节基于传统单区域静态 CGE 模型 ORANI-G 模型（a generic single-country computable general equilibrium model）（Sun et al.，2016），构建了内蒙古土地系统动态分析的动态递归 CGE 模型（IMCGELUC）。该模型将土地作为生产要素纳入模型生产函数中，建立了动态递归机制，服务于气候变化适应目标下未来土地系统动态的情景模拟与分析。该模型以 Gempack 软件作为模型运行环境。

1）生产模块

IMCGELUC 模型基础与投入产出模型类似，是一个多投入、多产出的模型，遵循着一般均衡的规则。在生产模块中，模型描述各个经济部门的生产机制。该机制由多层次生产函数嵌套构成（图 7-11），描述各个生产阶段的最优组合，从而保证生产成本的最小化。其中，顶层的嵌套基于 Leontief 函数描述商品、生产要素以及其他成本间的最优化组合；第二层嵌套则基于 CES 函数描述国内商品与进口商品间的商品组合以及劳动力、资本与土地等生产要素组合。最后，基于双层嵌套的 CET 函数描述总产出在出口与国内市场间的分配组合。

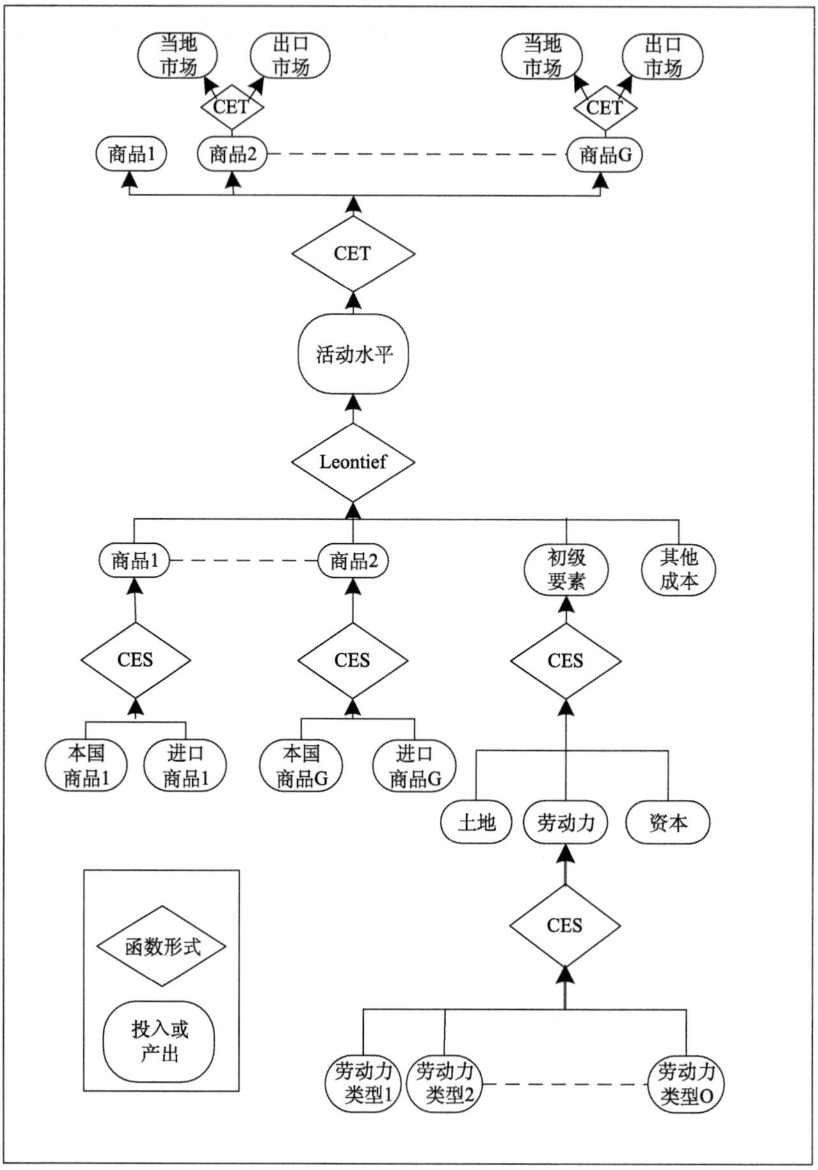

图 7-11　生产功能模块的逻辑结构

采用 CES 函数描述土地、资本、劳动力之间的组合。

$$\mathrm{LND}_i = \mathrm{slnd}_i \cdot \left[\frac{\mathrm{PPRIM}_i}{\mathrm{PLND}_i}\right]^{\sigma\mathrm{prim}_i} \tag{7-11}$$

$$\mathrm{LAB}_i = \mathrm{slab}_i \cdot \left[\frac{\mathrm{PPRIM}_i}{\mathrm{PLAB}_i}\right]^{\sigma\mathrm{prim}_i} \tag{7-12}$$

$$\mathrm{CAP}_i = \mathrm{scap}_i \cdot \left[\frac{\mathrm{PPRIM}_i}{\mathrm{PCAP}_i}\right]^{\sigma\mathrm{prim}_i} \tag{7-13}$$

$$\mathrm{PPRIM}_i = \left[\mathrm{slnd}_i \cdot \mathrm{PLND}_i^{1-\sigma\mathrm{prim}_i} + \mathrm{slab}_i \cdot \mathrm{PLAB}_i^{1-\sigma\mathrm{prim}_i} + \mathrm{scap}_i \cdot \mathrm{PCAP}^{1-\sigma\mathrm{prim}_i}\right]^{\frac{1}{1-\sigma\mathrm{prim}_i}} \tag{7-14}$$

式中，PPRIM_i 为生产部门 i 中主要生产要素（土地、资本、劳动力等，以下简称主要生产要素）组合价格；$\sigma\mathrm{prim}_i$ 为生产部门 i 中主要生产要素替代弹性；PLND_i 为生产部门 i 中土地价格；PLAB_i 为生产部门 i 中的劳动力价格；PCAP_i 为生产部门 i 中资本价格；slnd_i 为生产部门 i 中土地投入份额；slab_i 为生产部门 i 中劳动力投入份额；scap_i 为生产部门 i 中资本投入份额。

生产过程中，各个经济主体在当前技术水平限制下，追求成本最小化，这个过程可以利用 CES 生产函数进行描述：

$$\begin{aligned} \min \quad & P_1 \cdot X_1 + P_2 \cdot X_2 \\ \text{s.t.} \quad & Y = A\left[\delta_1 X_1^{-\rho} + \delta_2 X_2^{-\rho}\right]^{-\frac{1}{\rho}} \end{aligned} \tag{7-15}$$

在求解规划问题过程中，首先要构建拉格朗日函数：

$$L = P_1 \cdot X_1 + P_2 \cdot X_2 + \lambda\left(Y - A\left[\delta_1 X_1^{-\rho} + \delta_2 X_2^{-\rho}\right]^{-\frac{1}{\rho}}\right) \tag{7-16}$$

然后构建拉格朗日乘数：

$$\begin{cases} L'_{X_1} = P_1 - \lambda A \delta_1 \left[\delta_1 X_1^{-\rho} + \delta_2 X_2^{-\rho}\right]^{-\frac{1}{\rho}-1} X_1^{-\rho-1} = 0 \\ L'_{X_2} = P_2 - \lambda A \delta_2 \left[\delta_1 X_1^{-\rho} + \delta_2 X_2^{-\rho}\right]^{-\frac{1}{\rho}-1} X_2^{-\rho-1} = 0 \\ L'_{\lambda} = Y - A\left[\delta_1 X_1^{-\rho} + \delta_2 X_2^{-\rho}\right]^{-\frac{1}{\rho}} = 0 \end{cases} \tag{7-17}$$

解得

$$\begin{aligned} X_1 &= \frac{Y}{A}\left(\frac{\delta_1}{P_1}\right)^{\frac{1}{1+\rho}}\left(\delta_1^{\frac{1}{1+\rho}} P_1^{\frac{\rho}{1+\rho}} + \delta_2^{\frac{1}{1+\rho}} P_2^{\frac{\rho}{1+\rho}}\right)^{\frac{1}{\rho}} \\ X_2 &= \frac{Y}{A}\left(\frac{\delta_2}{P_2}\right)^{\frac{1}{1+\rho}}\left(\delta_1^{\frac{1}{1+\rho}} P_1^{\frac{\rho}{1+\rho}} + \delta_2^{\frac{1}{1+\rho}} P_2^{\frac{\rho}{1+\rho}}\right)^{\frac{1}{\rho}} \end{aligned} \tag{7-18}$$

式中，P_1、P_2 为投入要素价格；X_1、X_2 为投入要素量；A 为技术水平，$A>0$；δ_1、δ_2 为投入份额，$0 \leqslant \delta_1$、$\delta_2 \leqslant 1$；ρ 为替代参数，$-1 \leqslant \rho \leqslant \infty$，$\rho \neq 0$。

不同土地利用类型的不同土地租金意味着土地这个生产要素不能在不同的用途之间完全自由移动。这是由于多种原因导致的，如转换成本、惯性等原因（Golub and Hertel，2012）。考虑土地的异质性和土地转换约束，我们这里采用 CET 函数，把总的土地作为输入，并根据转换弹性和相对租金把其分为不同的用途。然而，当投入和产出都是用价值（如土地租金价值）来衡量时，CET 函数可以较好的发挥作用，但当 CET 函数用于解释物理单位的变化，就会造成一些偏误。我们发现，如果将扩展土地要素的 CGE 模型中的（有效）土地利用变化百分比当作实际的土地利用面积变化百分比来解释，则区域总土地面积不是固定的。这会对耦合 CGE 模型与空间显性的 DLS 模型造成一定的困难。为此，我们采用 Mark（2019）中提出的方法，修正传统的 CET 函数，使其实现固定土地面积总量下的不同土地利用类型面积的分配，克服以上提到的技术困难：

$$\mathrm{LND}_i = \mathrm{LND}_s \cdot \left[\frac{\mathrm{PLND}_i}{\mathrm{PLND}_s}\right]^{\sigma} \tag{7-19}$$

$$\mathrm{PLND}s = \sum\nolimits_i S_i \times \mathrm{PLND}_i \tag{7-20}$$

$$\mathrm{QLND}_i = \mathrm{LND}_i^{\alpha_i} \tag{7-21}$$

$$\mathrm{QLND}_s = \sum\nolimits_i \mathrm{QLND}_i \tag{7-22}$$

式中，LND_i 为生产部门 i 中土地租金；LND_s 为土地总租金；PLND_i 为生产部门 i 中土地价格；PLND_s 为土地平均价格；QLND_i 为生产部门 i 中土地面积；QLND_s 为土地总面积；a_i 为生产部门 i 土地租金占比/土地面积占比；σ 为不同生产部门 i 间土地的替代弹性。

2）家庭消费模块

在消费过程中，消费者追求自身效用的最大化。消费者根据自身的消费预算进行规划消费商品的最优组合（图 7-12）。其中，顶层嵌套基于线性支出系统，Klein-Rubin 函数描述消费商品组合。在底层嵌套中，模型基于 CES 函数描述进口商品与国内商品间的消费组合。

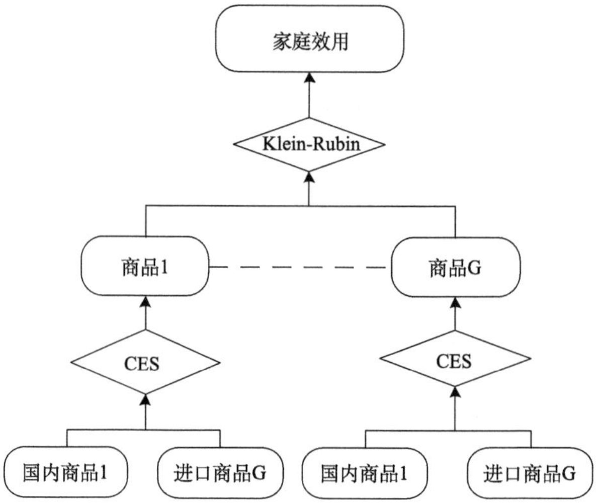

图 7-12　消费需求结构

$$\mathrm{COM}_c^d = \mathrm{HSUB}_c^d + \frac{\mathrm{slux}_c}{\mathrm{PHOU}_c^d} \cdot \left(\mathrm{HOU}^d - \sum_{c\in\mathrm{COM}} \mathrm{HSUB}_c^d \cdot \mathrm{PHOU}_c^d\right)$$
$$\sum_{c\in\mathrm{COM}} \mathrm{slux}_c = 1 \tag{7-23}$$

$$\mathrm{DCOM}_{c,i}^d = \mathrm{sdc}_{c,i}^d \cdot \left[\frac{\mathrm{PCOM}_{c,i}^d}{\mathrm{PDCOM}_{c,i}^d}\right]^{\sigma\,\mathrm{hou}_c^d} \tag{7-24}$$

$$\mathrm{ICOM}_{c,i}^{d}=\mathrm{sic}_{c,i}^{d}\cdot\left[\frac{\mathrm{PCOM}_{c,i}^{d}}{\mathrm{PICOM}_{c,i}^{d}}\right]^{\sigma\,\mathrm{hou}_{c}^{d}} \tag{7-25}$$

$$\mathrm{PCOM}_{c,i}^{d}=\left[\mathrm{sdc}_{c,i}^{d}\cdot\mathrm{PCOM}_{c,i}^{d\;1-\sigma\,\mathrm{hou}_{c}^{d}}+\mathrm{sic}_{c,i}^{d}\cdot\mathrm{PCOM}_{c,i}^{d\;1-\sigma\,\mathrm{hou}_{c}^{d}}\right]^{\frac{1}{1-\sigma\,\mathrm{hou}_{c}^{d}}} \tag{7-26}$$

式中，COM_{c}^{d} 为消费商品的数量；HSUB_{c}^{d} 为家庭消费中的基本生存需求；slux_{c} 为奢侈品的消费比例；HOU^{d} 为家庭消费可支配收入；HSUB_{c}^{d} 为家庭消费中的基本生存需求；PHOU_{c}^{d} 为家庭消费需求的价格；$\mathrm{DCOM}_{c,i}^{d}$ 为国内商品需求；$\mathrm{ICOM}_{c,i}^{d}$ 为进口商品需求；$\mathrm{PCOM}_{c,i}^{d}$ 为中间投入的价格；$\mathrm{PDCOM}_{c,i}^{d}$ 为国内商品的价格；$\mathrm{PICOM}_{c,i}^{d}$ 为进口商品的价格；$\mathrm{sdc}_{c,i}^{d}$ 为国内商品的份额参数；$\mathrm{sic}_{c,i}^{d}$ 为国际商品的份额参数；$\sigma\mathrm{hou}_{c}^{d}$ 为家庭消费中国内商品与进口商品的 CES 替代弹性。

为了描述消费者在固定的可支配收入下，如何实现效用最大化，我们以 CES 函数为例进行解释：

$$\begin{aligned}&\max\quad \left[\delta_1 X_1^{-\rho}+\delta_2 X_2^{-\rho}\right]^{-\frac{1}{\rho}}\\&\text{s.t.}\quad P_1\cdot X_1+P_2\cdot X_2=Y\end{aligned} \tag{7-27}$$

与上面生产模块类似，要进行构建拉格朗日函数：

$$L=\left(\delta_1 X_1^{-\rho}+\delta_2 X_2^{-\rho}\right)^{-\frac{1}{\rho}}+\lambda\left(P_1X_1+P_2X_2-Y\right) \tag{7-28}$$

然后再构造拉格朗日乘数：

$$\begin{aligned}&L'_{X_1}=\delta_1\left[\delta_1 X_1^{-\rho}+\delta_2 X_2^{-\rho}\right]^{-\frac{1}{\rho}-1}X_1^{-\rho-1}+\lambda P_1=0\\&L'_{X_2}=\delta_2\left[\delta_1 X_1^{-\rho}+\delta_2 X_2^{-\rho}\right]^{-\frac{1}{\rho}-1}X_2^{-\rho-1}+\lambda P_2=0\\&L'_{\lambda}=P_1X_1+P_2X_2-Y=0\end{aligned} \tag{7-29}$$

解得

$$X_1=Y\left(\frac{\delta_1}{P_1}\right)^{\frac{1}{1+\rho}}\left(\delta_1^{\frac{1}{1+\rho}}P_1^{\frac{\rho}{1+\rho}}+\delta_2^{\frac{1}{1+\rho}}P_2^{\frac{\rho}{1+\rho}}\right)^{-1}$$

$$X_2=Y\left(\frac{\delta_2}{P_2}\right)^{\frac{1}{1+\rho}}\left(\delta_1^{\frac{1}{1+\rho}}P_1^{\frac{\rho}{1+\rho}}+\delta_2^{\frac{1}{1+\rho}}P_2^{\frac{\rho}{1+\rho}}\right)^{-1}$$

式中，X_1、X_2 为商品的消费数量；P_1、P_2 为商品的购买价格。Y 为消费预算，$Y>0$；δ_1、δ_2 为消费商品份额，$0\leqslant\delta_1$、$\delta_2\leqslant 1$；ρ 为消费商品间的替代参数，$-1\leqslant\rho\leqslant\infty$，$\rho\neq 0$。

3）动态模型扩展模块

静态 CGE 模型只描述经济系统在某一个时期的主体行为，相应描述的所有内生变量特征也都是局限在该时期内。为模拟 2015～2050 年未来不同情景下的社会经济系统对土地利用需求的影响，需要开展动态长期不同年份经济主体的内生变量变化分析。为此，

IMCGELUC 模型建立了动态扩展机制。在逐年递归的模型动态扩展中，其预测体系共包括有 3 项机制：①资本存量与投资之间的转换关系，并假定滞后期为 1 年；②利润回报率与投资的关系；③就业和工资间的关系。

在本节构建的 IMCGELUC 模型中，每次计算的资本动态初始值均为当年期初与前一年期末的经济资本情况，如图 7-13 所示。前一年期初资本存量的贬值和新增投入资本之和会对下一轮生产的期初资本产生影响。年初与年末的资本增长率取决于资本供给曲线，且与投资直接相关，而投资又取决于资本期望报酬率，如图 7-14 所示。局部调整机制将期望回报率最终收敛于实际回报率。将投资者假定为保守投资者，则影响下一轮期望回报率的只有当期与前一期回报率。逐年递归动态模型意味着其结果均表示的是当年与之后一年的变动情况。资本的动态积累机制是基于生产部门 j 的效益而动态递归。

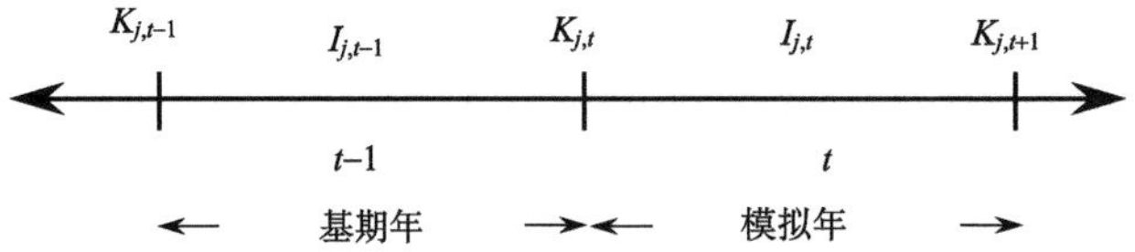

图 7-13 资本变化与投资的关系

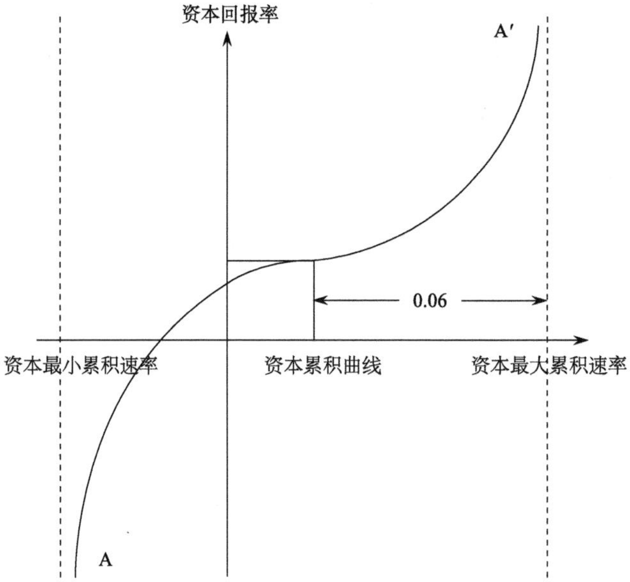

图 7-14 IMCGELUC 模型中资本期望报酬率曲线

年初资本的存量：

$$K_{j,t} = K_{j,t-1} \times (1 - D_{t-1}) + I_{j,t-1} \tag{7-30}$$

年末资本的存量：

$$K_{j,t+1} = K_{j,t} \times (1 - D_t) + I_{j,t} \tag{7-31}$$

资本存量的增长率：

$$\mathrm{KGR}_{j,t}=\frac{K_{j,t+1}}{K_{j,t}}-1 \tag{7-32}$$

资本的供给曲线：

$$\mathrm{KGR}_{j,t}=h_j\left(E_t\left(\mathrm{ROR}_{j,t}\right)\right) \tag{7-33}$$

资本的回报率：

$$E_t\left(\mathrm{ROR}_{j,t}\right)=-1+\left(\frac{P_{j,t}^{(\mathrm{1cap})}}{P_{j,t}^{(2)}}+(1-D_t)\right)\left(\frac{1+\mathrm{INF}_t}{1+r}\right) \tag{7-34}$$

通过在长期动态模型内加入对人口增加的考量，从而对未来的就业趋势进行预测，并依据工资水平的变动来改变就业率。若期末就业高于趋势水平，则表明实际工资水平较低，且会逐渐上升，因此实际工资水平与就业率呈负相关关系，从而导致就业会依据趋势水平进行动态调整。

$$\frac{W_{t+1}-W_t}{W_t}=\gamma\left[\frac{L_t}{T_t}-1\right]+\gamma\left[\frac{L_{t+1}}{T_{t+1}}-\frac{L_t}{T_t}\right] \tag{7-35}$$

式中，$\mathrm{KGR}_{j,t}$ 为生产部门 j 在时期 t 的资本增长速率；$K_{j,t}$ 为生产部门 j 在时期 t 的资本量；D_t 为时期 t 的折旧率；I_t 为时期 t 的投资量；E 为期望回报率；R 为资金回报率；INF_t 为时期 t 的通货膨胀速率；W_t 为时期 t 的实际工资数量；T 为就业趋势参数；L_t 为时期 t 的实际就业参数。

2. 土地系统动态模拟（DLS）模型

土地系统动态模型（dynamic of land system，DLS）以区域用地结构变化均衡理论和栅格尺度用地类型分布约束理论作为理论基础，综合考虑自然控制因子和社会经济因子对土地利用变动的影响机理，对区域尺度上土地利用格局与结构的动态演变进行模拟分析（邓祥征，2012）。DLS 模型充分考虑了区域用地类型分布的驱动特征和土地供需平衡特征，体现了区域土地系统的系统性、机理性、均衡性和收敛性。

DLS 模型由以下三个模块构成：①DLS 情景分析模块：用来构建未来发展趋势下模拟年份的各种用地类型的需求变化，根据未来经济、产业、政策及技术发展的可能情况，设计一系列用地结构变化的情景假设方案。②用地类型分布驱动分析模块：用来测度气候因子、自然环境因子、社会经济因子、区位因子等关键驱动因子与用地类型分布之间的空间关系，并刻画出这些驱动因子对土地利用的控制与转化作用。③空间分配模块：依据土地利用转换概率、土地用途转换规则和用地转换区域限制等规则，基于栅格尺度上的土地系统供需均衡，实现各土地类型需求变动在模拟时间段内进行科学有效的空间配置。

1）栅格尺度用地类型分布的非线性约束模型

明确用地类型分布与其驱动因素之间的相互作用关系是进行土地系统动态模拟的重要基础。为提取影响区域用地类型分布的主要驱动因素，实现对土地系统变化过程中复杂的非线性的空间关系的描述，DLS 将自然环境和社会经济中的多种离散因子纳入模型之中，构建了栅格尺度用地类型分布的非线性约束模型，突破了以往研究中多采用线性回归或相关分析等方法对于因变量必须是连续变量的限制，充分揭示了微观单元上用地类型分布的驱动机理。

设 y_i^k 为栅格尺度用地类型分布非线性约束模型的因变量（目标变量）。X_i 为模型的自变量（解释变量），用一系列影响用地类型分布的自然环境和社会经济驱动因子协变向量表示：

$$X_i=(x_{i1},x_{i2},\cdots,x_{il},\cdots,x_{iL}) \tag{7-36}$$

设 P_i^k 为栅格 $i(i=1,2,\cdots,n)$ 上的第 $k(k=1,2,\cdots,m)$ 种用地类型的面积，因变量 y_i^k 的赋值规则为：当 $P_i^k>0$ 时，因变量 y_i^k 赋值为 1；当 $P_i^k=0$ 时，因变量 y_i^k 赋值为 0。

模型还定义了空间自相关因子 $\hat{y}_i^k$，用来考量用地类型分布空间自相关效应的影响：

$$\hat{y}_i^k=\sum_{i\neq j}w_{ij}^k y_j^k \tag{7-37}$$

式中，w_{ij}^k 为栅格 j 和栅格 i 的空间权重函数。根据 Tobler 的地理学第一定律，通常用栅格 j 和栅格 i 之间的距离 D_{ij} 的倒数表示：

$$w_{ij}^k=\begin{cases}1/D_{ij} & \text{当栅格}i,j\text{之间的距离小于给定的空间自相关阈值}D^k\text{时}\\ 0 & \text{其他}\end{cases} \tag{7-38}$$

栅格尺度用地类型分布非线性约束模型采用 Logistic 函数构建。P 是概率值，其值域被限制在(0，1)之间。假定栅格 i 出现第 k 种用地类型的概率为 $p_i^k=P(y_i^k=1|X_i,\hat{y}_i^k)$，根据 Logistic 的概率函数定义形式可得

$$\begin{aligned}p_i^k&=\frac{1}{1+\exp\left[-(a_0^k+a_1^k x_{i1}+a_2^k x_{i2}+\cdots+a_l^k x_{il}+\cdots+a_L^k x_{iL}+r\hat{y}_i^k)\right]}\\&=\frac{1}{1+\exp\left[-(a_0^k+a_i^k X_i+r\hat{y}_i^k)\right]}\end{aligned} \tag{7-39}$$

式中，p_i^k 为栅格 i 出现用地类型 k 的概率；a_i^k 为自然环境因子、气候因子、区位因子、社会经济因子等驱动因素对应的影响系数；r 为空间自相关因子的影响系数。

那么，由事件发生与不发生的概率之比即得到事件的发生比 odds 为

$$\begin{aligned}\frac{P(y_i^k=1|X_i,\hat{y}_i^k)}{P\left(y_i^k=0|X_i,\hat{y}_i^k\right)}=\frac{p_i^k}{1-p_i^k}&=\exp\left(a_0^k+a_1^k x_{i1}+a_2^k x_{i2}+\cdots+a_l^k x_{il}+\cdots+a_L^k x_{iL}+r\hat{y}_i^k\right)\\&=\exp\left(a_0^k+a_i^k X_i+r\hat{y}_i^k\right)\end{aligned} \tag{7-40}$$

因为 $0<p<1$，故 odds >0。对 odds 取对数，即可化为一个线性函数：

$$\begin{aligned}\ln\left(\frac{p_i^k}{1-p_i^k}\right)&=a_0^k+a_1^k x_{i1}+a_2^k x_{i2}+\cdots+a_l^k x_{il}+\cdots+a_L^k x_{iL}+r\hat{y}_i^k\\&=a_0^k+a_i^k X_i+r\hat{y}_i^k\end{aligned} \tag{7-41}$$

此线性函数即栅格尺度用地类型分布非线性约束模型。

2）栅格尺度土地供需平衡模型

在 DLS 模型中，土地供需的变化是一个总量保持平衡的动态收敛过程。区域尺度的土地供需平衡由 DLS 情景分析模块预测的年度用地需求得到，而栅格尺度的土地供需平衡则需要高精度的栅格尺度土地供需平衡模型实现。

栅格尺度土地供需平衡模型是一种经验统计模型，具有空间显性的典型特点。通过考虑每个栅格内部的局部驱动因子的作用及其周围栅格的驱动因子对中心栅格的邻域作用，准确的描述了各土地利用类型间动态竞争的过程。其核心是微观尺度上土地需求的空间分配过程（图 7-15）。

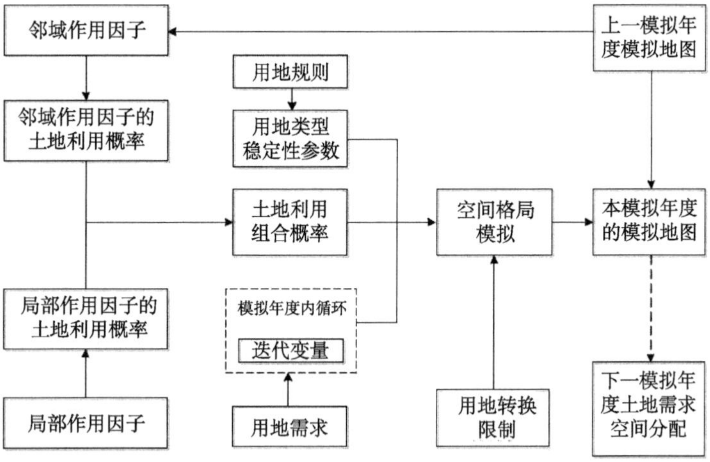

图 7-15　栅格尺度土地供需平衡空间分配流程图

假定基于局部作用因子栅格 i 出现第 k 种用地类型的概率为 $p_{i,\mathrm{Local}}^{k}$，基于邻域作用因子栅格 i 出现第 k 种用地类型的概率为 $p_{i,\mathrm{NBH}}^{k}$，则土地利用的组合概率 $p_i^k = f\ (p_{\mathrm{i,Local}}^{\mathrm{k}},\ p_{i,\mathrm{NBH}}^{k})$，反映了土地系统演化过程的自组织过程。$p_{i,\mathrm{Local}}^{k}$ 和 $p_{i,\mathrm{NBH}}^{k}$ 由栅格尺度用地类型分布非线性约束模型得到：

$$\ln\left(\frac{p_i^k}{1-p_i^k}\right) = a_0^k + a_1^k x_{i1} + a_2^k x_{i2} + \cdots + a_l^k x_{il} + \cdots + a_L^k x_{iL} + r\hat{y}_i^k \quad (7\text{-}42)$$
$$= a_0^k + a_i^k x_i + r\hat{y}_i^k$$

式中，p_i^k 为栅格 i 出现第 k 种用地类型的概率；x_{il} 为栅格 i 上第 l 个驱动因子，可以为局部作用因子或邻域作用因子；a_i^k 为回归系数；$\hat{y}_i^k$ 为空间自相关因子；r 为空间自相关因子的影响系数。

土地系统演化格局的变化不仅取决于土地利用的组合概率，还考虑了土地利用稳定性参数、不同用地类型的竞争力指标等因素，构成了空间格局模拟的土地利用总概率 $L_{i,k}$。通过模型内多次迭代，实现用地面积需求的空间分配。

$$L_{i,k} = f(p_{i,\mathrm{Local}}^{k}, p_{i,\mathrm{NBH}}^{k}) + S_k + C_k \quad (7\text{-}43)$$

式中，$L_{i,k}$ 为栅格尺度土地供需平衡空间分配过程中土地利用的总概率；$p_{i,\mathrm{Local}}^{k}$ 为局部作用因子驱动下的土地利用概率；$p_{i,\mathrm{NBH}}^{k}$ 为邻域作用因子驱动下的土地利用概率；S_k 为第 k 种土地利用类型的稳定性参数；C_k 为不同用地类型的竞争力指标，取决于各种用地类型的需求面积与当前实际面积的差值。

7.2.3　气候-土地-经济集成模型数据库制备

1. IMCGELUC 数据库制备

模型以 2012 年内蒙古 139 部门投入产出表为数据基础，需要核算内蒙古分行业的土地资源的价值，将土地资源账户嵌入其中。其次，将嵌入土地资源的内蒙古投入产出表转化为 IMCGELUC 数据库。本节对土地资源的部门拆分、价值核算以及投入产出表转入模型的方法做相关的梳理，

1）土地资源价值化

作为支撑人类社会经济活动持续发生的根本保障，土地资源因其多功能性与异质性，始终是学者们关注的焦点，而土地资源的价值化一直是巨大的挑战。IMCGELUC 模型的数据基础上嵌入土地资源账户的价值型投入产出表，为此，需要具体核算土地资源的价值量。鉴于土地资源在时空尺度上具有明显的差异性，单从面积上无法计算出土地对社会经济系统的贡献。本节参考环境与经济综合核算体系（a system of integrated environmental and economic accounting），基于净现值法与市场法对土地资源的价值量进行核算。其中，净现值法主要基于租赁的视角核算土地价值，主要应用在农业用地价值估算，通过农业土地租金与农业用地面积确定相应农业用地价值。市场法主要基于出让的视角，主要应用于工业用地与居民用地价值估算，用单位面积的土地出让价格除以土地规定使用年限获取，该种用地类型的单位价格。

根据文献调研（吴英杰，2010），产业产值与产业用地面积之间存在较强的相关性，因此，工业与服务业各部门用地面积按照建设用地总面积和各产业产值在二、三产业总产值占比乘积计算，并基于土地招拍挂的均价与使用年限的比值来衡量土地与服务业的用地价值量。农业部门用地中，耕地租金按照区域平均承包价格 500 元/亩（1 亩≈666.7m^2）计。由于林地、草地和水域用地不仅包含社会经济发展需求的效用，更重要的是承担生态环境保护的功能，因此需要对社会经济系统中的林地、草地和水域用地面积进行率定。根据全国第八次森林资源清查主要结果，内蒙古经济林和用材林占林地面积的 18.6%，其租金按照区域平均承包价格 50 元/亩计；根据《内蒙古统计年鉴》，草地可利用面积占草地总面积的 77%，其租金按照区域平均承包价格 30 元/亩计。因此，按照上述办法计算内蒙古土地资源初级要素投入的价值量核算结果如表 7-4 所示。

表 7-4　2012 年内蒙古土地资源价值估算

部门	土地价值	部门	土地价值
农产品	5366	化工、木材、非金属加工专用设备	3.7
林产品	330	农、林、牧、渔专用机械	84
畜牧产品	1831	其他专用设备	52
渔产品	27.4	汽车整车	145

续表

部门	土地价值	部门	土地价值
其他农业部门	24.4	汽车零部件及配件	74.1
煤炭采选产品	4950	铁路运输和城市轨道交通设备	30.2
石油和天然气开采产品	1238	船舶及相关装置	6.78
黑色金属矿采选产品	1068	电机	202
有色金属矿采选产品	1075	输配电及控制设备	21.8
非金属矿采选产品	347	电线、电缆、光缆及电工器材	101
开采辅助服务和其他采矿产品	11.2	电池	0.972
谷物磨制品	91.9	家用器具	6.39
饲料加工品	150	其他电气机械和器材	15.5
植物油加工品	227	计算机	1.07
糖及糖制品	20.9	通信设备	1.58
屠宰及肉类加工品	584	广播电视设备和雷达及配套设备	1.19
蔬菜、水果和其他农副食品加工品	477	视听设备	23.3
方便食品	6.66	电子元器件	19.4
乳制品	256	其他电子设备	3.68
调味品、发酵制品	192	仪器仪表	8.28
其他食品	91.1	其他制造产品	28.7
酒精和酒	305	废弃资源和废旧材料回收加工品	9.41
饮料和精制茶加工品	106	金属制品、机械和设备修理服务	14.4
烟草制品	77.2	电力、热力生产和供应	1746
棉、化纤纺织及印染精加工品	5.73	燃气生产和供应	105
毛纺织及染整精加工品	255	水的生产和供应	50.5
麻、丝绢纺织及加工品	18.3	房屋建筑	1913
针织或钩针编织及其制品	273	土木工程建筑	943
纺织制成品	32.5	建筑安装	1633
纺织服装服饰	201	建筑装饰和其他建筑服务	126
皮革、毛皮、羽毛及其制品	25.8	批发和零售	3827
鞋	5.54	铁路运输	342
木材加工品和木、竹、藤、草制品	249	道路运输	2840
家具	23.1	水上运输	5.4
造纸和纸制品	149	航空运输	68.8
印刷品和记录媒介复制品	120	管道运输	10.2
文教、工美、体育和娱乐用品	55.5	装卸搬运和运输代理	553
精炼石油和核燃料加工品	119	仓储	52.3
炼焦产品	393	邮政	32.4
基础化学原料	591	住宿	177
肥料	281	餐饮	592
农药	30.2	电信和其他信息传输服务	487
涂料、油墨、颜料及类似产品	51.1	软件和信息技术服务	101

续表

部门	土地价值	部门	土地价值
合成材料	245	货币金融和其他金融服务	2666
专用化学产品和炸药、火工产品	181	资本市场服务	50.5
日用化学产品	8.89	保险	94.6
医药制品	297	房地产	1361
化学纤维制品	0.558	租赁	69.3
橡胶制品	15	商务服务	150
塑料制品	136	研究和试验发展	35.3
水泥、石灰和石膏	433	专业技术服务	242
石膏、水泥制品及类似制品	233	科技推广和应用服务	70.5
砖瓦、石材等建筑材料	342	水利管理	53.1
玻璃和玻璃制品	40	生态保护和环境治理	44.5
耐火材料制品	29.3	公共设施管理	199
石墨及其他非金属矿物制品	161	居民服务	443
钢、铁及其铸件	299	其他服务	589
钢压延产品	700	教育	810
铁合金产品	559	卫生	405
有色金属及其合金和铸件	1152	社会工作	14
有色金属压延加工品	1075	新闻和出版	21.5
金属制品	506	广播、电视、电影和影视录音制作	39.7
锅炉及原动设备	48.8	文化艺术	23.9
金属加工机械	11.3	体育	5.92
物料搬运设备	17.9	娱乐	25.9
泵、阀门、压缩机及类似机械	15.1	社会保障	1771
文化、办公用机械	167	公共管理和社会组织	51.7
采矿、冶金、建筑专用设备	50.1		

注：核算单位为千万元

2）IMCGELUC 模型数据制备

由于内蒙古自治区的投入产出表是竞争型的投入产出表，而 IMCGELUC 模型需要的是非竞争性的投入产出表，因此首先需要将投入产出表进行转化。为了简化起见，本模型中将进口数据按照竞争型投入产出表的投入产出结构分配到各个投入产出部门中，从而构造出非竞争型投入产出表。然后再在 GEMPACK 软件平台上转化为 IMCGELUC 模型需要的数据格式（图 7-16）。

2. DLS 模型数据库制备

本章中所用到的基础数据为内蒙古 2010 年和 2015 年两期的土地利用栅格数据和自然环境、气候、区位条件、社会经济驱动因子栅格数据，栅格尺度为 1km×1km。DLS 模型的运行依赖于模型条件设定参数、驱动因子数据、空间分析参数、用地类型二值型数据和土地需求情景数据等几类参数与数据的制备。

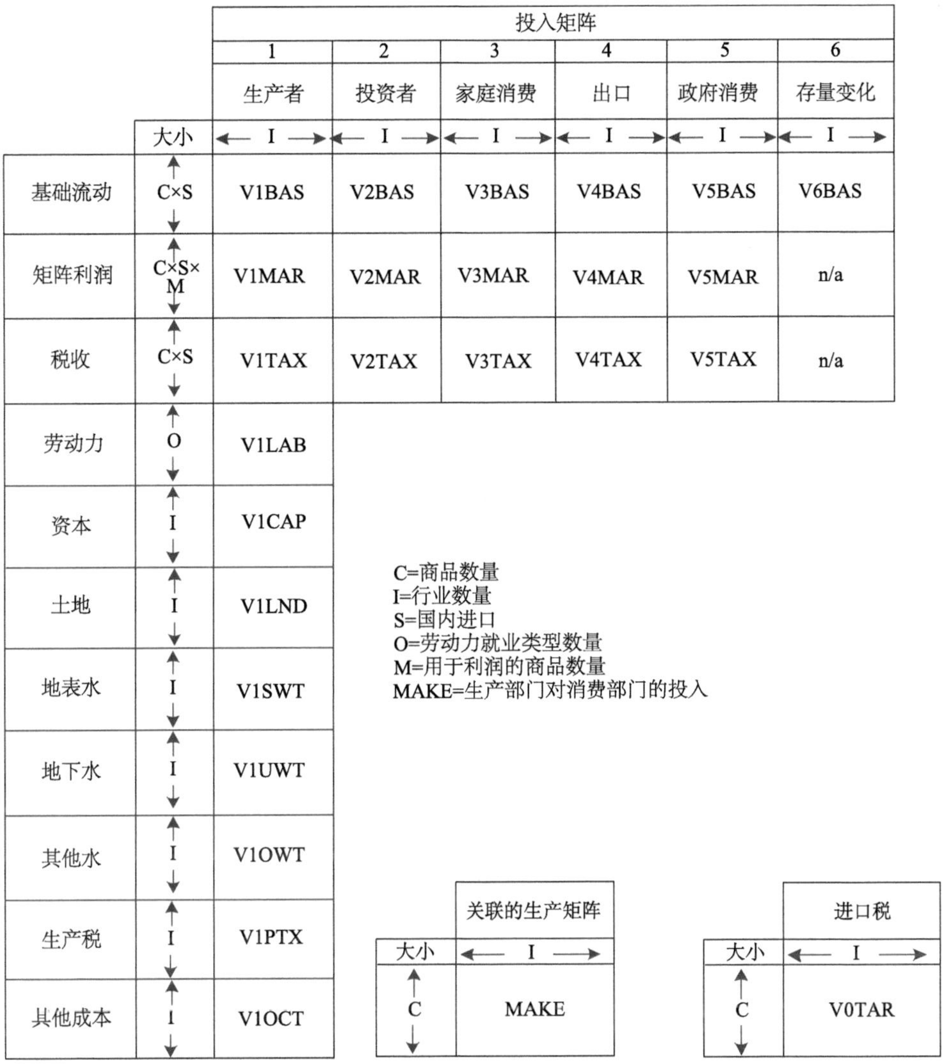

图 7-16 IMCGELUC 模型数据库结构

1）模型条件的设定

模拟所需要设定的参数包括用地类型编码、用地类型转换规则、地类型数量、模型收敛条件、模拟的起始和结束年份等。各种用地类型向其他用地类型转换的可能性设定在 0～1 之间。其中，0 代表不可向其他用地类型转换；1 代表可以并且非常容易向其他用地类型转换；介于 0～1 之间的数值，表示可以转换为其他用地类型，其值越大，转换为其他用地类型的可能性越大。各种用地类型转换参数的设置依据对研究区域土地利用变化的理解，参考以往其他类似地区的研究结果，通过对模型多次调试验证设定。本节中，耕地、林地、草地、水域、建设用地和未利用地的转换系数分别设为 0.8、0.2、0.6、0.1、0、0.6。

2）驱动因子数据的制备

基于内蒙古土地利用动态变化驱动机制分析结果，本节选取了以下 18 个影响用地类型分布的驱动因子：

（1）气候条件：降水（pre）、日照时数（ssd）、相对湿度（avgrhu）、>=0°积温（ct0）。

（2）地形区位：高程（dem）、坡度（slo）、到快速路的距离（d2express）、到高速路的距离（d2highw）、省会城市距离（d2pvcap）、到最近省级公路距离（d2provw）、到水源的距离（d2water）。

（3）土壤属性：土壤厚度（soil_dep）、土壤有机质含量（soil_org）、土壤中 K 含量（soil_k）、土壤中 N 含量（soil_n）、土壤中 P 含量（soil_p）。

（4）社会经济条件：人口密度（pop）、GDP（gdp）。

所有驱动因子栅格数据都需要利用 ArcGIS 软件的栅格转换工具 from raster to ASCII 将栅格数据转换为文本数据，被离散到 1km×1km 的空间单元上。

3）空间分析参数的制备

为确定影响用地类型空间分布的驱动因子，得到驱动因子的影响系数，需要运用 ArcGIS 软件的 SAMPLE 命令进行每种用地类型二值型数据和驱动因子数据的重采样，然后以用地类型为因变量，19 个驱动因子为自变量，结合 Logistic 方法对各用地类型与相应的驱动因子进行回归分析，计算用地类型与驱动因子之间的可决系数。由表 7-5 可知，如果 p 值大于 0.05，则表示该驱动因子无显著统计意义，则将其去掉。由此制备一个空间分析参数的文本文件。

表 7-5　六种用地类型及其影响因素的关系

参数	1	2	3	4	5	6
dem	−0.001***	0.003***	−0.001***	−0.004***	−0.001***	0.000***
slo	−0.003***	0.003***	−0.001***	−0.000**	−0.002***	−0.001***
ct0	−0.000***	0.000***	−0.000***	−0.000***	−0.000***	0.000***
pre	0.000***	0.001***	−0.001***	−0.000***	0.000***	−0.000***
ssd	0.000***	−0.000***	−0.000***	−0.000***	0.000***	−0.000***
avgrhu	−0.047***	−0.113***	0.063***	−0.051***	−0.030***	−0.065***
soil_depth	−0.036***	−0.065***	0.002***	0.029***	−0.031***	0.023***
soil_organ	−0.126***	0.593***	−0.788***	−0.749***	−0.370***	0.422***
soil_k	0.197***	−0.598***	1.259***	−0.328***	0.073***	−0.417***
soil_n	−1.405***	6.018***	−6.695***	−1.537***	−1.610***	−1.211***
soil_p	14.850***	1.832***	−1.068***	1.758***	11.848***	−8.695***
d2express	−0.011***	0.004***	0.004***	−0.001***	−0.008***	−0.007***
d2highw	−0.005***	−0.002***	−0.006***	0.003***	−0.003***	0.004***
d2provw	−0.010***	0.004***	0.001***	−0.005***	−0.007***	0.001***
d2pvcap	−0.003***	0.005***	0.001***	−0.003***	−0.003***	−0.000*
d2water	0.001***	0.001***	−0.009***	−0.027***	−0.000	0.009***
gdp	0.000***	0.000***	0.000***	0.000***	0.000***	−0.000***
pop	−0.000***	−0.001***	−0.002***	−0.000***	0.001***	−0.001***
_cons	6.102***	6.236***	6.388***	9.789***	1.150*	−1.706***
N	1142208	1142208	1142208	1142208	1142208	1142208

***表示在 0.1%的水平上显著，**表示在 1%的水平上显著，*表示在 5%的水平上显著

注：1、2、3、4、5、6 分别代表耕地、林地、草地、水域、建设用地和未利用地六种用地类型

4）用地类型二值型数据的制备

利用 ArcGIS 软件的重分类工具对内蒙古 2005 年的土地利用栅格数据进行二值型的重分类，得到六种用地类型二值型数据，然后利用 ArcGIS 软件栅格转换工具 from raster to ASCII 将栅格数据转换为文本数据。

7.3　IPCC 温控阈值情景下适应气候变化的土地系统动态模拟

7.3.1　模型验证

本节通过集成内蒙古土地利用变化均衡分析模型（IMCGELUC）和空间显性的土地系统动态模拟模型（DLS），建立了一套基于 SSP 情景的土地系统动态模拟的技术体系。对于这个技术体系可靠性的验证，我们分别从 IMCGELUC 模型和 DLS 模型的模型稳健性验证上展开。根据以往研究经验，CGE 模型多以基准情景下区域经济变化是否符合当前社会经济发展趋势作为模型主要的验证途径。由于可获得的投入产出表的限制，模型以 2012 年为基期。由上一章可知，在 SSP2 中等发展路径下，2013～2050 年 GDP 年均增长率约为 5%，这与区域发展规划预测基本吻合。同时，我们对 IMCGELUC 模型中的关键敏感参数-土地之间的替代弹性做了测试和率定，使得模型在基准情景下，模拟得到的 2013～2015 年土地系统动态结构与实际 2013～2015 年土地利用变化情况相吻合，以此提高 IMCGELUC 模型在预测不同 SSP 情景下内蒙古社会经济系统中土地利用需求的可信性。对于 DLS 模型，由于可获得的土地利用遥感监测数据以五年为一期（没有 2012 年的土地利用栅格数据），本节基于内蒙古 2010 年遥感解译的土地利用数据，运用 DLS 模型模拟内蒙古 2015 年的土地系统空间格局，将得到的结果与 2015 年遥感解译的实际的土地系统空间格局进行对比，从而进行 DLS 模型模拟精度的检验。内蒙古 2015 年土地系统空间格局的 DLS 模拟结果和遥感解译实际结果如图 7-17 所示。由图 7-17 可知，

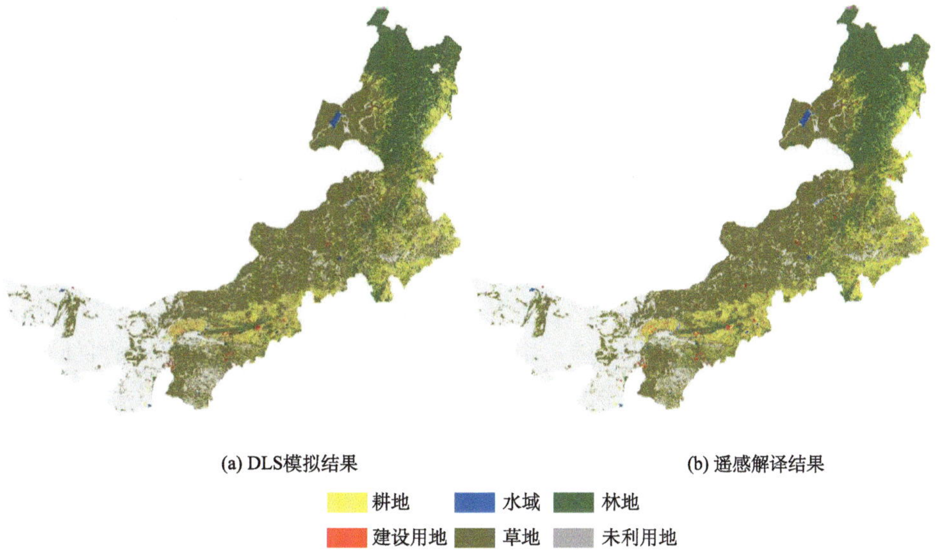

图 7-17　内蒙古 2015 年土地利用空间格局 DLS 模拟结果与遥感解译结果的比较

DLS 模型模拟所得的内蒙古 2015 年土地系统空间格局与遥感解译所得的内蒙古 2015 年土地系统格局在整体轮廓上基本一致。利用 Kappa 指数可以定量反映模拟结果的一致性。采用 ArcGIS 软件的局部分析-合并工具，计算栅格尺度上的模型模拟与遥感解译所得的土地利用数据的转移矩阵，通过 SPSS 软件计算得到模拟结果的 Kappa 指数为 0.93。由于 Kappa 值大于 0.7，表示模拟达到了较高水平。由此看出，利用 DLS 进行土地系统空间格局模拟、分析土地系统格局演替过程与规律的预测结果具有可信性。综上我们认为，IMCGELUC 模型和 DLS 模型的集成在开展 SSP 情景下适应气候变化的内蒙古未来土地系统动态研究中具有可靠性。

7.3.2 IPCC 温控阈值情景下土地结构动态对比分析

1. 不同 SSP 情景下社会经济系统土地利用需求变化分析

2015～2050 年不同 SSP 情景下内蒙古经济系统中的土地利用类型需求变化如图 7-18 所示。研究发现，2015～2050 年，除 SSP3 情景外，内蒙古耕地变化整体上呈现下降趋势[图 7-18（a）]。其中，SSP3 路径下，内蒙古耕地面积需求首先呈轻微增长态势，在 2030 年达到最大值，之后开始出现下降；SSP1、SSP2、SSP4 和 SSP5 路径下，内蒙古耕地面积需求均呈现不同程度的下降趋势，且下降幅度 SSP5>SSP1>SSP4>SSP2。分析其原因，主要是由于 SSP3 路径下内蒙古农业生产效率较低，技术进步率较其他几个情景较小，因此，生产要素需求更多，耕地面积需求更大。而在 SSP5 和 SSP1 情景下，内蒙古农业生产效率较高，耕地集约利用导致耕地面积需求减少，SSP4 和 SSP2 情景下的耕地面积需求较 SSP1 来说有所增加，且二者的耕地面积需求相差不大。如图 7-18（b）所示，不同 SSP 情景下内蒙古经济系统中草地面积需求均呈现下降的趋势，且下降幅度 SSP1>SSP5>SSP4>SSP2>SSP3。SSP3 情景下草地面积需求最大，这主要与畜牧业生产率的低下和肉类食品消费需求较大有关。SSP4 和 SSP2 情景下的草地面积需求相差不大，而在 SSP5 路径下，虽然人们对肉类食品消费偏好仍然较高，但畜牧业系统生产效率提高，技术进步导致草地这项生产要素需求减少。而在 SSP1 路径下，人们通过调整饮食结构减少肉类消费比重，并通过技术水平和管理水平提高畜牧业系统生产效率，因而经济系统中草地面积需求较小。实际上，内蒙古经济系统中草地需求的减少，有利于释放更多天然草地用于生态恢复和气候变化适应。就建设用地面积变化来看，分析发现不同 SSP 情景下内蒙古建设用地面积均呈不断增长的趋势，不同 SSP 情景下增长量从大到小排序为 SSP5、SSP1、SSP2、SSP4、SSP3[图 7-18（c）]，主要是因为人口和 GDP 的增加驱动建设用地扩张，且以 GDP 为主要影响原因。内蒙古经济林面积和水域面积在不同 SSP 情景下呈现出不同的变化态势，由于这部分用地面积占比较小，因而我们不多做详细分析，其面积变化主要取决于其他耕地、草地和建设用地面积的变化。

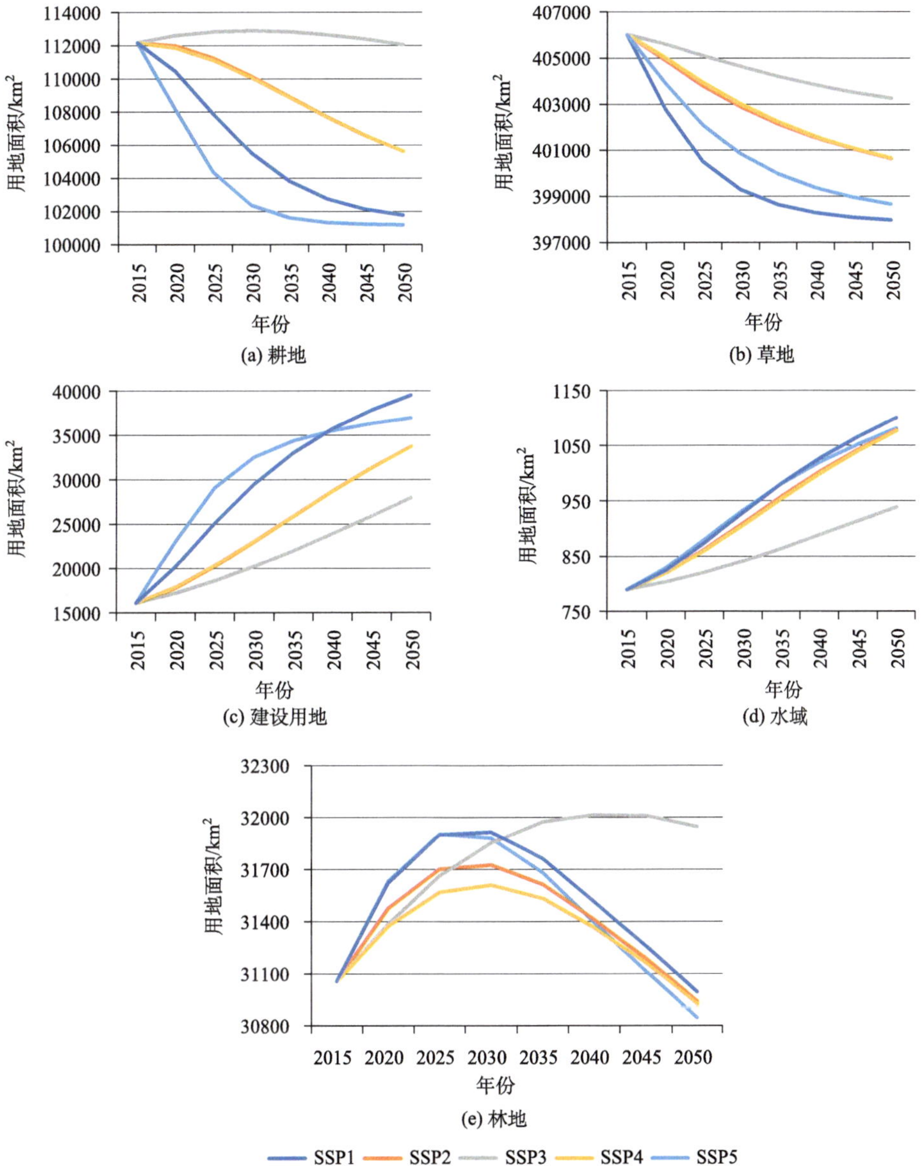

图 7-18　不同 SSPs 路径下 2015～2050 年内蒙古社会经济系统土地利用需求

2. 不同 SSP 情景下内蒙古土地结构动态对比分析

本节基于 IMCGELUC 模型首先模拟了不同共享社会经济路径下内蒙古经济系统中土地利用需求，进而结合不同 SSP 情景下土地利用相关气候变化减缓和适应性政策的情景假定，得到了 2015～2050 年内蒙古土地结构动态预测结果（表 7-6），为下面提供了土地系统的空间格局模拟的需求数据。

表 7-6　不同 SSPs 路径下 2050 年内蒙古土地系统结构　　（单位：km^2）

土地利用类型	基期	SSP1	SSP2	SSP3	SSP4	SSP5
耕地	113670	101205	105640	112066	105636	101795
林地	165133	185382	175060	166331	175047	175115
草地	526071	535477	520217	507179	520230	518232
水域	14412	14391	14388	14248	14386	14410
建设用地	14169	36979	33800	27989	33805	39549
未利用地	308753	268774	293103	314396	293104	293108

我们把整个模拟时期分为 2015～2030 年、2030～2040 年和 2040～2050 年三个时期，统计每个时期内不同 SSP 情景下内蒙古土地系统结构动态情况（图 7-19）。研究发现，不同 SSP 情景下内蒙古土地系统结构动态出现了明显的差异。SSP1 可持续发展路径下，内蒙古耕地面积在 2015～2050 年共减少了 10995km^2（–9.80%），其中 2015～2030 年减少 9802km^2（–8.73%），随后 2030～2040 年减少了 1047km^2（–1.08%），2040～2050 年减少了 146km^2（–0.14%），耕地面积减少趋势不断放缓；2015～2050 年，林地面积共增加了 19940km^2（12.05%），其中 2015～2030 年增加 9117km^2（5.51%），随后 2030～2040 年增加了 5327km^2（3.05%），2040～2050 年增加了 5495km^2（3.06%）；2015～2050 年，草地面积共增加了 9882km^2（1.88%），其中 2015～2030 年增加了 643km^2（0.12%），随后 2030～2040 年增加了 4174km^2（0.79%），2040～2050 年共增加了 5065km^2（0.95%），草地面积年均增长速度提高，增长趋势不断变大；2015～2050 年，内蒙古建设用地面积共增加了 20844km^2（129.19%），其中，2015～2030 年增加了 16421km^2（101.77%），随后 2030～2040 年增加了 2983km^2（9.16%），2040～2050 年共增加了 1440km^2（4.05%），建设用地面积的增长趋势不断放缓。相反，在 SSP3 区域竞争路径下，内蒙古耕地面积在 2015～2050 年呈现出先增加后减少的趋势，总共减少了 134km^2(–0.12%)，其中 2015～2030 年先增加了 712km^2（0.63%），随后 2030～2040 年减少了 253km^2（–0.22%），2040～2050 年减少了 594km^2（–0.53%）；2015～2050 年，林地面积呈现出先增加后减少的变化趋势，共增加了 888km^2（0.54%），其中 2015～2030 年增加 795km^2（0.48%），随后 2030～2040 年增加了 1621km^2（0.1%），2040～2050 年林地面积减少了 68km^2（–0.04%）；2015～2050 年，草地面积呈不断减少的态势，共减少了 18417km^2（3.50%），其中 2015～2030 年减少了 8367km^2（–1.59%），随后 2030～2040 年减少了 5219km^2（–1.00%），2040～2050 年减少了 4830km^2（–0.94%）；2015～2050 年，内蒙古建设用地面积共增加了 11854km^2（73.47%），增长速度较为平稳，其中，2015～2030 年增加了 4103km^2（25.43%），随后 2030～2040 年增加了 3694km^2（18.25%），2040～2050 年共增加了 4057km^2（16.95%）。SSP2、SSP4 和 SSP5 路径下内蒙古耕地面积在 2015～2050 年分别减少了 6560km^2（–5.85%）、6564km^2（–5.85%）和 10406km^2（–9.27%），草地面积分别减少了 5378km^2（–1.02%）、5365km^2（–1.02%）和 7363km^2（–1.40%），建设用地面积分别增加了 17665km^2（109.49%%）、17670km^2（109.52%）和 23414km^2（145.12%），林地面积分别增加了 9617km^2（5.81%）、9604km^2（5.80%）和 9672km^2（5.85%）。

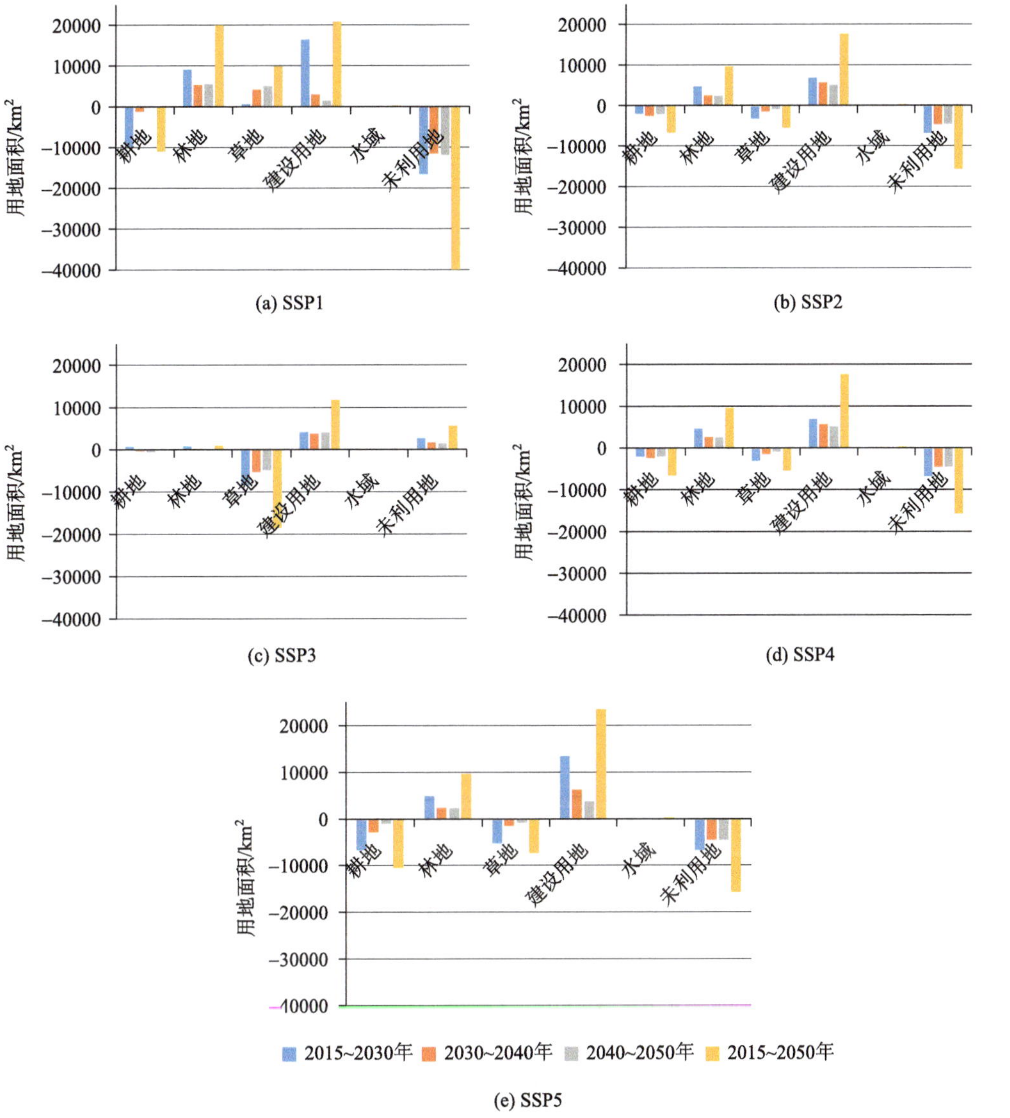

图 7-19　不同 SSPs 路径下 2015～2050 年内蒙古土地系统动态变化量

本节进而对 2015～2050 年内蒙古不同土地利用类型在不同共享社会经济路径下的变化情况进行了分析（图 7-20），总体来看，模拟结果是比较合理的。2015～2050 年，不同 SSP 情景下耕地面积在整体上均呈下降趋势，仅在 SSP3 情景下内蒙古耕地面积在 2015～2030 年出现增加趋势，且耕地面积在不同 SSP 情景下的下降速率为 SSP1>SSP5>SSP4>SSP2>SSP3，表明农业技术进步率对经济系统中耕地面积变化影响显著；不同 SSP 情景下林地面积呈增加趋势，且在不同 SSP 情景下的增长速率为 SSP1>SSP5>SSP4>SSP2>SSP3，林地面积的增加主要依赖于 REDD 工程和退耕还林、“三北防护林”和“天然林资源保护工程”等工程的实施，由于经济林面积占比较小，对林地面积总变化影响不显著。2015～2050 年，草地面积在不同 SSP 情景下的变化情况出现了明显的差异，其中，草地在 SSP1 情景下面积呈增加态势，且增长幅度不断增大，在其他几个 SSP 情景下草地面积呈减少态势，但减少幅度不断放缓。整体上看，草地面积变化率为 SSP1>SSP4>SSP2>SSP5>SSP3，这主要是由于在 SSP1 路径下，经济系统中人们对肉类食品的消费偏好的降低和畜牧业的技术进步率的提高，导致经济系统中草地的投入减少，但使得很大一部分天然草地被释放出来，用于保护、恢复，维护生态安全，诸如“天然草原保护工程”“草畜平衡”等政策和工程的实施，使得草地面积增加；而在其他几个路径特别是 SSP3 路径下，人们对肉类食品的消费偏好较大，畜牧业生产效率较低，并且草地的过度开发使得草地大面积发生退化，导致草地面积大幅度下降。2015～2050 年，不同 SSP 情景下建设用地面积均呈增长态势，但其增长幅度差异较大，在不同 SSP 情景下的增长速率表现为 SSP1>SSP5>SSP4>SSP2>SSP3，分析发现，不同 SSP 情景下的建设用地面积和 GDP 产值有较强的相关性，GDP 越大的社会经济发展路径下建设用地的增长率越大。总体来看，土地作为城市化快速发展进程中社会经济发展的最基本要素，内蒙古建设用地必然会大幅度扩张，挤占耕地和草地。

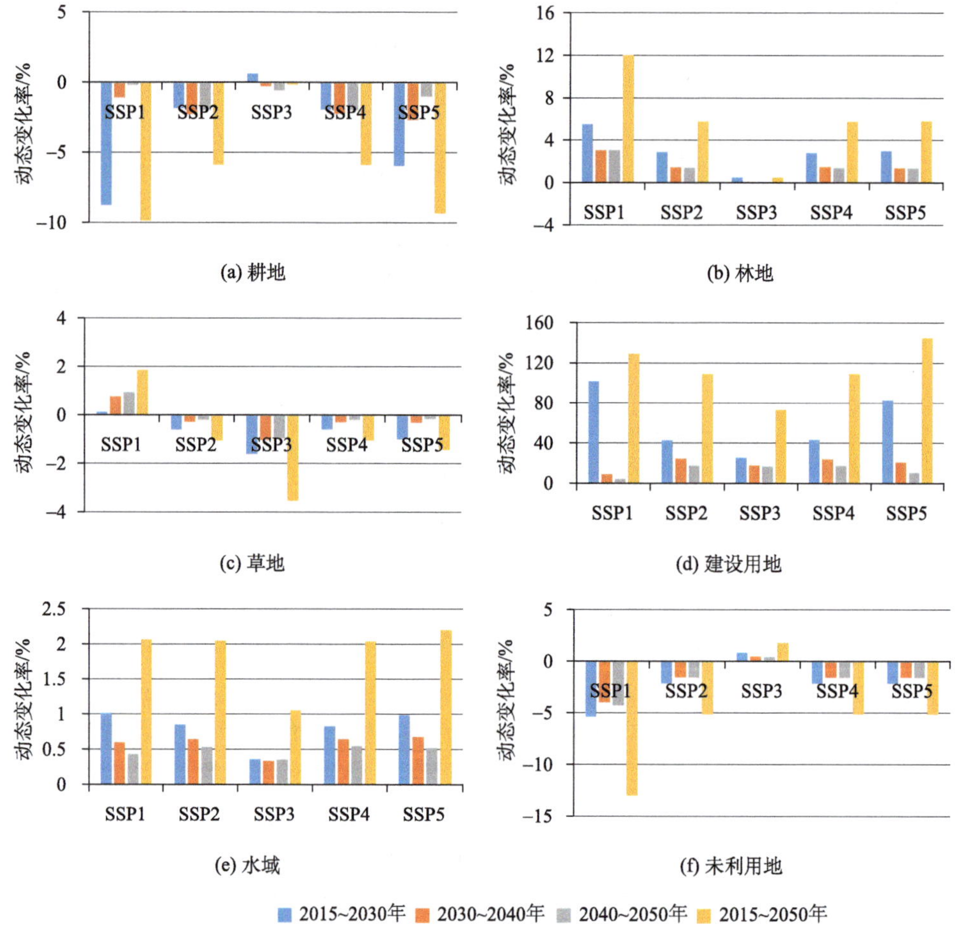

图 7-20　2015～2050 年不同用地类型在不同 SSPs 路径下的动态变化率

7.3.3　IPCC 温控阈值情景下土地系统动态空间格局

不同共享社会经济路径下内蒙古未来土地利用空间格局如图 7-21 所示。研究发现，SSP1 和 SSP5 路径下建设用地发生了明显的扩张，其态势大致为沿原有城镇或居住用地的中心向四周推移，这主要是由于随着人口增加和经济的发展，城镇建设用地需求增大，这些区域位于城市外围，土地平坦，交通便利，适合开发建设。到 2050 年，建设用地向外围扩张趋势相较 2030 年更为明显，主要发生在通辽市东部、鄂尔多斯北部和呼和浩特市等地区，并且在通辽市东部出现了大规模集中连片分布的现象；相对于 SSP1 和 SSP5 路径，SSP2 和 SSP4 路径下建设用地扩张态势较为平缓，SSP3 路径下的建设用地扩张并不显著。建设用地扩张大量侵占原有城镇和居民用地周边的耕地，耕地面积在 SSP1、SSP2、SSP4 和 SSP5 路径下呈减少趋势，主要发生在通辽市东部、鄂尔多斯北部、呼和浩特市等建设用地扩张区域和呼伦贝尔中东部、赤峰西南部、乌兰察布南部等林地扩张区域。林地在 SSP1 和 SSP5 路径下呈显著扩张态势，主要由未利用地和耕地转化而来，分析其原因主要和“退耕还林”“三北防护林”“天然林资源保护工程”等生态保护工程的实施有关，林地扩张主要发生在呼伦贝尔东部和中部、赤峰西南部、呼和浩特西北部和乌兰察布南部等地区。相对于 SSP1 和 SSP5 路径，SSP2 和 SSP4 路径下林地扩张态势较为平缓，SSP3 路径下的林地扩张现象并不显著。2015～2050 年，不同 SSP 情景下内蒙古草地面积出现了不同程度的减少，SSP3 和 SSP4 路径下草地面积减少最为明显，草地退化的空间分布相对均匀离散，主要发生在内蒙古中部的锡林郭勒盟、乌兰察布西北部、包头西北部、巴彦淖尔市等地区，草地的转出主要是向未利用地的转化。SSP2 和 SSP1 路径下，草地在呼伦贝尔北部和中部地区也向林地转化的现象发生。

(a1) SSP1 2030年　　(a2) SSP1 2050年

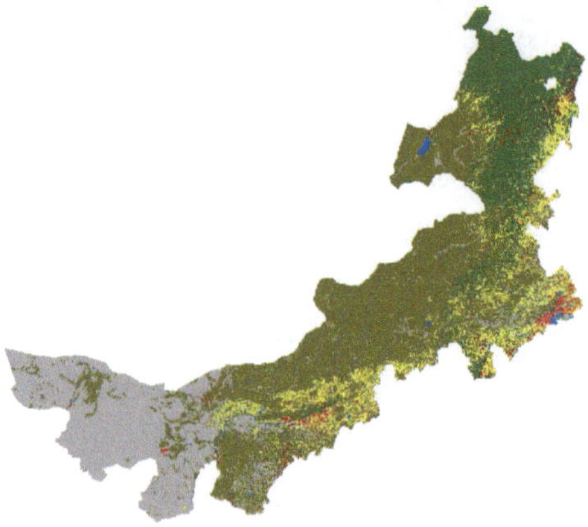

(b1) SSP2 2030年

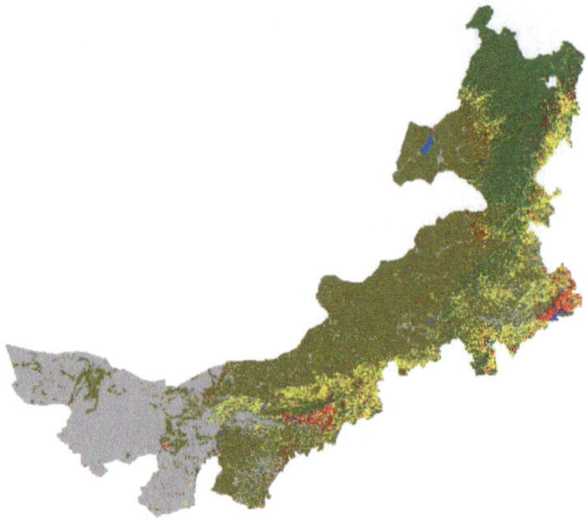

(b2) SSP2 2050年

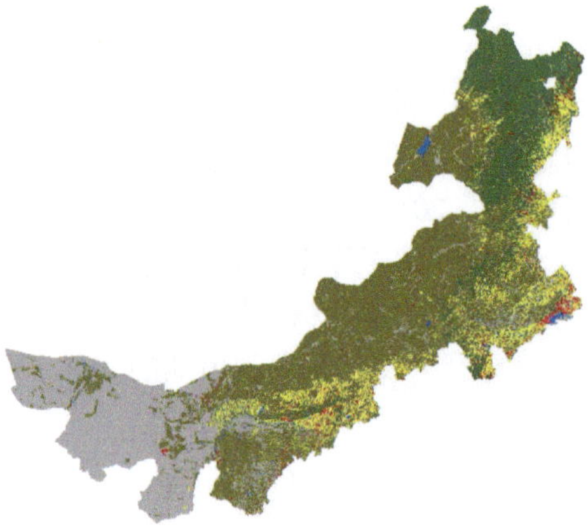

(c1) SSP3 2030年

(c2) SSP3 2050年

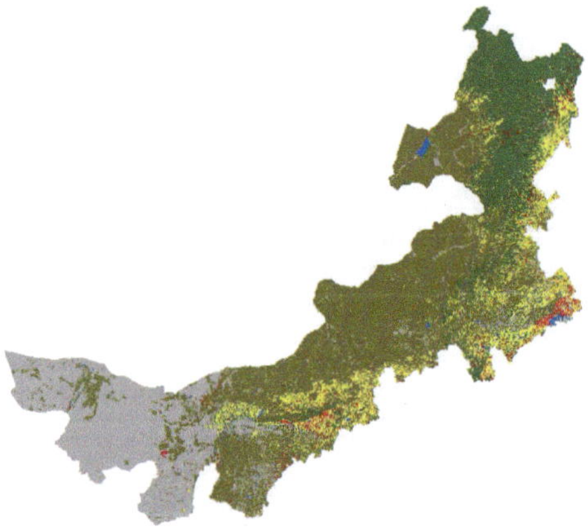

(d1) SSP4 2030年

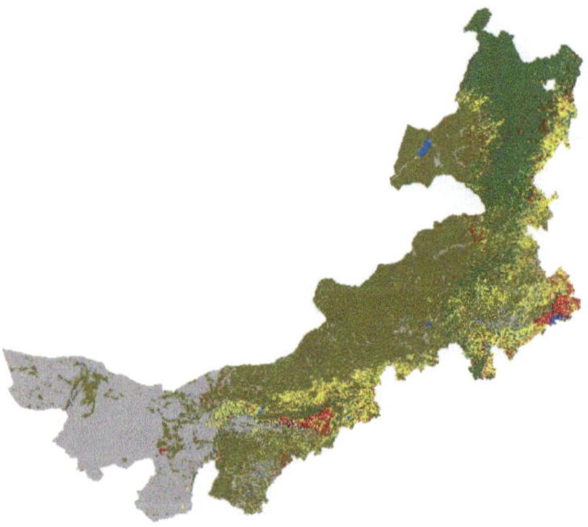

(d2) SSP4 2050年

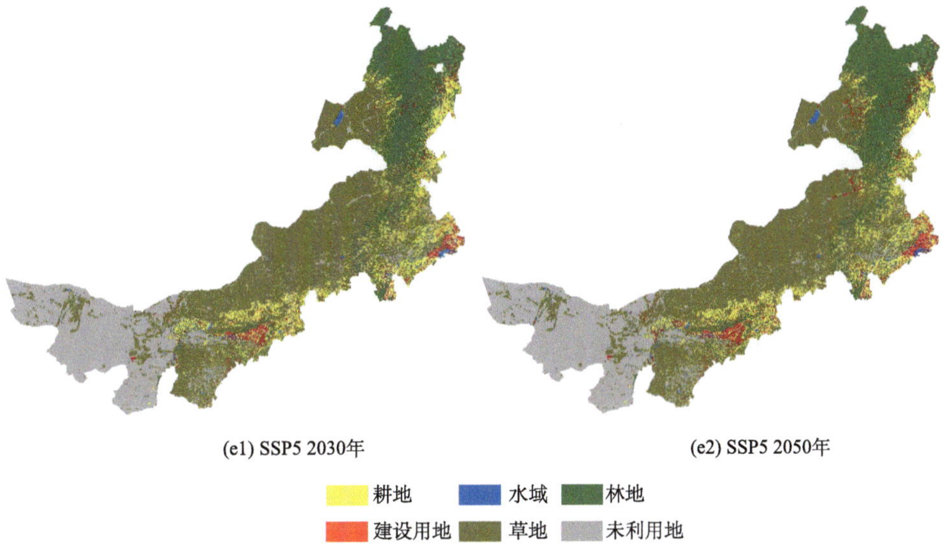

图7-21 不同SSPs路径下内蒙古土地利用空间格局

总体来看，尽管不同SSP情景下内蒙古不同土地利用类型的面积变化差异很大，但不同路径下的土地利用空间分布和变化区域却较为相似，这主要是由于相近地区的气候条件、地形区位和土壤属性等因素共同决定的。不同共享社会经济路径下的未来土地利用空间格局模拟为区域土地资源优化配置与管理提供了有效参考信息。由于不同地区承担的发展职能可能不同，政府应关注一些土地利用变化的敏感地带，采取相关措施，严格控制用地的不合理转换。同时，土地利用变化在维护生态安全和实现气候变化减缓目标的过程中发挥着至关重要的作用，政府应制定合理的土地资源开发方案，兼顾城镇化发展下的社会经济效益和生态效益，使内蒙古土地利用格局朝着有利于人地和谐的良性可持续的方向发展。

7.3.4 基于土地的气候变化适应管理政策建议

未来土地利用/覆盖变化在探索气候变化、生物多样性、粮食安全、生态系统服务和可持续发展的未来发展和政策选择方面发挥着重要作用。理解和预测不同SSP情景下区域未来土地利用/覆盖变化具有重要意义。本节基于前文建立的SSP情景的土地系统动态模拟的技术体系框架，量化包括人口、GDP、农牧业生产效率、动物性食品消费、土地利用监管、气候变化适应/减缓政策等方面的SSP情景参数库，并采用构建的内蒙古土地-经济系统集成模型，实现内蒙古2016～2050年不同SSP情景下适应气候变化的土地系统结构和空间格局的动态模拟。

研究结果表明，不同SSP情景下内蒙古土地系统结构动态存在明显的差异。社会经济系统中的土地利用变化需求分析表明，农业生产效率的提高会减少耕地的需求，因而耕地面积在不同SSP情景下的面积需求从小到大依次为SSP1、SSP5、SSP4、SSP2、SSP3；畜牧业生产效率的提高和较低的肉类消费偏好导致SSP1情景下经济系统中的草地需求减少，使得很大一部分天然草地被释放出来，用于保护、恢复和气候变化适应，维护生态安全；由于气候变化适应/减缓政策和工程的实施，不同SSP情景下林地面积呈增加趋势，且在不同SSP情景下的增长速率从大到小依次为SSP1、SSP5、SSP4、SSP2、SSP3；建设用地面积在不同SSP情景下均呈增加态势，且增长幅度和GDP有较强相关性。

土地系统格局模拟结果表明，尽管不同SSP情景下内蒙古不同土地利用类型的面积变化差异很大，但不同路径下土地利用发生变化的区域分布却较为相似。SSP1和SSP5路径下建设用地发生了明显的扩张，主要发生在通辽东部、鄂尔多斯北部和呼和浩特等地区；SSP2和SSP4路径下建设用地扩张态势较为平缓，SSP3路径下的建设用地扩张并不显著。林地在SSP1和SSP5路径下呈显著扩张态势，主要由未利用地和耕地转化而来，发生在呼伦贝尔东部和中部、赤峰西南部、呼和浩特西北部和乌兰察布南部等地区；SSP2和SSP4路径下林地扩张态势较为平缓，SSP3路径下的林地扩张现象并不显著。耕地面积在SSP1、SSP2、SSP4和SSP5路径下呈减少态势，主要发生在建设用地和林地扩张区域。SSP3和SSP4路径下草地减少最为显著，草地退化的空间分布相对均匀离散，主要发生在内蒙古中部的锡林郭勒盟、乌兰察布西北部、包头西北部、巴彦淖尔市等地区，草地的转出主要是向未利用地的转化。

本节为区域气候变化适应、土地利用管理决策和区域可持续发展提供了政策建议和参考。IPCC最新气候变化和土地特别报告（2019）指出，可持续地管理土地资源的方式有助于应对气候变化。本研究结果表明，随着农业和畜牧业科学技术管理水平的提高，现代农业朝着规模化、集约化和产业化发展，使得农业和畜牧业生产效率提升，农用地和牧草地投入减少，这有利于释放很大一部分天然草地用于生态恢复，缓解气候变化；同时，降低人们肉类产品的消费偏好，增加以植物性食物代替动物源食品的平衡饮食方式，为适应气候变化提供了可能。通过减少发展中国家毁林和森林退化及植树造林，并采取综合措施减少与土地相关的温室气体排放，有助于人类应对气候变化，防范相关风险。对于内蒙古自治区以草地为主要土地利用类型的地区，通过"草畜平衡""禁牧休牧"等生态保护工程和适应政策，可以减缓土地退化、荒漠化，从而减缓气候变化。

参 考 文 献

陈军明, 赵平, 郭晓寅. 2010. 中国西部植被覆盖变化对北方夏季气候影响的数值模拟. 气象学报, 68(2): 173-181.

程广燕, 刘珊珊, 杨祯妮, 等. 2015. 中国肉类消费特征及2020年预测分析. 中国农村经济, (2): 76-82.

邓祥征. 2012. 土地变化科学模型方法新进展——简评《土地系统变化动力学与效应模拟》(英文). 《地理学报》(英文版), 22(3): 575-576.

姜彤, 赵晶, 曹丽格, 等. 2018. 共享社会经济路径下中国及分省经济变化预测. 气候变化研究进展, 14(1): 50-58.

姜彤, 赵晶, 景丞, 等. 2017. IPCC共享社会经济路径下中国和分省人口变化预估. 气候变化研究进展, 13(2): 128-137.

孟令国, 李超令, 胡广. 2014. 基于PDE模型的中国人口结构预测研究. 中国人口·资源与环境, 24(2): 132-141.

秦大河. 2014. 气候变化科学与人类可持续发展. 地理科学进展, 33(7): 874-883.

吴英杰. 2010. 城市土地利用与经济发展的互动机制研究. 杭州: 浙江大学.

Arneth A, Brown C, Rounsevell M D A. 2014. Global models of human decision-making for land-based mitigation and adaptation assessment. Nature Climate Change, 4(7): 550-557.

Barbier E B. 2014. Climate change mitigation policies and poverty. Wiley Interdisciplinary Reviews: Climate Change, 5(4): 483-491.

Brown C, Alexander P, Arneth A, et al. 2019. Achievement of Paris climate goals unlikely due to time lags in the land system. Nature Climate Change, 9(3): 203-208.

Bryan B A, Gao L, Ye Y, et al. 2018. China's response to a national land-system sustainability emergency. Nature, 559(7713): 193-204.

Doelman J C, Stehfest E, Tabeau A, et al. 2018. Exploring SSP land-use dynamics using the IMAGE model: Regional and gridded scenarios of land-use change and land-based climate change mitigation. Global Environmental Change, 48: 119-135.

Dong N, You L, Cai W, et al. 2018. Land use projections in China under global socioeconomic and emission scenarios: Utilizing a scenario-based land-use change assessment framework. Global Environmental Change, 50: 164-177.

Hauer M E. 2019. Population projections for US counties by age, sex, and race controlled to shared socioeconomic pathway. Scientific Data, 6: 190005.

Hawksworth J. 2006. The world in 2050: How big will the major emerging market economies get and how can the OECD compete. http://club.search.stage-finance.mathsfi.com/pwc_world_in_2050_march_2008. pdf [2021-06-18].

IPCC. 2014. Climate Change 2013: the Physical Science Basis: Working Group I Contribution to the Fifth Assessment Report of the Intergovernmental Panel on Climate Change. Cambridge: Cambridge University Press.

IPCC. 2019. An IPCC Special Report on Climate Change, Desertification, Land Degradation, Sustainable Land Management, Food Security, and Greenhouse Gas Fluxes in Terrestrial Ecosystems. Cambridge: Cambridge University Press.

Leimbach M, Kriegler E, Roming N, et al. 2017. Future growth patterns of world regions–A GDP scenario approach. Global Environmental Change, 42: 215-225.

Lutz W, Goujon A, KC S, et al. 2018. Demographic and human capital scenarios for the 21st century: 2018 assessment for 201 countries. Publications Office of the European Union.

Nerini F F, Sovacool B, Hughes N, et al. 2019. Connecting climate action with other sustainable development goals. Nature Sustainability, 2(8): 674-680.

O'Neill B C, Kriegler E, Ebi K L, et al. 2017. The roads ahead: Narratives for shared socioeconomic pathways describing world futures in the 21st century. Global Environmental Change, 42: 169-180.

O'Neill B C, Kriegler E, Riahi K, et al. 2014. A new scenario framework for climate change research: the concept of shared socioeconomic pathways. Climatic Change, 122(3): 387-400.

Ordonez A, Martinuzzi S, Radeloff V C, et al. 2014. Combined speeds of climate and land-use change of the conterminous US until 2050. Nature Climate Change, 4(9): 811-816.

Popp A, Calvin K, Fujimori S, et al. 2017. Land-use futures in the shared socio-economic pathways. Global

Environmental Change, 42: 331-345.

Popp A, Humpenöder F, Weindl I, et al. 2014. Land-use protection for climate change mitigation. Nature Climate Change, 4(12): 1095-1098.

Song X P, Hansen M C, Stehman S V, et al. 2018. Global land change from 1982 to 2016. Nature, 560(7720): 639-643.

Stehfest E, Van Zeist W J, Valin H, et al. 2019. Key determinants of global land-use projections. Nature Communications, 10(1): 1-10.

Sun Z, Wu F, Shi C, et al. 2016. The impact of land use change on water balance in Zhangye city, China. Physics and Chemistry of the Earth, Parts A/B/C, 96: 64-73.

Thomson A M, Kyle G P, Zhang X, et al. 2014. The contribution of future agricultural trends in the US Midwest to global climate change mitigation. Global Environmental Change, 24: 143-154.

Tubiello F N, Salvatore M, Ferrara A F, et al. 2015. The contribution of agriculture, forestry and other land use activities to global warming, 1990–2012. Global Change Biology, 21(7): 2655-2660.

Van Vuuren D P, Kriegler E, O'Neill B C, et al. 2014. A new scenario framework for climate change research: scenario matrix architecture. Climatic Change, 122(3): 373-386.

West T O, Le Page Y, Huang M, et al. 2014. Downscaling global land cover projections from an integrated assessment model for use in regional analyses: results and evaluation for the US from 2005 to 2095. Environmental Research Letters, 9(6): 064004.

第 8 章　IPCC 温控阈值情景下适应气候变化的模拟评估

目前，气候变化经济影响评估模型在全球社会经济系统对气候变化的响应和适应机制研究方面已经得到了广泛的应用。但大多数研究多通过大尺度模型的预测和模拟来分析地区和国家尺度上的适应，忽视了对地方尺度的经验分析和总结，特别是地方的社区、个体在应对气候变化下的经验和教训（Toole et al.，2016；Pandey et al.，2018）。由于气候变化经济影响评估模型难于刻画微观层面主体行为决策，特别是对非理性行为决策的影响评估难以分析，本章提出了一套基于主体建模的社会经济系统主体气候变化适应分析的模型工具，补足传统气候变化经济影响评估模型的不足。

尽管气候变化是全球尺度的，但社会经济系统对气候变化的响应和适应机制不应单从宏观层面考虑。人类的适应应当落实到地方尺度，特别是社区、个体才是整个适应气候变化大背景下的微观行为者，往往微观个体的行为决策和适应策略会对社会经济系统和土地系统产生反馈，进而对气候系统产生反馈。因此，不能忽略个体在应对气候变化过程中的作用，特别是微观层面的适应经验可以为区域乃至更大尺度上的适应政策制定提供佐证和依据。基于自下而上的研究思路，理解和揭示微观层面主体行为决策和适应气候变化策略如何影响未来土地系统动态和社会经济系统演变至关重要。

联合国环境规划署发布全球气候适应报告（2019）呼吁重视并解决脆弱地区的适应问题，这些地区人对造成气候变化的温室气体排放作用最小，而他们的生计和粮食安全却受到气候变化的最大冲击。为此，本章以半干旱草原地区为例，基于自下而上的研究思路，采用 GIS 技术和多智能体建模技术（agent-based modeling，ABM），从微观尺度的牧户气候变化适应行为、适应策略和土地利用决策为出发点，构建牧户适应气候变化的 ABM/LUCC 模型，开展不同温控阈值情景下牧户、社区和政府主体采取不同气候变化适应策略和政策的模拟和评估，分析不同的温控阈值情景下不同适应策略和政策对土地系统、社会经济和生态的影响，研究结果可为牧户可持续生计、可持续的土地资源管理和区域气候变化适应性管理提供参考。

8.1　内蒙古半干旱草原区调研分析

由于多主体建模多在小区域范围内展开，本节选择内蒙古自治区呼伦贝尔市传统牧业四旗（即新巴尔虎右旗、新巴尔虎左旗、陈巴尔虎旗和鄂温克旗）为典型案例区，开展案例地调研和牧户问卷调查，并依此作为模型运行规则的依据和参数，构建牧户适应气候变化的 ABM/LUCC 模型。

8.1.1　典型案例区概况

内蒙古自治区呼伦贝尔市传统牧业四旗位于呼伦贝尔市西南部，115°31′E～

121°10′E、47°10′N～49°50′N 之间，总面积达 8.28 万 km^2。东部与扎兰屯相连，西部、南部与蒙古国相邻，北临满洲里和额尔古纳市，地处中国、蒙古国、俄罗斯的交界处。全区域草地面积 6.24 万 km^2，占全市草地面积的 66%左右（图 8-1）。

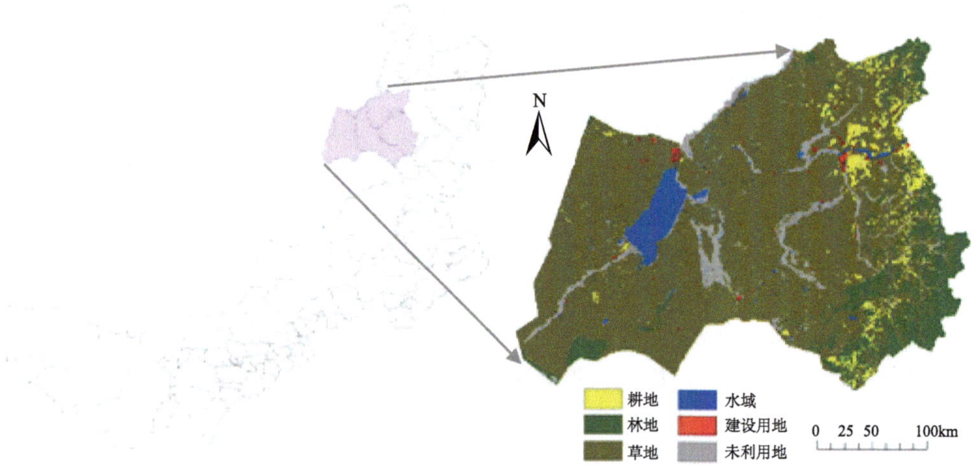

图 8-1　内蒙古自治区呼伦贝尔市牧业四旗行政区划及土地利用类型图

1）气候特征

呼伦贝尔牧业四旗处于中纬度中温带半干旱大陆性季风气候区。基于 1980～2015 年呼伦贝尔气象站点观测资料按月统计数据，分析呼伦贝尔牧业四旗年内降水量及气温变化状况，该地区多年平均气温约为–0.18℃，多年平均降水量约 330mm。该地区年内气温具有明显的季节性，而年内降水量分配不均匀。具体来看，该地区 1 月的气温较低，7 月的气温较高，5～9 月为高温天气，月平均温度可达 11～21℃。在降水方面，6～9 月为该地区的雨季，该时间段内的降水量占全年总量的 75%～85%，且降水量最大值一般出现在 7 月，但也常有夏旱发生；而旱季一般出现在 10 月至翌年 5 月，该时间段内的降水量仅占全年总量的 15%～25%，并且在 11 至翌年 3 月间降水量几乎为 0，如图 8-2 所示。

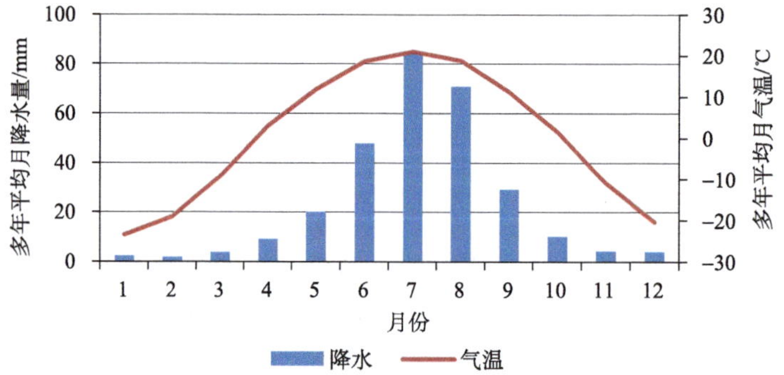

图 8-2　呼伦贝尔牧业四旗 1980～2015 年多年月平均气温和降水量

本节收集整理内蒙古 53 个气象站点观测的 1980～2015 年的日降水量、气温等数据，基于数理统计以及空间克里金（Kriging）插值法，并提取呼伦贝尔牧业四旗的年际气候变化和空间气候变化的时空演变特征，主要得到如下结论。

a. 气温和降水量的年际变化特征分析

我们对空间插值后的气温和降水数据进行了统计分析，分析发现，内蒙古呼伦贝尔市牧业四旗多年平均降水量呈现波动下降的趋势特征，平均每年下降 8.6mm/10a；而平均气温则呈现波动上升的趋势特征，平均每年上升 0.35°C/10a（图 8-3）。

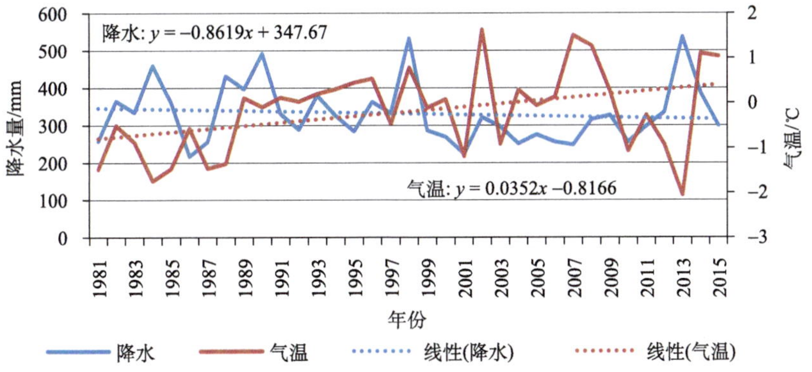

图 8-3　呼伦贝尔牧业四旗 1981～2015 年平均气温与年降水变化趋势

b. 气温和降水量的空间变化特征分析

从图 8-4（a）中可以看出，该地区近 30 多年的年平均气温呈现由东向西逐步递增的趋势特征，变化幅度在 1.63～−2.23℃之间。低温中心在陈巴尔虎旗东北部，高温中心位于新巴尔虎右旗西南部地区，气温中值则位于新巴尔虎左旗中部。从图 8-4（b）中可以看出，内蒙古近 30 多年的平均年降水量同样呈现空间分布不均匀的情况，从东向西呈递减趋势。低值中心在新巴尔虎右旗西南部地区，为 230mm 左右，高值中心在鄂温克旗东部地区，为 440mm 左右。

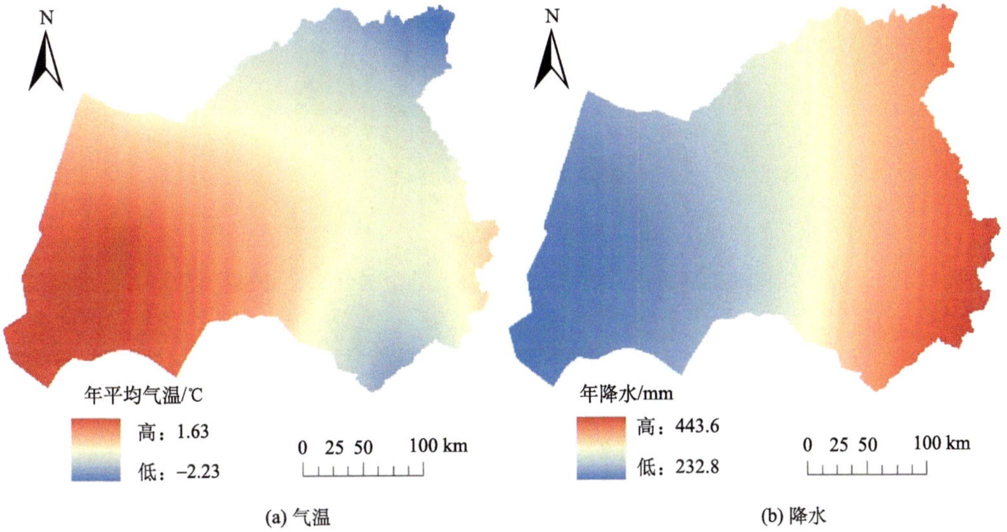

图 8-4　呼伦贝尔牧业四旗 1980～2015 年平均气温和降水空间分布

2）气象灾害

呼伦贝尔牧业四旗以“黑灾”即干旱和“白灾”即雪灾为主要的气候灾害。干旱是当地最频繁、危害最大的气象灾害，以春旱的发生频率最高，其次是夏旱和秋旱，旱灾会导致草原地区牧草量供应不足，影响到牧民牲畜的养殖。此外，雪灾也是当地主要的气象灾害，由于积雪覆盖草场，牲畜难以采食，使得牲畜死亡率增加，牧户养殖规模减小。以往的研究中将降水量小于同期平均值80%的年份判别为“旱灾”年份（王立新等，2003；赖玉珮，2012），依据该判断标准，1981～2015 年的旱灾发生情况如表 8-1 所示。统计结果表明，1981～1990 年，呼伦贝尔牧业四旗旱灾的发生频率为 10 年内有 2 年干旱；1990～2000 年，呼伦贝尔牧业四旗旱灾的发生频率为 10 年内有 3 年干旱；2000～2015 年，该地区干旱的发生频率增加，15 年内有 6 年发生旱灾，其中还出现了连续年干旱的情况。可见，该地区在 2000 年之后，干旱情况加剧。而由于气象局未能收集年降雪量的情况，本节暂不量化雪灾的发生情况（表 8-1）。

表 8-1　呼伦贝尔牧业四旗旱灾发生年份和发生频率

时间段	旱灾发生年份	频率/%
1981～1990 年	1981，1986	20
1990～2000 年	1995，1999，2000	30
2000～2015 年	2001，2004，2005，2006，2007，2010	40

3）土地利用现状特征

呼伦贝尔牧业四旗总面积为 82824km^2。分析 2015 年土地利用现状遥感监测数据发现（图 8-5），该地区草地面积为 62472km^2，占比为 75.43%。在土地利用的二级分类中，高度覆盖草地占全区总面积的 24.15%，中度覆盖草地占全区总面积的 41.38%，低度覆盖草地占全区总面积的 8.68%。其次为林地、未利用地和耕地，分别占比 9.91%、7.52% 和 3.28%。

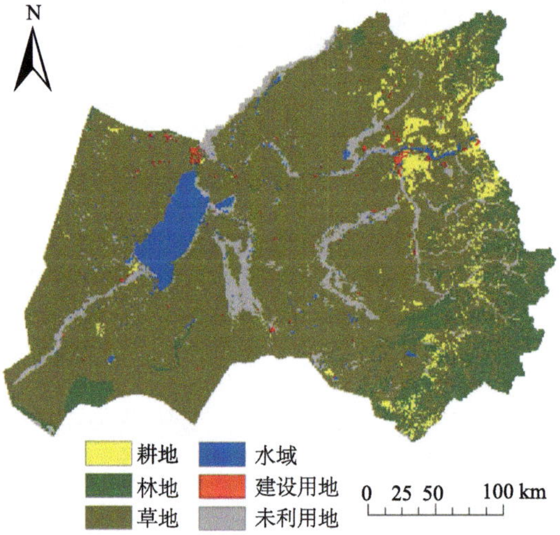

图 8-5　呼伦贝尔牧业四旗 2015 年土地利用现状图

本节基于 GIS 技术的支持，利用区域土地利用数据，对 1988～2015 年土地利用数据进行栅格计算与空间分析，从而获取 1988～2015 年该地区土地利用结构及变化如下（表 8-2）。

表 8-2　呼伦贝尔牧业四旗 1988～2015 年土地利用结构及变化

土地利用类型	1988 年		2015 年		1988～2015 年
	面积/km^2	百分比/%	面积/km^2	百分比/%	变化量/km^2
耕地	3710	4.48	2715	3.28	–995
林地	8284	10.00	8207	9.91	–77
草地	61458	74.20	62472	75.43	1014
水域用地	2914	3.52	2903	3.51	–11
建设用地	226	0.27	301	0.36	75
未利用地	6232	7.52	6226	7.52	–6
合计	82824	100	82824	100.00	0

注：合计百分比约为 100%

4）社会经济特征

呼伦贝尔市牧业四旗 2016 年总人口为 27.2 万，乡村人口 8.29 万人。乡村劳动力人数 753.3 万，占乡村总人口的 65%（表 8-3）。牧业四旗包含 29 个乡镇（苏木）。2016 年，全区实现国民生产总值 319.39 亿元，其中，鄂温克族自治旗 115.69 亿元，陈巴尔虎旗 94.24 亿元，新巴尔虎左旗 28.68 亿元，新巴尔虎右旗 80.78 亿元。

表 8-3　呼伦贝尔牧业四旗 2016 年主要社会经济指标

2016 年	年末总人口/万人	乡村人口/万人	乡村劳动力/万人	国内生产总值/亿元
鄂温克族自治旗	13.84	2.23	1.45	115.69
陈巴尔虎旗	5.64	1.84	0.83	94.24
新巴尔虎左旗	4.21	2.38	1.73	28.68
新巴尔虎右旗	3.51	1.84	1.38	80.78

数据来源：2017 年《内蒙古统计年鉴》

8.1.2　利益相关方视角的气候变化适应策略分析

根据文献调研和实地调研访谈，我们对利益相关方（省市级管理者、专家等）提出的牧区气候变化适应策略做出等级评价。我们将适应策略分为制度性适应、政策性适应、工程性适应和技术性适应（表 8-4）。其中，制度性适应被认为是最关键也是影响范围最为广泛的适应性策略，其次分别是政策性适应和工程性适应，而专家多认为技术性适应同样非常重要。在制度性适应方面，“草原确权”被决策者认为是最主要的适应性策略，此外一些专家提出新型合作组织和社区共管等管理和组织形式是目前有效的适应性策略。在政策性适应方面，“草畜平衡”政策被认为是最有效果的适应性策略，禁牧休牧和多种补贴政策的实施有利于恢复天然草地、帮助牧民应对气候灾害，而“生态移民”“小额信贷”等措施的重要性相对较低。在工程性适应方面，“退牧还草”工程、“京津风沙源治理”工程均被认为对提升区域的适应性管理水平具有重要作用，其次是基础设施建设和饲草储备、饲草地建设等。在技术性适应方面，大多专家认为气象知识/生产技术培训是最重要的适应性策略，其次还包括牧草改良和草原承载力研究、气候监测预测及预警等有效技术手段用于适应和应对气候变化。

表 8-4 内蒙古气候变化适应策略

排序	制度性适应	政策性适应	工程性适应	技术性适应
1	草原确权（+++）	草畜平衡（+++）	退牧还草（+++）	气象知识/生产技术培训（+++）
2	合作组织（++）	多种补贴（+++）	京津风沙源治理（+++）	牧草改良（++）
3	社区共管（++）	禁牧休牧（+++）	基础设施建设、饲草储备（++）	草原承载力研究（+）
4		生态移民（++）	饲草地（+）	气候监测、预测和预警（+）
5		小额信贷（+）	水土保持（+）	节能减排（+）
6		矿区环境检测系统（–）	人工增雨（+）	牲畜改良（o）

注：+++：极度重要；++：非常重要；+：重要；o：一般；–：不重要

8.1.3 牧户对气候变化的感知及适应行为分析

本节采用分层随机抽样的方法，于 2016～2017 年对呼伦贝尔牧业四旗的牧民草牧业生产经营情况和气候变化适应措施进行了两轮调研，共得到调研问卷 126 份，其中有效问卷 116 份（92%），如表 8-5 所示。问卷内容包括家庭人口、劳动力、草场面积、牲畜数量、牲畜产量、畜牧业其他收入、养殖密度和牧民对气候变化的感知情况、应对气候变化措施的认知情况以及草原管理政策的实施情况等，主要数据指标的描述性统计如表 8-6 所示。

表 8-5 调研问卷数据基本信息汇总

旗县	问卷数/份	占比/%
新巴尔虎右旗	32	27.6
新巴尔虎左旗	36	31.0
陈巴尔虎旗	39	33.6
鄂温克族自治旗	30	25.8

表 8-6 调研问卷主要数据指标描述统计

指标	单位	观测量	平均值	标准差
家庭人口数	人	116	3.34	1.01
家庭劳动力	人	116	2.97	1.54
资本投入	万元	116	8.13	1.26

续表

指标	单位	观测量	平均值	标准差
草场面积	亩	116	3244.50	3053.53
牲畜数量	羊单位	116	656.83	567.20
牲畜产量	吨	116	1.97	1.7
畜牧业其他收入	元	116	3721.98	8356.94
养殖密度	羊单位/亩	116	0.46	0.77

调研问卷的结果显示，该地区牧户生产经营所需牧草主要依赖于天然草场供给，但是天然草场的产草量年际变化幅度较大，且抗自然灾害的能力差，生态环境较为脆弱，社会经济系统对气候变化反应十分敏感，牧民生产经营状况受气象灾害的影响程度较大。调研数据表明，68%的牧户提到该地区干旱频发，11%的牧户指出雪灾同样是当地易发生的气象灾害（图 8-6）。而由于降水减少造成的饲草料供给不足则是制约牧户畜牧业生产最主要的因素。

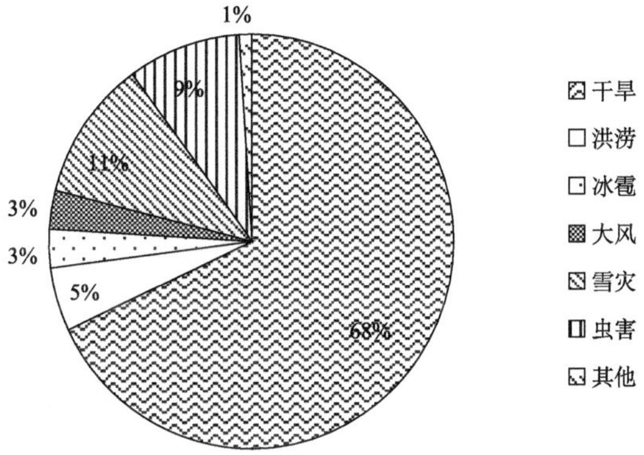

图 8-6　呼伦贝尔牧业四旗牧民对气象灾害感知的比例

鉴于极端气象灾害对牧户生产和天然草地的重大影响，加强牧民家庭适应气候变化和极端气候事件的能力，提升应对极端气候事件的适应性管理水平无疑是提高牧户生计水平的重要途径。因此，本节整理了调研区牧民对气象灾害应对措施的认知情况（表 8-7）。结果显示，“储备饲草”与“处理牲畜”是牧民认为最有效的气象灾害应对措施，同时也反映出牧民在应对气候变化带来的极端气象灾害方面能力较弱，手段匮乏等问题，大部分家庭牧民仍处于“靠天吃饭”的较为原始的生产模式。有 85%的牧户家庭认为“储备饲草”是应对极端干旱的重要措施，82%的牧户家庭认为“储备饲草”同时是应对雪灾的重要适应措施，在饲料供应不足和气象灾害造成严重损失的情况下，“处理牲畜”是牧民减少损失的首要措施，具体来说，有 79%的牧户家庭认为“处理牲畜”是应对雪灾的重要措施，78%的牧户家庭认为“处理牲畜”是应对雪灾的重要措施。相比于传统的适应性措施，现有的适应性措施在移动性、存储性、集体性等方面都产生了巨大的变化（Agrawal，2010）。事实上，随着草原地区产权制度的改革、草场承包、草场划分到户，导致越来越多的草场和牲畜由集体管理转化为个人管理，从而导致牲畜的移动性明显下降（Li et al.，2018），因而越来越多的牧户家庭从“购草”与“卖畜”两方面来适应气候变化，Xie 等（2008）的研究也指出，适应气候变化应更多的注重从市场资本流动中寻找新的途径。此外，由于“退牧还草”“禁牧封育”等草原管理政策一定程度上抑制了草原地区畜牧业的生产经营活动，对草原社会生态系统产生了复杂的影响。

表 8-7　牧民对气候变化应对措施认知情况汇总

排序	干旱	雪灾	沙尘暴	极端高温
1	储备饲草（85%）	储备饲草（82%）	储备饲草（60%）	储备饲草（85%）
2	处理牲畜（79%）	处理牲畜（78%）	准确的气象信息（54%）	准确的气象信息（55%）
3	饲草地/草库伦（68%）	棚圈建设（52%）	植树（38%）	气象知识培训（35%）
4	准确的气象信息（60%）	准确的气象信息（55%）	气象知识培训（30%）	
5	合作轮牧（58%）	气象知识培训（10%）		
6	打井（35%）	合作轮牧（5%）		
7	气象知识培训（10%）	打井（0）		
8	棚圈建设（3%）			

注：括号内表示认为该类适应措施重要的牧户所占比例

8.2　牧户适应气候变化的 ABM/LUCC 模型构建

本节基于自下而上的研究思路，采用 GIS 技术和多智能体建模技术（agent-based Modeling，ABM），从微观尺度牧户的气候变化适应行为和土地利用决策为出发点，构建内蒙古牧区牧户适应气候变化的 ABM/LUCC 模型，以期模拟未来不同温控阈值情景下内蒙古牧区牧户适应气候变化的行为决策、生计策略以及社区和政府等不同尺度社会经济系统主体适应气候变化的策略和政策对区域土地系统、社会经济和生态的影响。

8.2.1　牧户适应气候变化的 ABM/LUCC 模型设计

1. 模型理论框架

在借鉴 Illius 等（1999）模型设计的基础上，本节首先构建了一个内蒙古牧区社会-生态系统的理论框架（图 8-7）。在该系统框架下，我们把整个社会生态系统分为了三个子系统：气候子系统、草地生态子系统和社会经济子系统。气候子系统关注气候变化和气候灾害发生时对草地生态子系统和社会经济子系统产生的影响。本节认为，气温和降水的波动变化会影响草地净初级生产力，进而对草地产草量产生影响，而旱灾的发生会使得牧户通过学习和适应来采取不同的适应行为来应对和减小灾害发生对其生计的影响。草地生态子系统关注草地生态环境的变化，主要包括草地不同程度的退化状况、草地净初级生产力的变化、产草量的变化、牲畜采食量和践踏量的变化，同时草地状况也影响着牧户养殖牲畜的数量，因此也体现了草地生态状况变化和牲畜动态之间相互作用的过程。一方面，社会经济子系统关注牧户的生产消费和行为决策，包括牧户应对气候灾害发生时的适应性行为，如储备饲草、处理牲畜和小额信贷等，并通过家庭各种收入和支出行为将牧户的生产消费和牲畜动态过程连接起来；另一方面，社会经济子系统还关注一些区域尺度的适应性政策和策略，政府通过实施诸如“草畜平衡”“退牧还草”“禁牧封育”等管理政策等来控制牧户的载畜量，进而影响牧户的饲草投入。社区尺度上通过合作组织和社区共管等方式，同样影响着牧户的生产决策行为以及整个社会经济系统的演变。 基于此理论框架，我们采用 GIS 技术和多主体建模技术构建内蒙古牧户适应气候变化的多主体模型，具体方法在下面几节详述。

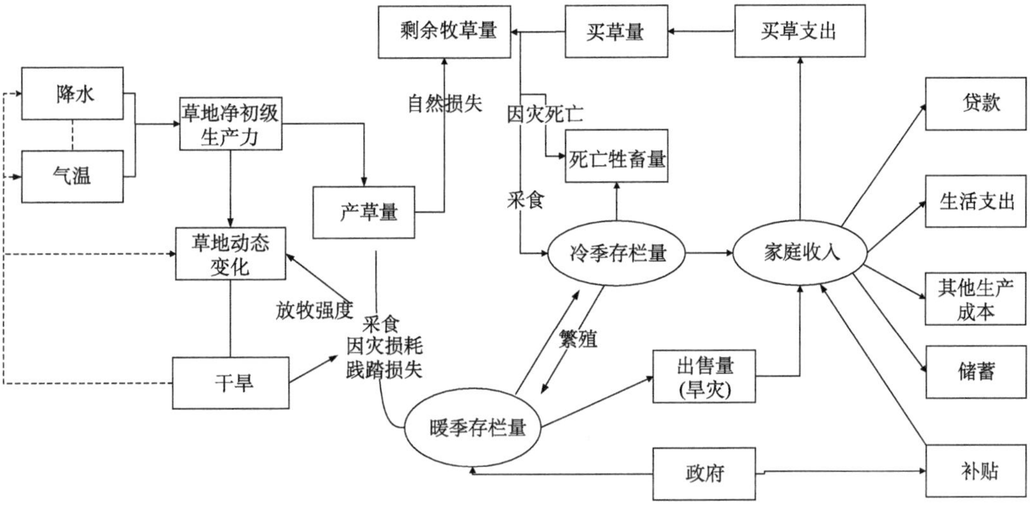

图 8-7　内蒙古牧区社会–生态系统理论框架

2. 模型概述

1）目的

本节构建的内蒙古草原地区牧户适应气候变化的多主体模型（ABM）模型主要用于模拟未来温控阈值情景下内蒙古草原地区牧户/社区/政府不同尺度的社会经济系统主体适应气候变化的行为/策略/政策对区域土地系统、社会经济和生态的影响，进而对牧户当前的适应行为和不同尺度上气候变化适应策略提出政策建议，为区域气候变化适应和牧民可持续生计提供参考。

2）构件、状态变量和尺度

本模型由三个主要构件组成：环境、栅格单元和主体（agent）。模型环境是一个固定面积的二维网格，表示内蒙古呼伦贝尔牧业四旗地区。空间栅格单元的状态变量包括气温、降水、草地净初级生产力、牧草产量、牧草价格、土地利用类型（包括耕地、林地、草地、水域、建设用地和未利用地，其中，草地按退化程度分为轻度退化草地、中度退化草地和重度退化草地）以及村权属信息等。该模型主体包括牧户 agent、社区 agent 和政府 agent。其中，牧户 agent 代表着牧民家庭，在这个模型中，我们不模拟主体开始从事放牧、变老和退休的生命周期。牧户 agent 的主要状态变量包括他们的牧场位置和家庭生产消费决策中的可用资源，如牲畜数量、买草量、储蓄、养殖牲畜的花费等。社区 agent 的状态变量包括社区的位置和是否执行社区共同管理等措施，这里我们以村（嘎查）为社区的单位，牧户 agent 与社区 agent 是多对一关系，一个牧户 agent 对应一个社区，反过来一个社区包含多个牧户 agent。模型中还包含一个政府 agent，政府 agent 的状态变量包括是否执行“草畜平衡”等适应性政策和单位面积草地的补贴金额。

模型的最小时间尺度以冷暖季划分，估算草地的净初级生产力、产草量变化、牲畜规模变化以及牧户的生产和消费情况。模型的研究周期为 2015～2050 年，模拟系统 35 年内的演变，选择 35 年为研究时间段的主要理由是一般研究认为这个时间段内的牧户生产经营方式和放牧方式可能不会发生较大变化，草地的承包权也不会改变。模型以每年为一个步长，一年的步长包括一个暖季（5～10 月）和一个冷季（10 月至翌年 5 月）的循环。

模型的空间尺度：本节以内蒙古呼伦贝尔牧业四旗为研究区域，研究单元以牧户为单位。根据实地调查，案例地牧户拥有的草场面积大小平均在 400hm^2 左右。本模型假设牧户所拥有的草场面积大小一致，因此将研究的栅格单元重采样至 2km×2km 的分辨率，模型在空间上是显性的。数据采用 ArcGIS 软件做预处理，导出为 ASCII 文本格式输入到 Netlogo 软件开发环境中（图 8-8）。

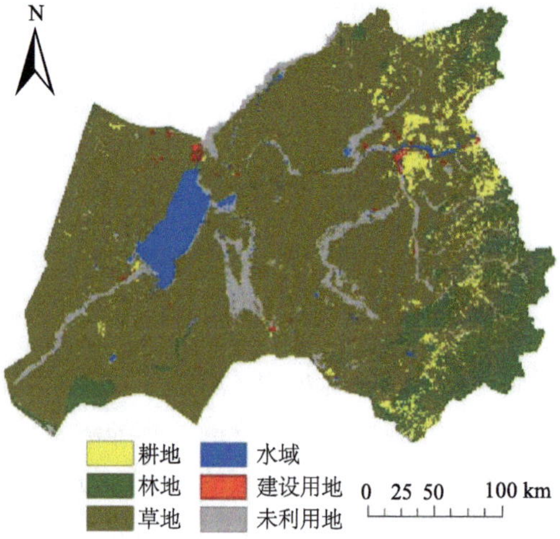


```
ncols     207
nrows     159
xllcorner   785219.63802119
yllcorner   5202258.86414
cellsize    2000
NODATA_value -9999
-9999-9999-9999-9999-9999-9999-9999-9999-9999
-9999-9999-9999-9999-9999-9999-9999-9999-9999
-9999-9999-9999-9999-9999-9999-9999-9999-9999
-9999-9999-9999-9999-9999-9999-9999-9999-9999
-9999-9999-9999-9999-9999-9999-9999-9999-9999
-9999-9999-9999-9999-9999-9999-9999-9999-9999
-9999-9999-9999-9999-9999-9999-9999-9999-9999
-9999-9999-9999-9999-9999-9999-9999-9999-9999
-9999-9999-9999-9999-9999-9999-9999-9999-9999
-9999-9999-9999-9999-9999-9999-9999-9999-9999
-9999-9999-9999-9999-9999-9999-9999-9999-9999
-9999-9999-9999-9999-9999-9999-9999-9999-9999
-9999-9999-9999-9999-9999-9999-9999-9999-9999
-9999-9999-9999-9999-9999-9999-9999-9999-9999
```

图 8-8　案例区土地利用类型与 ASCII 文件的对应关系

3）主要步骤和进程

本节以案例地调研时间 2016 年为模拟起点，模拟系统 35 年周期的变化情况。模型的模拟步骤如下：①根据当年气温和降水估算草地净初级生产力进而估算牧草产量。②根据暖季牲畜的数量及结构计算冷季牧草需求、除买草外的生产成本。③根据暖季产草量和牲畜采食的牧草量估算放牧强度，并评估草地退化状况和土地利用格局变化。④原则上以牲畜养殖规模最大化为目标，基于收支平衡和草地供需约束，计算暖季末售出牲畜和购买牧草的数量；但当旱灾发生或者草地发生退化时，牧户主体将采取不同的备草和卖畜策略来应对气候灾害和草地生态环境的变化，社区主体和政府主体将选择是否采取区域尺度上（社区尺度/旗县尺度）的适应性策略和政策，进而干预牧户主体的生产行为决策和备草、卖畜策略。⑤计算冷季牧草缺口和牲畜死亡率。⑥模拟下一年牲畜的动态。

4）模型主要假设

任何模型都不可能完全反映现实情况，而只能对现实进行简化，因此在对系统进行具体设计之前，需要对系统内的相关关系进行假设。本模型基于 GIS 技术实现空间显性的 ABM 模型构建，假设案例区牧户家庭所处的气候环境和社会经济环境都是空间异质的，也就是说，牧户家庭所在位置的气温、降水、草地净初级生产力、草地产草量等因素都存在空间差异性。由于当前不同牧户家庭牲畜养殖规模也不尽相同，仅通过调研数据无法确定模型中每个牧户家庭的初始牲畜养殖规模，为此，我们考虑草场资源空间异质性对承载牲畜数量的能力的影响，根据 2017 年《内蒙古统计年鉴》中牧业四旗的牲畜养殖数量，按照草地 NPP 的空间差异（即每个栅格单元 NPP 占每个旗县内平均 NPP 的占比），将其离散分配到每个 2km×2km 的栅格单元，以此假设为不同牧户当前的牲畜存栏量。其他一些具体假设，在下文模型的计算化设计中具体给出。

3. 模型概念设计

基于主体的建模主要是通过行为主体在内生因素和外生因素制约下不断调整自身行为以适应变化的自组织适应复杂系统特点进行建模的。牧户主体通过和草场栅格单元的一一对应关系实现对草地的经营权，而牧户主体间、主体和环境间的相互作用机制，使得该模型具有动态反馈作用、自组织适应性和涌现性等，以下分别对模型涉及的概念逐条陈述：

1）涌现性

牧户主体的行为决策及主体和环境之间的相互作用会涌现出三个主要的区域特征：①区域土地利用空间格局的变化；②草地退化的空间扩散现象发生；③草地的产草量和草地放牧强度的变化。

2）适应性

牧户主体、社区主体和政府主体面对气候变化和土地利用变化（草地退化）主要有以下几种适应机制：①出售牲畜从而减少放牧量；②购买外区域饲料从而减缓草地的供给压力；③围栏放牧向不围栏放牧转变，即在社区范围内共同管理，实现牧户在社区范围内放牧的可移动性；④草畜平衡政策，即通过控制载畜量和增加补贴方式降低草地放牧强度以适应气候变化和草地退化。

3）目标

牧户主体的目标是在满足消费需求的前提下，以牲畜规模最大化为生产决策目标，以便最大限度地提高他们的长期经济效益。

4）感知

牧户主体可以感知草场的草地退化情况和气候灾害（这里主要是旱灾）的发生情况。

牧户主体会根据草地退化状况、气候灾害发生情况和生产消费环节中的供需平衡、收支平衡等约束，采取不同的购买饲料和处理牲畜的策略进行生产和消费决策。

5）学习

集体学习包含在模型中，基于经验统计分析，我们得到了草地发生不同退化程度时牧户在暖季末的处理牲畜的行为规则。当判断草地发生何种程度的退化时，牧户主体的生产行为规则/适应策略会按照设定的概率规则变化。

6）交互

模型中考虑了主体和环境间的交互作用。首先，牧户主体-牲畜动态-草地利用三者之间是交互作用的过程。其次，牧户主体在社区主体采取社区共管的组织形式下，牧户主体可以发生移动，即根据草地退化状况选择草地资源更优的区域放牧。此外，模型考虑了地块-地块间的交互作用，即草地退化的空间扩散效应，因此空间栅格单元之间本身也存在交互。

7）异质性

模型中牧户主体是异质的：牧户主体初始账户不同，其初期的牲畜存栏量由所在草地栅格单元的位置决定；饲草购买价格不同，干旱情况会对牧草价格产生影响，干旱区域的价格较高，而湿润区域的价格较低；收支平衡的临界点不同，牧户主体拥有的财富值不一样，拥有的地块草地生产力也不相同，基本投入也不尽相同。模型中的栅格单元（地块）也是空间异质的。

8）随机性

由于基于主体的建模是随机性和确定性的统一体，对不确定性具有一定的容纳能力，由于初始化过程中难以精确获得所有牧户主体的实际位置信息，因此本模型中，牧户主体在基期将随机分配到代表草场的空间栅格单元上。

4. 模型计算化设计

根据前文构建的内蒙古草原地区社会-生态系统的理论框架，我们分别对气候-生态子系统、牲畜动态子系统和社会经济子系统的内在关系进行量化，量化不同情景下整个系统在模拟周期内的动态演变过程，从而实现牧户主体的适应行为和社区/政府主体的适应策略/政策对整个系统的影响分析。

1）气候-草原生态系统子模型

气候-草地生态系统子模型关注气候变化（这里主要指气温和降水）对草原生态环境变化的影响，牧草地的草产量取决于草地的生长、牲畜的摄入和践踏。为了开展未来温控阈值情景下的模拟和评估，我们建立了气候子系统和草地生态子系统之间的关系，并对其进行了极大程度的简化。以往研究表明，草地净初级生产力（NPP）与气温和降水具有显著相关性（同琳静等，2019；贾俊鹤等，2019）。这里，我们综合考虑了气温和降水对牧草生长的作用，假设气温和降水对不同类型的牧草影响没有差异，通过对案例地历史时期植被生长季内的草地 NPP[单位：$gC/(m^2 \cdot a)$]、平均气温 T（单位：℃）和降水量 P（单位：mm）做线性拟合，在拟合结果显著的前提下，建立起 NPP 与气温、降水之间的关系：

$$\mathrm{NPP}(t) = r_1 \cdot P(t) + r_2 \cdot T(t) + j \tag{8-1}$$

式中，r_1 和 r_2 分别为降水和气温的拟合系数；j 为常数项。

单位面积的理论产草量可以利用草地 NPP 计算得到（王琪等，2019）：

$$B_t = \frac{\mathrm{NPP}(t)}{S_{\mathrm{bn}}(1+S_{\mathrm{ug}})} \tag{8-2}$$

式中，B_t 为单位面积的理论产草量[单位：g/（m^2·a）]；NPP 为草地 NPP[单位：gC/（m^2·a）]；S_{bn} 为草地生物量换算成 NPP 的转换系数，数值为 0.45；S_{ug} 为地下和地上部分生物量比例系数，温性草原为 4.25。

暖季草场上可利用牧草量 $F_{\mathrm{lw}}(t)$ 由产草量 $B_{\mathrm{w}}(t)$、暖季草场面积 $A_{\mathrm{w}}(t)$、牧草可利用率 η 和植被衰减率 $a(t)$ 确定：

$$F_{\mathrm{lw}}(t) = B_{\mathrm{w}}(t) \cdot A_{\mathrm{w}}(t) \cdot \eta \cdot a(t) \tag{8-3}$$

由于牧草死亡，干枯的牧草风化、分解会造成牧草的损失，因而天然草场上生产的牧草只有一部分在冷季能被采食。冷季草场可食牧草量 $F_{\mathrm{lc}}(t)$ 为暖季草场放牧后剩余牧草与冷季草场可利用牧草量加和之后乘以牧草保存率（γ）：

$$F_{\mathrm{lc}}(t) = \left[B_{\mathrm{w}}(t) \cdot A_{\mathrm{w}}(t) \cdot \eta \cdot a(t) - G_{\mathrm{w}}(t) + B(t) \cdot A_{\mathrm{c}}(t) \cdot \eta \cdot a(t)\right] \cdot \gamma \tag{8-4}$$

式中，$G_{\mathrm{w}}(t)$ 为暖季草场牧草被采食量；$A_{\mathrm{c}}(t)$ 为冷季草场面积；γ 为寒冷季节的草保存率。

植被衰减率 $a(t)$ 为上一年草地退化造成的植被衰减率，取值在 0～1 之间，表示若因为气候变化或者过度放牧等原因造成草地发生退化时，草地的产草量发生一定程度的衰减。由于当前有关放牧对草地产草量影响机理的研究尚不成熟，特别是缺少定量化的研究（秦洁等，2016），部分研究表明当草地的放牧强度达到 60%时草地开始出现退化。为刻画气候变化或者过度放牧对草地的影响，本节对植被衰减率 $a(t)$ 做如下假设：假设如果第 t 年暖季 NPP 低于临界值 $\mathrm{NPP}_{\mathrm{min}}$，草地发生退化，牧草可利用量 $F_{\mathrm{lw}}(t)$ 按照临界值 $\mathrm{NPP}_{\mathrm{min}}$ 和当年 NPP 的比率进行衰减，以此反映气候变化原因对草地退化以及产草量的影响；当放牧强度（GI）大于 60%时，草地发生退化，牧草可利用量 $F_{\mathrm{lw}}(t)$ 按照放牧强度每增大 10%、$F_{\mathrm{lw}}(t)$ 减少 10%的比例衰减，以此考虑过牧相关原因造成的草地退化和产草量衰减。

依据《天然草地退化、沙化、盐渍化的分级指标》中的草地退化程度分级指标，当地上部产草量较未退化产草量的减少率大于 50%时为重度退化，在 21%～50%时为中度退化，小于 20%时为轻度退化。根据 1981～2015 年遥感监测的 NPP 数据显示，案例区暖季 NPP 最大值约为 400gC/(m^2·a)，对应的产草量大约在 170g/(m^2·a)左右，若将此作为案例区未退化产草量，进而得到 85～136g/(m^2·a)的产草量属于中度退化，136～170g/(m^2·a)的产草量属于轻度退化。本节以 200g/(m^2·a)作为临界值 $\mathrm{NPP}_{\mathrm{min}}$，即当草地 NPP 在 200g/(m^2·a)以下时，草场退化风险进一步增大，因此牧草可利用量开始衰减。假设如果连续三年退化草地的产草量较未退化草地的产草量的较少率大于 80%，则草地不可再恢复。

当暖季草场上有足够的牧草供牲畜采食时，暖季草场上的牲畜采食量（G_{w}）等于实

际的采食量；否则在暖季草场上的采食量等于可利用牧草量 F_{lw}

$$G_{\mathrm{w}}(t)=\min\left[N_{\mathrm{w}}(t)\cdot I\cdot D_{\mathrm{w}},\quad F_{\mathrm{lw}}(t)\right] \tag{8-5}$$

式中， $N_{\mathrm{w}}(t)$ 为第 t 年暖季的牲畜数量；I 为牲畜日食量；D 为暖季采食天数。

为了反映放牧的生态效应和刻画草地退化发生情况，本节引入了放牧强度（GI），即暖季草场上牲畜采食量与暖季草产量之比，根据《内蒙古天然草地适宜载畜量计算标准》，将牧草可利用率设为 80%，则放牧强度取值范围在 0～0.8 之间。

$$\mathrm{GI}(t)=G_{\mathrm{w}}(t)/B_{\mathrm{w}}(t) \tag{8-6}$$

2）牲畜动态子模型

决定牲畜增长率的关键因素是年龄和性别结构。为简化处理，本模型将牲畜简化为公羊羔、母羊羔、后备母羊、3 岁母羊、4 岁母羊、5 岁母羊和 6 岁母羊，3～6 岁的母畜构成了繁殖母畜。牲畜数量（N）如下：

$$N=\sum_{i=1,\cdots,7}N_i \tag{8-7}$$

牧区的畜牧业和牲畜动态具有显著的季节性。为了简化模型，我们假设牲畜仅在 4 月生产并在 10 月出售。母羊羔在 10 月成长为繁殖母畜。公羊羔（N_{w1}）和母羊羔（N_{w2}）数为上一年度冷季的繁殖母畜数 N_{ce3} 乘以繁殖成活率 α：

$$N_{\mathrm{w1}}(t)=0.5\cdot N_{\mathrm{ce3}}(t-1)\cdot a \tag{8-8}$$

$$N_{\mathrm{w2}}(t)=0.5\cdot N_{\mathrm{ce3}}(t-1)\cdot a \tag{8-9}$$

其他牲畜数量则为上一年度冷季数量（N_{cf}）减掉冷季死亡的牲畜（N_{dc}）：

$$N_{\mathrm{w3}}(t)=N_{\mathrm{cf}}(t-1)-N_{\mathrm{dc}}(t-1)\quad(i>2) \tag{8-10}$$

冷季死亡牲畜的数量根据死亡率（β）计算：

$$N_{\mathrm{cd}}(t)=N_{\mathrm{cf}}(t)\cdot\beta \tag{8-11}$$

3）社会经济系统子模型

社会经济系统子模型模拟牧户主体的行为决策和生计策略过程，包括牧户主体在应对气候变化和草地退化时发生的出售牲畜、购买草料等适应性行为，以及社区主体和政府主体采取的适应策略和政策。

a. 成本和收益

本模型假设牧民家庭的所有收入都来自牲畜的销售。因此，牲畜的总收入（Inc）由牲畜（Q_i）和相应的价格（p_i）决定：

$$\mathrm{Inc}(t)=\sum_{i=1,\cdots,3}\left(Q_i(t)\cdot p_i(t)\right) \tag{8-12}$$

式中， $p_i(t)$ 为第 t 年分类 i 的牲畜价格。

牲畜的成本包括固定成本和可变成本。由于影响牧户行为的关键因素是当前的现金流量，我们不考虑固定成本。可变成本（C）包括饲料费（C_{f}）、能源费（C_{en}）、员工工资（C_{labor}）和防疫费（C_{v}）等。

牲畜的净收入（Ninc）是牲畜的总收入减去可变成本 $C(t)$。

$$N\text{inc} = \text{Inc}(t) - C(t) \tag{8-13}$$

b. 生产策略

在暖季结束时，牧户主体的生计决策行为包括出售牲畜、饲料购买等，且同时发生，并且会由于旱灾的发生和草地退化的发生而调整决策和行为。这里我们假设，牧户主体的出栏决策的基本思路是，如果草地发生不发生退化或者发生轻度退化，牧户主体在满足草料供需平衡和收支平衡的前提下，以牲畜存栏量最大化为目标。而面对旱灾发生的不同情况（频率和强度），我们设计牧户主体采取不同的适应策略作为不同实验情景，来评估不同适应策略对土地系统、社会经济和生态的影响，具体会在下一章详细说明。这里仅先给出一般情况下，按照收支平衡和草料供需平衡前提下的决策过程。

首先，出售牲畜的预期现金收入（现金需求，标记为 Tinc）需等于生活费用（C_1）、饲料购买费用（C_{f1}）、饲料购买以外的可变成本（C_0）减去夏季出售牲畜的收入、储蓄（S（t–1））。

$$T\text{inc}_{(t)} = C_1(t) + C_{f1}(t) + C_0(t) - \text{Inc}_{\text{trans}}(t) - S(t-1) \tag{8-14}$$

在出栏时，牧户首先出栏所有老弱病残（N_{ill}）和公羊羔 lambe（N_{w1}），

$$Q_1 = N_{\text{ill}}(t) + N_{\text{w1}}(t) = \left(N_{\text{w3}}(t) + N_{\text{w2}}(t)\right) \cdot \varepsilon + N_{\text{w1}}(t) \tag{8-15}$$

其中，ε 为动物的残疾率。

之后，如果收入低于预期（$\text{Inc}_1 < T\text{inc}$，收支不平衡）或是存栏牲畜牧草需求超过实际可利用量（（N_w–Q_1）$\cdot \text{I} \cdot D_c > F_{\text{lc}}$，草畜不平衡），则需要进一步出栏或买草。

根据收支平衡和草料供需平衡的约束，计算实际出栏的其他牲畜数量（Q_2），

$$Q_2(t) = \frac{[(N_{\text{w}}(t) - Q_1 t) \cdot I \cdot D_{\text{c}}(t) - F_{\text{lc}}(t)] \cdot P'(t) + T\text{inc}_{(t)} - \text{Inc}_1(t)}{P(t) + I \cdot D_{\text{c}} \cdot P'(t)} \tag{8-16}$$

其中，$P'(t)$ 为秋季买草的价格；$P(t)$ 为秋季饲养牲畜的价格。

第 t 年度的储蓄等于所有收入减去所有开支

$$S_0(t) = T\text{inc}(t) - C_1(t) - C(t) \tag{8-17}$$

8.2.2　牧户适应气候变化的 ABM/LUCC 模型实现

1. 模型开发环境

本节以内蒙古呼伦贝尔牧业四旗为例，采用 GIS 和 ABM 相结合的方法，建立了内蒙古草原地区牧户气候变化适应下的多主体模型。该模型是在 Netlogo 平台上开发的，Netlogo 是一个多智能体可编程建模环境（图 8-9）。

2. 模型参数和输入

1）草地 NPP 与气温、降水的关系系数

由于植被生长季（即暖季）主要在 5～9 月，本节构建了暖季草地 NPP 和平均气温、降水量之间的线性拟合关系。考虑到空间尺度上 NPP 和气温、降水之间关系的异质性，本节利用 ArcGIS 软件 Sample 工具，对案例区所有空间栅格单元的 NPP、气温和降水进

行重采样，建立 NPP 和气温（Tem）、降水（Pre）之间的关系为 $NPP=0.818 \cdot Pre-11.304 \cdot Tem + 185.602$（$P$ 值=0.000，R^2=0.679），函数关系通过了 F 检验。

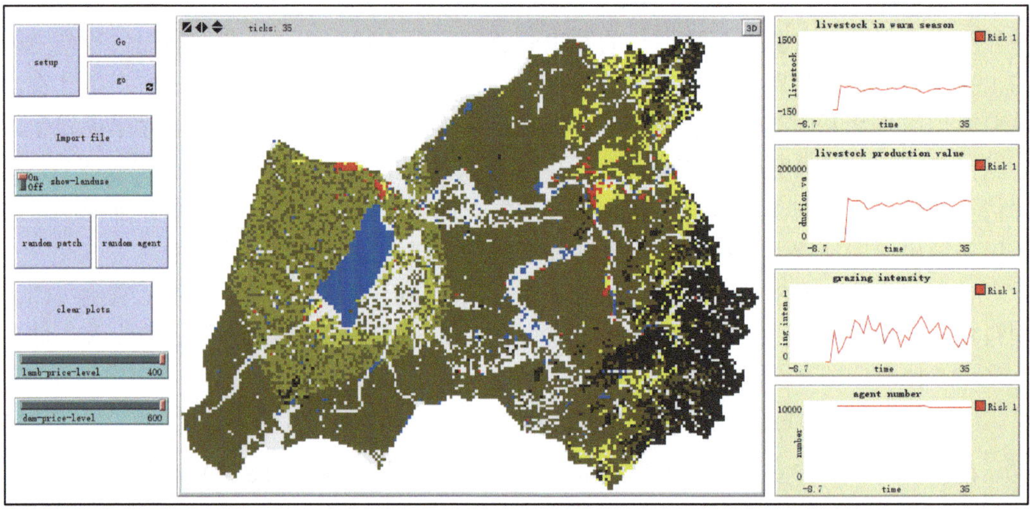

图 8-9　牧户适应气候变化下的 ABM/LUCC 模型模拟平台

2）模型中其他具体参数

模型中其他具体参数及其设定如表 8-8 所示。这些数据均来自案例地调研过程中获取。牧户尺度的其他具体数据均来自案例地的牧户调查数据，包括劳动力成本、能源消耗、防疫、基本生活支出等。

表 8-8　牧户气候变化适应下的多主体模型中相关参数

参数	参数描述
牧草保存率	根据调研，案例区牧草在寒冷季节的平均保存率约为 60%
牧场可利用率	根据《内蒙古天然草地适宜载畜量计算标准》，将牧草可利用率设为 80%
牲畜日食量	根据《内蒙古天然草地适宜载畜量计算标准》，1 头羊日食草量为 2kg 干草
生殖率	根据调研，案例区牲畜繁殖成活率在 90%左右
死亡率	根据调研，案例区牲畜死亡率为 0.3%
牲畜病残率	根据调研，案例区牲畜病残率约为 5%
草场面积	根据调研，案例区牧户家庭的草场面积平均在 400hm^2，其中，暖季草场面积和冷季草场面积基本各占一半，因此本节假设案例区牧户家庭暖季草场面积和冷季草场面积为 2km^2
牲畜价格	案例区每只羊羔 400～500 元，成年母羊 600～700 元
牧草价格	干旱情况会对牧草价格产生影响，干旱年份的价格较高，而湿润年的价格较低。模型中，假设牧草价格随降水量呈线性变化，在 0.45～0.90 元/kg 之间。
政府补贴	根据调研，案例区在实施草畜平衡政策时的补贴为 2.5 元/亩

3. 模型初始化

模型所有的初始化数据由模拟开始时读入的初始化数据库（IDB）来管理。模型环境是一个固定面积的二维网格空间，每个栅格单元在初始化时被定义为一种土地利用类型（耕地、林地、草地、水域、建设用地、未利用地），其中，包括个 2km×2km 的草地栅格单元，栅格图上所显示的草地空间分布表示牧户家庭草场的位置，其位置由 X 和 Y 网格坐标定义。活动的牧户主体在初始化时创建，分布在案例研究区 2km×2km 的草地栅格单元上。根据调查，每个牧户的存款初始值设为 2 万元。考虑草场资源空间异质性对承载牲畜数量的能力的影响，每个牧户拥有的初始牲畜数量设定是异质的，根据 2017 年《内蒙古自治区统计年鉴》中牧业四旗的牲畜养殖数量，按照草地 NPP 的空间差异（即每个栅格单元 NPP 占每个旗县内平均 NPP 的占比），将其离散分配到每个 2km×2km 的栅格单元得到。

8.3　IPCC 温控阈值情景下基于主体建模的气候变化适应模拟及评估

8.3.1　温控阈值情景和适应策略情景设计

1. 温控阈值情景设计

基于 IPCC 气候变化情景开展气候变化的影响和适应模拟和评估一直以来是气候变化领域研究的热点，其结果可展现不同政策选择所带来的社会经济风险和气候影响，是政府决策的重要科学依据。为了更好地衡量不同的社会经济发展模式与气候变化风险的关系，IPCC 先后发展了 1990 年第一次评估报告（FAR）A 情景（SA90）（IPCC，1990）、1992 年第三次评估报告（TAR）的 IS92 情景（IPCC，1992）、TAR 关于排放情景特别报告和第四次评估报告（AR4）的 SRES 情景（IPCC，2000）及第五次评估报告的典型浓度路径（RCP）情景（van Vuuren et al.，2011）。而在最新的研究中，第六次国际耦合模式比较计划（CMIP6）提出了新的预估情景，即不同的共享社会经济路径（SSP），并将其与 RCP 情景组合形成不同 SSP 与辐射的强迫组合，称作 ScenarioMIP 的气候预估情景（O'Nell et al.，2016）。

ScenarioMIP 的气候预估情景的设计分为两步：第一步确定未来全球平均的辐射强迫水平；第二步选择每种辐射强迫水平对应的社会经济情景。较之 CMIP5 RCP 情景试验，ScenarioMIP 在未来可能发生的各种社会经济发展情景基础上生成了相应的土地利用和排放路径变化，更加强调未来辐射强迫情景与共享社会经济情景的一致性（Riahi et al.，2017）。我们知道，2015 年的《巴黎协定》确定了 2℃的温控目标，并鼓励实现 1.5℃目标，但在 CMIP5 中，RCP 情景并非专门为温控阈值目标的研究而设计的。ScenarioMIP 的 SSP 情景包含针对 21 世纪末不同温控目标的经济社会发展路径（如 SSP1-1.9 和 SSP1-2.6），可以更加合理地评估升温 1.5℃和 2℃的气候变化后果以及适应的成本，有助于实现巴黎协定的政治目标。ScenarioMIP 不仅保留了 CMIP5 的 4 类典型排放路径 RCP3-PD、RCP4.5、RCP6.0 以及 RCP8.5，还新增了 3 种新的排放路径，包括 RCP7.0、

RCP3.4 和低于 RCP2.6 的排放路径，以弥补 CMIP5 典型路径之间的空白，同时可以满足全球 2℃或 1.5℃温控阈值情景下的影响评估等研究的需求。

由于 CMIP6 计划和 ScenarioMIP 的气候预估情景尚在最新研究当中，并且在 CMIP6 计划统一的数据平台（https://esgf-node.llnl.gov/projects/cmip6/）上实时发布。按照本节研究需要，截至 2020 年 1 月 31 日，收集整理目前所有已发布的模式模拟得到的未来 2015～2050 年 SSP-RCP 情景下网格化的气温和降水模拟情景数据，由于不同模式下目前发布的模拟数据尚不充足，为了保证不同 SSP-RCP 情景的可比性，我们选择法国国家气象研究中心 CNRM-CERFACS 团队 CNRM-CM6-1-HR 模式下的 SSP1-2.6、SSP2-4.5、SSP3-7.0 三个情景模式下输出的气温和降水数据作为情景数据（空间分辨率：0.5°×0.5°）。由于本节主要为了模拟和分析牧户、社区和政府主体采取不同气候变化适应策略和政策对土地系统、社会经济和生态的影响，重点在于模拟调整放牧策略和生计决策行为所产生的效果，测试不同气候变化情景下这些适应策略的压力响应，而非开展气候变化情景下的精准预测，因此本节仅基于 Matlab 平台对气温和降水的情景数据进行重采样，得到 2km×2km 空间分辨率的情景数据。但在理想状况下，开展区域气候模式的动力降尺度模拟才能得到更为准确的区域气候变化空间情景数据，在现有条件下，我们尚不足以做到，这也是未来改进的一个方向。

本节对这套情景数据的可靠性做了基本的验证，由于 SSP2-4.5 情景被认为是与中国未来经济社会发展预测较为一致，即按照当前社会经济发展路径继续发展的情景，我们采用 1980～2015 年区域气象观测站点数据和 CNRM-CM6-1-HR 模式模拟得到的 SSP2-4.5 情景下的气象数据进行对比分析。从 CNRM-CM6-1-HR 模式的气温输出结果来看，未来 35 年案例区暖季平均气温的变化幅度约为 0.4℃/10a，气温呈增加趋势，从平均气温的绝对值来看，模拟值与区域历史观测值相比，平均低了近 0.45℃（图 8-10）；从 CNRM-CM6-1-HR 模式的降水输出结果来看，未来 35 年案例区暖季累积降水量较区域观测的历史观测数据相比，变化幅度在相似的区间范围内（图 8-11）。因此，我们认为，采用 CNRM-CM6-1-HR 模式模拟得到的案例区未来气候变化情景数据具有一定的可靠性。

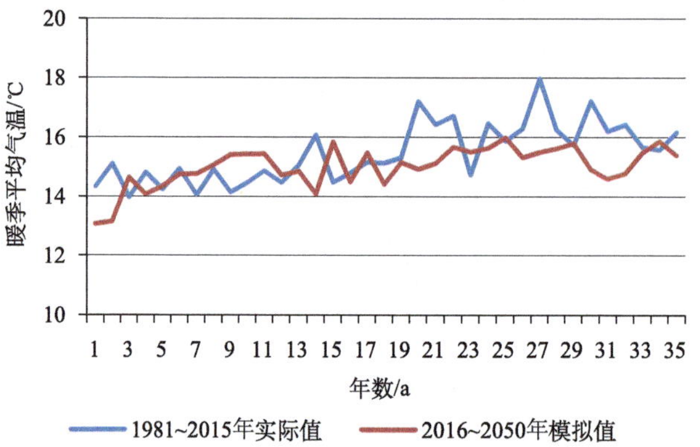

图 8-10　SSP2-4.5 情景下 CNRM-CM6-1-HR 模式输出的暖季平均气温与历史观测趋势对比

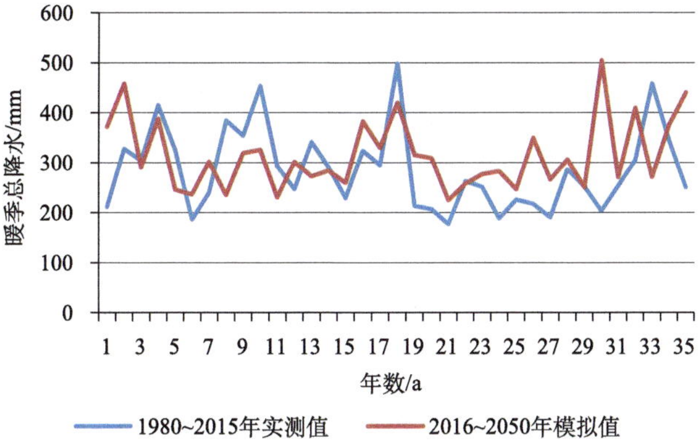

图 8-11　SSP2-4.5 情景下 CNRM-CM6-1-HR 模式输出的暖季总降水量与历史观测趋势对比

以往的研究中将降水量小于同期平均值 80%的年份判别为“旱灾”年份（赖玉珮，2012），依据该判断标准，设定案例区暖季降水量低于 260mm 的年份为旱灾年，统计不同 SSP-RCP 情景下 2016～2050 年的旱灾发生情况，如表 8-9 所示。研究发现，SSP2-4.5 情景下未来 35 年内的旱灾发生频率 35 年内 8 次，与历史真实的 1981～2015 年，SSP1-2.6 情景下的旱灾发生频率较 SSP2-4.5 和 SSP3-7.0 两个情景的旱灾发生频率更低，这也佐证了 IPCC 温控 1.5℃特别报告里提出的——未来全球升温 1.5℃温控阈值情景下，极端灾害事件的发生频率很可能减少（IPCC，2018）。本节将在 SSP1-2.6、SSP2-4.5、SSP3-7.0 三个情景下开展案例区不同气候变化适应策略的模拟和评估。

表 8-9　不同 SSP-RCP 情景下呼伦贝尔牧业四旗旱灾发生年份和发生频率

情景	旱灾发生年份	频率/%
SSP1-2.6	2030，2041，2046，2048	11.43
SSP2-4.5	2020，2021，2023，2026，2036，2037，2040，2044	22.86
SSP3-7.0	2018，2025，2026，2029，2034，2043，2044，2048	22.86

2. 适应策略的情景设计

“草畜平衡”政策情景：根据前一节得到的调研结果，“草畜平衡”政策是当前管理者认为的重要的气候变化适应策略，同时也是我国提出来为维护草原生态安全、恢复退化草地的一项举措，旨在控制放牧强度，减缓草地放牧压力，并提供补贴以补偿牧民家庭的经济损失，因此，本节将“草畜平衡”政策作为政府主体的适应策略引入，采用 1981～2015 年区域草地 NPP 的平均值确定每年存栏量的上限，在执行“草畜平衡”政策时，相当于给案例区设定了一个固定的放牧强度上限，并且按照 2.5 元/亩提供给牧户家庭补贴。

社区共管模式情景：随着草原地区产权制度的改革、草场承包、草场划分到户，导致越来越多的草场和牲畜由集体管理转化为个人管理，从而导致牲畜的移动性明显下降（Li et al.，2015）。根据前文调查结果显示，社区共管是当地基层干部认为的较为重要的气候变化适应策略，但目前并未广泛实施。通过社区共管或者类似合作组织的形式，有利于牧户间互惠互助，更有利于共同应对灾害，在实施这些适应策略的过程中，牧户群体可以在社区范围内共同管理草地资源的使用，通过移动等方式，适应和缓解由气候波动带来的牧草减少的影响。

牧户主体的个人适应行为情景：根据前一节得到的调研结果，备草和卖畜不仅是牧户维持生产和生计的主要生产决策行为，也是当前牧民应对气象灾害的主要适应措施。不同的备草和卖畜策略会对牧户的牲畜存栏量产生影响，进而影响草地放牧强度的变化和草地生态系统的演变。放牧强度是草原地区适应气候变化的一个重要因素，而备草和卖畜的决策会直接影响到下一年的放牧强度。本节设计三种暖季末的备草和卖畜的策略，来考察牧户主体的个人适应行为对区域土地系统、社会经济和生态的影响。①不备草的策略，即根据当年气候情况决定产草量，进而决定牲畜存栏量，超过可利用牧草量的牲畜出栏，而不购买草料；②仅灾年备草，即当年发生旱灾时，牧户购买草料，并按照家庭收支平衡和草料的供需平衡，决定出栏量；③存在牧草缺口时备草的策略，即每年都按照家庭收支平衡和草料的供需平衡，决定购买牧草量和牲畜出栏量。

8.3.2　牧户适应气候变化的 ABM/LUCC 模型验证

1. 正确性检验

基于前文构建的模型框架和流程，我们通过检查 Netlogo 平台上的程序语言，对模型的正确性进行检验。正确性检验旨在确保模型实现与其设计相匹配，即检查模型能够按照设计要求正确运行（Crooks et al.，2008；North and Macal，2007）。在开发和实现模型中每个模块后，我们遵循三个互补的验证程序。首先，我们读取每一行代码并解释其功能性，这个过程确保所有的设计概念和规范都正确地反映在代码中。其次，我们对每个子模型实施了单元测试，使得每一个子模型内的结果符合实际情况。最后，为了验证所有不同的子模型都能正确地协同工作，我们使用很少的主体（10～15 个 agent）来测试模型，并仔细检查结果。

2. 有效性检验

模型的有效性检验是为了检验模型模拟结果是否能够反映真实世界的情况。而多主体模型在模拟社会经济现象时，难以使得模型结果与现实完全一致，因为这需要保证模型初始化的数据、每个主体的行为决策与现实情况完全一致，但事实上在模拟个体的行为决策时这样很难实现（杨顺顺，2012）。另外，由于我们当前模拟的是一种简化的场景，所以通过和实际的具体数据进行精度评价与误差比较是没有意义的。相反，我们验证的重点是确保模型中的基本结构和主体行为可以有效的捕获现实世界的主要方面（Happe，2005），通过对模型的输出结果能否符合案例地调研的实际情况来进行验证，本节选取 SSP2-4.5 情景下的气温和降水数据作为模型输入数据，判断气候-生态子系统和社会经济子系统中的关键输出变量的结果跟实际情况是否一致，若一致，则认为模型有效。我们选择模拟得到的暖季草地 NPP 和总降水量作为模型有效性判断指标，由图 8-12 看出，暖季 NPP 与降水量呈同方向的变化趋势，降水量减少，NPP 下降；降水量增多，NPP 增大，符合实际情况。并且这与案例地实际的 NPP 变化范围相似，在 200～430gC/(m^2·a)。我们同样对模型模拟的经济指标进行了验证，根据 2000～2015 年《内蒙古统计年鉴》数据得，呼伦贝尔牧业四旗的年末（冷季）牲畜存栏量（换算成羊单位）在 250 万～400 万羊单位之间，且平均值在 338 万只羊单位，这与 SSP2-4.5 情景下模拟的得到的结果数量和范围相吻合。

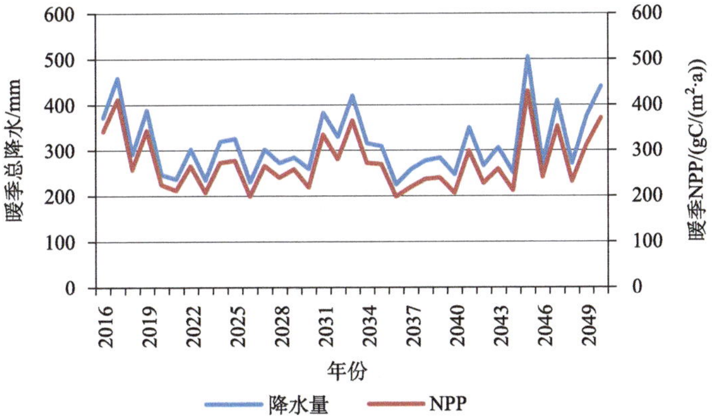

图 8-12　2016～2050 年暖季 NPP 模拟值随降水量的变化量

8.3.3　不同温控阈值情景下牧户适应行为的模拟评估

本节对不同温控阈值情景下牧户不同的适应策略所产生的影响进行了分析和对比，选取模拟期内区域平均暖季牲畜存栏量和畜牧业产值作为衡量社会和经济效益的指标，选取模拟期内牧户平均放牧强度和草地退化程度作为衡量生态效益的指标，选取模拟期内平均未破产牧户占比作为衡量牧户生计可持续的综合指标，并对不同情景下的土地系统动态变化进行分析。

由于 SSP2-4.5 情景被认为是与现实最相近的情景，因此我们把它作为基准情景，首先分析了 2050 年 SSP2-4.5 情景下牧户不同适应行为对土地利用、生态和社会经济的影响，在这个情景下，我们假设社区和政府主体不采取任何适应策略/政策。SSP2-4.5 情景下牧户在采取不同备草策略下 2050 年的土地利用空间格局（图 8-13），分析发现，在 SSP2-4.5 情景下，存在牧草缺口时备草的策略下导致草地退化程度最大，不备草策略下草地退化程度与存在牧草缺口时备草的策略相比，草地退化程度得以缓解，草地退化程度最小，这主要是因为不备草策略和灾年备草策略下系统的牧草投入量减少，控制了牧户的牲畜存栏量，进而降低了区域的生态风险。我们进而对三种牧户适应策略下的社会经济和生态效益进行分析，为了综合对比三种不同适应策略所产生的社会经济和生态影响差异，我们以牧草存在缺口时即备草策略结果为基准，量化了另外两种牧户适应策略下各评估指标相对于此策略的变化率（图 8-14）。研究发现，不备草策略减少了牧户牲畜存栏量，降低了放牧强度，但从长时间上来看，牧户从事畜牧业的可持续年数更高，

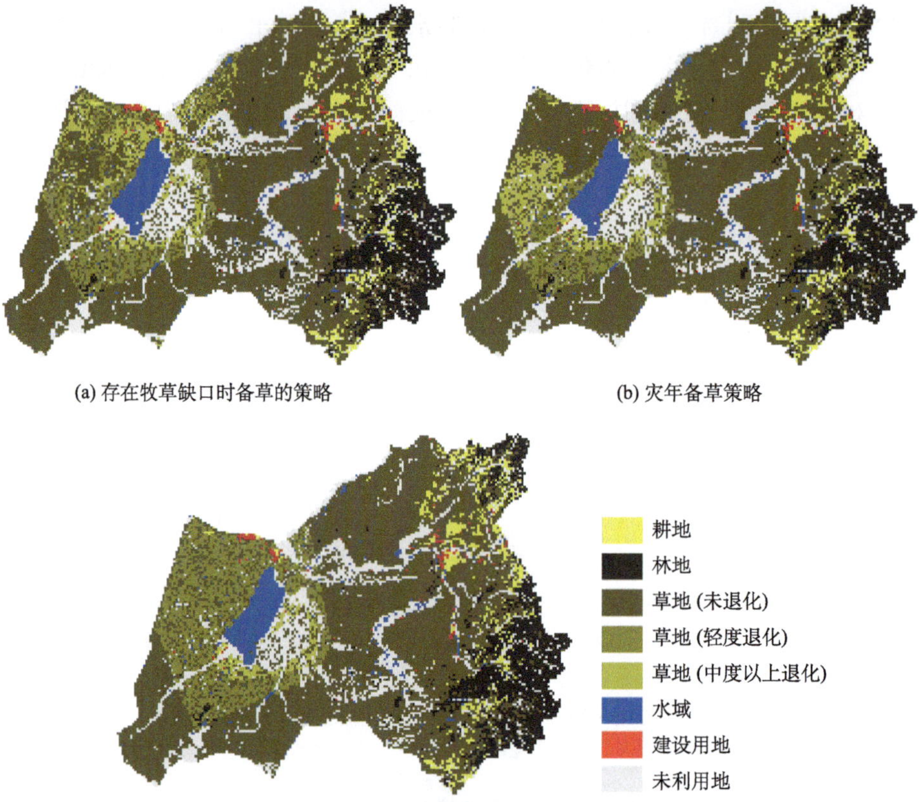

(a) 存在牧草缺口时备草的策略　　(b) 灾年备草策略

(c) 不备草策略

图 8-13　SSP2-4.5 情景下 2050 年牧户不同适应策略下案例区土地利用空间格局

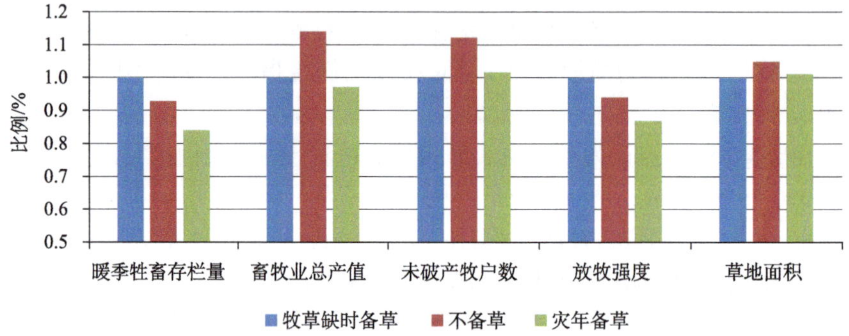

图 8-14　SSP2-4.5 情景下不同适应策略下经济/生态效益对比（相对于牧草存在缺口时备草策略的变化）

因而其畜牧业产值相对于牧草存在缺口即备草策略下的畜牧业产值较大。而牧草存在缺口即备草的策略虽然扩大了牲畜规模，但也同时增大了生态风险，由于持续的过度放牧，导致牧户从事畜牧业的可持续性降低，从而导致一些牧户破产，区域畜牧业产值总体上来看较低。灾年备草策略有效的降低了生态风险，牧户从事畜牧业的可持续性较牧草存在缺口即备草的策略来说略大，但这种策略下的经济效益有待提高。实际上，在政府和社区不对牧户适应行为进行有效干预的情况下，一味通过传统的备草方式增加饲草输入来应对气候灾害、从而扩大牲畜规模和畜牧业产值并不可持续，因而增大了系统的生态风险和经济风险。

在此基础上，我们分析了不同 SSP-RCP 情景下牧户适应行为对这个社会-生态系统影响的差异。不同温控阈值情景下牧户采取不同备草策略模拟得到的案例区 2050 年土地利用空间格局如图 8-15 所示。从整体上看，在 SSP1-2.6 情景下，案例区草地退化程度较轻，SSP2-4.5 情景下的草地退化程度次之，SSP3-7.0 情景下的区域草地退化程度最为严重。而在同一温控阈值情景下，不备草策略下案例区草地退化程度较轻，灾年备草策略下的草地退化程度次之，牧草存在缺口时即备草的区域草地退化程度最为严重。SSP1-2.6 温控阈值有效缓解了案例区草地退化现象的发生，主要由于 SSP1-2.6 温控阈值下区域降水较多有关。在 SSP1-2.6 温控阈值情景下，区域草地供给能力提高，导致牲畜

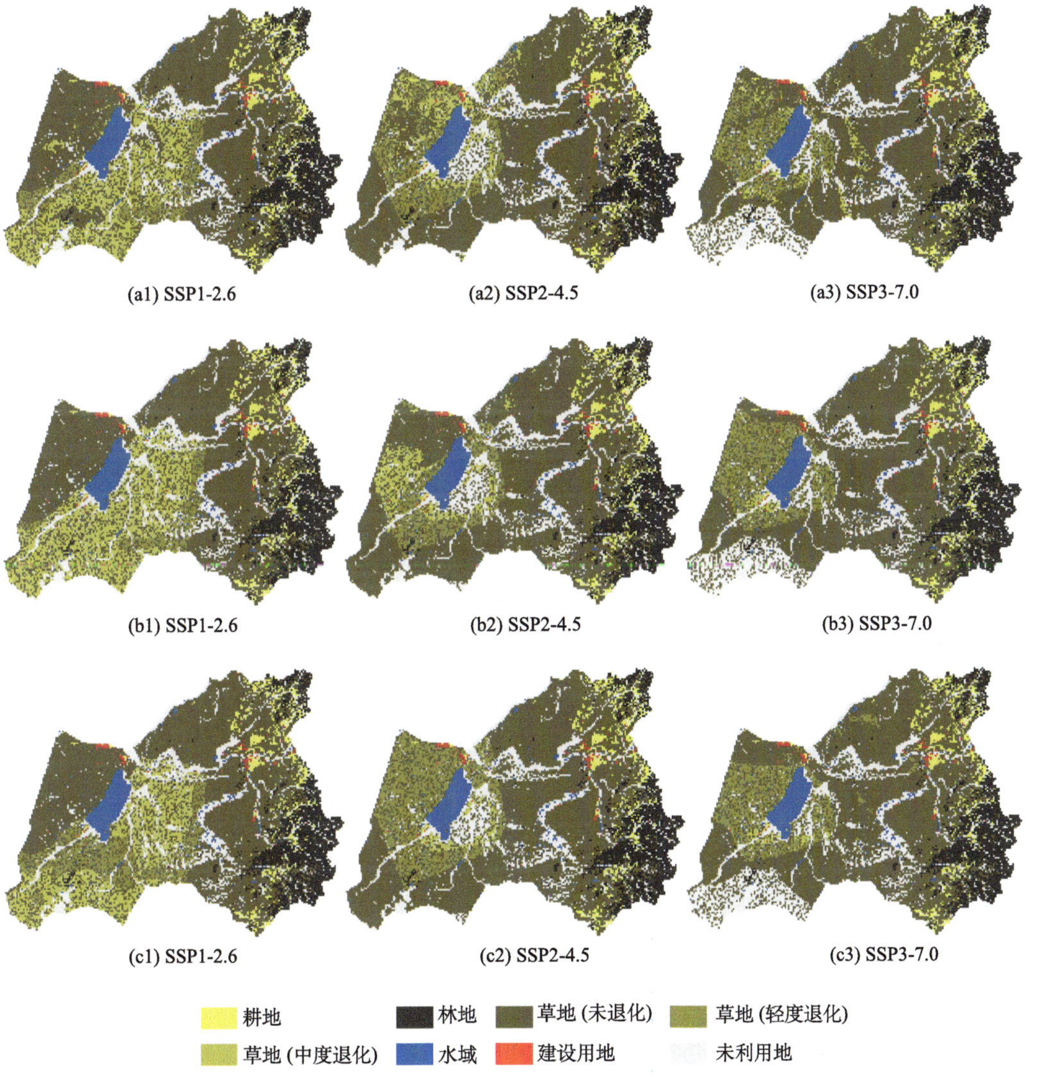

图 8-15　不同 SSP-RCP 情景下 2050 年牧户采取（a1）～（a3）牧草存在缺口即备草、（b1）～（b3）灾年备草、（c1）～（c3）不备草策略下案例区土地利用空间格局

规模较其他两个温控情景下的牲畜规模大、畜牧业产值高、牧户可持续放牧年数长，由于 SSP1-2.6 温控阈值情景下的产草量较高，因而牲畜规模的扩大并没有导致其放牧强度增大。相反，在 SSP3-7.0 温控阈值情景下，区域草地供给能力较低，导致牲畜规模较其他两个温控情景下的牲畜规模小、畜牧业产值低、牧户破产率大、放牧强度较小（图 8-16）。另一方面，牧户不同的适应策略也在不同温控阈值情景下对系统产生的影响也不尽相同，分析发现，在 SSP2-4.5 温控阈值情景下，虽然在牧草存在缺口即备草的策略下，模拟期内平均牲畜存栏量较不备草策略大，但这种策略下的畜牧业产值却较低，这主要与前文提到的模拟期内牧户的破产率有关，牧户的破产风险增大，牧户从事畜牧业的可持续性降低；而在 SSP1-2.6 温控阈值情景下，牧草存在缺口即备草的策略下的畜牧业产值较不备草策略相比相差不大，主要和这个气候情景下牧户所获得的饲草量增大有关，从而缓解了牲畜规模扩大造成的生态风险。基于以上分析不难发现，通过备草进行适应的牧户决策行为是否会提高牧户经济效益和所处的环境有关，SSP1-2.6 温控阈值情景更有利于牧户的可持续生计和区域生态环境变化，缓解区域草地退化；而在当前 SSP2-4.5 温控阈值情景乃至 SSP3-7.0 温控阈值情景下，政府需要通过控制饲草输入和降低放牧强度来进行区域的适应性管理，减少因牲畜维持过多而造成草地退化的加剧。

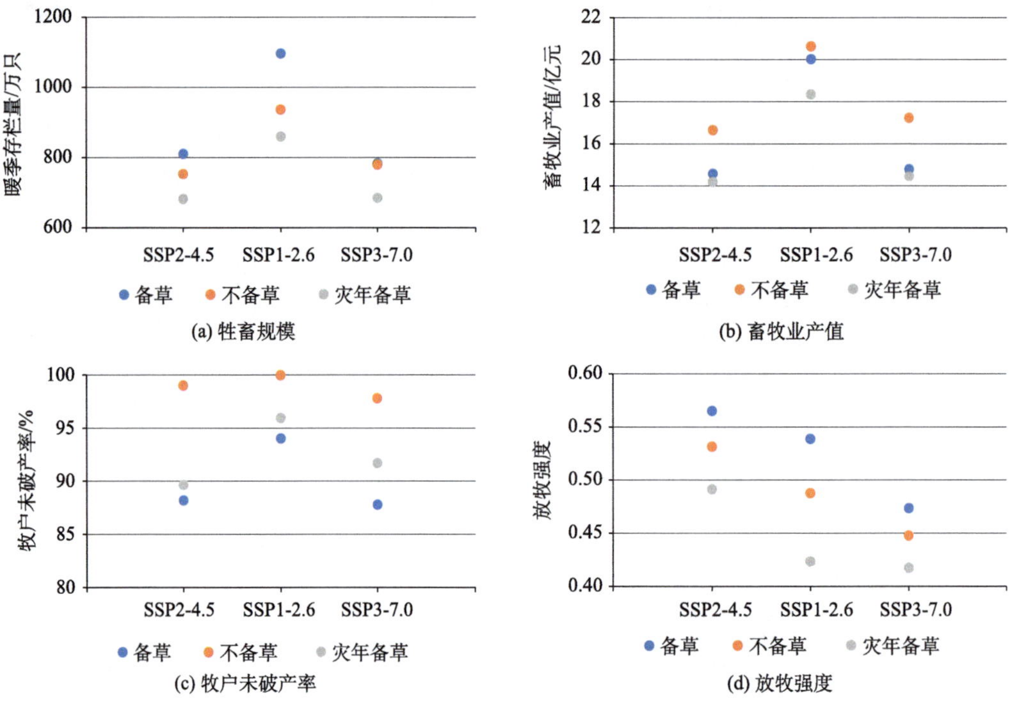

图 8-16 不同 SSP-RCP 情景下牧户采取不同适应策略下案例区社区经济、生态效益对比

8.3.4 不同温控阈值情景下多利益相关方的适应策略模拟评估

本节进而对不同温控阈值情景下不同尺度（牧户/社区/政府）的适应策略和政策对区域社会经济、生态、土地利用的影响进行了评估。我们一共设置了三组情景：①仅牧

户采取备草策略，未实施其他政策；②草畜平衡政策；③草畜平衡政策和社区共管，其中，前两个情景代表了我国自 20 世纪 80 年代到目前的状况，在此基础上，我们设计了一个新的气候变化区域适应的政策情景-社区共管，从而揭示和对比这些适应策略和政策在不同温控阈值情景下对系统的影响。不同温控阈值情景下实施不同尺度（牧户/社区/政府）的适应策略和政策下 2015 年研究区土地利用空间格局如图 8-17 所示。从整体上看，不同温控阈值情景下，未采取任何政策干预下研究区草地退化程度最大，实施草畜平衡政策下草地退化程度较中，在草畜平衡和社区共管的共同实施下草地退化程度较小，但这种相对的变化程度在不同的温控阈值情景下呈现出不同的差异，在 SSP1-2.6 温控阈值情景下，这些适应策略/政策产生的积极影响最为明显，这主要是由于不同温控阈值情景下草地的供给能力不同导致的。SSP1-2.6 温控阈值情景下的草地供给能力较强，而在

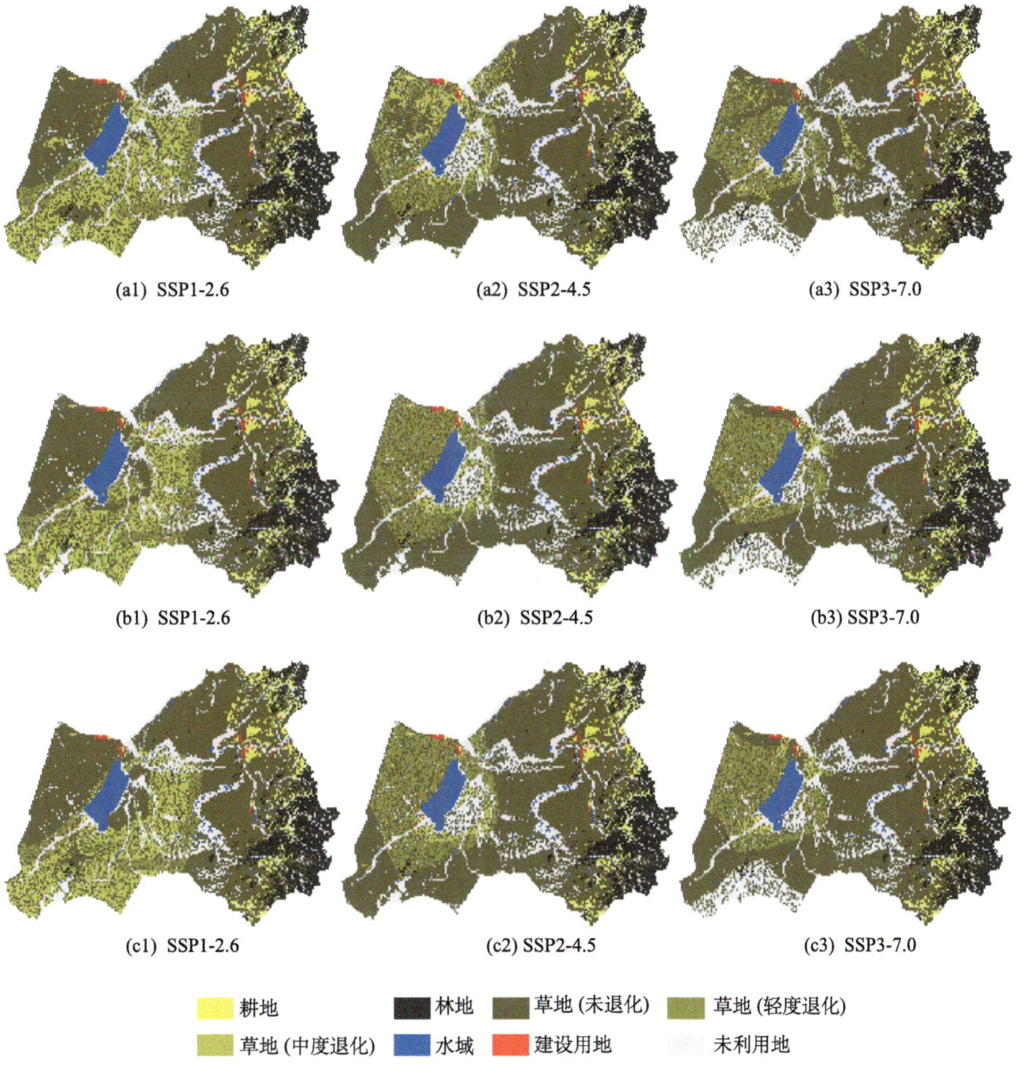

图 8-17　不同 SSP-RCP 情景下，未实施政策（a1～a3）、草畜平衡政策（b1～b3）、草畜平衡和社区共管（c1～c3）下案例区 2050 年土地利用空间格局

SSP2-4.5 和 SSP3-7.0 温控阈值情景下，由于旱灾频发导致区域的生态风险进一步加大。草畜平衡政策的实施有效地降低了这种生态风险，减缓了草地退化的程度，政府通过控制草地的承载力来恢复草地，保障草原生态安全。但这种统一标准控制草地的载畜水平，实际上没有考虑到可利用草地资源的时空异质性，因而在这个政策情景下一些地区仍然存在有超载和过牧的现象发生。而草畜平衡政策和社区共管的实施，正是充分利用草地资源的时空异质性，在空间上为牧户生计进行风险分担。通过村属共同管理，调节牲畜的空间分布而非控制牲畜数量来调节草场的放牧压力，提高了牧户在气候灾害下的适应能力。

本节进而对不同温控阈值情景下不同尺度（牧户/社区/政府）的适应策略和政策对区域社会经济和生态的影响进行了评估（图 8-18）。研究发现，不同温控阈值情景下不同适应策略和政策对区域社会经济和生态的影响表现出明显的差异。从不同温控阈值情景下的模拟结果来看，表现出跟前文分析相近的特征，即 SSP1-2.6 温控阈值情景下的牲畜规模大、畜牧业产值高、牧户可持续放牧年数长，而在 SSP3-7.0 温控阈值情景下牲畜规模小、畜牧业产值低、牧户破产率大、放牧强度较小。从不同适应策略和政策上看，无政策实施情景下的牲畜存栏量最高、畜牧业产值最大，但也导致牧户破产率增大，放牧强度增大，特别是在 SSP2-4.5 和 SSP3-7.0 温控阈值情景下，从长期来看系统是不可持续的；草畜平衡政策的引入使得牧户可持续放牧年数增长，牧户破产率降低，但也使得牲畜规模降低，畜牧业产值减少；草畜平衡政策和社区公管政策的共同实施对于区域提高经济效益和牧户可持续生计能力有较好的促进作用。对比这两种政策实施的效果来看，虽然在区域整体放牧强度上两种政策的差异不大，但所引起的牧户经济效益情况却有显著相同。这主要是由于传统的草畜平衡政策忽略了草地资源响应气候变化的空间异质性，采用统一的载畜量对牧户生产进行限制，虽然一定程度上降低了放牧强度和生态风险，但这种政策效果是次优化的。而当草畜平衡政策和社区公管政策共同实施后，政府从总量上对控制草地承载力有一定的控制标准，而牧户集体组织可以通过村属共同管理调节牲畜的空间分布从而来调节草场的放牧压力，牧户可以通过移动等方式适应土地利用变化过程，两者的结合克服了以往的缺陷，使得经济效益和生态效益都得到了优化，社会生态系统朝着良性、高效和可持续的方向发展。特别是在 SSP2-4.5 和 SSP3-7.0 温控阈值情景下我们看到，即使通过对草地承载力的控制造成了牲畜规模的减少，但在长期来看，区域畜牧业产值较不控制载畜量的情景来看并没有出现较大的差距，但却有效降低了生态风险，减少了草地退化。另外，我们也看到，草畜平衡政策和社区公管政策的实施在 SSP1-2.6 温控阈值情景下对于促进牧户经济效益提高方面的效果并没有另外两个情景下的效果明显，主要也和该温控情景下其本身的气候条件和环境较优有关。

考虑到社会生态系统中复杂的相互作用机制，一个有效的自然资源管理组织应该能够促进社会经济系统更好地适应气候变化和土地利用变化。虽然在中国，政府已经通过禁牧、草畜平衡等政策来控制过度放牧，恢复土地退化，保障和改善牧民生计水平，但是这些政策并不是最优的。一方面，草地私有化打破了传统的游牧制度，使牧户调整为围栏放牧策略。放牧区由于持续的放牧压力，没有休息恢复的机会。目前学者认为流动放牧是一种更有效、更可行的生产策略（Li and Huntsinger，2011）。另一方面，现有的管理制度打破了牧民之间的社会网络，导致牧户更多地依赖于以市场为基础的购买饲草等方式来应对灾害和气候风险。随着牲畜生产成本的增加，牧民不得不饲养和出售更多的牲畜来支付生产成本，满足他们的生活需求。牲畜数量的增加进一步加剧了草地退化。

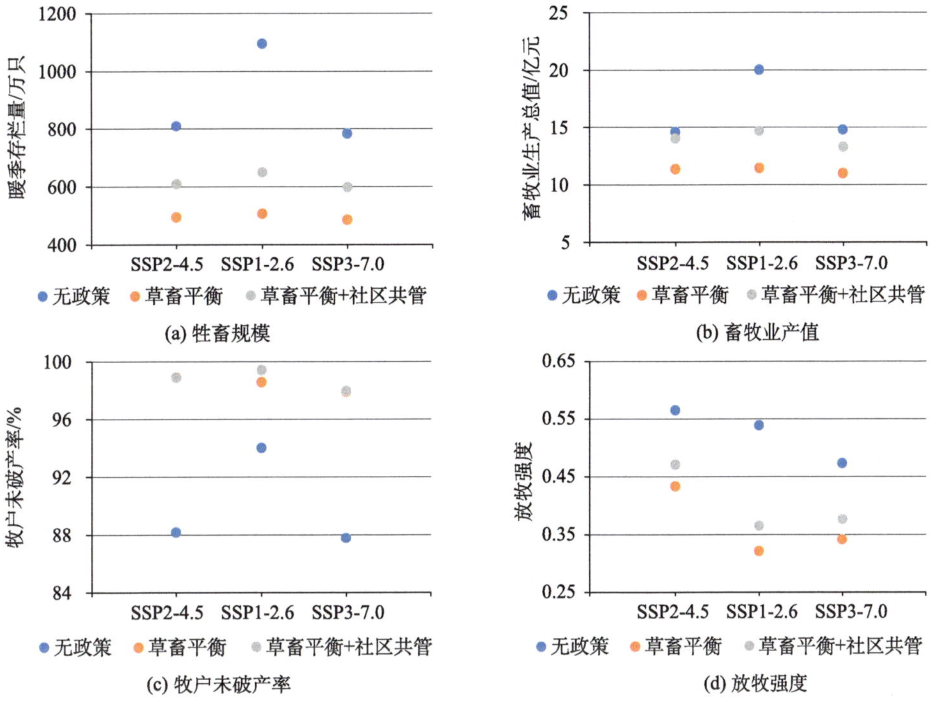

图 8-18　不同 SSP-RCP 情景下区域采取不同适应政策下经济、生态效益对比

基于以上分析，发现，SSP1-2.6 温控阈值情景下，温控目标的实现更有利于草原地区的牧民可持续生计，而对于内蒙古地区牧户适应气候变化。但在 SSP2-4.5 和 SSP3-7.0 这两个情景下，采取草畜平衡政策和社区公管政策对于提高牧户适应气候变化的能力、增强系统应对气候风险压力的稳健性方面有重要作用。草地生态系统应关注非平衡范式下气候变化的时空异质性特征带来的不确定性。草畜平衡政策和社区共管策略是应对气候风险、适应社会生态系统复杂性和不确定性的有效管理策略，这种策略能够使牧户更好的应对气候风险，并减少草地向未利用地的转变。

8.4　小　　结

本章基于构建的内蒙古草原地区牧户适应气候变化的 ABM/LUCC 模型，开展了不同 SSP-RCP 温控阈值情景下牧户、社区和政府主体采取不同气候变化适应策略和政策的模拟和评估，分析了不同的温控阈值情景下不同适应策略和政策对土地系统、社会经济和生态的影响，研究结果为牧户可持续生计、可持续的土地资源管理和区域气候变化适应性管理提供参考。

分析不同温控阈值情景下牧户不同的适应策略对区域社会经济、生态、土地利用的影响可知，在 SSP1-2.6 情景下，案例区草地退化程度较轻，SSP2-4.5 情景下次之，SSP3-7.0 情景下最为严重。而在同一温控阈值情景下，不备草策略下案例区草地退化程度较轻，灾年备草策略下的草地退化程度次之，牧草存在缺口时即备草的区域草地退化程度最为严重。在 SSP1-2.6 温控阈值情景下，较其他两个温控情景表现出牲畜规模大、畜牧业产值高、牧户可持续放牧年数长的特点；在 SSP3-7.0 温控阈值情景下，牲畜规模小、畜牧业产值低、牧户破产率大、放牧强度较小。研究发现，通过备草进行适应的牧户决策行为是否会提高牧户经济效益和所处的环境有关，SSP1-2.6 温控阈值更有利于牧户的可持续生计和区域生态环境变化，缓解区域草地退化；而在当前 SSP2-4.5 温控阈值情景和 SSP3-7.0 温控阈值情景下，政府需要通过控制饲草输入和降低放牧强度来进行区域的适应性管理，减少因牲畜维持过多而造成草地退化的加剧。

分析不同温控阈值情景下不同尺度（牧户/社区/政府）的适应策略和政策对区域社会经济、生态、土地利用的影响可知，不同温控阈值情景下不同适应策略和政策对区域社会经济和生态的影响表现出明显的差异。从不同适应策略和政策上看，无政策实施情景下的牲畜存栏量最高、畜牧业产值最大，但也导致牧户破产率增大、放牧强度增大、草地退化加剧，特别是在 SSP2-4.5 和 SSP3-7.0 情景下，系统是不可持续的；草畜平衡政策的引入使得牧户可持续放牧年数增长，牧户破产率降低，草地退化程度缓解，但也使得牲畜规模降低，畜牧业产值减少；而草畜平衡政策和社区公管政策的共同实施对于区域草地退化缓解和牧户经济效益提高均有正向促进作用，特别是在 SSP2-4.5 和 SSP3-7.0 温控阈值情景下，即使通过对草地承载力的控制造成了牲畜规模的减少，但在长期来看，由于牧户可持续生计能力的提高，区域经济效益较无政策实施情景下的经济效益并没有出现较大的差距，但却有效降低了生态风险，减少了草地退化。

总结来看，SSP1-2.6 温控阈值更有利于牧户的可持续生计、促进经济效益提高和降低生态风险，但在 SSP2-4.5 温控阈值情景和 SSP3-7.0 温控阈值情景下，草畜平衡政策和社区公管政策的实施对于内蒙古地区的气候变化适应性管理有积极作用，对于提高牧户适应气候变化的能力，增强系统应对气候风险压力的稳健性方面都有重要意义。结合上以上分析结论，对于内蒙古草原地区适应气候变化，提出以下政策建议：①将传统备草策略作为支持牧民应对气候灾害的手段时应慎重；②考虑草场资源响应气候变化的时空异质性，在当前草畜平衡基础上结合社区共管等形式增强牲畜在时间和空间上的移动性，以及通过联户经营将载畜量控制在合理区间，实现牲畜与牧草的即时平衡；③构建以社区管理为主体、政府宏观调控为保障的多尺度气候变化适应性管理体系，增强牧户应对气候灾害的能力，强化适应性管理水平，推动草原牧区可持续发展。

参 考 文 献

贾俊鹤, 刘会玉, 林振山. 2019. 中国西北地区植被 NPP 多时间尺度变化及其对气候变化的响应. 生态学报, 39(14): 5058-5069.

赖玉珮. 2012. 流转和合作对干旱半干旱牧民获益能力影响的比较研究: 草场承包政策背景下的草场整合路径比较. 北京: 北京大学.

秦洁, 韩国栋, 乔江, 等. 2016. 内蒙古不同草地类型中羊草地上生物量对放牧强度的响应. 中国草地学报, 38(4): 76-82.

同琳静, 刘洋洋, 王倩, 等. 2019. 西北植被净初级生产力时空变化及其驱动因素. 水土保持研究, 26(4): 367-374.

王琪, 吴成永, 陈克龙, 等. 2019. 基于 MODIS NPP 数据的青海湖流域产草量与载畜量估算研究.生态科学, 38(4): 178-185.

杨顺顺. 2012. 农村环境管理模拟——农户行为的仿真分析. 北京: 科学出版社.

Agrawal A. 2010. Local institutions and adaptation to climate change. Social Dimensions of Climate Change: Equity and Vulnerability in a Warming World. Washington DC: World Bank: 173-178.

Crooks A, Castle C, Batty M. 2008. Key challenges in agent-based modelling for geo-spatial simulation. Computers, Environment and Urban Systems, 32(6): 417-430.

Happe K. 2005. Agent-based modelling and sensitivity analysis by experimental design and metamodelling: an application to modelling regional structural change. European Association of Agricultural Economists：2005 International Congress. Copenhagen, Denmark.

Illius A W, O'Connor T G. 1999. On the relevance of nonequilibrium concepts to arid and semiarid grazing systems. Ecological Applications, 9(3): 798-813.

IPCC. 1990. Climate Change 1990: the IPCC Scientific Assessment. Cambridge: Cambridge University Press.

IPCC. 1992. Working Group I. Climate Change 1992: the Supplementary Report to the IPCC Scientific Assessment. Cambridge: Cambridge University Press.

IPCC. 2000. Special Report on Emissions Scenarios: a Special Report of Working Group III of the Intergovernmental Panel on Climate Change. Cambridge: Cambridge University Press.

IPCC. 2018. An IPCC Special Report on the Impacts of Global Warming of 1.5℃ above Pre-industrial Levels and Related Global Greenhouse Gas Emission Pathways, in the Context of Strengthening the Global Response to the Threat of Climate Change, Sustainable Development, and Efforts to Eradicate Poverty. Cambridge: Cambridge University Press.

Li A, Wu J, Zhang X, et al. 2018. China's new rural "separating three property rights" land reform results in grassland degradation: Evidence from Inner Mongolia. Land Use Policy, 71: 170-182.

Li W, Huntsinger L. 2011. China's grassland contract policy and its impacts on herder ability to benefit in Inner Mongolia: tragic feedbacks. Ecology and Society, 16(2):1.

Li Y, Li W. 2015. China's rangeland management policy debates: what have we learned? Rangeland Ecology and Management, 68(4): 305-314.

North M J, Macal C M. 2007. Managing Business Complexity: Discovering Strategic Solutions with Agent-based Modeling and Simulation. Oxford: Oxford University Press.

O'Neill B C, Tebaldi C, van Vuuren D P, et al. 2016. The scenario model intercomparison project (ScenarioMIP) for CMIP6. Geoscientific Model Development, 9: 3461-3482.

Pandey R, Kumar P, Archie K M, et al. 2018. Climate change adaptation in the western-Himalayas: Household level perspectives on impacts and barriers. Ecological Indicators, 84: 27-37.

Riahi K, Van Vuuren D P, Kriegler E, et al. 2017. The shared socioeconomic pathways and their energy, land use, and greenhouse gas emissions implications: an overview. Global Environmental Change, 42: 153-168.

Toole S, Klocker N, Head L. 2016. Re-thinking climate change adaptation and capacities at the household scale. Climatic Change, 135(2): 203-209.

van Vuuren D, Riahi K, Moss R, et al. 2011.A proposal for a new scenario framework to support research and assessment in different climate research communities. Global Environmental Change, 22(1): 21-35.

Xie Y, Li W. 2008. Why do herders insist on Otor? maintaining mobility in Inner Mongolia. Nomadic Peoples, 12(2): 35-52.